赵宏图·著

超越能源安全
Beyond Energy Security: The New Era of BRI Energy Cooperation
"一带一路"能源合作新局

时事出版社
北京

目　录

前言　从"能源安全"到"能源与经济增长" ……………………（1）

第一编　能源合作概况

第一章　合作基础与进展 ………………………………………（7）
　第一节　共建"一带一路"国家资源丰富 ………………………（8）
　第二节　能源、电力投资需求大 ………………………………（10）
　第三节　中国能源建设实力国际领先 …………………………（12）
　第四节　政策框架 ………………………………………………（14）
　第五节　重点合作领域 …………………………………………（16）
　第六节　合作成果丰硕 …………………………………………（19）

第二章　化石能源合作 …………………………………………（23）
　第一节　油气合作 ………………………………………………（23）
　第二节　煤炭合作 ………………………………………………（38）

第三章　电力合作 ………………………………………………（50）
　第一节　煤电合作 ………………………………………………（51）
　第二节　水电合作 ………………………………………………（62）
　第三节　输变电合作 ……………………………………………（75）

第四章　核能与可再生能源合作 ………………………………（89）
　第一节　核能合作 ………………………………………………（89）
　第二节　可再生能源合作 ………………………………………（100）

第二编　主要能源项目

第五章　化石能源项目 ……………………………………（129）
第一节　油气项目 …………………………………………（129）
第二节　煤炭项目 …………………………………………（154）

第六章　电力项目 …………………………………………（157）
第一节　煤电项目 …………………………………………（157）
第二节　水电项目 …………………………………………（173）
第三节　输变电项目 ………………………………………（191）

第七章　核能与可再生能源项目 …………………………（200）
第一节　核能项目 …………………………………………（200）
第二节　可再生能源项目 …………………………………（202）

第三编　成效与问题

第八章　特点与经验 ………………………………………（217）
第一节　结构与分布 ………………………………………（217）
第二节　投资模式多样 ……………………………………（219）
第三节　国际标准与中国质量 ……………………………（221）
第四节　推动技术与标准走出去 …………………………（223）
第五节　环保理念和社会责任 ……………………………（227）
第六节　成功经验 …………………………………………（232）

第九章　风险及挑战 ………………………………………（237）
第一节　主要风险 …………………………………………（237）
第二节　企业自身问题 ……………………………………（242）
第三节　国内体制机制问题 ………………………………（244）
第四节　政府层面的对策 …………………………………（245）
第五节　企业层面的对策 …………………………………（248）

第四编　能源发展与治理

第十章　共建"一带一路"国家能源发展 (253)
　第一节　共建"一带一路"国家能源问题突出 (253)
　第二节　能源合作带动能源和经济发展 (255)
　第三节　电力短缺问题大大缓解 (257)
　第四节　能源产业在对外合作中壮大 (260)

第十一章　中国能源海外发展 (264)
　第一节　能源产业"走出去"历程 (264)
　第二节　已成为世界能源大国 (266)
　第三节　世界一流企业是能源强国重要指标 (271)

第十二章　区域能源合作与治理 (274)
　第一节　能源合作从双边走向多边 (274)
　第二节　现有双、多边能源合作机制 (276)
　第三节　依托"一带一路"深化国际能源合作 (279)
　第四节　共建"一带一路"能源合作俱乐部 (282)
　第五节　打造"一带一路"能源互联网 (283)
　第六节　从"能源共同体"到"人类命运共同体" (287)

第五编　产业转移与经济增长

第十三章　国际产业转移与"一带一路" (293)
　第一节　国际产业转移的发展历程 (293)
　第二节　国际产业转移的动因及规律 (295)
　第三节　中国在国际产业转移体系中的地位 (298)
　第四节　"一带一路":新一轮产业转移承接地 (301)
　第五节　共建"一带一路"国家承接产业转移的政策选择 (304)

第十四章　"一带一路"与我国"走出去" (307)
　第一节　对外投资持续增长 (308)

· 3 ·

第二节　"一带一路"投资成就、特点 …………………………(310)
　　第三节　"一带一路"是中国经济升级的需要 ………………(316)
　　第四节　从能源资源起步是大国海外投资的普遍规律 ………(318)
　　第五节　投资主角从大型央企转向民企 ………………………(321)
　　第六节　企业"走出去"仍处于初级阶段 ……………………(325)

第十五章　共建"一带一路"国家的经济增长 …………………(329)
　　第一节　共建"一带一路"国家发展差异明显 ………………(329)
　　第二节　有望成为世界经济新增长中心 ………………………(331)
　　第三节　经济发达程度与开放度正相关 ………………………(332)
　　第四节　周边各国逐渐融入"大中国经济圈" ………………(333)

第十六章　共建"一带一路"国家的绿色发展 …………………(335)
　　第一节　中国正成为清洁能源产业发展的引领者 ……………(336)
　　第二节　电力节能减排水平世界领先 …………………………(337)
　　第三节　绿色"一带一路"的政策框架 ………………………(338)
　　第四节　企业层面的实践 ………………………………………(340)
　　第五节　推动新能源合作 ………………………………………(344)
　　第六节　发展中国家能否另辟非煤工业化道路？ ……………(346)

前　言

从"能源安全"到"能源与经济增长"

相对于其他行业，中国能源企业"走出去"时间早，规模大，引发的国内外关注多。在能源行业内部，油气企业先行"走出去"，积累了丰富的经验，取得显著成效，而电力和可再生能源等行业虽起步较晚，但势头强劲，后发优势明显。"一带一路"倡议提出后，各类能源企业积极响应，充分利用各种政策红利和沿线国家逐渐改善的投资环境，加快海外投资步伐。总体上，能源企业"走出去"的实践与"一带一路"倡议高度契合，成为"一带一路"建设中的主力。国家电网、中石油、中国大唐、三峡集团等国企及越来越多的民企国际化步伐加快，积极拓展"一带一路"沿线国家市场，努力打造国际一流能源集团。

"一带一路"能源合作在一定程度上可以被视为中国能源企业"走出去"的2.0版，也被赋予了较多的能源安全内涵，被国内外学界及媒体较多地从能源安全视角进行解读。其中，最为典型的是有关"一带一路"能源合作可以缓解"马六甲困局"的论述以及对中巴经济走廊等同于中巴能源运输战略通道的误读。能源基础设施特别是管道的建设有时被夸大为战略通道，正常的能源贸易和投资被认为与能源进口、供应安全保障相关。实际上，"一带一路"能源合作虽有利于中国和地区国家的能源安全，但它超越了能源安全，本质上是中国和沿线国家能源与经济发展的需要，最终也将大大促进中国与沿线国家的能源与经济发展。

"一带一路"能源合作核心在于"能源发展"而非"能源安全"。近年来，世界能源问题的核心，正在逐渐由安全转向发展，从能源博弈和地缘政治更多转向能源合作与可持续发展。与世界的主题由战争与和平转向和平与发展相一致，能源安全的核心正逐渐由供应安全转向使用安全、需求安全与可持续发展。相对而言，能源的战略属性显著下降。以前人们过多强调石油短缺和能源的战略属性，把它上升到国家安全高度，夸大海外油气投资的重要性，一定程度上导致了把一些该由市场解决的问题提升到国家高度，延误了市场改革。从根本上讲，能源安全的保障主要靠基于市场完善、稳定的综合保障、应急反应机制及可持续发展能力，而不是军事力量和海外份额的获取等。

加强"一带一路"能源合作,虽不可避免有利于促进能源贸易、提升油气进口的稳定系数,但主要是中国能源发展的需要,是中国能源行业和企业发展壮大的需要,是能源产业国际转移的必然结果。它有利于本国企业通过参与国际油气勘探开发、电力基础设施建设等提升国际竞争力。通过国际化发展,打造国际化品牌和具备世界一流国际化经营能力的能源集团,使中国相关企业从国际能源市场的"后来者"变成"竞争者",从国际知名跨国公司的"徒弟"变成"伙伴"。能源项目还可以带动其他项目跟进,以境外能源开发项目的纵向或横向拓展,推动国内产业链向外延伸,促进中国标准、技术、设备"走出去",进而提升中国能源和经济国际竞争力。

能源资源行业在中国海外投资中占比高,是引发人们探究海外投资背后能源安全动机的主要原因。能源资源行业占主导首先是国内经济结构的外在反映,油气等产业发展相对成熟,国际比较优势明显。从产业链的角度看,能源资源开发在企业生产链条中处于前端和下游,利润率较低,是许多国家海外投资起步阶段具备比较优势的产业,如美日就曾在海外投资初期大规模投资于资源产业。从大趋势看,企业从最初的境外资源开发向更高级别、更广领域的对外投资合作模式转化不可避免。随着国内经济结构的调整与升级及企业国际竞争力的提升,中国海外投资的主要领域也将逐渐由资源和资本密集型的资源行业转向资本和技术密集型的高端制造业和服务业。

从国际政治经济学视角看,能源企业在沿线国家日益增加的投资与合作在很大程度上代表和引领着当前新一轮国际产业转移。"一带一路"倡议提出后,各种各样的杂音与争论不断,人们过于关注其政治性和战略性,过于强调或质疑其政治正确性,而相对忽视了其经济正确性。一些国外舆论认为其在经济上无足轻重,是中国拓展势力范围的地缘战略手段。2018年新美国安全研究中心(CNAS)发布的报告将之描绘成新的"权力游戏"。[①] 而国内舆论即便从经济视角也主要把注意力放在其促进世界增长的主观愿望及投资风险上。总体上,人们过于强调和关注"一带一路"作为"战略"或构想的主观一面,相对忽视了它配合和顺应国际产业转移规律和世界经济发展大趋势的更为客观的一面,一定程度上导致了国际上对"一带一路"倡议的不理解甚至是误读或误解。

---

① Daniel Kliman & Abigail Grace, Power Play: Addressing China's Belt and Road Strategy, https://www.cnas.org/publications/reports/power-play.

前言　从"能源安全"到"能源与经济增长"

一般而言，自第一次工业革命至今全球共完成了四次大规模的国际产业转移，每次都极大地推动了世界经济的发展和国际格局的变迁。第一次出现在19世纪下半叶至20世纪上半叶，主要从英国向欧洲大陆和美国转移。美国成为主要承接国及最大受益者，逐渐成为第二个"世界工厂"，并超越英国成为新世纪世界经济霸主。第二次是20世纪50年代至60年代。美国将钢铁、纺织等传统产业转移到日本和联邦德国，国内主要致力于集成电路、精密机械、精细化工等资本和技术密集型产业。联邦德国成为世界经济强国，日本成为第三个"世界工厂"。第三次是20世纪70年代至80年代。日本成为主要转出国，而亚洲"四小龙"是主要承接地。本次国际产业转移，造就了亚洲"四小龙"的经济奇迹。第四次是20世纪90年代至2008年金融危机前。转出地有日本、亚洲"四小龙"、美国等，承接地包括部分东盟国家，但主要是中国内地。中国对第四次国际产业转移的承接，奠定了作为世界制造大国的国际地位。

目前国际社会正在经历新一轮国际产业大转移，其规模和影响有望超过前几次。这次国际产业转移始于2008年全球金融危机之后，转出地主要是中国沿海地区和部分发达国家。承接地有中国中西部地区、东盟地区及周边发展中国家，主要是"一带一路"地区。随着劳动密集型产业链从中国向东南亚、南亚等共建"一带一路"国家转移，亚洲经济与贸易的高增长态势也有望同步由中国向东南亚、南亚等"一带一路"地区传递。[①] 从二战后世界产业转移规律和当前共建"一带一路"国家经济发展态势来看，未来世界经济新的增长中心将形成于"一带一路"地区，该地区有望出现新的世界制造中心或世界工厂。未来10年共建"一带一路"国家GDP实际年均增速将达到4.7%，显著高于全球2.8%的年均增速，共建"一带一路"国家货物贸易进出口总额年均增速将达到5%左右。[②]

但共建"一带一路"地区国家多，次区域发展水平和经济增长速度差异大。在吸引外资和承接国际产业转移存在着激烈的国际竞争的情况下，哪些国家能够率先通过承接其他国家转出的劳动密集型产业实现经济起飞，不仅取决于发展阶段、成本和地理等客观条件，也取决于这些国家内

---

① 潘阅："在全球变局中构建中国对外贸易新优势"，《国际贸易》，2017年第10期，第6页。
② 张茉楠："'一带一路'倡议愿景与战略重点"，《上海证券报》，2017年7月20日，第7版。

· 3 ·

外政策的调整与选择。从近年来经济发展实践看，加快融入大中国经济圈是东南亚、南亚和中亚国家经济出现较高增长的重要原因之一。随着中国全球影响力的提升，中国的经济辐射圈将进一步扩大。能否有效吸引从中国转出的产业、成功融入大中国经济圈，是共建"一带一路"国家经济能否实现持续快速增长的一个重要标志。

从国际产业转移视角看，能源和资源产业多属劳动力和资源密集型，进入门坎低，是后发国家经济发展必要的前提，是产业转移的先行者。中国能源资源行业在国内相对成熟、国际比较优势明显，先行"走出去"符合经济规律。而对于共建"一带一路"国家而言，能源特别是电力快速发展是经济起飞的前奏，是一个国家工业化必须经历的阶段，而一段时间内能源消费、高耗能产业和环境污染大幅度攀升也是工业化不得不付出的一个代价。不过，相对于早前实现工业化的国家，新兴工业化国家有着技术和经验等方面的后发优势，有望实现相对绿色和低碳的发展。

中国企业"走出去"发展速度快，规模大，国内外关注度高，但仍处初级阶段。企业跨国指数仍低于世界平均水平，对共建"一带一路"国家直接投资在中国对外投资总额中占比偏低。与美国相比，中国在存量等方面仍存在较大的差距。不过，我国当前处于对外直接投资（ODI）大幅增长期，随着人均国内生产总值的增加，未来对外直接投资发展仍有很大的空间。国际化程度的高低是衡量企业和行业综合实力的核心指标之一。如果说，中国经济奇迹离不开开放和"引进来"的话，未来中国的全面崛起则需要企业进一步"走出去"和国际化发展来支撑。也就是说，只有相当数量的大企业真正实现了"跨国"、涌现出众多的国际一流集团，中国才能实现真正的崛起。

"一带一路"也是推动中国资本全球化的重要一环。改革开放后，中国逐渐融入全球化进程。40年来，中国形成了相对较完整的产业链，产品真正融入全球，成为世界最大的贸易国。可以说，从商品贸易角度，中国真正进入了全球化，但资本还远远没有全球化。主要是因为改革开放初期缺的就是资本，资本主要用于国内投资，直到2015年前后才实现中国对外直接投资（ODI）首次超过外商直接投资（FDI），中国资本全球化的课题才提上日程。对中国来讲，要想在国际产业链分工上进一步提高位置，必须用资本换技术，用资本买技术。[①] 而"一带一路"建设，将极大推动企业和资本、技术走出去，加快中国资本全球化的进程。

---

① 张懿辰："资本全球化，中国新课题"，《环球时报》，2018年4月28日，第5版。

第一编

能源合作概况

能源合作是共建"一带一路"建设的重要一环。相关数据显示，中国对共建"一带一路"国家的对外直接投资约有1/3流入能源领域。"中巴经济走廊"建设中的70%项目集中在能源领域。中国已与共建"一带一路"国家建立了80多个双边、多边能源合作机制，签署了100多份合作协议，与多个国家开展了联合规划研究。油气等能源进口通道进一步拓宽，与周边国家跨境电网互联互通取得积极进展。中国能源企业投资及承建了众多的火电站、水电站、核电站、风电站、太阳能光伏电站以及电网工程等，不仅有力地推动了当地能源及经济社会发展，也极大地提高了中国能源及经济的国际化程度，提升了中国能源企业的国际竞争力。

第一章

合作基础与进展

能源是中国企业"走出去"最早和最重要的一个领域。年投资与建设项目金额从2005年的83亿美元增至2010年的738亿美元，并长期维持在较高水平，2016年为746亿美元。2005年至2017年上半年，海外能源项目总计748个，占中国企业海外项目总数的30%，金额达到6300亿美元，占海外项目总额的38%。2005年，能源项目占中国企业新增海外项目金额的比例约40%，2007年回落至30%左右。2008年全球金融危机之后，能源企业再次成为海外投资与项目建设的领头羊，2010年新增金额占比一度攀升至58%。近年来，随着交通、不动产等领域的快速发展，能源占海外项目金额的比重逐渐回落至2016年的28%左右，但仍然是占比最大的领域。[1]

我国能源行业"走出去"历史悠久，且与"一带一路"契合度高，成为沿线国家投资建设中的主力。如中国石油与俄罗斯、哈萨克斯坦、土库曼斯坦、伊拉克、伊朗、印尼、新加坡等19个国家进行50个项目的合作；中石化近几年在"一带一路"油气勘探开发、石油和炼化工程服务等领域的合作投资金额已经接近千亿美元；中国三峡集团在老挝、马来西亚、菲律宾、印尼、巴基斯坦、尼泊尔、马其顿、塞尔维亚、肯尼亚等近20个国家设有驻外机构或项目部，业务涵盖发电、输变电线路、供水、灌溉、高速公路等多个领域；中国电建集团在共建"一带一路"国家承担在建工程项目共计300多个；大唐集团在印度、泰国、印尼、马来西亚、科特迪瓦、圣普等沿线国家开展了工程承包、技术服务、国际贸易和电力技术援助等业务。[2]

能源合作已成为"一带一路"国际合作的亮点，涉及油气、煤炭、水电、火电、风电、核电等诸多领域。几年间，我国先后与有关国家建立58个双边能源合作机制，参与31个多边能源合作机制，签署了100多份合作

---

[1] 蔡斌："中国能源企业出海版图"，http://www.stategrid.com.cn/html/sgid/col1230000106/2018-05/31/20180531091234550452241_1.html。

[2] 苏南："能源企业服务'一带一路'"，《中国能源报》，2018年4月16日，第3版。

协议。① 截至 2018 年初，我国对沿线国家的电力投资超过 1700 亿美元，油气等领域投资超过 900 亿美元，直接投资涉及 19 个沿线国家 40 余个重大能源项目，还参与了"一带一路"沿线 25 个国家的煤电项目，总装机超过 25 万兆瓦，火电项目达 80 多个。② 能源装备、技术、标准、服务"走出去"步伐加快，具有自主知识产权的"华龙一号"核电机组在巴基斯坦、英国、阿根廷等取得积极进展；中亚天然气管道 A/B/C 线、中哈、中俄原油管道及中缅油气管道等重要基础设施项目顺利完成。③

第一节 共建"一带一路"国家资源丰富

共建"一带一路"国家能源资源十分丰富。首先，化石能源，特别是油气资源十分丰富。"一带一路"与全球特提斯富油气域相吻合，而特提斯富油气域占全球已探明 70% 大油气田、75% 石油剩余可采储量、68% 天然气剩余可采储量。共建"一带一路"国家原油剩余探明储量合计约 1315.1 亿吨，占全球的 55%，天然气剩余探明储量合计约 142.16 万亿方，占全球的 76%；原油待发现资源量合计约 530 亿吨，占全球的 47%，天然气待发现资源量合计约 83 万亿方，占全球的 68%。④

清洁能源等相关资源也极其丰富。共建"一带一路"国家铀资源量约为 80.6 万吨，占世界总储量的 23.3%。据世界能源理事会估算，全球清洁能源每年的理论开发量约合 45 万亿吨标准煤，全球一次能源年消费总量约为 200 亿吨标准煤。而"一带一路"的主要地区亚洲，以及未来有合作潜力的非洲地区，主要清洁能源合计总量超过全球的一半。⑤ 如东南亚，有丰富的水力资源等，清洁能源占比较低，在水电和可再生能源项目开发上有着巨大的潜力。

---

① 孙秀娟、张景瑜、陆如泉："中国石油携手全球伙伴打造利益共同体"，《中国能源报》，2019 年 4 月 30 日，第 5 版。

② 仝晓波："在'一带一路'倡议下构建国际能源合作平台"，《中国能源报》，2018 年 5 月 28 日，第 3 版。

③ 李雪慧、史丹、聂新伟："中国能源供应形势及潜在风险分析"，《中国能源》，2018 年第 7 期。

④ 常毓文："'一带一路'油气上游合作战略研究"，http：//www.shhu.com/a/212234025_694318。

⑤ 袁家海、赵长红："'一带一路'绿色能源合作前景何在"，https：//www.china5e.com/news/news-995636-1.html。

共建"一带一路"国家和地区成为世界化石能源生产、消费及贸易重心。2015年，共建"一带一路"国家生产化石能源69.27亿吨油当量，占世界（113.9亿吨）的60.81%，占比与1985年（49.33%）比提高了11.48个百分点。其中2015年石油生产占世界的57%，天然气生产占世界的53%，煤炭生产占世界的70%。[①] 油气产量方面，2014年共建"一带一路"国家原油产量合计约21.59亿吨，占全球的51%，天然气产量合计约1.69万亿方，占全球的49%。与此同时，共建"一带一路"国家化石能源消费迅速增长。2015年共建"一带一路"国家化石能源消费为59.3亿吨，占世界总量（113.06亿吨）的52.45%，与1985年的占比（38.23%）相比提高14.22个百分点。其中2015年石油消费占世界的39.9%，天然气消费占世界45.9%，煤炭消费占世界的72%（中国为50%，印度10.6%）。[②]

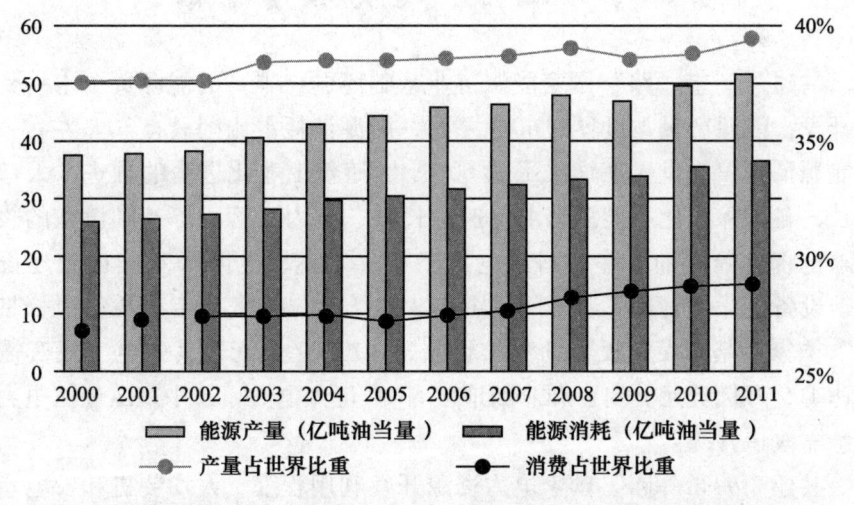

图1　2000—2011年共建"一带一路"国家能源产量和消耗情况

能源供给与需求空间分布的差异，使共建"一带一路"国家成为世界化石能源贸易重心。中东地区是世界上最大的石油输出地区，亚太地区是世界上最大的石油输入地。中国、印度、土耳其、新加坡等均是能源消费大国，俄罗斯、沙特、伊拉克等均属能源出口型大国。在共建"一带一

[①] 刘清杰："'一带一路'沿线国家资源分析"，《经济研究参考》，2017年第15期，第86—87页。

[②] 刘清杰："'一带一路'沿线国家资源分析"，《经济研究参考》，2017年第15期，第88页。

路"国家中,俄罗斯、中东和印度尼西亚是天然气主要出口商,中国是天然气最大购买者,2015 年进口了 276 亿立方米管道天然气和 262 亿立方米液化天然气。①

非洲能源资源丰富,近年来在全球油气格局中的地位快速提升。截至 2017 年底,非洲剩余石油可采储量 167 亿吨,2017 年非洲石油产量为 3.83 亿吨。② 相较于中东等地区,非洲油气储量丰富却又尚未大规模开发。新能源方面,非洲也具备得天独厚的优势,新能源资源品种齐全,蕴藏量巨大,绝大多数资源都可以进行大规模开发,并且新能源资源开发程度普遍较低。地区可开发水电资源约为全球的 12.2%,但目前水资源发电率仅为 8%,远低于目前世界 60% 的平均水电利用率。③

第二节 能源、电力投资需求大

共建"一带一路"国家能源工业基础薄弱,丰富的能源资源未得到充分开发,能源产量占世界的 40% 左右,能源消耗占比则只有 30% 左右,人均能源消费仅为世界平均水平的 60%。④ 随着工业化进程的推进,人口的增长,各国除对化石能源需求急速增长外,电力、管网等基础设施的投资需求也将大幅增加。许多国家电力工业欠发达,电网等基础设施建设落后,设备老化、管理不善等问题突出。据统计,未来几年,共建"一带一路"国家对基础设施投资的需求将超过 10 万亿美元,其中电力投资需求将达 1.5 万亿美元。南亚和非洲地区有 10 亿无电人口,中东欧地区电力设施急需改造升级。⑤

共建"一带一路"国家电力资源开发利用程度、人均装机和发电量水

---

① 刘清杰:"'一带一路'沿线国家资源分析",《经济研究参考》,2017 年第 15 期,第 92 页。

② 董欣:"能源合作点亮中非互惠共赢之路",《中国能源报》,2018 年 9 月 10 日,第 1 版。

③ 杨永明:"优势互补互利共赢——中非能源合作成果综述",https://mp.weixin.qq.com/s?__biz=MzIzNDI3OTkwMA%3D%3D&idx=1&mid=2247487168&sn=949ced685da7960081ec48373a3f55db。

④ 袁家海、赵长红:"'一带一路'绿色能源合作前景何在",https://www.china5e.com/news/news-995636-1.html。

⑤ 王旭辉、吕银玲:"国网服务'一带一路'凸显领军作用",《中国能源报》,2018 年 1 月 15 日,第 21 版。

平远低于发达国家或较发达国家。共建"一带一路"国家人均电力装机沿线为 330 瓦，远低于世界平均水平的 800 瓦。其中南亚、东南亚、西亚和北非四个地区的人均装机容量水平最低，除新加坡外的东南亚地区人均装机容量略高于 300 瓦，南亚则只有 150 瓦左右。① 沿线区域的人口接近我国 3 倍，人均年用电量不到 1700 千瓦时，低于全球平均的 3000 千瓦时，也低于我国的 4000 千瓦时，其中南亚、东南亚、中亚及非洲的用电水平最低，电力供应紧张国家较多。② 非洲人均用电量仅为世界平均水平的 1/5，多数国家面临能源短缺。③

未来一段时间内，共建"一带一路"国家能源需求增速将加快。在一次能源方面，预计 2030 年共建"一带一路"国家需求总量将达到 113.4 亿吨标准煤，2014—2020 年、2020—2030 年年均分别增长 3.3% 和 3.8%。2030 年人均能源需求达到 2.8 吨标准煤，较 2014 年水平增长 17%。在终端能源方面，预计 2030 年共建"一带一路"国家需求总量达到 80 亿吨标准煤，2014—2020 年、2020—2030 年年均分别增长 3.7% 和 4.1%。④

就品种而言，电力需求增长加快，化石能源需求增速将放缓。目前共建"一带一路"国家都出现了几千万千瓦甚至上亿千瓦的新增电力需求。2016—2020 年，东南亚地区电力需求达 8800 万千瓦，到 2030 年将达 2.3 亿千瓦。南亚更高，2030 年或将超过 3.8 亿千瓦。⑤ 预计 2020 年、2030 年共建"一带一路"国家总用电量分别达 9.2 万亿千瓦时、19.7 万亿千瓦时，人均用电量分别为 2014 千瓦时、4166 千瓦时，终端电气化水平由 2014 年的 15.6% 提升至 2020 年的 17.3%、2030 年的 24.6%。"一带一路"沿线国家电力需求在 2014—2020 年、2020—2030 年的年均增速分别为 5%、7.9%，增速有所加快。预计煤炭需求平均增速分别为 3.5%、1.4%，石油需求平均增速分别为 3.6%、2.7%，天然气需求平均增速分

---

① 齐正平："'一带一路'能源研究报告（2017）"，http：//www. chinapower. com. cn/moments/20170516/77097. html.

② 齐正平："'一带一路、能源研究报告（2017）"，http：//www. chinapower. com. cn/moments/20170516/77097. html。

③ 董欣："能源合作点亮中非互惠共赢之路"，《中国能源报》，2018 年 9 月 10 日，第 1 版。

④ 张春成、李江涛、单葆国："'一带一路'沿线将成全球电力投资洼地"，《中国能源报》，2018 年 3 月 26 日，第 4 版。

⑤ 吕银铃："'一带一路'绿色电力'出海'前景广阔"，《中国能源报》，2018 年 6 月 25 日，第 12 版。

别为 4.1%、3.1%，增速均有所下降。

共建"一带一路"国家电力消费水平和电力投资有非常大的增长空间。2017 年，"一带一路"沿线国家电力行业总产值约为 1089 亿美元，占能源行业的 72%。面对持续增长的电力需求，各国积极出台电力发展规划，如印度"十二五"规划中强调，政府追加电力投资 1 万亿美元，实现全国总发电量超过 1 亿千瓦的目标。[1] 预计 2014—2030 年间，全球累计电力投资规模约 6 万亿美元，其中共建"一带一路"国家约占全球电力投资总额的 40% 左右，加上中国后可占全球电力投资总额的近 60%。到 2030 年，共建"一带一路"国家年平均电力投资约 3750 亿美元，其中约 55% 用于电源开发，45% 用于电网建设。[2]

第三节　中国能源建设实力国际领先

改革开放 40 年来，我国能源建设能力取得跨越式发展。2017 年底，发电装机容量为 17.7 亿千瓦，发电量为 6.4 万亿千瓦时，人均用电量达 4600 千瓦时，分别是 1978 年的 31 倍、21 倍和 18 倍。40 年前，我国只拥有为数不多的 20 万千瓦火电机组，30 万千瓦机组尚需进口。如今已成为电力装备制造大国，发电设备年制造能力超过 1 亿千瓦，具备年产 10 套百万千瓦火电站成套设备制造能力，具备了单机 100 万千瓦水电机组制造能力。在特高压线路建设方面，已建成世界规模最大的特高压交直流混合电网，建成"八交十三直"特高压项目 21 项，在建"四交两直"6 项，投运和在建线路长度总计 40000 千米。[3]

总体上，我国在电源、电网基础设施的设计、建设、运营等方面的实力国际领先，且有丰富的跨国投资与建设经验。我国电网电压等级世界最高，电力系统规模世界最大。各项电力技术，如特高压交直流输电技术、火电超超临界、大型空冷、核电技术世界领先。高效、清洁、低碳火电技术不断创新，相关技术研究达到国际领先水平。超超临界机组实现自主开

---

[1] "'一带一路'基础设施投资最具吸引力国家，你绝对想不到"，http：//www.sohu.com/a/234656908_731421.

[2] 张春成、李江涛、单葆国："'一带一路'沿线将成全球电力投资洼地"，《中国能源报》，2018 年 3 月 26 日，第 4 版。

[3] 卢彬："改革开放 40 年发电装机增长 30 倍"，《中国能源报》，2018 年 10 月 22 日，第 3 版。

发、大型循环流化床发电、大型 IGCC、大型褐煤锅炉已具备自主开发能力，二氧化碳利用技术研发和二氧化碳封存示范工程顺利推进。燃气轮机设计体系基本建立，初温和效率进一步提升，天然气分布式发电开始投入应用。燃煤耦合生物质发电技术已在 2017 年开展试点工作。①

水电、光伏、风电、核电等产业化技术和关键设备与世界发展同步。中国水电工程技术达到世界一流，特别是在核心的坝工技术和水电设备研制领域，形成了规划、设计、施工、装备制造、运行维护等全产业链高水平整合能力。风电已经形成了大容量风电机组整机设计体系和较完整的风电装备制造技术体系。核电已经从最初的完全靠技术引进，到如今以福清5 号机组和防城港 3 号机组为代表的技术居世界前列的"华龙一号"三代核电技术研发和应用，四代核电技术、模块化小型堆、海洋核动力平台、先进核燃料与循环技术取得突破。掌握了具有国际领先水平的长距离、大容量、低损耗的特高压输电技术，电网的总体装备和运维水平处于国际前列。特高压输电技术处于引领地位，掌握了 1000 千伏特高压交流和 ±800 千伏特高压直流输电关键技术。②

在油气领域，我国技术水平也跻身世界前列。常规油气技术不断改善，技术成本不断降低，非常规勘探开发技术体系初步形成，页岩气技术获重要突破。形成比较完备的石油装备制造体系，大部分装备产品实现国产化，比如 12000 米特深井钻机、大口径高等级油气输送管道、海洋"981"和"982"钻井平台、百万吨级海上浮式生产储油系统等已达到国际先进水平。2000—2017 年，以三大国有石油公司为代表的中国石油行业共获得国际科技进步奖和国家发明奖等共 233 项，我国石油工业的技术水平跻身世界前列。③

中国不仅能源技术和装备在世界上都处于先进水平，建设经验丰富，成本也明显低于欧美企业。与国际巨头相比，中国油企陆上油田的开采技术绝对领先，能以"吃尽榨干"的丰富经验获得成本优势。④ 而且中国能

---

① 齐正平、林卫斌："改革开放 40 年我国电力发展十大成就"，https：//mp.weixin.qq.com/s/oylon6OHprG7Itw92xrnKw#__NO_LINK_PROXY__。

② 齐正平、林卫斌："改革开放 40 年我国电力发展十大成就"，https：//mp.weixin.qq.com/s/oylon6OHprG7Itw92xrnKw#__NO_LINK_PROXY__。

③ 钱兴坤、吴谋远："石油工业：为经济社会添底气、增动力"，《中国能源报》，2018 年 8 月 13 日，第 2 版。

④ "中国三大油企齐聚伊拉克中海油中标米桑油田"，http：//news.sohu.com/20100519/n272214985.shtml

源企业资金上比较充足，国家也鼓励能源企业积极在共建"一带一路"国家进行投资。2018年6月4日在北京举行的中国—中东欧国家能源合作第一次技术交流会上，中东欧国家普遍对中国在技术以及资金领域的雄厚实力高度认可。立陶宛能源部可再生能源顾问莉娜对《环球时报》记者表示，"你们国家在新能源及电力领域的技术非常先进，我们在寻求能源整体智能解决方案，这和我们国家的需求很契合。"罗马尼亚国家核电公司副总经理托尼则言简意赅地指出，中国的公司有两大优势："资金！专家！"[1]

第四节 政策框架

2015年3月28日，国家发改委、外交部、商务部联合发布《推动共建丝绸之路经济带和21世纪海上丝绸之路的愿景与行动》，文件称能源、交通、电信基础设施互联互通成为"一带一路"建设的优先领域。2017年5月，国家发展和改革委员会与国家能源局发布《推动丝绸之路经济带和21世纪海上丝绸之路能源合作愿景与行动》。[2]

1. 目标宗旨：加强"一带一路"能源合作旨在共同打造开放包容、普惠共享的能源利益共同体、责任共同体和命运共同体，提升区域能源安全保障水平，提高区域能源资源优化配置能力，实现区域能源市场深度融合，促进区域能源绿色低碳发展，以满足各国能源消费增长需求，推动各国经济社会快速发展。

2. 合作原则：坚持开放包容。各国和国际、地区组织均可参与"一带一路"能源合作，加强各国间对话，求同存异，共商共建共享，让合作成果惠及更广泛区域。

坚持互利共赢。兼顾各方利益关切和合作意愿，寻求利益契合点和合作最大公约数，各施所长，各尽所能，优势互补，充分发挥各方潜力，实现共同发展。

坚持市场运作。遵循市场规律和国际通行规则开展能源合作，充分发

---

[1] "中国—中东欧国家描绘能源合作蓝图"，http://news.cnpc.com.cn/system/2018/06/08/001693512.shtml。

[2] 国家发展和改革委员会、国家能源局：《推动丝绸之路经济带和21世纪海上丝绸之路能源合作愿景与行动》，http://www.nea.gov.cn/2017-05/12/c_136277473.htm。

挥市场在资源配置中的决定性作用,更好发挥政府作用。

坚持安全发展。加强沟通,增进互信,提高能源供应抗风险能力,共同维护国际能源生产和输送通道安全,构建安全高效的能源保障体系。

坚持绿色发展。高度重视能源发展中的环境保护问题,积极推进清洁能源开发利用,严格控制污染物及温室气体排放,提高能源利用效率,推动各国能源绿色高效发展。

坚持和谐发展。坚持能源发展与社会责任并重,重视技术转让与当地人员培训,尊重当地宗教信仰和文化习俗,积极支持社会公益事业,带动地方经济社会发展,造福民众。

3. 合作重点:加强政策沟通。与各国就能源发展政策和规划进行充分交流和协调,联合制定合作规划和实施方案,协商解决合作中的问题,共同为推进务实合作提供政策支持。

加强贸易畅通。积极推动传统能源资源贸易便利化,降低交易成本,实现能源资源更大范围内的优化配置,增强能源供应抗风险能力,形成开放、稳定的全球能源市场。

加强能源投资合作。鼓励企业以直接投资、收购并购、政府与社会资本合作模式(PPP)等多种方式,深化能源投资合作。加强金融机构在能源合作项目全周期的深度参与,形成良好的能源"产业+金融"合作模式。

加强能源产能合作。与各国开展能源装备和工程建设合作,共同提高能源全产业链发展水平,实现互惠互利。开展能源领域高端关键技术和装备联合研发,共同推动能源科技创新发展。深化能源各领域的标准化互利合作。

加强能源基础设施互联互通。不断完善和扩大油气互联通道规模,共同维护油气管道安全。推进跨境电力联网工程建设,积极开展区域电网升级改造合作,探讨建立区域电力市场,不断提升电力贸易水平。

推动人人享有可持续能源。落实2030年可持续发展议程和气候变化《巴黎协定》,推动实现各国人人能够享有负担得起、可靠和可持续的现代能源服务,促进各国清洁能源投资和开发利用,积极开展能效领域的国际合作。

完善全球能源治理结构。以"一带一路"能源合作为基础,凝聚各国力量,共同构建绿色低碳的全球能源治理格局,推动全球绿色发展合作。

"一带一路"建设相继列入能源以及电力、石油、煤炭、天然气和可再生能源的《"十三五"规划》。

《能源发展"十三五"规划》：统筹国内国际两个大局，充分利用两个市场、两种资源，全方位实施能源对外开放与合作战略，抓住"一带一路"建设重大机遇，加大国际产能合作，积极参与全球能源治理。加快推进能源合作项目建设，促进"一带一路"沿线国家和地区能源基础设施互联互通。研究推进跨境输电通道建设，积极开展电网升级改造合作。

《电力发展"十三五"规划》：充分利用国际国内两个市场、两种资源，积极推进电力装备、技术、标准和工程服务国际合作，根据需要推动跨境电网互联互通，鼓励电力企业参与境外电力项目建设经营。

《煤炭工业发展"十三五"规划》：全方位加强煤炭国际合作，提升煤炭工业国际竞争力。稳步开展国际煤炭贸易，推进境外煤炭资源开发利用，扩大对外工程承包和技术服务。积极稳妥推进煤炭国际产能合作，结合境外煤炭资源开发需要，开展配套基础设施建设和煤炭上下游投资，实现合作共赢。

《石油发展"十三五"规划》：提升国际石油合作质量和效益，优化投资节奏和资产结构，探索境外投资领域、投资主体多元化和合作方式多样化，加强能源与金融的深度合作，提升企业"走出去"水平。优化和推进俄罗斯—中亚、中东、非洲、美洲、亚太等区域油气合作。加强"一带一路"沿线国家基础设施互联互通合作。

《天然气发展"十三五"规划》：落实"一带一路"建设，加强与天然气生产国的合作，形成多元化供应体系，保障天然气供应安全。建立完善跨境天然气管道沿线国家保证供应多层面协调机制，重视跨境管道安全保护。促进与东北亚天然气消费国的合作，推动建立区域天然气市场，提高天然气价格话语权。

《可再生能源发展"十三五"规划》：推进可再生能源产业链全面国际化发展，提升我国可再生能源产业国际竞争水平，积极参与并推动全球能源转型。紧密结合"一带一路"沿线国家发展规划和建设需求，适时启动一批标志性合作项目，带动可再生能源领域的咨询、设计、承包、装备、运营等企业共同"走出去"。

第五节 重点合作领域

根据相关规划，"一带一路"倡议下，我国能源，特别是油气国际合作的策略与目标主要包括：着力拓展和建设"一带一路"进口通道，孟中印缅经济走廊和中巴经济走廊，积极支持能源技术、装备和工程队伍"走出去"；加强俄罗斯中亚、中东、非洲、美洲和亚太五大重点能源合作区域建设，建立区域性能源交易市场，支持企业"走出去"；积极推进深海对外招标和合作，尽快突破深海采油技术和装备自主制造能力，大力提升海洋油气产量。①

"一带一路"能源合作主要涵盖资源开采与运输、基础设施建设、能源利用与转型、能源服务与装备等领域。资源开采与运输。据 IEA 预测，未来 15 年，以化石能源为主的传统能源仍将是世界能源消费的主体，石油、天然气和煤炭仍将占据绝大部分能源消费量。在蒙古、印度尼西亚、巴基斯坦等化石资源丰富的国家，由于开采和运输技术受限，油气、煤炭利用程度很低，对这些国家提供技术支持，在供应当地能源需求的同时可以出口其他国家。陆上方面，依靠已建成的中国—中亚—俄罗斯原油管道、中缅天然气管道、煤炭国际铁路通道等来构建区域性的资源运输网络，提高油气、煤炭资源的流动性和整体安全性；海上方面，开辟新的海陆联运航线，提高航运、港口容量，针对海上运输有可能遇到的各种风险建立预警机制，与周边国家共同维护海上能源通道安全。②

基础设施建设。亚太地区人口密集，电力需求很大，但资源不均造成了电力富集与短缺地区之间电力消纳的矛盾，电网的完善有利于实现电力供需平衡。对电网设施严重落后、无法满足公共用电的国家和地区，帮助其实现电网升级改造的同时，整合跨国电力交易和电网互联。中国可以先与周边国家和地区进行电网互联，继续完善与南亚和东南亚的电力联网设施、与俄罗斯的直流联网工程。此外，新疆地区与中亚五国的特高压输电网络、东北亚的大电网建设也将是电网互联的重点。③

能源利用与转型。提高能源生产、转化和利用效率，推动能源经济的绿色、高效、清洁、低碳转型是"一带一路"绿色能源合作的核心要素。中国的煤电技术和环保标准均居于世界领先水平，更适合在经济相对落

---

① 谢和平、刘虹："煤炭行业实施'走出去'战略的思考与建议"，http: //job. coal. com. cn/news/hangye/392654 - news. html。

② 袁家海、赵长红："'一带一路'绿色能源合作前景何在"，https: //www. china5e. com/news/news - 995636 - 1. html。

③ 袁家海、赵长红："'一带一路'绿色能源合作前景何在"，https: //www. china5e. com/news/news - 995636 - 1. html。

后、电气化程度较低的国家推广。水能、风能、太阳能等可再生能源在全球分布较为均衡，推动区域可再生能源发展，可以有效地帮助化石能源缺乏的国家缓解电力贫困问题。①

能源服务与装备。依靠我国能源服务行业的专业技术和服务产品，为沿线国家的高耗能企业改造、资源勘探与开采、电源电网建设提供资金、产品和智力支持。在装备制造方面，我国超超临界的煤电机组的技术参数要高于国外标准，风力发电塔、水轮机、太阳能电池板等可再生能源装备以及第三代核电装备在性能和成本方面都具有很强的国际竞争力。

对外投资。2012—2016年，电力对外投资项目主要分布在亚洲、美洲、欧洲、非洲和大洋洲的29个国家和地区。从投资合作方式看，2012—2016年主要电力企业投资方式中BOT类占36%，资产并购占26%，绿地投资占20%，直接投资占17%，PPP项目1例。从投资领域看，2012—2016年5年中，3000万美元以上项目共103例，其中水电和清洁能源占48%，火电占21%，输变电占16%，矿产资源占9%，其他约为6%。②

工程承包。2016年，我国企业在52个共建"一带一路"国家开展项目承包工程，其中大型承包项目120个，合同274.72亿美元，涉及29个国家。工程领域包括火电、水电、风电、太阳能、核电、输电工程、基础设施建设等。2012—2016年的5年中，EPC总承包是对外承揽工程项目的主要方式，占总工程数量的76%，2016年占到80%。

设备技术出口。2012—2016年，我国企业电力设备技术出口主要包括直接出口和境外工程带动出口两种方式，在前四年以境外工程带动出口为主。2016年，首次出现直接出口金额高于境外工程带动出口金额，设备和技术出口总额达39.04亿美元，其中直接出口21.03亿美元、直接出口技术8.29亿美元，占75%。③

---

① 袁家海、赵长红："'一带一路'绿色能源合作前景何在"，https：//www.china5e.com/news/news-995636-1.html。
② "'一带一路'下中国电力能源企业如何'走出去'"，http：//www.sinotf.com/GB/News/Enterprise/2017-09-30/0MMDAwMDI3NjY0MA.html。
③ "'一带一路'下中国电力能源企业如何'走出去'"，http：//www.sinotf.com/GB/News/Enterprise/2017-09-30/0MMDAwMDI3NjY0MA.html。

第六节 合作成果丰硕

6年来,"一带一路"油气合作深入推进。中国能源企业不断深化政策沟通、加强基础设施互联互通、提升能源贸易畅通水平,与中亚、中东、非洲、美洲等地区的能源合作持续深化。自2013年年底至2016年,由我国企业在海外签署和建设的重大能源项目达60多个,项目主要集中在电源建设、油气运输、跨境电力与输电通道、区域电网等能源基础设施建设。[1] 2013—2017年,我国对共建"一带一路"国家资源投资累计达773亿美元,签订的对外承包工程合同额达到5179亿美元,年均增长19%。[2]

2005—2016年,中国对共建"一带一路"国家相关投资主要集中在能源、交通运输、房地产和农业等领域,其中能源投资规模5946.1亿美元,占总投资的40%。截至2015年底,我国在"一带一路"油气项目总投资高达2000亿美元。从地区能源投资情况来看,我国在东盟、南亚、独联体、中东欧、中亚和西亚的能源投资占地区投资总额比重分别为45.4%、26.2%、18.5%、3.7%、3.4%和2.8%。[3]

与有关国家大力推动能源贸易和投资便利化,能源贸易水平不断提高。2014年,我国与沿线国家油气贸易额达2200亿美元,占货物贸易总额的20%。2016年,我国进口原油3.81亿吨,其中从共建"一带一路"国家和地区进口2.49亿吨,占进口总量的65%,沿线的沙特、俄罗斯、伊朗、伊拉克、阿联酋等国都位列我国原油进口前十大来源国,其中与西亚北非地区的原油贸易达1.8亿吨。[4] 2016年成品油出口193亿美元,70%左右出口至印尼、马来西亚、新加坡等共建"一带一路"国家。2016年进口天然气合计736亿立方米,主要来自中亚国家、缅甸、澳大利亚、卡塔尔和印尼等。截至2015年年底,我国油企在"一带一路"油气项

---

[1] 齐正平:"'一带一路'能源研究报告(2017)",http://www.chinapower.com.cn/moments/20170516/77097.html。

[2] 杨晓冉:"我国电力设备出口总额超过62亿美元",《中国能源报》,2018年7月30日,第12版。

[3] 袁家海、赵长红:"'一带一路'绿色能源合作前景何在",https://www.china5e.com/news/news-995636-1.html。

[4] "能源贸易在'一带一路'上提速",http://news.cnpc.com.cn/system/2017/05/13/001646509.shtml。

目总投资高达 2000 亿美元。预计 2020 年、2030 年将分别再增 810 亿美元、1900 亿美元。①

在电力基础设施建设方面，一大批火电站、水电站、核电站项目的建设，为当地经济发展提供强劲动力支撑。截止到 2016 年底，中国参与了沿线 25 个国家共 240 个煤电项目，总装机容量达到了 25.1054 万兆瓦。在电网建设方面，累计建成中俄、中蒙、中吉等跨国输电线路，在解决当地无电和缺电问题，在促进民心互通方面发挥了积极的作用。在非洲，过去 3 年共兴建发电装机 2000 万千瓦、输电线路 3 万千米。今后一段时间内，一批重点能源项目还将在非洲实施。②

可再生能源方面，2015 年我国可再生能源海外投资 8 个项目，总额达 200 亿美元，占全球总量的 1/3，2016 年我国可再生能源海外布局 11 个项目，投资总金额达 320 亿美元。③ 截至 2017 年年底，共有金风科技、联合动力、远景能源、明阳智能、中国海装、东方风电等 17 家企业向 33 个国家和地区出口了 1707 台机组，累计装机容量为 320.5 万千瓦。2017 年，我国光伏产品（包括硅片、电池片、组件及光伏逆变器）出口总额达到 157.77 亿美元。核电领域，中国核电企业与巴基斯坦、阿根廷、沙特、美国、英国、加纳等国的核电合作已取得一系列新进展。④

目前国家电网公司在菲律宾、巴西、葡萄牙、新加坡、澳大利亚、比利时、意大利等国通过参股或控股的方式参与了当地的发电、输电业务运营。在中国"一带一路"倡议与全球能源互联网发展合作组织的推动下，国家电网公司的境外电网互联投资力度有望继续加大。2015 年，哈萨克斯坦埃基巴斯图兹至河南南阳的 ±1100 千伏高压直流工程、俄罗斯叶尔科夫齐至河北霸州的 ±800 千伏高压直流工程、蒙古锡伯敖包至天津和新疆伊犁至巴基斯坦伊斯兰堡的 ±660 千伏直流工程的前期规划工作已展开。2014 年底，中国国家电网公司境外资产达到 298 亿美元，是 2009 年的 17

---

① 齐正平："'一带一路'能源研究报告（2017）"，http://www.chinapower.com.cn/moments/20170516/77097.html。
② 董欣："能源合作点亮中非互惠共赢之路"，《中国能源报》，2018 年 9 月 10 日，第 1 版。
③ 袁家海、赵长红："'一带一路'绿色能源合作前景何在"，https://www.china5e.com/news/news-995636-1.html。
④ 朱跃中、刘建国、蒋钦云："能源国际合作 40 年：从'参与融入'到开创'全方位合作'新局面"，《新能源经贸观察》，2018 年第 18 期，第 62 页。

倍，年投资回报率在 12% 以上。①

　　三峡集团、国投电力、中广核、中国电建、龙源电力等中国公司一直活跃于可再生能源领域。2014 年 11 月，龙源电力在加拿大投资的风电项目并网发电，这也是中国发电企业在海外投资的第一个风电项目，并首次实现了自主开发、自主建设、自主运营。2015 年 2 月，中核集团的自主三代核电技术华龙一号（ACP1000）成功出口拉美，投资共计 128 亿美元。浙江正泰新能源开发有限公司已经在保加利亚、罗马尼亚、南非、韩国、印度等国总计投资建设了 200 兆瓦的光伏电站项目。

　　中国华电也积极拓展海外业务，涉及 30 多个国家和地区。截至 2017 年底，境外资产约 200 亿元，控股在运装机规模 139.2 万千瓦，累计已完成及正在实施的总承包和运行维护电厂装机容量分别为 396.16 万千瓦、3389.10 万千瓦。华能深入推进国际化发展战略，紧跟国家"一带一路"建设脚步，截至 2017 年底，境外电力装机容量超过 1000 万千瓦，境外资产总额达到 591 亿元。②

　　近年来，"一带一路"倡议推动并实施了一批条件成熟的重大能源合作项目，如中巴经济走廊能源合作项目、中俄原油管道扩建项目、中俄东线天然气管道项目、亚马尔液化天然气项目、中英核电项目等。积极推动中国—东盟清洁能源能力建设计划、中国—阿盟清洁能源中心、中国—中东欧能源项目对话与合作中心建设，建设并完善国际能源变革论坛机制，成功主办二十国集团能源部长会议。③

　　2017 年 5 月，第一届"一带一路"国际合作高峰论坛主要项目成果也基本集中在能源合作上：中国政府与泰国政府签署政府间和平利用核能协定；中国国家能源局与瑞士环境、交通、能源和电信部签署能源合作路线图；与巴基斯坦水电部签署关于巴沙项目及巴基斯坦北部水电规划研究路线图的谅解备忘录和关于中巴经济走廊能源项目清单调整的协议；全球能源互联网发展合作组织与联合国经济和社会事务部、联合国亚洲及太平洋

---

① 袁家海、赵长红："'一带一路'绿色能源合作前景何在"，https：//www.china5e.com/news/news-995636-1.html。
② 吕银玲、卢彬："改革开放 40 年，我国电力取得了哪些成就？"，https：//mp.weixin.qq.com/s/IbITDAPMQZlzkf5MTxwnXg#__NO_LINK_PROXY__。
③ 钟银燕："'一带一路'建设，能源合作居于怎样的地位？电规总院院长谢秋野深度解读"，https：//mp.weixin.qq.com/s/BuIwVEomDleet KXUGZ_OJg#__NO_LINK_PROXY__。

经济社会委员会、阿拉伯国家联盟、非洲联盟、海湾合作委员会互联电网管理局签署能源领域合作备忘录等。

亚马尔液化天然气（LNG）项目是"一带一路"倡议提出后实施的首个海外特大型项目。俄罗斯在2013年12月决定投资亚马尔LNG项目，并预计于2017年启动，但2014年初爆发克里米亚危机，随后是欧美的制裁。欧美制裁不仅限制了资金，还限制了俄罗斯引进先进的能源开采技术。加上油价低迷，亚马尔LNG项目一度面临难产。为了缓解制裁压力，诺瓦泰克公司成功组成包含中国石油、丝路基金和道达尔在内的投资集团，将资金、技术专业知识和LNG买家整合在一起。亚马尔项目中国石油参股20%、丝路基金参股9.9%，是中俄能源合作中最突出的成果之一。[①]

[①] 余家豪："亚马尔LNG投产，诺瓦泰克未来怎么发展？" https：//www.sohu.com/a/2015093405/26957。

第二章

化石能源合作

油气行业"走出去"时间早、规模和影响大。经过 20 多年的发展，油气企业海外投资规模大幅增加，国际竞争力显著提升，成为国际市场的重要力量。海外投资领域不断扩展，涉及油气田、管线建设、炼厂项目、权益资产以及工程和技术服务等多类项目。地域分布也日益广泛，海外业务已拓展至全球大部分地区，大体形成中亚—俄罗斯、非洲、中东、美洲、亚太等海外油气合作区。煤炭企业"走出去"也取得积极成效，从最初的劳务输出，设备出口，小规模煤矿开采，发展到当前的大规模勘探、开采、技术输出、煤电和路港一体化等。①

第一节 油气合作

共建"一带一路"国家是油气主产区，也是主要的消费区，倡议为油气企业提供了海外发展新的历史机遇。油气合作从上游勘探开发，拓展到下游炼油化工、工程技术服务，向全产业链延伸。上游主要集中在中亚—俄罗斯、中东、非洲、亚太等油气合作区，其中中石油海外千万吨级大型油气生产项目 75% 位于"一带一路"区域。在下游，主要是推动推进亚太、东欧及苏联、中东等地区的炼厂布局。合作方式上，油气贸易与投资、建设并进。随着"一带一路"倡议的继续推进，与沿线国家在油气上游、通道建设和贸易等领域合作将继续深入。2014 年，我国与沿线国家油气贸易额达 2200 亿美元，占货物贸易总额的 20%。2015 年，我国油企在"一带一路"油气项目上的总投资高达 2000 亿美元。预计 2020 年、2030 年将分别再增 810 亿美元、1900 亿美元。

截至 2018 年 10 月，中国石油在共建"一带一路"19 个国家运作 49 个油气合作项目，累计投资占公司海外总投资的 60% 以上，累计油气权益产量占海外权益总产量的 50% 左右，参与投资建设的亚马尔液化天然气

---

① "中国煤炭企业'走出去'发展现状存在问题和发展趋势"，http://blog.sina.com.cn/s/blog_4aa4c4170102v66r.html。

(LNG) 项目已经投产。中石化在共建"一带一路"30多个国家开展投资和项目合作，完成项目近30个，执行工程合同近600个，贸易实现全覆盖，累计获得权益油气6100万吨油当量，与沙特阿美合资建设了延布炼厂，设计加工能力达到2000万吨/年，是中国在沙特最大的投资项目。中国海油、保利集团等国有企业，以及民营企业对共建"一带一路"国家的油气投资持续增长。[①]

2019年4月25日，在第二届"一带一路"国际合作高峰论坛举行的"一带一路"企业家大会上，中石油董事长王宜林指出："'一带一路'倡议提出以来，中石油在沿线国家累计投入超过550亿美元，通过合作项目累计为东道国上缴税费近200亿美元。目前在沿线20个国家开展53个油气投资项目合作。"

一 "走出去"历史悠久

在1978年改革开放以前，中国几乎没有海外投资。从20世纪90年代起，中石油等企业开始投资于国际能源资源的勘探开发。在石油系统内部，早在1986年6月就有专家向中石油提议进行跨国勘探开发。1991年，中石油把国际化经营作为三大战略之一。国际化经营的内涵比较广泛，包括引进外资来中国陆上进行油气勘探开发，国内专业技术服务公司到境外进行技术、劳务服务，也包括到国外进行油气勘探开发。

1992年11月，中石油成立国际公司，后改名为国际石油勘探开发合作局和中国石油天然气勘探开发公司，负责国内外的勘探开发与对外合作。1993—1995年分别获得了秘鲁6、7区块和加拿大阿奇森等老油田开发项目、巴布亚新几内亚的勘探区块和苏丹6区块勘探项目。中海油（中国海洋石油总公司）的跨国勘探开发也起步较早，1994年获得了马六甲油田32.5%的参股权，1995年购买的股权又增加了6.93%。[②]

中石化于2000年签订了一个伊朗勘探项目，2001年1月成立国际石油勘探开发有限公司。2001年，与德国普鲁士格公司签订了也门S2勘探开发项目的权益转让协议。中化（中国化工进出口公司）于2002年5月

---

① "加强'一带一路'油气投资回报机制建设"，http://news.cnpc.com.cn/system/2018/10/30/001708963.shtml。

② 童晓光、窦立荣、田作基等著：《二十一世纪中国跨国油气勘探开发战略研究》，石油工业出版社，2003年6月版，前言第3页。

成立石油勘探开发公司，并与挪威石油地质服务公司（PGS）签订了Atlantis项目的股权转让合同，年底与厄瓜多尔签了两个区块合作协议。此外，一些非石油业内公司也对跨国油气勘探开发表现出浓厚的兴趣，如北方公司、中信等。

从2003年起，中国石油公司的海外投资逐渐扩展到20多个国家。2004年，中石油国外产量达到3000万吨，权益油产量达到1600万吨，权益天然气产量达到25.9亿立方米。[①] 2006年，中石化海外权益油产量达452万吨。海外油气投资项目（包括合约）的数量由2005年的5项增至2008年的11项和2009年的16项。投资额由2005年的64.1亿美元增至2008年的230.6亿美元和2009年的298.5亿美元。[②]

2008年国际金融和经济危机后，中国海外油气投资进入一个新的快速发展阶段。截至2015年，已有20多家中国石油公司共在54个国家投资近200个石油和天然气项目。近年来，国际油价下跌对中国石油公司海外投资造成了一定的冲击，但总体上仍保持增长势头。其中，中石油海外权益油气产量由2013年的5800万吨增至2015年的7202万吨，中石化海外权益产量由2013年的约3000万吨增至2015年的3871万吨。2016年，中国海外权益油总量达310万桶/日，是2009年总量（70万桶/日）的近5倍，占国内需求总量的25%以上，相当于原油进口量的40%。中石油、中石化和中海油等三大国家石油公司占海外权益油总产量的90%以上。[③] 2017年，中海油海外生产原油3273万吨，天然气116亿立方米。[④]

经过20多年的努力，中国油气企业跨国经营取得重大突破，在国际油气行业的参与度和竞争力不断提升。截至2017年底，三大石油公司海外业务遍及全球近60个国家和地区，管理和运作着超过200个油气合作项目，拥有石油剩余可采储量14亿吨、天然气剩余可采储量4300亿立方米。

[①] 中石油2004年度报告，http: www.cnpc.com.cn/cn/gywm/qywh/cbw/ndbg/boeee3ac_9e19_4462_993d_42f160ee7ea/.htm。

[②] Derek Scissors, "China Moves Overseas", 21 April 2010, Forbes Online, http://www.forbes.com/2010/04/02/China-Overseas-investment-heritage-energ-metals-us-global, 2000-10-australia.html.

[③] 国际能源署：“分析与展望，中国聚焦”，https://www.iea.org/publications/freepublications/publication/MarketReportSeries_Oil2017_ChinaFocusChinese.pdf

[④] 吴莉：“中海油发布2017年可持续发展报告”，《中国能源报》，2018年4月2日，第13版。

2017年海外油气权益产量1.9亿吨,海外原油加工能力达到3000万吨/年,海外工程技术服务合同额达到52亿美元,成为全球国家石油公司中"走出去"的领导者。[①]

二、合作基础与前提

油气是共建"一带一路"产油国的经济命脉和经济社会发展的基础。以中亚—俄罗斯为例,环里海8国油气出口贸易额占其出口总额的70%以上,其中土库曼斯坦75%外汇来自油气出口,哈萨克斯坦经济发展与油价相关度高达0.96,而中俄签订的2700亿美元/25年石油供应协议、中俄天然气东线管道、中俄北极亚马尔液化天然气项目等相关油气合作项目成为近年俄罗斯尝试经济复苏的重要外资来源之一。世界经济增速放缓,全球油气需求低迷,欧盟积极推动能源多元化,共建"一带一路"油气资源国经济面临挑战增大,积极拓展亚太市场。

我国与沿线产油国在石化产业发展方面存在优势互补。中东国家正在加快产业结构调整,推进石化产业发展,筹划一批大型炼油和化工项目,以期化资源优势为产能优势。中国已拥有强大的炼化工程咨询、设计、施工、监理和项目管理能力,形成了一支实践经验丰富的专业施工建设队伍,可以为大型炼化项目提供全流程的工程总承包服务。在中东国家发展现代化炼油化工工业过程中,我国可通过技术转让、带资建设和合资合作等多种方式与之深入合作。[②]

早在20世纪90年代中期,中国企业就已开始在共建"一带一路"区域内进行油气合作。20多年来,在共建"一带一路"地区陆续抓住了1997年哈萨克斯坦大型油田开发、2002年前后印尼油气田收购、2007年中亚天然气上中下游合作、2009年中东大型油气田项目群合作,以及中俄油气管道项目及贸易合作等数次重大战略机遇,实现了能源资源开发与沿线资源国发展互利共赢。[③]

我国石油公司在共建"一带一路"国家已经具有雄厚的油气合作基础。如在中亚—俄罗斯地区已有油气上游项目20多个,拥有剩余油气可采

---

① 钱兴坤、吴谋远:"石油工业:为经济社会添底气、增动力",《中国能源报》,2018年8月13日,第2版。
② 汪巍:"加快全面推进与中东油气合作",《中国石化》,2017年8月30日,第77页。
③ "油气合作核心在于'五通'",《中国能源报》,2017年5月15日,第4版。

储量超过 10 亿吨，在中东已有油气上游项目超过 20 个，拥有剩余油气储量近 10 亿吨。"一带一路"已有的油气上游合作项目产生了良好的社会效益。为当地提供了 4 万余个就业岗位、超过 300 亿美元税费和 2 亿美元公益投入，多个项目获得当地政府颁发奖项，阿姆河、阿克纠宾、PK、MMG、中亚天然气管道等项目被驻在国元首誉为"油气合作典范"。①

三、"一带一路"倡议提供新动力

"一带一路"倡议及相关国家政策，给企业"走出去"，尤其走向"一带一路"市场投资和参与项目建设提供了有利的支持和保障。沿线国家地域广阔，人口众多，经济发展潜力大，市场空间大。国家政策的推动，将加快中国企业在共建"一带一路"国家的投资步伐，提高其成功率。②

2017 年，在上游领域，央企和民企齐发力，投标和并购双管齐下，中国企业不断在资源国获得大型新项目。2 月，中石油和华信能源分别获得阿布扎比陆上石油公司 8% 和 4% 的股份，共可获得近 1000 万吨原油权益产量；9 月，华信能源以 91 亿美元购买俄罗斯石油公司 14.16% 的股份（未交割）；11 月，中国石油成功中标杰列斯肯Ⅰ和杰列斯肯Ⅱ两个勘探区块，总面积 4500 平方米。其他项目也顺利推进，例如中石油与伊朗开发南帕斯Ⅱ期的合作协议正式签署、北京燃气集团收购俄罗斯上乔公司 20% 股份交易成功交割、亚马尔项目顺利投产。③

2017 年 7 月，在德黑兰，中国石油携手道达尔及当地石油公司组成的财团，正式签署南帕斯Ⅱ区项目服务合同。南帕斯项目开启了伊朗对外油气合作的新纪元。依照合同内容，在 20 年合同期内，预计将生产 3300 亿立方米天然气。道达尔在中东市场通过伊拉克哈法亚项目，与中石油建立了良好的合作基础。此次在伊朗南帕斯项目选择中石油作为合作伙伴，再次证明了中石油国际竞争力得到西方大公司的认可。④

---

① "油气合作核心在于'五通'"，《中国能源报》，2017 年 5 月 15 日，第 4 版。
② "'一带一路'建设中，中国化工企业走出去的实践指南"，https://cj.sina.com.cn/article/detail/2341947011/247694?cre=financepagepc&doct=0&loc=5&mod=f&r=9&rfunc=100。
③ 金焕东："亚马尔 LNG 等海外项目成功运作，'一带一路'油气合作在全面推进中开拓新模式"，《国际石油经济》，2018 年第 1 期，第 28 页。
④ "从南帕斯项目看中国石油中东战略发展"，http://news.cnpc.com.cn/system/2017/08/29/001659100.shtml

俄罗斯和哈萨克斯坦都是上海合作组织的重要成员国，也是中国国际油气合作版图中的重点区域。上海合作组织2018年青岛峰会召开前，俄罗斯和哈萨克斯坦国家元首均提前到达北京对中国进行国事访问。2018年6月8日上午，中国石油集团董事长王宜林在北京会见了来访的俄罗斯天然气工业股份公司总裁米勒，双方就进一步深化各领域合作举行会谈，并分别代表中石油和俄气签署《标准及合格评定结果互认合作协议的补充协议》。

哈萨克斯坦国家石油公司是中石油海外最重要的合作伙伴之一，20多年来，在油气勘探、管道建设、炼厂改造与运营、管厂建设等方面的全面合作卓有成效，合作领域不断扩大，合作深度不断提升。2018年6月8日，中哈油气领域合作协议签字仪式在京举行，中国石油集团董事长王宜林分别同来访的哈萨克斯坦能源部部长博祖姆巴耶夫、哈萨克斯坦国家石油天然气公司总裁门巴耶夫举行会谈。王宜林与博祖姆巴耶夫签署了《中国石油天然气集团有限公司与哈萨克斯坦能源部关于石油合同延期及深化油气领域合作的协议》，双方一致表示将进一步加强中哈两国能源领域合作。[①]

油气企业在共建"一带一路"国家的先行实践，为"一带一路"倡议的提出奠定了重要基础，而"一带一路"倡议的提出进一步加快了油气领域的合作步伐。截至2017年上半年，中石油在共建"一带一路"19个国家执行近50个油气合作项目，涵盖75%的海外千万吨级大型油气生产项目；中石化在共建"一带一路"11个国家执行18个油气合作项目；中海油在共建"一带一路"国家执行8个油气合作项目。[②] 在共建"一带一路"国家内，我国油气企业建成三大油气合作区、四大油气运输通道、2.5亿吨当量产能、3000万吨炼能的全产业链合作格局，累计投资超过2000亿美元，成为"一带一路"建设规模最大的产业。[③]

自20世纪90年代中国企业"走出去"参与国际油气勘探开发起，中国油气企业境外油气总投资超过3000亿美元，建立了非洲、中东、中亚—俄罗斯、美洲和亚太五大油气合作区域。2017年底，中国企业拥有的境外

---

① 孟庆璐、崔茉、王俭："定了！中哈石油合同延期，油气合作进入新阶段！"，https://www.toutiao.com/a6565586975846302221/

② 张春成、李江涛、单葆国："'一带一路'沿线将成全球电力投资洼地"，《中国能源报》，2018年3月26日，第4版。

③ 钱兴坤、吴谋远："石油工业：为经济社会添底气、增动力"，《中国能源报》，2018年8月13日，第2版。

权益油气产量合计为1.9亿吨,其中权益原油产量为1.5亿吨,天然气权益产量450亿立方米。① 综合考虑中国境内外油气生产活动,2017年中国的原油产量应为3.415亿吨,天然气产量应为1942亿立方米,原油产量可排名第4位,仅次于美国、沙特阿拉伯和俄罗斯;天然气产量也可排名世界第4位,仅次于美国、俄罗斯和伊朗。②

四、油气贸易进一步扩大

自20世纪90年代起,我国逐渐成为全球油气贸易的重要参与者和最大进口商。"一带一路"倡议提出以来,我国从共建"一带一路"国家进口的石油数量不断创历史新高,占石油进口的65%,成为我石油进口的最主要来源。同时,我国不断加大成品油出口市场开拓力度。2016年,成品油出口额达到193亿美元,70%左右出口至共建"一带一路"国家,在共建"一带一路"国家的众多油气投资项目中,已形成了集勘探开发、管道建设运营、工程技术服务、炼油和销售一体的油气全产业链合作格局。

2017年,中国企业分别与俄罗斯、阿联酋和哈萨克斯坦签署油气供应协议,中国与"一带一路"沿线国家油气贸易量持续增长。华信能源与俄罗斯石油公司签署为期5年累计6080万吨的向中国供应原油的协议,与阿布扎比国家石油公司(ADNOC)达成每年1000万吨的原油长期供应协议。中石油与哈萨克斯坦天然气运输公司达成天然气供应协议,每年向中国供应50亿立方米的天然气。③ 2017年俄罗斯对中国出口原油量达到5970万吨,已占俄罗斯出口总量的23.6%。

截至2018年底,中石化累计从18个共建"一带一路"国家进口原油8.75亿吨,累计向64个国家出口化工产品约41亿美元,累计从18个国家进口化工产品143亿美元,累计出口设备材料约3亿美元,累计进口设备材料超过2亿美元。④

---

① 王能全:"深化油气改革的关键词",《新能源经贸观察》,2018年第11期,第35页。

② 王能全:"深化油气改革的关键词",《新能源经贸观察》,2018年第11期,第35页。

③ 金焕东:"亚马尔LNG等海外项目成功运作,'一带一路'油气合作在全面推进中开拓新模式",《国际石油经济》,2018年第1期,第28页。

④ 文小勇:"中国石化力拓'一带一路'朋友圈",《中国能源报》,2019年4月29日,第13版。

贸易公司市场影响力显著提升。中石油、中石化等公司旗下的石油贸易公司目前已形成了专业化的国际贸易人才队伍,不仅成为国际石油贸易行业的重要参与者与建设者,更成为了区域市场最主要的引领者,极大地提升了我国在区域能源市场的影响力。

五、油气进口通道不断完善

跨境油气通道建设是油气合作一个重要领域。"一带一路"范围内陆上油气管线以中东、俄罗斯、中亚等资源国为中心,向欧洲、东南亚、东亚等方向延伸。我国三条陆上跨国油气通道为:东北的中俄原油管道,西北的中哈石油管道和中国—中亚天然气管道(A\B\C线),西南的中缅油气管道。2014年,中国—中亚天然气管道D线塔吉克斯坦段和中俄东线天然气管道俄罗斯境内段相继开工。同时积极推进海上油气通道建设,参与沿线重要港口建设与经营。

近年来,中国国际油气进口管道建设积极进展,极大推动了"一带一路"的设施连通。迄今已建成中国—中亚天然气管道A/B/C线、中哈原油管道、中俄原油管道、中俄原油管道二线工程、中缅天然气管道和中缅原油管道工程;同时,中俄东线天然气管道等正在按计划建设。西北、东北、西南和海上四大油气运输通道持续完善。

东北方向,中俄原油管道二线工程全线贯通,已于2018年1月1日投产,中国从东北进口的俄罗斯原油将由每年1500万吨增加到3000万吨;中俄东线天然气管道顺利推进,预计2019年底建成通气,新增输气能力380亿立方米/年。

西南方向,中缅油气管道全面建成。2013年5月28日,中缅天然气管道缅甸段建成,2013年7月28日实现了向中国供气。2014年5月30日,石油管道施工完成。2014年10月30日,马德岛码头完工。2017年4月10日下午,中缅在北京签署《中缅原油管道运输协议》,同日晚间油轮在印度洋畔的缅甸马德岛卸油进入中缅原油管道,经12年筹备建设,中缅原油管道工程正式投运。[①]

西北方向,中亚天然气管道D线塔吉克斯坦段重新开工,预计2022

---

① 张国宝:"十年磨一剑的中缅油气管道",《中国经济周刊》,2017年第17期,第80—82页。

年年底建成,将新增输气能力300亿立方米/年。①

六、炼油与化工合作快速发展

"一带一路"沿线油气资源国为了摆脱单一的出口经济,强调多元发展,特别是发展炼油产业以吸引更多外国资本和技术。而沿线国家中的印度等人口大国正处于工业化进程中,国内油品需求快速增长,急需扩大炼油和石化工业规模。预计2016—2020年,共建"一带一路"地区将新增炼油能力1.4亿吨/年,约需投资额700亿美元,主要集中在科威特、沙特、印度、马来西亚、越南、伊拉克等国。②与此同时,共建"一带一路"地区的油品质量升级步伐明显加快,该地区炼油产业在提高炼油能力的同时,将炼厂建设重点转移到提高原油深度加工和清洁燃料生产方面。

近年来,中石化已在油气勘探开发、石油和炼化工程服务、原油、设备材料及石化产品贸易等领域大力开展互利合作,近几年累计合作投资近千亿美元。油气勘探开发方面,2001年起,先后与11个共建"一带一路"国家从事油气勘探开发投资合作,截至2016年底拥有或参与项目18个,主要位于俄罗斯、哈萨克斯坦、印度尼西亚、缅甸、伊朗、叙利亚、沙特、也门、埃及、蒙古等国家。截至2016年,累计投资203.11亿美元,累计获得权益油产量9831.6万吨。③

截至2016年底,中国石化向20多个共建"一带一路"国家提供石油工程服务,业务涵盖钻井、测井、物探、地面工程等,并带动了设备及材料出口。2011—2016年,累计签订工程技术服务合同745个,合同额109.8亿美元,累计完成合同额78.6亿美元。2011—2016年,中国石化与10个"一带一路"沿线国家和地区新签炼化工程服务国际业务合同72个,合同金额95.27亿美元,累计完成合同额73.49亿美元。项目涵盖伊朗、沙特、哈萨克斯坦、阿联酋、印度、马来西亚、泰国等国家。

2011—2016年,中国石化累计从15个共建"一带一路"合作国家进口原油11亿吨;累计向64个合作国家出口化工产品35.3亿美元,累计从

---

① 金焕东:"亚马尔LNG等海外项目成功运作,'一带一路'油气合作在全面推进中开拓新模式",《国际石油经济》,2018年第1期,第28页。
② 邹劲松、刘晓宇、罗佐县:"'一带一路'炼油合作前景广阔",《中国能源报》,2018年2月5日,第4版。
③ 郑丹:"'一带一路'谱油气华章",《中国石油石化》,2017年第11期,第22页。

18个合作国家进口化工产品102.27亿美元；累计向合作国家出口设备材料2.6亿美元，累计进口设备材料9163亿美元。①

近年来，随着化工企业实力的增强，其海外投资步伐也显著加快。2016年，中国化工业对外投资总额达880亿元。2010年至2017年初，中国化工业对外投资年增长率高达80%。同期，48家化工企业的对外投资总额达1890亿元。在全球投资和并购方面，2016年世界上约24%的并购是来自于中国企业，已超过了美国的20%。②

截至2018年底，中国石化在共建"一带一路"4个国家投资了5个炼油化工仓储物流项目，累计投资45亿美元，主要包括沙特延布炼厂合资项目、俄罗斯西布尔公司参股项目等。在炼化工程服务领域，中国石化与11个共建"一带一路"国家新签国际业务合同139个，合同额115亿美元，累计完成合同额92亿美元。③

七、与中东油气合作全面推进

中东是中国最大的石油进口来源地，也是油气合作的重点地区。双方油气合作起步早，涵盖范围广，涉及油气贸易、勘探开发、工程服务及下游合作等诸多领域。油气贸易方面，中东占我国石油进口比率一直保持在50%上下，来源国由最初的阿曼等逐渐扩展至沙特、伊朗等。在油气勘探开发方面，伊拉克和伊朗成为我国企业投资重点地区。"一带一路"倡议的提出，为中国油气企业巩固和扩大在中东的油气合作提供了新机遇。

沙特是中国最大原油供应国之一。2006年1月和4月，中沙签署《关于石油、天然气和矿产领域开展合作的议定书》，就开展能源领域全方位合作达成共识。中国石化2014年在沙特新签14部钻机服务合同，合同额14.8亿美元，是中国石化中标单个合同额最大的海外钻修井项目。2016年1月，中国石化在沙特设立中东研发中心，以基础性、前瞻性和应用技术研究为主。2016年1月，中国石化和沙特阿美签署战略合作框架协议，进

---

① 郑丹："'一带一路'谱油气华章"，《中国石油石化》，2017年第11期，第22页。

② "'一带一路'建设中，中国化工企业走出去的实践指南"，https://cj.sina.com.cn/article/detail/2341947011/247694?cre=financepagepc&doct=0&loc=5&mod=f&r=9&rfunc=100。

③ 文小勇："中国石化力拓'一带一路'朋友圈"，《中国能源报》，2019年4月29日，第13版。

一步促进双方在油气产业更广泛的合作。①

卡塔尔是世界上最大的液化天然气出口国。2008年，中海油与卡塔尔签订协议，每年从卡塔尔进口200万吨液化天然气，协议期为25年。2008年，中石油也和卡塔尔签订协议，每年从卡塔尔进口300万吨液化天然气。2009年，卡塔尔天然气公司与中石油签署备忘录，每年另外增加200万吨液化天然气供应中国。在油气开发方面，2011年5月29日，卡塔尔国家石油公司与中海油中东（卡塔尔）有限公司及法国道达尔（卡塔尔）公司签署《卡塔尔BC区块胡夫以下地层天然气勘探及生产分成协议》。2010年，卡塔尔天然气公司、壳牌和中国石油签署有关靠近拉斯拉凡港附近的D区域的30年勘探与产量分成协议。2012年1月18日，中国石油与卡塔尔石油国际有限公司、壳牌（中国）有限公司签署浙江台州炼化一体化项目合资原则协议。2012年7月中石油收购法国苏伊士环能集团卡塔尔海上第4区块40%的石油勘探开发权益。②

阿联酋也是中国在中东开展油气合作的重点国家之一。2008年11月，阿布扎比国际石油投资公司以议标的方式与中国石油工程建设公司签订阿布扎比原油管线EPC总承包合同，项目金额为32.9亿美元。2012年1月17日，中石油与阿布扎比国家石油公司签署战略合作协议。2013年，中石油和阿布扎比国家石油公司签署协议并成立联合公司AL Yasat，开发陆海项目。2015年12月13日，中国石油集团董事长王宜林与阿联酋国务部长、穆巴达拉发展公司投资委员会能源业务首席执行官贾贝尔在北京共同签署《中国石油天然气集团公司与穆巴达拉油气控股有限责任公司战略合作协议》，根据协议双方将在阿联酋境外上游油气投资及相关项目服务等领域开展合作。2015年3月11日，由中石化冠德控股有限公司在海外投资建设完成的富查伊拉石油仓储公司竣工投产。2017年2月19日，中石油与阿布扎比国家石油公司签署陆上油田开发合同。2018年3月21日，中石油与阿布扎比国家石油公司签署2个海上油田开发项目合同。2018年7月19日，中石油与阿布扎比国家石油公司在阿布扎比签署了《中国石油天然气集团有限公司与阿布扎比国家

---

① 汪巍：" 加快全面推进与中东油气合作"，《中国石化》，2017年8月30日，第75页。

② 汪巍："加快全面推进与中东油气合作"，《中国石化》，2017年8月30日，第75页。

石油公司战略合作框架协议》。①

与非海合会产油国的合作也取得积极进展。中国石油在中东5个国家运作11个项目，工程技术服务队伍遍及9个国家。2009年7月，中国石油与伊朗方面签署的北阿扎德甘油田开发合同生效。2015年2月，北阿项目钻井作业按计划完美收官，成功率达100%。② 2009年，随着艾哈代布项目重启，鲁迈拉、哈法亚项目中标，中石油扩大了在伊拉克的市场份额。鲁迈拉油田实现合同要求的增产目标，艾哈代布、哈法亚油田新建产能相继投产。伊拉克对华出口原油也由2005年的117万吨增至2013年的2351万吨，成为中国第五大原油供应国。2015年，中石油伊拉克项目作业产量突破5500万吨，取得良好投资回报。2016年，中石油权益油量约占伊方份额的1/4。③

八、中非合作积极推进

中国与非洲国家石油合作始于20世纪90年代。经过20多年的发展，合作内容从单一的石油贸易扩展到上游勘探开发和下游炼厂投资等，合作方式从贸易合作到投资开发、再到金融支持的"贷款换石油"，非洲已成为中国重要的石油进口来源地和海外份额油来源地。

1992年，中国开始从安哥拉、利比亚进口石油，当年进口量仅为50万吨，占进口总量的4.4%。1993年石油进口猛增至213万吨，占我进口总量的14%。到2005年，中国从非洲进口石油增至3847万吨，占我进口比例突破30%，非洲成为中国石油进口的第二大来源地。2017年，中国从安哥拉进口原油5042万吨。④

苏丹石油项目是中石油在海外的第一个投资项目，被认为是中石油"走出去"的一个成功样本。经过20多年不懈的努力，中石油与非洲资源

---

① 张剑、尚艳丽、定明明、沈海东、汪华："中国石油与阿联酋油气合作分析"，《国际石油经济》，2018年第8期，第22页。

② 汪巍："加快全面推进与中东油气合作"，《中国石化》，2017年8月30日，第76页。

③ 汪巍："加快全面推进与中东油气合作"，《中国石化》，2017年8月30日，第77页。

④ 杨永明："优势互补互利共赢——中非能源合作成果综述"，https://mp.weixin.qq.com/s?__biz=MzIzNDI3OTkwMA%3D%3D&idx=1&mid=2247487168&sn=949ced685da7960081ec48373a3f55db。

国建立长期稳定的合作关系,通过投资和项目合作,先后帮助苏丹、乍得、尼日尔等国建立了上游油田、中游输送管道、下游炼油化工的完整石油工业体系,同时海外油气产量大幅度增加。

中石化从1993年开始为非洲提供油田钻井工程服务,随后在非洲多国开展运营,业务涵盖油气勘探开发、石油工程服务、地热开发、炼化投资和石油贸易等。目前,中石化在非洲资产总额超过200亿美元。2018年3月8日,南非竞争法庭发布公告,批准了中石化高达9亿美元的收购案。这是中石化在非洲的首个大型炼油项目、在非洲的最大单笔投资,资产纵跨价值链中的炼油、油品和非油销售及润滑油业务。①

中海油于2006年进入非洲油气市场。当年,中海油斥资22.68亿美元收购尼日利亚海上10亿吨级巨型油田权益,成为当时中海油最大的海外投资。2012年,中海油以14.67亿美元收购英国图洛石油公司在乌干达1、2和3A勘探区各1/3的权益。除尼日利亚和乌干达外,中海油还在赤道几内亚、刚果(布)、阿尔及利亚和加蓬等地拥有几个区块的权益。中海油服也在突尼斯、利比亚、安哥拉、坦桑尼亚等国开展了海外业务。从西非尼日利亚三角洲起步,中海油在非洲的步伐已扩展到东非、北非和中南非洲地区。②

与石油相比,中国对非洲天然气领域的投资尚处起步阶段。2006年以来,在东非的坦桑尼亚、莫桑比克等国陆续发现了数个储量巨大的天然气田。2013年3月,以发现东非地区的油气为契机,中石油耗资42.1亿美元购买了意大利埃尼集团全资子公司埃尼东非(Eni East Africa)28.57%的股权,间接获得了莫桑比克天然气第4区块20%的权益。2016年5月18日,中国石油与莫桑比克国家石油公司签署了《中国石油天然气集团公司与莫桑比克国家石油公司合作框架协议》,将全面推动在油气勘探开发、生产、天然气加工和销售领域的合作。③

---

① 杨永明:"优势互补互利共赢——中非能源合作成果综述",https://mp.weixin.qq.com/s?__biz=MzIzNDI3OTkwMA%3D%3D&idx=1&mid=2247487168&sn=949ced685da7960081ec48373a3f55db。

② 杨永明:"优势互补互利共赢——中非能源合作成果综述",https://mp.weixin.qq.com/s?__biz=MzIzNDI3OTkwMA%3D%3D&idx=1&mid=2247487168&sn=949ced685da7960081ec48373a3f55db。

③ 杨永明:"优势互补互利共赢——中非能源合作成果综述",https://mp.weixin.qq.com/s?__biz=MzIzNDI3OTkwMA%3D%3D&idx=1&mid=2247487168&sn=949ced685da7960081ec48373a3f55db。

九、主要企业对接概况

中国石油。中石油是最早走出去的中国能源企业之一。自1993年起,先后建成中亚—俄罗斯、非洲、中东、美洲、亚太五大海外油气合作区。2017年4月,中缅石油管道正式投入运行,中国石油建成了中亚、中俄、中缅及海上四大油气运输通道,实现了从西北、东北、西南陆上引进境外油气资源。与此同时,亚洲、欧洲和美洲三大油气运营中心初具规模。

目前,中石油在全球34个国家和地区管理运作92个项目,其中在共建"一带一路"20个国家参与运营管理着50多个油气合作项目,已建成了哈萨克斯坦阿克纠宾、伊拉克哈发亚、土库曼斯坦阿姆河等9个千万吨级油气田和10多个200万吨以上级油气田。截至2018年年底,累计为当地带来超过1500亿美元的税收,员工本地化率超过90%,通过油气带动当地就业超过10万人,累计在共建"一带一路"国家企业社会责任履行上投入超过3亿美元,石油合作项目惠及当地人口超过300万人。[①]

中石油在共建"一带一路"国家的俄罗斯、哈萨克斯坦、土库曼斯坦、伊拉克、伊朗、印尼、新加坡等近20个国家和地区参与和管理着50多个油气投资项目,合作范围涉及油气贸易、工程服务与石油装备等领域,形成了上中下游完整的产业链。截至2016年底,中石油累计在共建"一带一路"国家投资超过510亿美元,2016年油气权益产量近6000万吨。[②] 2018年,中石油海外油气业务把握"一带一路"建设机遇,油气权益产量当量首次超过9800万吨,对外合作油气产量突破1000万吨。

中石油海外千万吨级大型油气生产项目75%位于共建"一带一路"国家,在共建"一带一路"国家获得环保奖达30余项。2016年12月11日,中石油携手国内19家企业加入《履行企业环境责任共建绿色"一带一路"》倡议,承诺在对外投资和国际产能合作中将严格遵守环保法规、加强环境管理。[③]

多年来,中石油依靠科技创新在共建"一带一路"国家屡获突破。

[①] 孙秀娟:"中国石油'一带一路'交出亮丽成绩单",《中国石油报》,2019年4月24日,第1版。

[②] 郑丹:"'一带一路'谱油气华章",《中国石油石化》,2017年第11期,第21页。

[③] "'一带一路'成中石油海外业绩亮点",http://news.cnpc.com.cn/system/2017/01/09/001629251.shtml。

如，在中亚阿姆河项目西召拉麦尔根和莫拉珠玛构造展现良好天然气上产前景；在苏丹 6 区 Sufyan 凹陷南部陡坡带风险探井获高产油流、滨里海中区块塔克尔构造西斜坡见良好油气苗头；在印尼 Jabung 中部凹陷带夯实天然气开发资源基础；在阿曼 5 区西南部开辟增储上产新领域；在尼日尔 Agadem 4 口探井测试获高产油流等。[1]

中国石化。目前，中石化与共建"一带一路"30 多个国家在油气勘探开发、石油和炼化工程服务、原油、设备材料及石化产品贸易等领域开展互利合作。在沿线国家缴纳税费约 160 亿美元，每年提供工作岗位约 1.6 万个。[2]

在油气勘探开发方面，截至 2018 年底，中石化先后与 10 个共建"一带一路"国家开展油气勘探开发投资合作，拥有或参与项目 17 个，主要位于俄罗斯、哈萨克斯坦、印度尼西亚、缅甸、伊朗、叙利亚、沙特、也门、埃及、蒙古国等国家。累计投资 200 亿美元，累计权益油气产量为 1.3 亿吨油当量。[3]

在石油工程服务领域，截至 2018 年底，中石化向 20 多个共建"一带一路"国家提供石油工程服务，业务涵盖钻井、测井、物探、地面工程等，并带动了设备及材料出口。累计签订工程技术服务合同 683 个，合同额 130 亿美元，累计完成合同额 96 亿美元。

振华石油。振华石油是专业化国际石油公司，主要从事海外油气田勘探开发、国际石油贸易、石油化工等业务，是北方工业公司全资子公司，已获取数个海外油田项目并进入开发生产期，年作业量 100 万吨原油，成品油年贸易量达 150 万吨。[4]

北京燃气集团。北京燃气集团近年来积极推进国际化进程。一方面，以共建"一带一路"国家为突破口，进一步扩大海外投资。2017 年，北京燃气集团与俄罗斯国家石油公司达成合作协议，北京燃气以 11 亿美元现金

---

[1] "'一带一路'成中石油海外业绩亮点"，http://news.cnpc.com.cn/system/2017/01/09/001629251.shtml。

[2] 文小勇："中国石化力拓'一带一路'朋友圈"，《中国能源报》，2019 年 4 月 29 日，第 13 版。

[3] 文小勇："中国石化力拓'一带一路'朋友圈"，《中国能源报》，2019 年 4 月 29 日，第 13 版。

[4] "中国石油公司在哈萨克斯坦油气投资项目概述"，http://blog.sina.com.cn/s/blog_53a492c401008mt2.html。

收购方式获得俄罗斯石油公司上乔油气田公司 20% 股权以及未来相应分红收益,并获得上乔油气田及周边区块未来供应中国每年约 100 亿立方米天然气的优先购买权。2017 年 6 月,完成项目交割。通过与俄油的合作,北京燃气实现了一系列历史性突破:第一次通过获取境外丰富的油气资源,第一次获得惠誉、穆迪、标普三大国际信用评级机构的 A 类评级,第一次在国际资本市场成功融资,第一次完成超过十亿美元大型境外交易,集团成立了第一家境外公司。[①]

另一方面,积极参与全球能源治理,推动"一带一路"倡议实施。国际燃气联盟(IGU)是世界燃气行业最权威的非营利性国际组织,成立于 1931 年,由来自 92 个国家和地区的 164 个政府部门、行业协会和企业组成,在全球天然气发展和能源领域有重要影响力。2017 年 10 月 26 日,中国当选国际燃气联盟任期主席国,北京燃气集团董事长李雅兰当选任期主席。共建"一带一路"60 多个国家中有将近 50 个是 IGU 成员国,包括俄罗斯、伊朗及印度等。2021—2024 年,中国将担任 IGU 主席国,这将有助于能源领域的中国主张、中国方案的认同与传播,将为"一带一路"资源国带来更多资金、技术和经验,促进天然气资源开发和基础设施建设。[②]

第二节 煤炭合作

20 世纪末期,中国煤炭企业也逐渐走出国门,通过对外直接投资、工程承包、劳务合作方式等积极参与国际竞争。在"一带一路"背景下,资源储量、能源结构、生态环保、产业发展等因素推动我国煤炭企业加快"走出去"步伐。神华集团(2017 年与国电集团合并成立国家能源集团)、兖矿集团等煤企在前期海外发展的基础上,积极开拓在共建"一带一路"国家和地区的业务,整体实力和国际竞争力显著增强。

一、国际趋势与国内动力

从全球来看,世界煤炭工业尤其是大型煤炭企业的经营模式日趋国际化,

---

① 李雅兰:"'一带一路'与天然气发展关系密切",《中国能源报》,2017 年 12 月 18 日,第 2 版。

② 李雅兰:"'一带一路'与天然气发展关系密切",《中国能源报》,2017 年 12 月 18 日,第 2 版。

涌现了一批具有国际竞争力的大型矿业集团,如印度煤炭公司、必和必拓集团、RWE矿业公司(德国)、西伯利亚煤炭公司和库兹巴斯煤炭公司、斯特拉塔集团、皮博迪能源集团和阿齐煤炭公司等。据IEA2012年统计,全球前十大煤炭公司均实现了跨国经营,其中6家公司的业务地域涵盖各大洲,3家公司的海外经营盈利能力超过了本土。煤炭仅占企业总收入的30%左右,大部分跨国煤炭公司都形成了跨国产业链,从事深加工和多元化经营。[①]

共建"一带一路"有许多国家煤炭资源丰富,其中俄罗斯、蒙古国、哈萨克斯坦探明可采储量分列世界第2、3、8位。俄罗斯煤炭探明储量1603.6亿吨,占世界总储量的15.5%,煤层气资源量达66.72万亿立方米,居世界第一。印度煤炭探明储量为977亿吨,占世界储量的9.4%。2016年印度产煤2.86亿吨,占世界煤炭总产量的7.9%。印尼煤炭探明储量为256亿吨,约占世界总储量的2.2%。[②] 哈萨克斯坦、土耳其、印尼、印度、蒙古等国近年来经济增速加快,煤炭产业存在较大的发展空间。巴基斯坦煤炭资源丰富,探明储量为30.6亿吨,但尚未大规模开发。[③] 同时,共建"一带一路"国家加快铁路、公路、航空、港口等基础设施建设,将进一步拉动钢铁、有色、建材等高耗能产品的需求,进而大幅度增加对煤炭的需求。

从国内情况看,随着经济与能源结构转型加速,煤炭产能过剩矛盾逐渐加剧,国际煤炭市场萧条,我国煤炭行业发展步入低谷期。我国煤炭储采比低、优质资源不足、地质条件复杂、矿井灾害频发、开采过程生态环境破坏严重等问题较为突出。自2008年开始对煤炭出口统一征收10%暂定关税后,我国煤炭出口量已经由2007年的5317万吨下降至2014年的574万吨,降幅高达89.2%。自2012年底以来,我国煤炭消费增长明显减弱,产能过剩问题日益突出。我国煤炭过剩产能已超10亿吨。[④] 产能过剩还带来设备闲置、人员富余以及技术迟滞等要素的"过剩",煤炭产业可

[①] 李维明、牛克洪:"'一带一路'背景下煤炭企业'走出去'对策建议",http://www.doc88.com/p-3078954055029.html。
[②] 张立宽:"煤电'一带一路'绿色产能合作现状与前景",https://mp.weixin.qq.com/s/Lk9EqqlnReP-WA2FCL-ZAw#__NO_LINK_PROXY__。
[③] 张立宽:"煤电'一带一路'绿色产能合作现状与前景",https://mp.weixin.qq.com/s/Lk9EqqlnReP-WA2FCL-ZAw#__NO_LINK_PROXY__。
[④] 武晓娟:"煤企欲重拾海外市场'一带一路'或增新机遇",《中国能源报》,2015年9月21日,第2版。

持续发展面临诸多挑战。

另一方面,我国煤炭行业历史悠久,在煤炭开发和利用的技术水平、装备水平、矿井建设现代化水平等方面属于较高层次,企业的经营能力、国际竞争能力也在不断提高。在煤炭安全、煤炭开采以及煤炭清洁利用等方面,一些技术装备已达到世界先进水平,例如自主研发的7.0~14.0米厚煤层综放开采、14.0米以上特厚煤层大采高综放开采及短壁机械化开采等煤矿安全开采技术装备,破解了世界性开采难题。[1]

二、"一带一路"下的发展机遇

"一带一路"倡议的实施,为煤炭行业带来了一次新的发展机遇。一方面,基础设施建设和设备制造一定程度上会拉动钢铁、有色金属、建材等耗能产品的市场需求,继而拉动对国内煤炭的需求,缓解国内产能过剩的压力。[2] 另一方面,沿线国家经济增长和基础设施建设为我国煤炭企业拓展海外市场提供了广阔的空间和机遇。借"一带一路"之机,煤炭企业加快"走出去"步伐,将进一步推动产业转型升级,加快煤炭经济发展方式转变,提升我国煤炭企业的国际竞争力。

我国与沿线国家煤炭贸易空间较大。当前国际煤炭贸易走向与"丝绸之路经济带"和"21世纪海上丝绸之路"路径基本吻合,有利于煤炭企业开拓国际市场。南美、北美煤炭主要流向欧洲,印尼、澳大利亚的煤炭流向中国、日本、韩国、印度和中国台湾地区等。欧盟地区、南亚地区以及东南亚地区每年都需要进口大量煤炭,市场远未饱和;欧盟各国、印度、越南、泰国、马来西亚都有望成为未来我国煤炭的进口国。

在国际煤炭资源开发方面,也有诸多机会。共建"一带一路"国家中有不少国家煤炭资源丰富,如俄罗斯、蒙古国是世界重要的煤炭生产国和出口国,哈萨克斯坦是中亚通道上的重要煤炭生产国。资金、技术等的不足成为许多资源国煤炭产业发展的障碍,而"一带一路"倡议有助于打通技术和资金需求方与供应方的联系的通道,为我国的煤炭企业"走出去"提供了重要的平台和机遇。仅2017年,我国企业在共建"一带一路"国

---

[1] 武晓娟:"煤企欲重拾海外市场'一带一路'或增新机遇",《中国能源报》,2015年9月21日,第2版。

[2] 谢和平、刘虹:"煤炭行业实施'走出去'战略的思考与建议",http://job.coal.com.cn/news/hangye/392654-news.html。

家实施的煤炭项目、工程建设投资就近 50 亿美元。[1]

俄罗斯煤炭资源丰富，但煤炭工业较为落后，现代化水平较低，基础设施薄弱，铁路运输和港口吞吐能力明显不足。蒙古国基础设施滞后，煤炭加工洗选技术和设备缺乏，煤炭出口附加值低。波兰近年来受俄澳质优价廉煤炭冲击，需进一步降低煤炭生产和运输成本。越南煤炭资源非常丰富，欢迎和鼓励外国组织和个人投资越南矿产开采业。土耳其煤炭探明储量为 114 亿吨，为了降低对国外能源依赖，加速推进能源多样化战略，鼓励开发本地煤炭资源建设火电厂。巴基斯坦煤炭资源丰富，探明储量为 30.6 亿吨，但尚未大规模开发，年产煤只有 350 万吨。[2]

全方位的国际合作利于我煤炭行业国际竞争力的提升。我国虽是世界煤炭大国，但煤炭行业的整体国际竞争力不足，结构问题突出。进一步扩大与共建"一带一路"国家合作，将有利于发挥我国煤炭企业在采煤工艺技术、煤矿设备制造、工程服务等方面的世界领先地位和优势，进一步调整结构，不断提高国际市场竞争力。同时，开拓沿线国家市场还有利于推动我煤炭企业经营管理模式的转变，倒逼企业进行升级改造，提高煤炭生产和流通领域的数据化、信息化、远程化、自动化管理水平，提升企业运营效率与能力。[3]

三、主要合作方式及领域

20 世纪末，我国煤炭企业开始以工程承包和劳务输出等形式走出国门。近年来，"走出去"领域日益拓宽，主要涉及投资兴建煤矿、设备出口、技术转让、资源勘探、工程承包与劳务输出等。我国"走出去"煤炭企业海外开发煤炭资源总量近百亿吨，综采放顶煤和液压支护等核心技术以及部分煤机装备也开始批量出口主要产煤国家。[4]

投资开发海外煤矿。多年高强度的开采使得我国传统产煤省大多面临

---

[1] 别凡："煤企'走出去'需提升'绿色'含量"，《中国能源报》，2018 年 10 月 8 日，第 9 版。
[2] 张立宽："煤电'一带一路'绿色产能合作现状与前景"，https://mp.weixin.qq.com/s/Lk9EqqlnReP-WA2FCL-ZAw#__NO_LINK_PROXY__。
[3] 谢和平、刘虹："煤炭行业实施'走出去'战略的思考与建议"，http://job.coal.com.cn/news/hangye/392654-news.html。
[4] 李维明、牛克洪："'一带一路'背景下煤炭企业'走出去'对策建议"，http://www.doc88.com/p-3078954055029.html。

着资源枯竭的问题。为实现自身发展，我国煤炭企业于 2003 年开始在境外投资开发煤矿。兖矿集团是最早在境外投资成功建矿的煤炭企业，2004 年该集团全资收购曾九易其主、最后被迫关闭的澳大利亚澳思达煤矿，凭借其先进的煤炭开采技术和不断创新的管理理念，使该矿在 2008 年盈利达 1 亿澳元，并于 2009 年收回全部投资，连续 5 年被评为新南威尔士州安全状况最好的煤矿。

随后神华集团、中煤集团、开滦集团等也陆续开展境外投资。2009 年 12 月，开滦股份公司的全资子公司——加拿大中和投资有限责任公司注册成立。2010 年 8 月，开滦股份公司与河北钢铁集团、加拿大德华国际矿业集团公司签署合作协议，共同开发加拿大布尔默斯煤田。2011 年 3 月，神华集团在印度尼西亚建设的年产 150 万吨的露天煤矿开始投产。2012 年，兖煤澳大利亚公司产煤量 2378 万吨，煤炭主要销往国外，成为中国最大海外煤炭企业。公司已拥有澳思达煤矿、艾诗顿煤矿、坎贝唐斯煤矿、莫拉本煤矿、普力马煤矿和雅若碧煤矿等生产矿井，持有哈利布兰特、雅典娜和维尔皮娜等勘探项目，以及纽卡斯尔港煤炭基础设施集团（NCIG）的部分股权和超洁净煤技术的专利资产。到 2012 年，兖矿集团境外煤炭资源总量达 62.52 亿吨，总产能 4160 万吨，成为我国国际化程度最高的能源企业之一。[1]

输出技术设备。我国煤炭及煤炭机械企业从引进国外装备与技术起步，通过产学研相结合，开展关键技术攻关，形成了一批具有自主知识产权的核心技术和装备，从而具备了输出技术和装备的实力。如兖矿集团向英美资源公司、德国鲁尔工业集团 DBT 公司等输出的综采放顶煤技术和两柱式综采放顶煤液压支架技术，已经居于国际领先水平；中煤集团装备公司不仅向俄罗斯、土耳其、印度、澳大利亚、越南、美国等市场出口成套设备，还在国际煤机市场创立了 CME 品牌；郑煤机集团高端综采液压支架的技术优势使其在国际市场颇具竞争力，生产的液压支架曾创造出总产量世界第一、工作阻力和最大支护高度世界第一、市场占有率中国第一等成绩，产品一直稳销俄罗斯市场，并进入印度、土耳其等国市场。[2]

---

[1] 李维明、牛克洪："'一带一路'背景下煤炭企业'走出去'对策建议"，http://www.doc88.com/p-3078954055029.html。

[2] 李维明、牛克洪："'一带一路'背景下煤炭企业'走出去'对策建议"，http://www.doc88.com/p-3078954055029.html。

第二章　化石能源合作

资源勘探国际合作。澳大利亚哥伦布拉勘探许可区勘探项目是中煤集团首个境外资源开发项目，是其全资子公司中国煤炭进出口公司与澳大利亚都市煤炭公司（MetroCoal Ltd.）采用非公司制契约式合作方式（UJV）共同勘探开发的煤炭资源类项目。中国煤炭地质总局先后在美国、俄罗斯、澳大利亚、巴西、日本、荷兰、印度尼西亚、蒙古国，以及非洲、中东等国家和地区，承担了大批资源勘探国际工程项目；还凭借在煤炭资源勘探领域的先进技术以及从美国和意大利引进的钻机，成功进入澳大利亚煤炭资源勘查市场。①

工程承包与劳务输出。20世纪90年代初，为解决矿井衰老、资源枯竭、下岗工人无法安置等问题，我国部分煤炭企业选择到国外承揽国际工程项目、带动富余劳动力就业。中煤集团承担了10余项国际工程施工，包括印度Kulti和Sitarampur两个煤矿项目，在越南和伊朗等国的5项工程施工合同额高达9000多万美元。2004年5月，兖矿集团承包了委内瑞拉241.55公里的铁路建设项目。徐矿集团在1998年4月至2000年期间，派遣35人在印度东南煤炭公司牛空达矿和拉金达矿承揽达产运营，并提前30天完成任务。2005年，徐矿集团与机械进出口集团有限公司组成联合体，承包孟加拉国巴拉普库利亚煤矿生产经营；2011年，又与中煤组成联合体中标承包印度江基拉煤矿项目。印度尼西亚等国企业在了解到徐矿集团在孟巴承包生产取得的良好业绩后，主动与徐矿集团进行了承包生产、矿井管理等合作。②

进出口贸易也是未来中国与俄罗斯、蒙古国和澳大利亚等国煤炭合作最基本的合作形式。这些国家煤炭资源丰富但需求不足，与中国煤炭需求总体增长、部分煤种紧缺的形势形成互补，进而推动与中国的煤炭进出口贸易。

总体看，我国煤炭企业主要通过海外投资开发、技术装备输出、资源勘探国际合作、承包工程及劳务输出等方式推动"一带一路"倡议相关合作。煤炭资源开发在所有项目中所占比重最大，接近40%，其次是技术装备输出类项目，占比超过两成。③煤炭资源开发仍是未来一段时间内我国

---

① 李维明、牛克洪："'一带一路'背景下煤炭企业'走出去'对策建议"，http://www.doc88.com/p-3078954055029.html。

② 李维明、牛克洪："'一带一路'背景下煤炭企业'走出去'对策建议"，http://www.doc88.com/p-3078954055029.html。

③ 别凡："煤企'走出去'需提升'绿色'含量"，《中国能源报》，2018年10月8日，第9版。

煤企"走出去"的重要方式。

四、"走出去"历程

同国内许多其他产业一样,我国煤炭领域初期的国际合作也主要是通过引进资金、技术和装备完成的。20世纪70年代末,国家先后利用国际能源贷款36.91亿美元,开发建设煤矿18处;煤炭科学研究总院与美国、日本、德国等合作,建成了当时具有国际先进水平的煤炭直接液化实验室,并开展了相关基础研究和工艺开发;从德国、英国、法国、日本、奥地利、美国等6个国家的13家公司,引进了100多套综采设备和掘进设备,为我国煤矿机械化生产奠定了基础。①

随着国内煤炭产业的发展和实力的壮大,以及国内市场日渐饱和,在继续注重"引进来"的同时,许多煤炭企业纷纷"走出去",到国外开发煤炭资源,煤机装备也成功出口到了主要产煤国家。经过多年的发展,中国煤炭工业实现了从较为单一的"引进来"到"引进来"与"走出去"并行、从国外企业到国内市场竞争到中国煤炭企业全面参与国际市场竞争的转变。

在煤炭贸易方面,由煤炭出口为主变成净进口国。新中国成立之初,我国就开始了煤炭进出口贸易。1949年到1977年,煤炭出口共计6377万吨,年均出口达219万吨;煤炭进口共计2942万吨,年均进口达101万吨;年均煤炭进出口贸易量达到320万吨。1999年,国家出台一系列鼓励煤炭出口的煤炭贸易政策后,煤炭出口量快速增加,2003年创下了9402万吨的我国煤炭出口最高纪录;2004年4月,国家出台了一系列鼓励煤炭进口、控制煤炭出口的煤炭贸易政策,导致煤炭出口量快速回落,煤炭进口量快速增加。我国从2009年开始成为煤炭净进口国,2013年全国净进口煤炭3.2亿吨,占全球煤炭贸易总量的1/4。此后,我国煤炭进口出现连续两年下跌,2015年降至2.04亿吨。2016年起,受市场调整反弹和去产能政策影响,煤炭进口出现大幅度反弹,2016年和2017年进口分别增至2.55亿吨和2.71亿吨。2018年有望超过3亿吨。从进口来源看,印尼、澳大利亚、蒙古国、俄罗斯等共建"一带一路"国家占2017年进口

---

① "中国煤炭企业'走出去'发展现状、存在问题和发展趋势",http://blog.sina.com.cn/s/blog_4aa4c4170102v66r.html。

总量的90%以上。①

煤炭行业国际化程度日益加深。许多煤炭企业制定实施了国际化战略，在资源、工程、人才、技术、市场、资本等方面推进全方位的国际化。兖矿集团、神华集团、山东能源、开滦集团、京煤集团、江西煤业等煤炭企业，在澳大利亚、加拿大、印尼、南非等国家的煤炭资源开发项目不断推进；中国煤炭地质总局先后在澳大利亚、美国、俄罗斯、巴西、日本、印尼、蒙古国以及非洲、中东等国家和地区，承担了大批资源勘探国际工程项目；中煤集团先后承担了10余项国际工程施工，徐矿集团在印度、孟加拉、印尼等国家承包了多个煤矿生产运营项目；郑州煤机、中煤装备、山西太重等煤机装备产品，成功地出口到了俄罗斯、印度、美国等主要产煤国家；神华集团、山东能源、开滦集团、冀中能源等煤炭企业在香港、新加坡等地设立物流、贸易、投资等性质的公司，开拓国际市场；兖州煤业、神华集团、中煤能源、伊泰煤炭等煤炭企业，在纽约、香港、澳大利亚等证券交易所上市，具备了在国际资本市场融资的能力。②

兖矿集团、山东能源集团、煤炭地质总局等国内一批煤炭企业在境外开发中取得了很大进展。兖矿集团境外煤炭产量已经达到企业总产量的1/3。煤炭企业技术输出也取得了突破。2005年，兖矿集团率先实现了中国煤炭企业技术输出，之后，中国煤炭企业技术快速发展，中煤科工集团、煤田地质总局等大型煤炭企业海外技术输出营业收入持续快速增加。③

2004年，兖矿集团投资2300万美元收购了澳大利亚奥斯达煤矿，成为中国第一家"走出去"全资开发海外煤炭资源的企业。2008年，神华集团在澳大利亚也获得了沃特马克煤矿项目。目前，兖煤澳洲是澳大利亚最大的独立煤炭上市公司。除澳大利亚煤炭资源外，矿权总面积达5364平方千米，估算资源量有397亿吨。经过多年投资运作，兖州煤业海外业务已经初具规模，占兖州煤业总资源量的36%。此外，开滦集团、徐矿集团、江西煤业等煤炭企业"走出去"开发境外煤炭资源步伐加快。中煤装备、郑州煤机、山西太重、平顶山煤机等大型煤矿机械制造企业，积极开拓海

---

① 梁敦仕："今年煤炭进口或超3亿吨"，《中国能源报》，2018年3月26日，第15版。
② "中国煤炭企业'走出去'发展现状、存在问题和发展趋势"，http://blog.sina.com.cn/s/blog_4aa4c4170102v66r.html。
③ "中国煤炭企业'走出去'发展现状存在、问题和发展趋势"，http://blog.sina.com.cn/s/blog_4aa4c4170102v66r.html。

外市场，煤矿综采成套技术装备已出口到世界主要产煤国家。①

五、主要煤企海外投资概况

在共建"一带一路"国家，我国煤炭企业以资源勘探、投资建矿、工程承包和劳务输出、技术输出、资本并购等形式参与煤炭资源勘探开发。2013年以来，中国国家开发银行的境外煤炭项目投资增长了40%。中国的海外煤炭投资的75%发生在近4年间，全球煤炭部门8%的外部融资来自中国。②

神华集团。2008年下半年，神华集团取得了澳大利亚新南威尔士州沃特马克煤矿探矿权；2009年7月，神华国华南苏发电有限公司在印尼的南苏煤电一体化项目开工建设，2011年两台机组实现了双投，投资建设和运营均由神华管理，成为中国第一个海外投资的煤电一体化项目。2013年12月，投资9000万美元（约合人民币5.5亿元）进军美国页岩气市场，参与美国宾夕法尼亚州格林县页岩气项目开发。③ 此外，神华集团投资建设的甘泉铁路也已投入运营，为进军蒙古国煤炭工业奠定了坚实的基础。建设运营印尼南苏电厂，在老挝、蒙古等国家培育煤电及新能源市场，向俄罗斯、波兰、印尼等国家输出燃煤电厂超低排放新技术、新产品。④

国家能源集团。2017年8月28日，经报国务院批准，中国国电集团公司（下称"国电集团"）与神华集团有限责任公司（下称"神华集团"）合并重组为国家能源投资集团有限责任公司（简称国家能源集团）。2017年11月28日，国家能源集团正式成立，并位列2018年《财富》杂志世界500强排行榜第101名。

国电集团是全球风电装机容量最大的公司，神华集团是全球最大的煤炭企业。重组后的国家能源集团资产规模超过1.8万亿元，形成煤炭、常规能源发电、新能源、交通运输、煤化工、产业科技、节能环保、产业金

---

① "中国煤炭企业'走出去'发展现状存在、问题和发展趋势"，http://blog.sina.com.cn/s/blog_4aa4c4170102v66r.html。

② 米尔顿·莱亚尔："中资企业为何看上巴西煤炭市场？"，《中外对话》，2017年第3期，第50页。

③ "中国煤炭企业'走出去'发展现状存在、问题和发展趋势"，http://blog.sina.com.cn/s/blog_4aa4c4170102v66r.html。

④ 米尔顿·莱亚尔："中资企业为何看上巴西煤炭市场？"《中外对话》，2017年第3期，第50页。

融等八大业务板块,拥有四个世界之最,分别是世界最大的煤炭生产公司,世界最大的火力发电生产公司,世界最大的可再生能源发电生产公司和世界最大煤制油、煤化工公司。①

2017年11月,国家能源集团与美国西弗吉尼亚州签署投资总额达837亿美元的谅解备忘录,投资领域包括西弗吉尼亚州的页岩气、电力和化工项目。这是该集团组建之后的首个重大海外投资项目,也是美国总统特朗普访华期间签署的总计逾2500亿美元经贸合作意向协议的重要组成部分。②

中鼎国际。全称中鼎国际建设集团,隶属于江西煤炭集团,是一家"走出去"的跨国工程建筑承包商,也是全国煤炭行业第一家"走出去"的企业,是第一家到海外承包工程、在海外投资煤矿的中国企业。20世纪90年代,随着中国政府再次启动援建非洲项目,部分中国企业开始走出国门,涉足海外项目。20世纪90年代初,萍乡矿业集团(下称"萍矿",现为江西煤炭集团下属企业)面临资源枯竭的压力,便走出国门寻找煤矿资源和发展机会。当时的中鼎国际还是仅有7个人的萍矿出国办公室,目前业务已遍及海外11个国家。③

兖矿集团。兖矿集团是我国实施"走出去"战略最早也是最成功的煤炭企业。2004年兖矿集团全资收购曾经九度易主、最后被迫关闭的澳大利亚澳思达煤矿,使该矿在2008年度盈利高达1亿澳元,并于2009年收回全部投资,连续5年被评为新南威尔士州安全状况最好的煤矿。此后兖矿集团陆续收购了格罗斯特、新泰克和普瑞马煤矿公司等煤炭项目。

经过多年的投资运作,兖矿集团海外业务已经初具规模,占兖矿煤业总资源量的36%。2012年境外原煤产量实现了2260万吨,占兖矿原煤产量的1/3。④ 在澳大利亚,兖矿集团运营9座生产煤矿,控制煤炭资源量53

---

① "国家能源投资集团有限责任公司",https://baike.so.com/doc/26720869-28002124.html。
② 蔡斌:"中国能源企业出海版图",http://www.stategrid.com.cn/html/sgid/col1230000106/2018-05/31/20180531091234550452241_1.html。
③ 董显苹、上官丽娟:"中国煤炭行业第一家'走出去'企业",http://business.sohu.com/20130924/n387112559.shtml。
④ "中国煤炭企业'走出去'发展现状、存在问题和发展趋势",http://blog.sina.com.cn/s/blog_4aa4c4170102v66r.html。

亿吨，拥有纽卡斯尔港 27% 股权；获准收购力拓公司位于新南威尔士州猎人谷的煤矿、铁路和港口资产。①

山东能源集团。近年来，山东能源集团的国际化发展取得一系列重大突破；成功进入加拿大开发马鹿河煤田；全资收购澳大利亚罗克兰公司，取得了博文盆地 3 个矿区；在泰国规划生产能力 20 万吨/年天然橡胶一期、年产天然橡胶 5 万吨工程已经投产；在缅甸的油页岩项目正在积极推进；在香港设立宏锦国际公司，不到一年营业收入超过 30 亿元。②

澳大利亚是山能集团境外投资的主要目标国之一，涉及煤炭、装备制造、医疗健康等领域。其中，山东能源澳大利亚公司在昆士兰州博文盆地拥有四个煤炭项目，下属四个矿权的总面积近 566.69 平方千米，截至 2016 年底探明资源量合计 68.73 亿吨。③

京煤集团公司。京煤集团旗下的昊华能源公司收购了非洲煤业 23.6% 的股份，民爆化工收购了蒙古达瓦满度拉公司 49% 的股权，两个项目均已投入运营。2013 年 2 月，昊华能源公司以昊华能源国际（香港）有限公司为主体，出资 1 亿美元收购非洲煤业增发新股，收购非洲煤业 23.6% 的股份，成为该公司第一大股东，取得煤炭资源 83.2 亿吨（可采储量 23.3 亿吨）。2013 年 3 月 26 日，在国家主席习近平访问南非期间，昊华能源香港公司与非洲煤业公司合作协议正式签署。④

开滦集团。2015 年 8 月 28 日，开滦集团矿业工程公司与中煤海外公司、印度佳亚特里项目公司经过多轮谈判，签订了为期一年的项目合同，由开滦矿业工程公司提供安装、回采技术指导等服务。这是该公司获得的首个海外项目。2016 年 12 月，该矿以产煤 20 万吨的成绩刷新了印度同类煤矿月产量纪录。2017 年 5 月 8 日，开滦集团矿业工程公司又一批技术骨干赶赴印度，为印度江吉拉煤矿提供工程技术服务。凭借优秀的施工业绩和自身管理技术优势，开滦集团获得合作方充分肯定和印度市场的认可，

---

① 米尔顿·莱亚尔："中资企业为何看上巴西煤炭市场？"《中外对话》，2017 年第 3 期，第 50 页。
② "中国煤炭企业'走出去'发展现状、存在问题和发展趋势"，http://blog.sina.com.cn/s/blog_4aa4c4170102v66r.html。
③ "'一带一路'上的煤企足迹"，http://www.cwestc.com/newshtml/2017-5-12/459801.shtml。
④ "中国煤炭企业'走出去'发展现状、存在问题和发展趋势"，http://blog.sina.com.cn/s/blog_4aa4c4170102v66r.html。

于2017年2月拿到了续签合同，项目延长至2018年。①

中国煤炭科工集团。中国煤炭科工集团是国际采矿大会组委会等十多个国际学术组织的成员单位，在国际上享有崇高声誉；与世界30多个国家100多个机构建立了良好的合作关系；在煤炭科技、设备研发制造、高端人才培养、新能源技术等领域开展广泛合作。集团在乌兹别克斯坦、越南、印度尼西亚、伊朗、土耳其、孟加拉国、尼日利亚、巴基斯坦等30多个国家和地区承担了矿井、露天矿、选煤厂、电厂、水煤浆工程等项目近四十项。目前正在乌克兰实施梅利尼科瓦煤矿现代化改造项目，在乌兹别克斯坦实施安格连露天矿（投资1.2亿美元，将煤矿生产规模由30万吨/年提升到600万吨/年）和沙尔贡井工矿技术改造升级工程（5万吨/年升级到90万吨/年）等。②

中国煤炭地质总局。近年来，中国煤炭地质总局先后在蒙古国、越南、澳大利亚、印度尼西亚、巴基斯坦等国实施煤炭地质勘查项目100余项，查明煤炭资源100多亿吨。

徐矿集团。孟加拉国是徐矿集团海外经营的重点国家。巴拉普库利亚煤矿是孟加拉国历史上第一座、也是现有的唯一一座现代化矿井，该矿1996年6月破土动工，由中机公司设计建设，2005年2月试生产。2005年4月，徐矿集团与中机公司组成联合体全面接管，矿井正式投产。孟加拉国总理哈西娜曾在2015年政府年会中对该矿的突出贡献给予表扬。鉴于孟巴煤矿项目的良好运行，业主方提出深度合作意向。徐矿集团、中机公司联合体已与业主方签署第三期煤矿包产协议。③

陕煤化集团。作为陕西省最大的煤炭企业，陕煤化集团积极探索转型，实现海外发展。陕煤化集团已在吉尔吉斯斯坦、阿根廷、澳大利亚3个国家投资3个大型项目，累计投资6.5亿多美元。

除上述企业外，中煤能源集团、江西煤业等煤炭企业也深度融入"一带一路"倡议，开发境外煤炭资源步伐加快。中煤装备、郑州煤机、山西太重、平顶山煤机等大型煤矿机械制造企业，也在积极开拓海外市场，煤矿综采成套技术装备已出口到世界主要产煤国家。

---

① "'一带一路'上的煤企足迹", http://www.cwestc.com/newshtml/2017-5-12/459801.shtml。

② "中国煤炭企业'走出去'发展现状、存在问题和发展趋势", http://blog.sina.com.cn/s/blog_4aa4c4170102v66r.html。

③ "中国煤炭企业'走出去'发展现状、存在问题和发展趋势", http://blog.sina.com.cn/s/blog_4aa4c4170102v66r.html。

第三章

电力合作

　　2001年，四川省电力进出口公司投资格鲁吉亚装机容量为24兆瓦小型水电站，是国内企业投资海外电力市场最早的案例。"一带一路"倡议提出前后，中国电力企业掀起了新一轮海外投资浪潮。自2004年至2015年间，中国企业海外电源投资规模从600兆瓦提高到26988兆瓦，其中水电和火电为23788兆瓦，约占总量的88%，其余为不含核电的新能源。[①] 截至2017年底，我国主要电力企业境外累计实际投资总额达746亿美元。2017年，国内主要电力企业实际完成对外投资193亿美元，同比2016年增长1.48倍，涉及水电、火电、新能源、输配电等不同领域。[②]

　　共建"一带一路"国家电力资源开发利用程度、发电量水平等远低于发达国家或较发达国家。共建"一带一路"国家人均电力装机为330瓦，远低于世界平均水平800瓦。其中南亚、东南亚、西亚和北非四个地区的人均装机容量水平最低，除新加坡外，东南亚地区的人均装机容量略高于300瓦，南亚则更低，只有150瓦左右。同时，沿线国家大多数电力工业欠发达，电网等基础设施建设落后，普遍存在电源设备老化、超负荷运转严重、管理不善等问题。

　　共建"一带一路"国家对电源项目、电网互联、开发可再生能源和先进电力技术需求强烈，但自身基础较弱。同时这些国家能源资源丰富，如中亚有丰富的煤炭、油气资源，东南亚有丰富的水力资源等，与我国电力合作潜能巨大。国际能源署预计，2014—2020年，共建"一带一路"非OECD国家年均电力投资总额为2460.9亿欧元，是同一时期我国电力投资总额的127.8%。[③] 如巴基斯坦近年来积极推动该国电力产业发展，政府在

---

　　① "中国电力能源产业转型系列：海外电力投资机遇"，https：//www.strategyand.pwc.com/cn-s/home/report/overseas-investment-cn。

　　② 吕银铃："'一带一路'绿色电力'出海'前景广阔"，《中国能源报》，2018年6月25日，第12版。

　　③ "海外投资新浪潮 中国电力企业如何'走出去'"，http：//www.bhi.com.cn/ydyl/gfps/43458.html。

其"2025愿景"中制定了"为超过90%的人口提供电力"的目标。① 另外，共建"一带一路"地区和国家清洁能源占比较低，在水电和可再生能源项目开发上潜力巨大。

东南亚是中国企业海外电力投资的第一站，近几年随着海外经验的增加及发展中市场竞争日趋激烈，投资区域逐渐向成熟的发达和较发达市场如欧洲、澳洲和南美洲转移。2013—2017年，我国主要电力企业在共建"一带一路"国家实际完成投资3000万美元以上的项目50多个，累计共完成投资80亿美元；签订电力工程合同494个，总金额912亿美元；仅2017年，中国企业就在11个沿线国家开展3000万美元以上投资项目12个；在33个沿线国家新签承包合同194个，累计投资额达306.01亿美元。2013—2017年，我国企业在共建"一带一路"国家累计签约电力建设项目近5万个，合同额合计达到962亿美元。5年来，我国电力设备直接出口总额62.84亿美元、技术直接出口总额22.48亿美元，境外工程带动电力设备出口总额177.68亿美元、带动技术出口总额51.22亿美元。②《中国对外投资合作发展报告2017》显示，共建"一带一路"国家电力工程新签合同额同比增长达到54%，风电、太阳能等清洁能源建设取得突破。③

第一节 煤电合作

近年来，随着我国煤电企业不断发展壮大，煤电和相关产业在行业规模、技术水平、节能环保和国际竞争力等方面具有十分突出的优势，与共建"一带一路"国家有着巨大的合作潜力和对接空间。④ 相较于西方国家，中国在共建"一带一路"国家参与的煤电项目起步较晚，但发展速度较快。目前，中国已成为全球煤电项目的重要参与者，签约或中标的境外煤电项目已覆盖亚洲、非洲、欧洲等五大洲，成功进入30多个国家的煤电

---

① 李慧："巴基斯坦最大燃气联合循环电站投运"，《中国能源报》，2018年5月21日，第7版。
② 杨晓冉："我国电力设备出口总额超过62亿美元"，《中国能源报》，2018年7月30日，第12版。
③ 北京国际能源专家俱乐部："风电行业'一带一路'产能合作前景广阔"，https://mp.weixin.qq.com/s/o7yD7usp5fwpzGrROPAN8A#__NO_LINK_PROXY__。
④ 张立宽："煤电'一带一路'绿色产能合作现状与前景"，https://mp.weixin.qq.com/s/Lk9EqqlnReP-WA2FCL-ZAw#__NO_LINK_PROXY__。

市场。

据全球环境研究所（GEI）数据，截至2016年底，在共建"一带一路"国家中，中国参与了25个国家的煤电项目，共240个，总装机量为251054兆瓦。开工前（规划中和已签约）的项目共52个，装机总量为72116兆瓦，占世界开工前煤电厂总装机量的12.66%。建设中的项目共54个，总装机量为48005兆瓦，占世界建设中煤电厂装机总量的17.59%；运营中的项目共114个，总装机量为88018兆瓦，占世界运营中煤电厂总装机量的4.48%。[①]

一、原因与动力

国内发展空间的限制促使企业更多"走出去"。近年来，中国去碳化进程加快，煤电行业持续降温。至少有12个省份已经禁止新建燃煤电厂，以求能够完成在2020年前将国家电网中的煤电占比从2015年的64%削减至58%以下的目标。[②] 国内经济增长的减速使得电力投资下降，直接导致电力建设能力和装备制造产能的过剩，我国能源企业进行能源结构调整和能源技术变革势在必行。

与此同时，共建"一带一路"国家普遍处于经济上升期，煤电等能源需求强劲。共建"一带一路"沿线国家电源结构中火电占73%，电力设施建设存在较大的需求。目前，人均电力装机容量0.21千瓦，仅为中国的1/5。如在巴基斯坦，计划到2025年将在塔尔煤矿周边建成14座燃煤电厂，总装机容量为600万千瓦。[③]

印度电力供给不足，且以煤电为主，未来煤电供应仍有较大缺口。目前仍有2.89亿人口无电力供应，约占印度总人口的25%。印度人均用电量仅为289千瓦时，仅为世界人均的20%。未来，印度GDP将维持在8%—9%的高增速，要完成这一目标必须在2030年将电力装机容量扩充到

---

① 任鹏、刘畅、张力文："中国参与的'一带一路'240个煤电项目概况研究"，https：//mp.weixin.qq.com/s?__biz=MjM5MTcyNzk3Mg%3D%3D&idx=1&mid=2709597388&sn=60b8278abfc48896a8c95bdc04596a0d。

② 米尔顿·莱亚尔："中资企业为何看上巴西煤炭市场？"，《中外对话》，2017年第3期，第50页。

③ 任鹏、刘畅、张力文："中国参与的'一带一路'240个煤电项目概况研究"，https：//mp.weixin.qq.com/s?__biz=MjM5MTcyNzk3Mg%3D%3D&idx=1&mid=2709597388&sn=60b8278abfc48896a8c95bdc04596a0d。

778—960 吉瓦，而目前只完成了约 50%。印尼目前经济处于较快增长阶段，政府计划到 2024 年年均电力消费增长率达到 8.7%，装机规划达到 42.9 吉瓦，目前 7.4 吉瓦已经在建，未来潜力巨大。巴基斯坦火力发电以油气为主要燃料，成本较高。随着中巴经济走廊建设的推进，煤电已成为重点电力能源，未来在巴发电结构中的比重将快速上升。[1]

据全球煤炭研究网络、塞拉俱乐部、绿色和平三家国际机构发布的报告，燃煤电厂仍然在全球 60 个国家内扩张。其中，中国、印度、越南、土耳其、印度尼西亚、孟加拉国、日本、埃及、巴基斯坦、菲律宾、南非、波兰、泰国、蒙古国、韩国等 15 个国家的燃煤电厂项目占新增装机容量的 90%。如在巴基斯坦，2006 年至 2016 年仅建造了 40 兆瓦。2017 年燃煤发电量激增，新建燃煤电厂投产 2260 兆瓦。[2] 为了改善电源结构，孟加拉国政府在 2013 年至 2018 年规划了 6265 兆瓦的 PPP 燃煤电站项目。2010—2017 年，越南、菲律宾和印尼的燃煤发电分别增长了 72%、50% 和 53%。[3] BP 数据显示，2017 年，煤电在全世界所有发电来源中的比重约为 38%。从地区来看，煤电集中在亚太地区（占比超过 70%），在北美和欧洲，煤电继续在电力结构中发挥着重要作用。[4]

在油气资源丰富的中东地区，近年来有许多国家不仅没有"放弃"燃煤发电，反而正在酝酿提升燃煤发电能力。自 2006 年以来，该地区已经投运了大约 12 吉瓦的燃煤发电装机，还有约 3 吉瓦正在建设中。美国能源信息署（EIA）2018 年 5 月发布报告显示，中东及其周边地区许多国家都在规划新增燃煤发电。根据已公布的和正在等待审批的项目统计，预计未来 10 年内该区域将新增 41 吉瓦的燃煤发电装机容量。[5]

土耳其主要依靠煤电作为能源支柱。近年来为满足日益增长的能源需求，为了降低对国外能源的依赖（70%），加速推进能源多样化战略，鼓

---

[1] 张立宽："煤电'一带一路'绿色产能合作现状与前景"，https://mp.weixin.qq.com/s/Lk9EqqlnReP-WA2FCL-ZAw#__NO_LINK_PROXY__。

[2] "追踪各国燃煤电站的兴衰"，http://news.emoney.cn/guoji/2091914.shtml。

[3] "10 年内东南亚新建可再生能源发电成本将低于燃煤电站"，《中国石油报》，2018 年 10 月 30 日。

[4] "能源转型之下全球煤电发展探析"，https://mp.weixin.qq.com/s/IrGHx9bvxC1AYYf7K2Yo3g#__NO_LINK_PROXY__。

[5] 李慧："中东多国'逆势'发展煤电"，《中国能源报》，2018 年 5 月 21 日，第 7 版。

励开发本地煤炭资源建设火电厂。① 目前土耳其拥有燃煤发电装机容量 18.5 吉瓦，未来 10 年计划增加更多燃煤发电。尚无在运燃煤电厂的埃及、阿曼、伊朗、约旦以及阿联酋等，也都计划短期内投运燃煤发电。阿联酋正在迪拜建设总装机容量为 3.6 吉瓦的 Hassyan 燃煤发电项目，并宣布于 2023 年再投运 1.2 吉瓦燃煤发电能力。据阿联酋国家能源战略，为实现其 2050 年的发电和减排目标，未来需要建设总装机为 11.5 吉瓦的超超临界燃煤电厂。伊朗和约旦也在建设新的燃煤电厂，总装机容量分别为 650 兆瓦和 30 兆瓦。阿曼计划建设一座装机容量 1200 兆瓦的燃煤电厂。埃及于 2017 年宣布投资 15 亿美元建设一座装机容量为 6000 兆瓦的燃煤电厂，预计 2024 年完工。②

二、发展历程

2001 年以来，中国在共建"一带一路"国家煤电项目的参与呈波浪式发展特点，中间虽有起伏，但总体呈上升态势，大致可以分为四个阶段：

第一阶段（2001—2010 年），快速发展阶段。中国提出"走出去"战略后，海外投资迅速增加，煤电项目的海外开发也进入快速发展阶段，参与方式也日益多元。这一阶段的项目主要分布在东南亚、南亚地区，印度成为中国煤电走出去主要目的地。

第二阶段（2010—2013 年），低速增长阶段。自 2009 年起，印度保护主义走强，国内政策出现较大调整，不仅使中国在印度的煤电投资大幅度减少，也使整个海外煤电投资进入低潮。

第三阶段（2013—2015 年），再次快速发展。2013 年 7 月，世行宣布，除非特殊情况，今后将不再为燃煤发电厂项目提供贷款。之后，欧洲投资银行（EIB）也宣布，将停止为燃煤发电项目提供融资，以帮助各成员国减少碳排放量。美国也于 2013 年 10 月宣布停止对大多数海外煤炭项目的投资。这种情况下，主流国际金融机构对燃煤电厂项目融资态度发生转变。2013 年 11 月，中国政府提出了"一带一路"倡议，一些国家转而向中国金融机构和承包商寻求对煤电项目的支持，中国海外煤电项目再次

---

① 张立宽："煤电'一带一路'绿色产能合作现状与前景"，https://mp.weixin.qq.com/s/Lk9EqqlnReP-WA2FCL-ZAw#__NO_LINK_PROXY__。
② 李慧："中东多国'逆势'发展煤电"，《中国能源报》，2018 年 5 月 21 日，第 7 版。

出现快速增长。①

第四阶段，2016年开始，中国的参与再次放缓。这在一定程度上与2015年《巴黎协定》的达成相关，沿线一些国家逐渐减少对煤电等高排放项目的支持，转而发展可再生能源。②

目前，我国煤电企业从勘查设计、工程建设、资源开发、技术服务、装备生产、煤炭运输以及现代煤化工、煤电一体化建设、基础设施建设等各个环节，覆盖煤电及相关全产业链。总体来看，"一带一路"倡议的提出，为我国煤电和相关产业"走出去"和国际化合作提供了新的空间和平台。从单一的技术、装备和劳务输出扩展为全产业链合作。国家电投、华能、华电、国电等企业在共建"一带一路"国家的投资开发力度进一步加大。③

三、地域分布

从合作区域看，煤电企业海外开发初期主要集中在我国周边，比如印度、孟加拉国、印度尼西亚、菲律宾、越南、蒙古国等国家。随着我国煤电企业科技含量的不断提升和"一带一路"倡议的推进，我国煤电企业海外投资、合作范围不断扩大，开始转向煤炭资源较为丰富、经济状况较好的国家，如澳大利亚、加拿大、南非、波兰等。目前，我国同世界多数产煤国家基本都建立了良好的合作关系。④

据全球环境研究所（Global Environment Institute）的统计，到2016年底，中国在"一带一路"沿线25个国家以各种方式参与的煤电项目共有240个，总装机容量达到251054兆瓦。⑤ 这25个国家包括：印度、印度尼

---

① 任鹏、刘畅、张力文："中国参与的'一带一路'240个煤电项目概况研究"，https：//mp. weixin. qq. com/s? __ biz = MjM5MTcyNzk3Mg% 3D% 3D&idx = 1&mid = 2709597388&sn = 60b8278abfc48896a8c95bdc04596a0d。

② 任鹏、刘畅、张力文："中国参与的'一带一路'240个煤电项目概况研究"，https：//mp. weixin. qq. com/s? __ biz = MjM5MTcyNzk3Mg% 3D% 3D&idx = 1&mid = 2709597388&sn = 60b8278abfc48896a8c95bdc04596a0d。

③ 张立宽："煤电'一带一路'绿色产能合作现状与前景"，https：//mp. weixin. qq. com/s/Lk9EqqlnReP-WA2FCL-ZAw#__NO_LINK_PROXY __。

④ 张立宽："煤电'一带一路'绿色产能合作现状与前景"，https：//mp. weixin. qq. com/s/Lk9EqqlnReP-WA2FCL-ZAw#__NO_LINK_PROXY __。

⑤ "'一带一路'沿线国家有多少中国参与建设的煤电厂？" http：//news. bjx. com. cn/html/20171102/859146. shtml。

西亚、蒙古国、越南、土耳其、俄罗斯、孟加拉国、巴基斯坦、菲律宾、老挝、波黑、埃及、马来西亚、阿联酋、塞尔维亚、斯里兰卡、哈萨克斯坦、罗马尼亚、柬埔寨、塔吉克斯坦、立陶宛、吉尔吉斯斯坦、格鲁吉亚、乌兹别克斯坦、缅甸等。

南亚和东南亚是中国海外煤电项目的重点地区,分别占中国在"一带一路"国家参与煤电项目装机总量的 57.11%、22.75%,[①] 其中印度(129540 兆瓦)和印度尼西亚(31336 兆瓦),装机规模分别占 51.6% 和 12.5%。[②] 南亚、东南亚的政治安全环境较为稳定,经济发展较快,与中国在发展水平上接近,地缘上临近。

印度是中国在南亚地区参与煤电项目的主要目的地,占中国在该地区参与的总装机量的 90.35%。2003 年 9 月,印度政府颁布了新的电力法案,鼓励私营公司进入发电领域,支持超大发电项目的开发,这就推动了中国机电设备制造商对印度的贸易出口大幅增长,也使设备出口成为中国参与印度煤电项目的主要方式。但在 2009 年,印度开始实施保护主义政策,明确宣布禁止外国厂商参与印度 11 项主要的锅炉/涡轮发电机计划。2012 年 7 月,印度政府批准对进口电力设备征收 21% 的进口税,同时取消对装机容量 100 万千瓦以上的超大型发电项目的免税措施。中国的参与随之大幅减少。[③]

与此同时,东南亚各国逐渐从 2008 年国际金融危机的冲击中恢复过来,经济增长加速,出口贸易回升,外资大量流入。为应对国际金融危机,东南亚国家实施了扩大内需和刺激经济的政策,基础设施建设是其投资的重点领域,中国在该地区的参与得以持续增加。

近年来,随着南亚、东南亚等传统市场竞争愈加激烈,中国企业"走出去"范围不断扩大,东亚、西亚北非、中东欧、中亚地区逐渐成为煤电企业开展业务的新的目的地。

---

① 任鹏、刘畅、张力文:"中国参与的'一带一路'240 个煤电项目概况研究",https://mp.weixin.qq.com/s?__biz = MjM5MTcyNzk3Mg% 3D% 3D&idx = 1&mid = 2709597388&sn = 60b8278abfc48896a8c95bdc04596a0d。

② "'一带一路'沿线国家有多少中国参与建设的煤电厂?" http://news.bjx.com.cn/html/20171102/859146.shtml。

③ 任鹏、刘畅、张力文:"中国参与的'一带一路'240 个煤电项目概况研究",https://mp.weixin.qq.com/s?__biz = MjM5MTcyNzk3Mg% 3D% 3D&idx = 1&mid = 2709597388&sn = 60b8278abfc48896a8c95bdc04596a0d。

四、主要参与方式

对外工程承包是中国企业在共建"一带一路"国家煤电项目的最主要参与方式。但在近几年的项目中，对外投资有所增加。2001—2016 年间，中国参与的 234 个煤电项目中，有 126 个是工程承包、74 个设备出口、25 个对外投资、9 个为银行融资贷款。①

对外工程承包是指各对外承包公司以招标、议标承包方式承揽的业务，包括工程项目的勘察、咨询、设计、施工、设备及材料采购、安装调试和工程管理、技术转让、劳务使用、监理、审计和运保等经营活动。中国企业通过参与竞标获得项目承建，但并不参与项目的运营管理，这是中国参与"一带一路"沿线国家煤电项目的主要方式，有 52.50% 的项目属于此类。②

设备出口是第二大参与方式，占项目总量的 30.83%。对印度煤电项目的参与以这种方式为主。因此，该方式的变化与中国在印度的参与变化轨迹基本一致，曾在 2008 年左右有大幅增长，2011 年后逐渐减少。

对外投资指的是企业在其主要经营业务以外，以现金、实物、无形资产或以购买股票、债券等有价证券方式向其他单位进行的投资，以期在未来获得投资收益的经济行为。这是第三大参与方式，占项目总量的 10.42%，这类参与方式最早出现在 2009 年，2014 年开始增加，2015 年达到顶峰（共 9 个），2016 年再次回到较低水平（1 个）。③ 但从长远看，这类投资增长空间较大。

银行提供贷款指的是中国的银行向东道国政府或企业提供部分资金，但没有中国企业参与的方式。这种参与方式数量较少，共 9 个，占项目总量的 3.75%。④

---

① "'一带一路'沿线国家有多少中国参与建设的煤电厂？" http：//news.bjx.com.cn/html/20171102/859146.shtml。

② 任鹏、刘畅、张力文："中国参与的'一带一路'240 个煤电项目概况研究"，https：//mp.weixin.qq.com/s?__biz=MjM5MTcyNzk3Mg%3D%3D&idx=1&mid=2709597388&sn=60b8278abfc48896a8c95bdc04596a0d。

③ 任鹏、刘畅、张力文："中国参与的'一带一路'240 个煤电项目概况研究"，https：//mp.weixin.qq.com/s?__biz=MjM5MTcyNzk3Mg%3D%3D&idx=1&mid=2709597388&sn=60b8278abfc48896a8c95bdc04596a0d。

④ 任鹏、刘畅、张力文："中国参与的'一带一路'240 个煤电项目概况研究"，https：//mp.weixin.qq.com/s?__biz=MjM5MTcyNzk3Mg%3D%3D&idx=1&mid=2709597388&sn=60b8278abfc48896a8c95bdc04596a0d。

五、基本特点

涉及领域广泛。包括燃煤、燃气、燃油、余热发电、垃圾发电等。随着《巴黎协定》的推动和各国能源结构加快转型，我国企业签约、中标海外燃煤项目从2015年的占比3/4下降到2016年的1/2，而垃圾发电、燃气循环电站、余热发电等项目明显增加。随着国产大型高效超净排放煤电机组产业化和示范应用，海外燃煤电厂也向超临界、超超临界等清洁高效电厂倾斜。[1]

在建项目较多。114个项目（88018兆瓦）已经投入运行，占全球在运煤电总装机容量的4.48%；54个项目（48005兆瓦）在建，占全球在建煤电项目的17.59%；52个项目（72116兆瓦）正在规划或已经签约，占全球规划煤电项目的12.66%。[2] 中国参与的煤电项目有将近一半已经服役，超过1/5处于建设中，超过1/5处于开工前（规划中和已签约项目）。其中，开工前的项目主要位于东亚、东南亚、南亚和西亚北非地区。建设中的项目主要位于东南亚和南亚地区，如印度、印尼、越南、巴基斯坦等，取消和搁置的项目主要集中在印度。[3]

国企是主要参与者。从参与公司看，主要是以下10家公司：中国电建（39个项目）、哈尔滨电气（32个项目）、中国能建（32个项目）、东方电气（31个项目）、上海电气（31个项目）、中国建设（31个项目）、华电集团（11个项目）、中国化工（8个项目）、神华集团（6个项目）、国家电网（3个项目）。[4] 在这些项目中，超过2/3有中国五大国企的参与。

六、主要企业对接概况

中国机械设备工程股份有限公司（CMEC）。成立于1978年，隶属于

---

[1] "'一带一路'沿线国家有多少中国参与建设的煤电厂？" http://news.bjx.com.cn/html/20171102/859146.shtml。

[2] "'一带一路'沿线国家有多少中国参与建设的煤电厂？" http://news.bjx.com.cn/html/20171102/859146.shtml。

[3] 任鹏、刘畅、张力文："中国参与的'一带一路'240个煤电项目概况研究"，https://mp.weixin.qq.com/s?__biz=MjM5MTcyNzk3Mg%3D%3D&idx=1&mid=2709597388&sn=60b8278abfc48896a8c95bdc04596a0d。

[4] "'一带一路'沿线国家有多少中国参与建设的煤电厂？" http://news.bjx.com.cn/html/20171102/859146.shtml。

中国机械工业集团，于2012年在香港上市，是一家以工程承包为核心业务，以贸易、投资、研发及国际服务为主体的工贸结合、技贸结合的大型国际化综合性企业集团，连续多年在商务部中国对外承包工程完成营业额排名中名列前十位。

近年来，CMEC在共建"一带一路"国家市场积极开发，业务覆盖了50多个共建"一带一路"国家及地区，已经形成了巴基斯坦、白俄罗斯、斯里兰卡、缅甸、泰国、伊拉克、土耳其、马来西亚、马尔代夫等十余个核心市场，沿线各地域均有签约和在建项目。

30多年来，CMEC在国际工程承包，尤其是电力行业领域积累了丰富的行业经验，创造了多个中国"第一"。1983年，CMEC承建的巴基斯坦古杜210兆瓦火电站项目，开创了中国企业以出口卖方信贷的方式承揽国际工程承包项目的先河；1998年，CMEC承建的伊拉克姆拉阿布杜拉燃机电站，是美国通用电气许可中国制造的首个6B系列燃气轮机机组首次进入国际市场；2003年，CMEC承建的刚果（布）4×30兆瓦水电站是我国在非洲建设的首个中型水电站工程，被称作刚果（布）的"三峡工程"；2006年，CMEC承建的斯里兰卡普特拉姆燃煤电站项目是中斯两国间最大的经贸合作项目，荣获2013年IPMA杰出项目管理奖。

CMEC于2007年承建的土耳其EREN（1+1）600兆瓦超临界燃煤电站项目在2012年12月荣获中国建设工程最高奖——鲁班奖，是该奖项（境外工程）设立以来第一个获奖的燃煤电站项目；2015年11月，CMEC承建的白俄罗斯别列佐夫400兆瓦联合循环电站项目再次荣膺境外工程鲁班奖。[1]

巴基斯坦塔尔煤电一体化项目是CMEC在"一带一路"建设中，以创新精神、责任意识推动企业品牌国际化发展的一个典型案例。CMEC长期跟踪并中标"煤矿项目"和"燃煤电站项目"。在合作伙伴与CMEC双方的积极努力下，塔尔煤电项目被纳入"中巴经济走廊"首批优先实施项目清单，同时也是"中巴经济走廊"和巴基斯坦国内首个煤电一体化项目。2016年4月，该项目正式进入实施阶段。[2]

---

[1] 中国机械设备工程股份有限公司："'一带一路'建设中的品牌创新——以巴基斯坦塔尔煤电一体化项目为例"，http://tj.people.com.cn/GB/n2/2017/0608/c380747-30300277.html。

[2] 中国机械设备工程股份有限公司："'一带一路'建设中的品牌创新——以巴基斯坦塔尔煤电一体化项目为例"，http://tj.people.com.cn/GB/n2/2017/0608/c380747-30300277.html。

哈电集团。哈电集团是中国最早的发电设备制造企业，被誉为"共和国发电设备制造业长子"。旗下哈尔滨电气国际工程有限责任公司，是中国最早一批开拓海外市场的大型国有工程承包公司。2018 年 3 月 29 日，哈尔滨电气国际工程有限责任公司与巴基斯坦国家电力公司下属的贾姆肖罗电力有限公司正式合作，签订巴基斯坦贾姆肖罗 2×660 兆瓦超超临界燃煤电站项目总承包合同及 5 年运行维护合同。合同范围包括主机和辅机设备供货、设计、土建、安装、调试、试运行、试验、培训、运行维护等。贾姆肖罗项目成功签约，实现了哈电集团在巴基斯坦市场大型燃煤火电项目上零的突破。[①]

七、风险与挑战

一般而言，煤电项目本身规划、建设时间较长，目前中国参与的煤电项目有超过 2/5 的项目处于计划（规划中和已签约）和建设中。随着国际社会对煤电反对声音越来越大，以及能源结构加快转型，我国海外煤电项目面临的各种风险可能随之加大。

一是全世界煤电装机量增长放缓。继一些欧洲国家陆续宣布淘汰煤电之后，在 2017 年于德国波恩举行的第 23 届《联合国气候变化框架公约》第二十三次缔约方会议上，英国与加拿大两国带头发起"超越煤电联盟"（Powering Past Coal Alliance），建议发达国家（欧盟和经合组织国家）2030 年前停止使用燃煤发电。截至 2018 年 4 月，已有 28 个国家加入这一联盟，另有 4 个国家发布了相关声明。在动力煤的大型消费国中，也掀起了停止或限制燃煤发电的讨论。如德国（煤电装机超过 48 吉瓦）已表示有计划明确淘汰煤炭的期限。柏林市也于 2017 年 10 月做出了相关的决定。[②]

国际能源署数据显示，2016 年全世界煤电装机增幅超过 60 吉瓦，而 2017 年全世界新增煤电装机增幅降至 28 吉瓦。2017 年煤电投资亦呈现下降趋势，已降至近十年来的最低点（约 600 亿美元）。与 2016 年相比，2017 年全球新建煤电项目减少了 29%。预计到 2022 年，每年退役的煤电

---

① "哈电集团在巴基斯坦赢得大型燃煤火电项目！"，http://meitan.nengyuanjie.net/2018/dongtai_0330/140160.html。

② "能源转型之下全球煤电发展探析"，https://mp.weixin.qq.com/s/IrGHx9bvxC1AYYf7K2Yo3g#__NO_LINK_PROXY__。

装机将超过投运的煤电装机。①

二是煤电热点国家加快政策调整。许多国家煤电产能过剩,分别出台政策遏制煤电扩张,提出大力发展清洁能源,力促能源转型。2015年《巴黎协定》达成后,沿线一些国家逐渐减少对煤电等高排放项目的支持,转而发展可再生能源。例如,印度政府已开始考虑到2027年之前暂停建设新的煤电项目,并承诺到2020年之前碳排放强度比2005年减少1/5,2030年之前比2005年减少33%—35%。印尼也开始重视可再生能源发展,提高了新建地热发电和水电的比重,希望更多依靠小规模新能源发电项目解决国内电力覆盖率低的问题。蒙古国政府也逐渐将目光转向发展可再生能源,希望通过支持可再生能源电力项目建设,到2030年将发电产能中可再生能源发电比重提高到30%。②

根据"全球煤炭研究网络"的跟踪研究,2017年1月,全球开发中的燃煤电厂装机数量相比2016年1月出现了大幅度的下降。包括处于开工前期准备的项目降低了48%,新开工项目降低了62%,在建续建项目降低了19%,已完工项目降低了29%。印度环保部于2015年12月7日颁布有史以来最为严苛的燃煤电厂排放新标准,在2016年12月发布的《国家能源规划草案》提出至少到2027年之前,除现有在建的燃煤电厂外不再需要新燃煤电厂。③银行和其他金融机构不愿意提供更多金融支持,导致印度出现燃煤电厂开发的降温,13处工程、共计13吉瓦装机被叫停。除中国和印度之外的其他国家,共有78012兆瓦的在建装机(占全球总量的29%),以及307108兆瓦处于前期准备阶段的装机(占全球总量的54%)。虽然大多数在建项目有可能完成,但处于前期准备的项目不确定性增大。自2010年以来,中国和印度之外,只有33%的燃煤发电规划项目得以执行,而67%都被中止了。④

---

① "能源转型之下全球煤电发展探析",https://mp.weixin.qq.com/s/IrGHx9bvxC1AYYf7K2Yo3g#__NO_LINK_PROXY__。

② 任鹏、刘畅、张力文:"中国参与的'一带一路'240个煤电项目概况研究",https://mp.weixin.qq.com/s?__biz=MjM5MTcyNzk3Mg%3D%3D&idx=1&mid=2709597388&sn=60b8278abfc48896a8c95bdc04596a0d。

③ "印度取消众多煤电项目",http://www.cec.org.cn/guojidianli/2017-05-27/168887.html。

④ "中国、印度外,还有十个煤电'热点'国家也在退烧",http://power.in-en.com/html/power-2274697.shtml。

土耳其是除中国和印度之外最大的新建燃煤电厂开发地区，由于存在强大的公众反对运动，很多处于前期准备阶段的项目已经减缓甚至搁置。印度尼西亚政府已经修改其"十年规划"，许多燃煤电厂将被推迟或取消。越南于2016年3月重新修订《第七个国家电力发展规划》，20000兆瓦的规划燃煤电厂项目被取消。孟加拉国对燃煤发电项目的金融支持降温，预示着孟加拉国的燃煤发电规模会缩减。韩国政府于2016年7月宣布在2025年退役10座燃煤电厂，并避免增加更多规划煤电项目。投资者越来越担忧可再生能源会取代燃煤发电，渣打银行（Standard Chartered）、苏格兰皇家银行（RBS）和日本生命保险（Nippon Life）均宣布将完全退出东南亚煤炭市场。花旗银行（Citi）分析师指出，2010年至2018年，煤炭相关项目融资减少了80%。[1]

三是项目执行与建设压力。巴基斯坦燃煤发电项目不断遭到来自农民和其他人士的抗议，他们担心燃煤电厂项目的环境影响以及对水资源的竞争。菲律宾仍有大量的燃煤电厂处于开发阶段，这些规划最终能否得以实现，取决于能否获取融资，取决于当地居民的反对力量有多强大，以及太阳能等可再生能源的发展速度能否加快。[2]

四是国际舆论压力增大。除了东道国政策调整、环保人士反对外，中国海外煤电投资还面临诸多来自国际舆论的压力，中国海外碳足迹成为一些媒体热议的内容。如有分析指出，中国为解决共建"一带一路"国家的能源困境而提出的解决方案往往包含燃煤电厂建设，从而可能增加这些国家的排放。"与可再生能源相比，中国海外投资更倾向于煤炭发电，特别是在东南亚国家"。中国发挥全球气候领导力所面临的更大考验在于能否推动"一带一路"基础设施投资由高碳项目向低碳项目的转型。[3]

第二节 水电合作

过去十几年来，中国水电行业发展迅速，已成为水电强国，技术世界

---

[1] "10年内东南亚新建可再生能源发电成本将低于燃煤电站"，http://power.in-en.com/html/power-2301231.shtml。

[2] "中国、印度外，还有十个煤电'热点'国家也在退烧"，http://power.in-en.com/html/power-2274697.shtml。

[3] 白莉莉："'一带一路'是否'适配'《巴黎协定》?"《中外对话》，2017年第5期，第33页。

领先，装机容量和发电量升至世界第一。截至2017年底，中国水电总装机容量达到3.4亿千瓦，约占全球水电装机容量的30%，年发电量约1.2万亿千瓦时，占中国清洁能源发电的70%。2017年，全球水电装机容量为1267吉瓦，水电总发电量4185亿千瓦时，水电占全球总发电量的16.6%。中国水电约占全国发电量的19%，超过世界平均水平。[1]

除了规模外，中国水电的工程设计、施工、设备制造、综合科研能力也已达国际领先水平，已成为水电行业技术重要输出国之一。[2] 近年来，无论是勘测设计、施工承包、运营管理、投融资等方面，中国的水电建设、管理水平均有很大提升。中国水电产业已迈入大电站、大机组、高电压、自动化、信息化、智能化的全新时代，从规划设计、装备制造、开发建设、运营维护到资本运作，拥有全产业链竞争优势与国际市场经验，已逐步成为引领和推动世界水电发展的重要力量。[3]

中国水电企业"走出去"，最早可追溯至20世纪60年代。当时，中国水电企业以经济援助或工程分包方式走出国门，参与了非洲和亚洲的多项水利、水电、医疗工程和劳务项目。加入WTO后，随着自身实力的提升，中国水电企业的国际化步伐进一步加快。而"一带一路"倡议提出后，中国水电企业在沿线国家投资开发成绩斐然，建造了几内亚凯乐塔水电站、尼泊尔上马蒂水电站、马来西亚沫若水电站和苏丹麦络维水电站等多座海外"三峡工程"。[4] 同时，海外投资带动了发电、输变电、装备制造等在内的产业链"走出去"，我国水电行业的国际竞争力得到显著提升。

一、共建"一带一路"国家水电发展前景广阔

多数共建"一带一路"国家水资源丰富，但洪涝、干旱、污染、生态退化等水问题突出。如中亚水资源利用比较粗放，用水结构不合理，水利基础设施建设相对滞后，用水效率和效益尚有较大的提升空

---

[1] 苏南："我国水电开发程度远低于发达国家"，《中国能源报》，2018年5月28日，第11版。

[2] 高鑫："当中国水电遇上'一带一路'"，http://www.hydropower.org.cn/showNewsDetail.asp?nsId=16526

[3] "'一带一路'加速中国水电国际化"，http://www.cec.org.cn/xinwenpingxi/2015-06-05/138771.html。

[4] 苏南："水电：'一带一路'实践成绩斐然"，《中国能源报》，2017年5月15日，第12版。

间。生态用水被大量的挤占，生态问题日益突出。再加上气候变化的影响，跨国国际河流的水资源分配矛盾也比较尖锐，水管理体制和机制还有待完善。

东南亚洪涝灾害严重。热带季风气候加热带雨林气候造成终年高温多雨，夏季洪涝严重，冬季雨量较小，但是有时候也会造成缺水问题。由于拉尼娜、厄尔尼诺等反常气象，极端气候事件频繁出现。基础设施建设滞后，调蓄能力不足，水资源开发利用率不到10%。近年来人口快速增长，带来了严重的城镇的水危机，面临地表水体消失，河水污染，地下水位下降等问题，供水安全受到挑战。[1]

非洲多年来处于一种普遍缺水的状态。据联合国统计，当今世界仍然有20亿人不能喝到洁净的饮用水，其中大部分人生活在非洲。非洲基本的供水和水设施严重缺乏，技术支撑严重不足，只有5%的水资源得到开发和利用。由于人口快速增长，再加上不合理的土地利用，导致水环境污染、水土流失、湖湾淤积，再加上鱼类过渡捕捞问题，生态系统的健康和可持续发展面临诸多挑战。

二战以后中东地区的人口快速膨胀，导致人均水资源占有量急剧下降。为了满足日益增长的粮食需求，各国都在大力发展农业，使农业用水量猛增，人口的城市化发展和生活水平的提高，也引起了城市生活用水的增长。用水浪费再加上过度开采地下水，河流里的生态用水被严重挤占，造成水环境、水生态遭到破坏。[2]

除自然环境、经济发展和管理水平等原因外，造成共建"一带一路"国家水问题突出的重要原因是其水资源利用效率和水电开发程度较低。目前全球水电装机开发程度约为25%，其中欧洲、北美洲、南美洲、亚洲和非洲水电开发程度分别为47%、38%、24%、22%和8%。亚洲、非洲、南美开发程度居后三位。[3] 与此同时，共建"一带一路"国家电力消费水平低，增长空间大。国际水电协会预测，全球水电装机容量有望在2050年增长一倍，达到2050吉瓦。在南亚，印度约有49个新的水电项目正在规

---

[1] 王浩："中国经验可帮助'一带一路'沿线国家解决水问题"，http://huanbao.bjx.com.cn/news/20170518/826261.shtml。

[2] 王浩："中国经验可帮助'一带一路'沿线国家解决水问题"，http://huanbao.bjx.com.cn/news/20170518/826261.shtml。

[3] 齐正平："'一带一路'能源研究报告（2017）"，http://www.chinapower.com.cn/moments/20170516/77097.html。

划建设，相当于 5 万多兆瓦的水电装机容量正在开发。① 预计到 2050 年，非洲地区和亚洲地区的水电开发率将分别达到 32% 和 46%，开发潜力巨大，是今后水电建设的重点地区。②

中亚部分国家水力资源丰富，发展水电愿望强烈。其中塔吉克斯坦人均水资源量全球第一，目前国内电力系统装机约 507 万千瓦，其中 94% 为水电装机，不过多为前苏联时期所建。苏联解体后，塔吉克斯坦电力供应不足问题日益突显，特别是季节变化严重影响电力供应。为此，塔吉克斯坦提出了"水电兴国"战略，加速大型水电站建设，加大电力出口创汇能力。③

二、"一带一路"助力企业"走出去"

洪涝、干旱、污染等问题是中国和共建"一带一路"国家面临的共同水问题。中国改革开放 40 年，以用水量的较小增长支撑了经济社会的快速发展，全国用水总量从 1980 年 4400 亿立方米增长到 2015 年的 6100 亿立方米，用水量只增加 38%，而同期 GDP 增长了 30 倍。中国地域辽阔，跨五个气候带，东中西部发展不均衡，其解决水问题的方法和经验对世界很多国家有借鉴意义和参考价值。④

随着中国成为世界水电超级大国，其国际影响力也迅速扩大，已与 80 多个国家建立了水电规划、建设和投资的长期合作关系。而借助"一带一路"倡议，中国水电国际化进程将进一步加速。"一带一路"倡议推动中国和沿线国家优先在能源、电力等领域的合作，为中国水电企业"走出去"提供新的战略机遇和更广阔的国际市场空间。⑤

共建"一带一路"区域覆盖了亚洲大陆到欧洲的主要国际河流区，深化与周边国家跨界的水合作，既是水利支撑"一带一路"建设的重要内

---

① "'一带一路'加速中国水电国际化"，http://www.cec.org.cn/xinwenpingxi/2015-06-05/138771.html。

② 齐正平："'一带一路'能源研究报告（2017）"，http://www.chinapower.com.cn/moments/20170516/77097.html。

③ 赵紫原："中塔两国电力合作前景广阔"，《中国能源报》，2018 年 11 月 19 日，第 11 版。

④ 王浩："中国经验可帮助'一带一路'沿线国家解决水问题"，http://huanbao.bjx.com.cn/news/20170518/826261.shtml。

⑤ "'一带一路'加速中国水电国际化"，http://www.cec.org.cn/xinwenpingxi/2015-06-05/138771.html。

容,也是实施水利"走出去"战略的重要举措。① 中国三峡集团、中国电建、中国能建等企业发展战略与共建"一带一路"国家战略高度契合,其主营业务为能源和基础设施研究、设计、施工和建设,也与"一带一路"倡议的具体项目属性高度契合。中国的水电企业在"一带一路"重点区域实施的诸多项目,已覆盖共建"一带一路"几乎所有主要国家。②

国际能源署数据显示,2010—2020年间,中方承建或将承建的新增发电装机容量总量巨大,约为17吉瓦,相当于撒哈拉以南非洲现有装机容量的10%。在新增容量中,超过2/3已经完工或者正在建设中。2010—2015年间,中国承包商承建并网新增发电装机容量超过7吉瓦,这些已完工装机占地区新增发电装机容量总量的30%。

中国公司承建项目几乎涵盖整个电力领域,并以水电为主。2010—2020年间,中方承建的完工、在建或计划中项目新增发电装机容量中56%来自可再生能源发电。其中,水电占比最大,约为中企承建的新增发电装机容量的49%左右(2010—2016年,中国企业在非洲已经完工的大坝超过20座,另外还有20多座处于建设之中),而非水电可再生能源项目占比相对较小。此外,燃煤发电项目装机占比为20%,燃气发电项目与燃煤发电项目的占比大致相似,约为19%,燃油发电所占比例最小,约为5%。③

三、主要企业海外拓展概况

中国水电企业的"国家队"已在世界各地建设了数百个水利水电工程,不仅惠及当地民众,也扩大了中国水电在世界的影响,为解决世界水问题作出了重要贡献。④ 作为开拓国际市场的主力军,中国电建、中国三峡"走出去"势头不减,三峡海外水电装机占其总装机15%;电建承建沿

---

① 王浩:"中国经验可帮助'一带一路'沿线国家解决水问题",http://huanbao.bjx.com.cn/news/20170518/826261.shtml。
② 高鑫:"当中国水电遇上'一带一路'",http://www.hydropower.org.cn/showNewsDetail.asp?nsId=16526。
③ 杨永明:"优势互补互利共赢——中非能源合作成果综述",https://mp.weixin.qq.com/s?__biz=MzIzNDI3OTkwMA%3D%3D&idx=1&mid=2247487168&sn=949ced685da7960081ec48373a3f55db。
④ 高鑫:"当中国水电遇上'一带一路'",http://www.hydropower.org.cn/showNewsDetail.asp?nsId=16526。

线项目 329 个。①

葛洲坝集团。全称中国葛洲坝集团，是一家集投资、建筑、环保、房地产、水泥、民爆、装备制造、金融等八大业务为一体、具有国际竞争力的跨国集团，因承建世界最大水利枢纽——三峡工程而闻名于世。近年来，葛洲坝集团国际业务快速增长，已经形成了较为完善的全球市场布局，百余家海外分支机构遍及五大洲，在建国际项目 100 余个，获得"感动非洲十大中国企业"的荣誉。②

葛洲坝集团诞生 50 年来，掌握了水电建设的核心技术，积累了丰富的水电建设经验。目前在全球 58 个国家和地区，葛洲坝集团已经和正在建设的水电站和抽水循环电站超过了 600 座。2012—2017 年间，公司以财务投资的方式参股了东盟投资基金和中央海外基础设施投资公司，以 BOT 和 PPP 的方式投资了巴基斯坦水电站，控股投资了哈萨克斯坦水泥项目，以股权并购方式收购了巴西的水务公司，总投资额超过了 50 亿美元。海外工程承包订单累计超过了 500 亿美元。③

葛洲坝集团目前在共建"一带一路"国家和地区有 49 个在建项目，合同总金额达 147 亿美元。葛洲坝集团有百余家海外分支机构，全面覆盖了共建"一带一路"国家和地区，业务范围包括电力、交通、建筑、石油化工、农业等 10 多个领域。在 2017 年商务部公布的中国 4000 多家"走出去"企业中，葛洲坝集团的国际签约额名列第 6 位，是"走出去"和"一带一路"建设的代表性企业之一。④

三峡集团。全称三峡国际能源投资集团有限公司。截至 2016 年底，三峡集团已在全球 20 余个国家和地区开展了投资建设与并购业务，海外装机已超过 1400 万千瓦，2016 年全年实现发电量超过 250 亿千瓦时，资产总额近 1000 亿元。从 2009 年起步，到 2016 年，三峡集团海外水电装机达量

---

① 苏南："水电：'一带一路'实践成绩斐然"，《中国能源报》，2017 年 5 月 15 日，第 12 版。
② "安哥拉总统为卡卡水电站奠基 中国公司承建非洲最大水电站开工"，http://www.sohu.com/a/162722614_271142。
③ 朱学蕊、王海霞："核电氢能指挥能源多能互补'一带一路'"，《中国能源报》，2017 年 12 月 25 日，第 4 版。
④ "葛洲坝：与跨国企业合作建设'一带一路'项目受市场欢迎"，https://www.yidaiyilu.gov.cn/xwzx/gnxw/55494.htm。

1300万千瓦,占集团总装机量的15%。① 在共建"一带一路"国家的老挝、马来西亚、菲律宾、印尼、巴基斯坦、尼泊尔、哈萨克斯坦、马其顿、塞尔维亚、肯尼亚等近20个国家,三峡集团设有驻外机构或项目部,建设多个大型水利水电项目,业务涵盖发电、输变电线路、供水、灌溉、高速公路等多个领域。

中国电建。电建海投公司是中国电建专业从事海外投资市场开发、项目建设、项目运营与投资风险管理的法人主体。在14个国家和地区设有各层级全资及控股子公司32个、3个参股公司和1个代表处。目前已建成投产项目有柬埔寨甘再水电站、老挝南俄5水电站、老挝南欧江一期水电站、尼泊尔上马相迪A水电站、巴基斯坦卡西姆港燃煤电站、刚果(金)铜钴矿;正在开发建设老挝南欧江流域二期水电站、印度尼西亚明古鲁燃煤电站项目;正在积极推进柬埔寨、老挝、尼泊尔、印度尼西亚、孟加拉、澳大利亚等国家的电力能源投资开发。②

中国电建在建项目主要集中在巴基斯坦、马来西亚和孟加拉国。自1996年进入马来西亚市场,中国电建先后承建了沙捞越州的克拉隆水坝工程和巴贡水电站。在柬埔寨,中国电建承建的甘再水电站已投产运行;在缅甸,中国电建已经成功锁定丹伦江纳沃菹、楠马河满通水电项目的开发。此外,中国电建还成功收购哈萨克斯坦水利设计院等。③

2016年,中国电建签署海外新能源工程总承包项目总容量为195万千瓦,其中风电95万千瓦、光伏100万千瓦,已成为引领中国企业开展国际新能源承包的龙头企业。中国电建集团建设完成了埃塞俄比亚阿达玛风电场项目(20.4万千瓦);建设完成了巴基斯坦大沃风电场、撒察尔风电场、塔帕风电场、马斯特风电场等,总计超过50万千瓦,占巴基斯坦新能源75%的市场份额;正在建设摩洛哥努奥太阳能聚热电站二期(20万千瓦)、三期工程(15万千瓦),该项目是世界上在建规模最大的太阳能聚热电站。

2017年11月20日,中国电建与土耳其TEYO投资集团在伊斯坦布尔正式签署土耳其图凡贝伊利2×350兆瓦燃煤电站总承包合同,在欧亚高端

---

① 苏南:"水电:'一带一路'实践成绩斐然",《中国能源报》,2107年5月15日,第12版。
② "中电集团海外投资公司",http://pr.powerchina.cn/g315.aspx。
③ 苏南:"水电:'一带一路'实践成绩斐然",《中国能源报》,2107年5月15日,第12版。

电站市场再结硕果。① 图凡贝伊利项目 EPC 合同的成功签订，充分体现了欧洲标准对中国电建品牌实力的信任和认可，对进一步提升中国电建在该区域的国际品牌影响力，拓展中东、西亚和欧洲市场，深度参与"一带一路"沿线建设具有重要的意义。②

2018 年 1—3 月，中国电建国外新签合同额约合人民币 503.2 亿元，约占国内外新签合同额（1509.69 亿元）的 1/3，同比增长 8.5%，远高于国内新签合同额的增幅（1.15%）。新签合同海外业务主要位于共建"一带一路"国家，包括：喀麦隆纳提加（下）水电站项目、孟加拉 ZEE 吉大港 120 万千瓦液化天然气联合循环电站项目、乍得 10 万千瓦光伏—储能电池—柴油发电混合能源系统项目、塞尔维亚奥布雷诺瓦茨至贝尔格莱德新区供热管道建设项目、科特迪瓦格西波—波波里水电站项目、老挝南法水电站、赞比亚路西瓦西水电站项目。③

截至 2018 年 5 月底，在共建"一带一路"国家中，中国电建在其中 57 个国家共跟踪项目 1469 个，预计总金额为 6358 亿美元；在其中 42 个国家设有 150 个代表处或分支机构，执行 1311 个工程项目合同，合同总额约 4900 亿元人民币，累计完成营业收入约 1200 亿元人民币，合同存量约 2553 亿元人民币。④

中国能建。全称中国能源建设集团。在共建"一带一路"国家的 50 多个国家和地区，中国能建在建及待建项目超 700 个，合同总金额超过 3000 亿元。设立了 100 多个分支机构，在建大中型项目超过 200 个，在我国对外电力工程承包市场份额占比近 1/3。中国能建在建的尼鲁姆·杰鲁姆水电站是巴基斯坦最大的水电站。安哥拉卡卡水电站、埃及 EETC500 千伏输变电工程、越南海阳燃煤电站、巴基斯坦卡拉奇核电 K－2 和 K－3 机组、阿联酋迪拜太阳能园区第四期 700 兆瓦光热发电站等工程仍在扎实推进。

---

① "中国电建签订土耳其图凡贝伊利燃煤电站总承包合同"，http://news.bjx.com.cn/html/20171123/863350.shtml。
② "中国电建签订土耳其图凡贝伊利燃煤电站总承包合同"，http://news.bjx.com.cn/html/20171123/863350.shtml。
③ 钟典建："中国电建一季度新签合同额 1509.69 亿元"，《中国能源报》，2018 年 4 月 23 日，第 11 版。
④ "中国电建跟踪'一带一路'项目 1469 个 预计总金额 6358 亿美元"，http://news.bjx.com.cn/html/20180529/901206.shtml。

目前，中国能建在建的国际工程项目中，多数项目全部或部分采用中国标准。中国能建近年来还牵头完成"一带一路"能源合作、中国与周边国家电力互联互通等多个规划研究。2018年3月，中国能建旗下电力规划设计总院承担并编制完成的"老挝电力规划研究"通过老挝能矿部验收。①

中国大唐。2015年，中国大唐集团有限公司发布"一五八"发展战略，把国际化战略确定为集团公司八大子战略之一，将提升国际业务效益和提升国际化形象作为国际业务战略目标。集团公司相继成立了海外公司、海外技术服务公司、香港公司等一系列专业公司，环境公司、物资公司、燃料公司等也围绕国际化战略展开相关业务。2016年底，集团公司在总部独立设置国际合作部。2017年以来，集团公司多次研讨国际业务发展，制定了《国际化经营指导意见》。②

为实现"国际一流"能源集团的目标，大唐将电力基础设施建设作为突破口，重点推进"一带一路"沿线项目合作。经过多年发展，中国大唐的国际化业务现已初步形成了境外投资、工程承包、技术服务、国际贸易、国际金融等五大业务的发展格局。③ 中国大唐在境外投产运营的项目有缅甸太平江水电站等3个，在老挝、印尼、巴基斯坦等国家正在开展前期工作的电力项目4个，所有项目全部立足于在共建"一带一路"国家，已投运项目均保持安全稳定运行。④

在对外承包工程业务方面，以"立足南亚、东南亚，逐步向西亚、南美及部分非洲国家推进"为发展方向，重点关注境外电站建设，在印度、泰国、印尼、马来西亚、科特迪瓦、圣多美和普林西比等开展了工程承包、技术服务、国际贸易和电力技术援助等业务，环保类项目已取得喜人成效。此外，中国大唐在欧洲Novenergia 61.3万千瓦清洁能源公司项目收购成功标志着境外收购项目实现零的突破，使集团公司境外装机总量将增

---

① "海外合同占比近35% '一带一路'为中国能建添动力"，https://www.yidaiyilu.gov.cn/xwzx/gnxw/65708.htm。

② 李小囡："深化交流 走向国际舞台"，http://www.china-cdt.com/dtwz/indexAction.ndo?action=showDoc&d=084B114C-70F6-9927-055F-2827EB2532D2。

③ 李飞："唱响丝绸古韵 服务'一带一路'"，http://www.china-cdt.com/dtwz/indexAction.ndo?action=showDoc&d=B6BC21DB-0796-715F-AFED-83D021BADF2B。

④ 李飞："唱响丝绸古韵 服务'一带一路'"，http://www.china-cdt.com/dtwz/indexAction.ndo?action=showDoc&d=B6BC21DB-0796-715F-AFED-83D021BADF2B。

加近两倍。

截至2017年末,中国大唐在技术服务业务、国际贸易业务、境外项目开拓和国际交流合作方面也取得了丰硕成果。2017年,在役境外企业全部实现盈利,超额完成了当年目标,经营利润达到历年最好水平。[1]大唐集团系统企业中已有10家开展了国际业务,驻外机构及项目部43个,总资产近130亿元,业务涉及共建"一带一路"近20个国家。[2]

浙能集团。2016年9月,浙能集团提出了包括"海外创业"在内的"四业"发展路径,积极实施"走出去"战略,参与"一带一路"经济建设。2017年4月,巴西联邦政府宣布组织包括圣西芒在内的4个水电资产的特许经营权招标。浙能集团国际业务部积极寻求与国电投合作投资巴西水电项目,启动了特许经营权招标项目的前期工作。在与国电投海外公司协作开展的JSM项目(含圣西芒水电项目在内的4个水电站30年特许经营权)国际公开竞标过程中,最终以高于最低投标限价6.5%的投标价(溢价率为4个标段最低)中标圣西芒水电站的特许经营权项目。[3] 2017年12月,巴西圣西芒水电站完成特许经营权交割。浙能集团投入10.19亿巴西雷亚尔(约20亿元)资本金参与该项目的投资和运行,股比占整个项目的35%,获得30年特许经营权。[4]

东方电气。中国东方电气集团有限公司起步于上世纪50年代末期,是全球最大的发电设备制造和电站工程总承包企业集团之一,发电设备产量累计超过5亿千瓦,多年位居世界前列。东方电气大力发展新能源和可再生能源产业,拥有"水电、火电、核电、气电、风电、太阳能"六电并举的研制能力。东方电气大力拓展海外市场,积极参与"一带一路"建设,大型装备产品和服务出口到近70个国家和地区,创造了中国发电设备出口历史上若干个第一,连续24年入选ENR全球250家最大国际工程承包商

---

[1] 颜冉、王若馨:"境外投资:'走出去'大展风采",http://www.china-cdt.com/dtwz/indexAction.ndo? action = showDoc&d = 0E736AA5 - 8A2B - 6191 - 2E28 - 9A108FAE1EA1。

[2] 吕银玲、卢彬:"改革开放40年,我国电力取得了哪些成就?",https://mp.weixin.qq.com/s/IbITDAPMQZlzkf5MTxwnXg#__NO_LINK_PROXY__。

[3] "20亿参股巴西水电站 浙能集团参与'一带一路'建设",http://bbs1.people.com.cn/post/129/1/2/165588807.html。

[4] "20亿参股巴西水电站 浙能集团参与'一带一路'建设",http://bbs1.people.com.cn/post/129/1/2/165588807.html。

之列。①

2017年8月,继安哥拉柴光互补项目后,东方电气陆续签约哥斯达黎加卡普琳水电项目和印度尼西亚波索1二期水电项目。卡普琳水电项目位于哥斯达黎加圣何塞省,这是国际合作公司继托瑞托项目后在哥斯达黎加中标的第二个水电项目。波索1二期水电项目位于印尼中苏拉威西省,该项目的签订得益于波索1一期水电项目(公司在印尼市场第一个水电项目)的成功履约。②

四、在非洲的拓展

在中国海外水电项目建设中,非洲是东南亚之外的另一个重点地区。在中国公司中,有五家企业主导撒哈拉以南非洲电力行业市场,分别是:中国电建旗下的中国水电和山东电建,中国能建旗下的葛洲坝集团,三峡集团旗下的中国水利电力对外公司,以及中机集团旗下的中国电工。2010~2015年间,上述五家公司完工或基本完工的装机占中国公司在非新增发电装机容量总量的四分之三。③

中国电建东南非区域总部涵盖东部和南部非洲的26个国家和地区,业务涉及水利、电力开发、基础设施建设、水资源与水环境治理等。截至2017年,中国电建在东南非区域国家在建项目279个,合同总额近150亿美元。2002年6月,其麾下的中国水电签署首个在非洲具有重大影响力的水电站项目——埃塞俄比亚泰克泽水电站工程。该项目大坝是非洲最高的混凝土双曲拱坝,电站发电量相当于埃塞俄比亚全国总发电量的40%。2003年6月,中国水电中标苏丹麦洛维大坝项目。该大坝是截至当时中国国际工程承包史上中国企业承包的最大单项国际工程,也是世界上最长的大坝。2013年5月,中国电建中标埃塞俄比亚阿达玛二期风电EPC项目,这是第一个采用中国标准和中国技术施工的国外风电项目,也是我国第一个海外风电总承包项目。

中国能建在非洲国家的业务覆盖电源、电网、基础设施、民生工程等

---

① "中国东方电气集团有限公司",http://www.dongfang.com/data/l/9.html。
② "东方电气海外水电项目再下两城",http://www.bhi.com.cn/ydyl/吉瓦dt/42217.html。
③ 杨永明:"优势互补互利共赢——中非能源合作成果综述",https://mp.weixin.qq.com/s?__biz=MzIzNDI3OTkwMA%3D%3D&idx=1&mid=2247487168&sn=949ced685da7960081ec48373a3f55db。

多个领域。2017年11月10日，在非洲人口第一大国尼日利亚，中国能建旗下葛洲坝集团牵头的"葛洲坝—中国水电—中地海外"三家中资企业联营体中标蒙贝拉水电站，合同总额57.92亿美元，刷新了中资企业在海外承建最大规模水电站的签约纪录。此外，葛洲坝集团承建的安哥拉卡古路·卡巴萨水电站、肯尼亚斯瓦克大坝项目、埃塞俄比亚FAN水电站、尼日尔坎大吉水电站等一系列水电项目也在顺利推进中。已竣工的埃塞俄比亚特克泽水电站是首个获得中国建筑领域最高奖"鲁班奖"的海外水电项目。①

三峡集团主要在西非、东非进行区域化布局。集团子公司中水电自20世纪50年代至今足迹已遍布30多个非洲国家，承建了包括电力工业工程在内的250余个项目。几内亚凯乐塔水利枢纽工程是几内亚独立以来建设的最大水电工程项目，给该国带来24万千瓦的水电装机。几内亚孔库雷河梯级水电站建成后，电站的发电能力不仅满足几内亚国内电力需求，多余电能还将输送至周边国家。②

五、成效及影响

共建"一带一路"发展中国家面临基础建设、生态保护和当地发展等困境，而中国有着丰富的经验、较雄厚的技术和资金等优势。中国电建承建的伊朗塔里干水利枢纽工程、埃塞俄比亚泰克泽水电站、苏丹麦洛维水电站、柬埔寨甘再水电站等工程先后获得中国建设工程鲁班奖（境外工程）。中国电建承建的斯伦河二期工程荣获柬埔寨王国最高工程质量奖。

"一带一路"水电项目的建设，推动了当地的经济发展，提高了居民的生活水平。沿线备受电力短缺困扰的国家，很多都受益于中国水电"走出去"。柬埔寨甘再水电站的建设，改写了柬埔寨拉闸限电的历史；高摩赞大坝工程缓解了巴基斯坦的用电危机，让当地2.5万户居民用上放心电，而且每年还为巴基斯坦减少洪灾损失约260万美元；厄瓜多尔历史上外资

---

① 杨永明："优势互补互利共赢——中非能源合作成果综述"，https：//mp. weixin. qq. com/s?__biz = MzIzNDI3OTkwMA%3D%3D&idx = 1&mid = 2247487168&sn = 949ced685da7960081ec48373a3f55db。

② 杨永明："优势互补互利共赢——中非能源合作成果综述"，https：//mp. weixin. qq. com/s?__biz = MzIzNDI3OTkwMA%3D%3D&idx = 1&mid = 2247487168&sn = 949ced685da7960081ec48373a3f55db。

投入金额最大、规模最大的水电站项目——辛克雷水电站满足该国 1/3 人口的用电需求；埃塞俄比亚泰克泽水电站发电量相当于埃塞俄比亚全国总发电量的 40%，建成后有效地缓解当地 8000 万居民的用电紧缺。苏丹麦洛维大坝项目，除了灌溉尼罗河两岸方圆 400 平方千米的土地，还惠及 400 万苏丹人民；赞比亚卡里巴北岸水电站扩机项目投产后，不仅将供应赞比亚的千家万户用电，还把电能输送到周边的南非、纳米比亚、津巴布韦等国家……①

几内亚凯乐塔水电站于 2015 年投产发电，建成后使几内亚国家的电力总装机容量翻番。三峡集团还在凯乐塔项目投入近 700 万美元专项资金，用于当地的环保和医疗事业，包括进行移民村落的市场改造，帮助当地村民进行生活垃圾无害化处理，设立营区医院等。2015 年 5 月，几内亚水电站的效果图被几内亚央行选中，作为该国新发行面值 2 万几内亚法郎货币的背面图案。②

同时，中国企业在共建"一带一路"国家的投资建设为项目所在国政府创造了大量就业机会。目前，三峡集团的员工当地化比例已超过 70%；中国电建目前在非洲工作的中方管理人员和劳务人员总数约 1.2 万余人，雇用项目所在国及第三国劳务 6 万余人；中水电对外公司建设的伊辛巴水电站及相关输变电线路工程提供近 2000 个工作岗位……③

在老挝南立 1—2 水电站项目建设过程中，公司利用项目资金无偿为孩子们兴建新的学校，还发挥工程技术专业优势，支持社区交通、通讯、饮水、卫生等公共基础设施建设。为了加强与对象国的沟通，中国电建海外投资公司尼泊尔上马相迪水电站项目公司还设立了当地社会事务办公室，配置管理人员与当地语言翻译，专门处理与项目建设有关的社会关系事务。④ 加蒂格迪大坝建设的资金、技术和设备虽来自中国，但施工人员大多来自当地；中方技术人员为当地员工提供培训，将大坝闸门控制技术的

---

① 苏南："水电：'一带一路'实践成绩斐然"，《中国能源报》，2017 年 5 月 15 日，第 12 版。
② 苏南："水电：'一带一路'实践成绩斐然"，《中国能源报》，2017 年 5 月 15 日，第 12 版。
③ 苏南："水电：'一带一路'实践成绩斐然"，《中国能源报》，2017 年 5 月 15 日，第 12 版。
④ 高鑫："当中国水电遇上'一带一路'"，http：//www.hydropower.org.cn/showNewsDetail.asp？nsId=16526

使用方法和工作原理倾囊相授，让印尼人民能自己操控大坝。[1]

第三节 输变电合作

共建"一带一路"国家电力需求持续增长，能源设施投资成为我国电力企业"走出去"的重要载体。国家电网公司、南方电网公司、中国能建等凭借自身优势，积极布局海外市场，投资规模不断扩大。[2]我国企业在巴基斯坦、菲律宾、巴西、葡萄牙、澳大利亚、意大利、新加坡、印尼、越南、柬埔寨等国投资及运营着多个输变电项目，跨国电网互联互通也取得积极进展。

一、国内电网建设规模不断扩大

1978年改革开放之初，我国电力严重短缺，全国电力缺口达1000万千瓦。40年来，国内电网建设发生了翻天覆地的变化，变电容量、线路回路长度快速增长，电力输送、资源配置能力显著提升。1979年11月，由中国能建规划院设计集团中南院参与设计的河南平顶山—湖北武昌500千伏输变电工程开工。由此中国成为世界第8个拥有500千伏输变电线路的国家。[3]

随后，葛洲坝和三峡工程的建设，为大规模、远距离输送电力的跨区电网建设提供了契机。葛洲坝水电站送出工程——葛洲坝—上海500千伏直流输电工程于1985年10月开工，1990年投运，实现了华中、华东两大电网的异步联网。

2009年，中国电网规模超过美国跃居世界第一位。到2017年底，我国35千伏级以上输电线路长度已达到182.6万千米，变电设备容量已达到66.3亿千伏安，分别是1978年的7.9倍和52.6倍。[4]中电联数据显示，

---

[1] 高鑫："当中国水电遇上'一带一路'"，http://www.hydropower.org.cn/showNewsDetail.asp?nsId=16526

[2] 崔晓利："电网'一带一路'国际合作现状分析"，https://mp.weixin.qq.com/s/3ZacwSmCVl4UQshL9oxCeQ#__NO_LINK_PROXY__。

[3] 齐立强："四十载逐梦电网脉动"，《中国能源报》，2018年9月24日，第25版。

[4] 齐正平、林卫斌："改革开放40年我国电力发展十大成就"，https://mp.weixin.qq.com/s/oylon6OHprG7Itw92xrnKw#__NO_LINK_PROXY__。

截至 2017 年底，全国跨区输电能力达到 1.3 亿千瓦。其中，交直流联网跨区输送能力超过 1.1 亿千瓦，点对网跨区输送能力 1334 万千瓦。2017 年全国跨区输送电量 4236 亿千瓦时，省间输出电量 11300 亿千瓦时。

2005 年，受两大电网公司委托，中电工程负责组织实施晋南荆、云广、向上等首批国家实验示范交直流特高压工程可研、设计。2009 年 1 月，1000 千伏晋东南—南阳、荆门特高压交流试验示范工程投运；2010 年 6 月，云广示范工程双极投产；2010 年 7 月，向上示范工程双极投产。至此，中国电网开始领跑世界，率先进入特高压时代。近年来，我国特高压工程建设进入高峰期。截至 2018 年 9 月，我国已建成投运特高压工程 21 个，在建特高压工程 6 个。①

在建设特高压的同时，全国电网联网步伐也不断加快，跨省跨区送电能力显著提升。2010 年，新疆与西北 750 千伏电网联网工程投运，实现了新疆电网与主网的连接。2012 年，随着青藏联网工程投运，标志着我国内地电网实现全面互联。② 随着哈郑直流、宾金直流、宁浙直流、锡泰直流、扎青直流等重点工程投产，截至 2017 年底，国家电网建成"八交十直"特高压交直流工程，2017 年跨区跨省输电能力达到 1.9 亿千瓦。南方电网建成"八交十直"18 条 500 千伏及以上西电东送通道，送电规模超过 5000 万千瓦。③

二、海外电力输送项目发展迅速

在"一带一路"倡议下，我国已经与俄罗斯、蒙古国、吉尔吉斯斯坦、越南、老挝、缅甸等国实现电网互联互通。正在研究中国与巴基斯坦、尼泊尔、哈萨克斯坦等国电网互联以及东北亚电网互联的可行性。除了中国与周边国家电网互联互通项目，共建"一带一路"的东南亚、中亚、南亚、独联体等地区也提出了规模庞大的跨国联网计划。④

---

① 齐立强："四十载逐梦电网脉动"，《中国能源报》，2018 年 9 月 24 日，第 25 版。
② 齐立强："四十载逐梦电网脉动"，《中国能源报》，2018 年 9 月 24 日，第 25 版。
③ 齐正平、林卫斌："改革开放 40 年我国电力发展十大成就"，https://mp.weixin.qq.com/s/oylon6OHprG7Itw92xrnKw#__NO_LINK_PROXY__。
④ 齐正平："'一带一路'能源研究报告（2017）"，http://www.chinapower.com.cn/moments/20170516/77097.html。

据美国智库 RWR 数据,过去五年中国企业已累计在拉丁美洲、非洲、欧洲及其他地区建设或收购 83 个电力输送基础设施项目,总金额 1020 亿美元。加上自中国相关机构获得的贷款,近五年中国海外电网投资总规模达 1230 亿美元。2013 年至 2018 年 2 月间,包括对发电厂及电网投资和贷款在内的所有与电力相关的中国海外项目共计 4520 亿美元。①

在非洲,约 1/3 的新增电力供应来自中国投资的项目。国际能源署数据显示,2010~2020 年间,中国电力企业在非洲投资的输配电线路不少于 28000 千米。项目从跨境输电线路(如埃塞俄比亚和肯尼亚、埃塞俄比亚和吉布提、贝宁和多哥的跨境线路等)到城市或农村本地配电网(如安哥拉、赤道几内亚本地配电网),覆盖整个电网产业链的多个环节。

国家电网公司在非洲开展的业务主要涉及投资、工程总承包、设备供应和技术咨询等领域,业务地区范围已覆盖东部非洲、南部非洲,以东部非洲为重点在埃塞俄比亚、埃及、肯尼亚、苏丹等国家实施了一定规模和数量的输变电工程。2015 年 12 月 22 日,由国家电网总承包的埃塞俄比亚 GDHA 500 千伏输变电工程建成竣工,项目全部采用中国国产电工电气设备,施工大量使用中国技术标准。截至 2017 年底,国家电网在非洲的项目合同额超过 39 亿美元。②

在拉美,巴西是国网重点经营的国家。2010 年 5 月,国网收购巴西 7 家输电特许权公司,打开进入巴西市场的大门。2011—2013 年,连续中标巴西 500 千伏路易斯安那变电站、特里斯皮尔斯流域水电送出项目 A、B 标段等 5 个特许经营权输电项目。2012 年,又收购第二批巴西 7 个输电特许权公司资产。2014 年、2015 年,凭借特高压领先技术,成功中标巴西美丽山水电送出一期、二期两个 ±800 千伏特高压直流工程的特许经营权。2017 年 12 月,巴西美丽山特高压直流输电工程正式投运,该工程帮助巴西成为美洲第一个应用特高压输电技术的国家。③

"一带一路"倡议实施以来,中国企业积极参与建设了一批"一带一

---

① "中国将成为全球输电工程供应大国",http://yu.mofcom.gov.cn/article/jmxw/201806/20180602753491.shtml。
② 杨永明:"优势互补互利共赢——中非能源合作成果综述",https://mp.weixin.qq.com/s?__biz=MzIzNDI3OTkwMA%3D%3D&idx=1&mid=2247487168&sn=949ced685da7960081ec48373a3f55db。
③ 崔晓利:"电网'一带一路'国际合作现状分析",https://mp.weixin.qq.com/s/3ZacwSmCVl4UQshL9oxCeQ#__NO_LINK_PROXY__。

路"输变电领域重点项目。国网已在菲律宾、巴西、葡萄牙、澳大利亚、意大利、希腊等 7 个国家和地区投资运营骨干能源网,境外投资 195 亿美元,境外资产 655 亿美元。在产能合作方面,国家电网已在缅甸、老挝、波兰、埃及、埃塞俄比亚等沿线国家承建国家骨干电网工程,电工装备出口到 83 个国家和地区,境外工程及电工装备出口合同额累计超过 400 亿美元。①

中国能建牵头完成"一带一路"能源合作规划研究、中国与周边国家电力互联互通规划研究及 10 多个国家能源合作规划研究。在共建"一带一路"的 50 多个国家开展业务,设立 100 多个代表处或分支机构,国际签约项目覆盖了"一带一路"沿线超过 60% 的国家,各类在建及待建项目 700 余个,合同金额超过 3000 亿美元。② 在南亚,500 千伏巴基斯坦木扎法戈——盖提变电站扩建项目于 2008 年投运。目前 660 千伏默蒂亚里——拉合尔直流输电工程正在建设中,建成后创造该国输变电工程电压等级新纪录。2016 年中标埃及规模最大、电压等级最高的 EETC500 千伏输电线路工程。其他典型工程项目还包括蒙古国 330 千伏乌兰巴托——曼德勒戈壁输电线路、埃塞俄比亚——肯尼亚 500 千伏直流输电线路工程、卢萨卡输变电改造项目等。③

国家电网凭借领先的电网技术,已成功投资运营菲律宾、巴西、葡萄牙、澳大利亚、意大利、希腊等国家和地区的电网、骨干能源网,并带动电工装备、控制保护设备、调度自动化系统等出口到 80 多个国家和地区。国家电网管理境外资产超过 655 亿美元,开展国际产能合作 EPC 等合同额累计超过 400 亿美元。同时,国家电网累计建成中俄、中蒙、中吉等 10 条跨国输电线路,积极推进电网跨国互联互通。目前国网正在推进蒙古国锡伯敖包等跨国输电项目,将大力提升区域能源合作水平。④ 未来,国家电网还将进一步开展中尼、中蒙、中俄等电网互联项目,实施好埃塞——肯尼

---

① 王旭辉:"中国电网:迈向能源互联新征程",《中国能源报》,2018 年 7 月 23 日,第 2 版。

② 莎莉娃:"筑能源丝路 架共赢之桥",《中国能源报》,2018 年 9 月 10 日,第 25 版。

③ 齐立强:"四十载逐梦电网脉动",《中国能源报》,2018 年 9 月 24 日,第 25 版。

④ 崔晓利:"电网'一带一路'国际合作现状分析",https://mp.weixin.qq.com/s/3ZacwSmCVl4UQshL9oxCeQ#__NO_LINK_PROXY__。

亚直流联网工程，积极推进沙特—埃及、土耳其—伊朗、葡萄牙—摩洛哥等跨区域联网项目，关注在其他发达国家的投资机遇。[①]

南方电网是国内率先"走出去"的电网，专门成立了推进"一带一路"建设领导小组。南方电网公司提出了"一主两翼、国际拓展"产业发展布局，在立足周边、深耕东南亚能源合作同时，也在积极拓展共建"一带一路"重点国家及发达国家合作市场。目前已与周边越南、老挝、缅甸等多个国家实现了电网互联互通。2017年，通过南方电网向香港的送电量占其用电量的28.8%，向澳门的送电量占其用电量的73.5%。截至2017年底，南方电网公司累计向越南送电335.78亿千瓦时，向老挝送电10.55亿千瓦时。[②]

三、特高压成为"走出去"新名片

我国能源资源主要集中于西部、北部和西南部，但负荷中心集中在中东部，70%以上的电力消费集中在东部、中部。近年来，位于西北、西南部地区的水电、风电、光伏发电装机大幅增长，促进了远距离、大容量直流输电工程的快速发展。[③] 过去我国多是利用国外研究的±500千伏高压直流输电技术解决远距离输电难题，但±500千伏直流输电方案占地大、损耗高、不经济。为此我国提出发展输送容量大、送电距离远、输电效率高的特高压±800千伏直流技术。[④]

由国家电网、中国南方电网有限公司等单位研究建设完成的特高压±800千伏直流输电工程，获得2017年度国家科学技术进步奖特等奖，该技术是目前世界上已成功应用的电压最高、容量最大、经济输电距离最远的输电技术。特高压直流输电技术的输送容量是±500千伏直流工程的二、三倍，经济输送距离提高到2—2.5倍，运行可靠性提高了8倍，单位输送

---

① 崔晓利："电网'一带一路'国际合作现状分析"，https：//mp. weixin. qq. com/s/3ZacwSmCVl4UQshL9oxCeQ#__NO_LINK_PROXY__。

② 崔晓利："电网'一带一路'国际合作现状分析"，https：//mp. weixin. qq. com/s/3ZacwSmCVl4UQshL9oxCeQ#__NO_LINK_PROXY__。

③ 贾科华："清华大学曾嵘：直流输电技术会越来越'热'"，《中国能源报》，https：//mp. weixin. qq. com/s/EvNMM3hF5I7Sh2y8z3yVWg#__NO_LINK_PROXY__。

④ "我国特高压有望成'走出去'新名片"，http：//www. nea. gov. cn/2018 - 06/01/c_137222448. htm。

距离损耗降低45%，单位容量线路走廊占地减小30%，单位容量造价降低28%。①

特高压直流输电技术是我国在国际上公认的领先技术。目前只有我国全面掌握这项技术，并开始了大规模工程应用。2010年，我国自主建成云南—广东、向家坝—上海特高压±800千伏直流示范工程。截至2017年底，全国共建成12个特高压直流输电工程，年输送电量超过4500亿千瓦时，其中清洁能源占比超80%。淮东—皖南特高压直流输电工程是目前在建的首个±1100千伏，也是世界上电压等级最高、输送容量最大、输送距离最远、技术水平最先进的特高压输电工程。②

在"一带一路"建设中，特高压直流输电技术也得到了很好的应用。巴西修建的两条±800千伏的特高压输电线路，都是采用我国的技术。近年来，随着经济规模的不断扩大，巴西电力供给不平衡的问题日益凸显。2014年、2015年，国家电网分别中标巴西美丽山一期、二期±800千伏特高压直流输电线路项目。2017年12月21日，美丽山一期工程正式投入商业运行。美丽山项目成功实现了中国特高压输电技术"走出去"目标，标志着中国特高压输电技术、规范和标准正式步入全球应用阶段。

特高压核心技术的出口带动了我国电力装备上下游产业链的发展，实现技术和设备的双输出。印度、南非等国家对特高压直流输电技术有着迫切需求，目前相关合作正在洽谈之中；中亚地区能源资源丰富，远距离大容量输电需要特高压直流输电技术。相继在非洲投资的1000千瓦和±800千伏特高压交流输电工程，中国企业参与率超过了90%，扩建工程设施的中国企业参与率在70%左右。③

国际合作中，国家电网正在积极推进投资、建设、运营一体化和技术标准装备一体化，将技术优势打造成标准优势。国家电网在国际上率先建立了完整的特高压交直流、智能电网技术标准体系，在IEC（国际电工委

---

① "我国特高压有望成'走出去'新名片"，http：//www.nea.gov.cn/2018-06/01/c_137222448.htm。

② 王旭辉："中国电网：迈向能源互联新征程"，《中国能源报》，2018年7月23日，第2版。

③ 杨永明："优势互补互利共赢——中非能源合作成果综述"，https://mp.weixin.qq.com/s?__biz=MzIzNDI3OTkwMA%3D%3D&idx=1&mid=2247487168&sn=949ced685da7960081ec48373a3f55db。

员会)、IEEE（电气和电子工程师协会）等发起编制国际标准59项。在合作中推动各国标准互认和中国标准国际化。从规划建设到运营维护，国家电网公司在全产业链、全价值链"走出去"上积极开拓。国网公司董事长舒印彪从2013年起担任两届IEC副主席。在2018年10月22—26日召开的国际电工委员会（IEC）第82届大会上，舒印彪当选为IEC第36届主席，任期为2020—2022年。[1]

南方电网公司在电网安全稳定与控制技术、电网经济运行技术、设备集成应用技术等方面掌握具有自主知识产权的先进成果，其中"特高压±800千伏直流输电工程"具有世界领先的技术优势。依托中越合作的越南首个超临界燃煤机组——越南永新项目，南方电网公司牵头组织编纂了《越汉英燃煤热电技术词汇》，目前已评审完成。此前在中老首个合作的"一带一路"电网项目——230千伏老挝北部电网工程中，也编纂了近70万字的230千伏老挝北部电网工程输变电操作运维手册。[2]

四、电网互联互通

基础设施互联互通是"一带一路"建设的优先领域，电网互联互通是其中的重要组成部分。2015年3月，国家发展改革委、外交部、商务部共同发布的《推动共建丝绸之路经济带和21世纪海上丝绸之路的愿景与行动》中提出，加强能源基础设施互联互通合作，推进跨境电力与输电通道建设。2017年5月，习近平主席在第一届"一带一路"国际合作高峰论坛开幕式演讲中指出，要抓住新一轮能源结构调整和能源技术变革趋势，建设全球能源互联网，实现绿色低碳发展。

中国运行着世界上电压等级最高、规模最大的电网系统，且未发生大规模停电事故，在大电网投资、建设、运营等方面积累了丰富的经验，与周边国家电网互联互通也取得重要进展，能够为其他地区跨国电网建设提供重要参考。共建"一带一路"国家和地区均把跨国电网互联互通作为巩固能源安全、促进低碳发展的重要举措，积极推动跨国电网建设。共建"一带一路"国家大规模的电网互联计划为中国电网企业发挥专业优势，

---

[1] 崔晓利："电网'一带一路'国际合作现状分析"，https://mp.weixin.qq.com/s/3ZacwSmCVl4UQshL9oxCeQ#__NO_LINK_PROXY__。

[2] 崔晓利："电网'一带一路'国际合作现状分析"，https://mp.weixin.qq.com/s/3ZacwSmCVl4UQshL9oxCeQ#__NO_LINK_PROXY__。

参与项目投资、建设、运行提供了有利机遇。①

共建"一带一路"国家电网互联互通初具规模。目前，我国已经与俄罗斯、蒙古国、吉尔吉斯斯坦、越南、老挝、缅甸六国实现电网互联互通，电网互联互通作为中国与周边国家经济合作和基础设施合作的重要内容，对于巩固中国与周边国家外交关系发挥了积极作用。截至2016年底，国家电网公司累计进口俄罗斯电力210亿千瓦时；南方电网公司累计向越南送电330亿千瓦时，向老挝送电11亿千瓦时，向缅甸送电6亿千瓦时，从缅甸进口电量139亿千瓦时。通过电力贸易，中国与周边国家提升了能源安全保障水平，促进了能源资源在国家间的优化配置，为区域经济发展提供了有力支撑。②

中俄互为最大邻国，经济互补性强，电力合作被纳入到两国能源战略合作的框架范围内。电力贸易也成为继石油贸易、天然气贸易之后合作支撑的第三极平台。在现有跨境电网线路基础上，中俄两国签订了扩大电网互联互通的合作协议。中蒙两国也在积极研究进一步扩大电网互联规模的方案，中国与巴基斯坦、尼泊尔等周边国家的电网互联互通项目也在研究推进中。③

除了中国与周边国家的电网互联互通项目，共建"一带一路"其他国家和地区也都制定了扩大电网互联互通规划。在东南亚，东盟制定了电网互联计划，该计划包括16个跨国电网项目，截至目前有5个项目已经投运，4个项目正在建设，7个项目正在规划。在中亚和南亚，吉尔吉斯斯坦、塔吉克斯坦、阿富汗和巴基斯坦四国签署CASA-1000项目合作协议，将建设连接四国的输电线路，目前项目正在实施。在中东欧，俄罗斯积极规划与中东欧国家扩大联网规模，中东欧国家也在规划约10条输电线路，加快与欧盟统一电力市场的融合。④

---

① 高国伟："跨国电网互联互通 中国大有可为"，《中国电力报》，2017年6月17日，第2版。
② 高国伟："跨国电网互联互通 中国大有可为"，《中国电力报》，2017年6月17日，第2版。
③ 高国伟："跨国电网互联互通 中国大有可为"，《中国电力报》，2017年6月17日，第2版。
④ 高国伟："跨国电网互联互通 中国大有可为"，《中国电力报，》2017年6月17日，第2版。

五、电力输出空间巨大

随着中国能源需求特别是电力需求逐渐下降,中国电力产能过剩问题将越来越突出。2018年6月,中国社科院发布《中国能源前景2018—2050》研究报告,指出中国的能源需求总体已经达峰,未来30年电力需求将呈下降态势。报告预测,2020年、2030年、2050年,中国的能源需求总量将由2018年的45.34亿吨标准煤分别下降至44.7亿吨、41.8亿吨和38.7亿吨。电力需求预计将从2017年的约6.4万亿千瓦时下降到2050年的4.47万亿千瓦时。

而与此同时,中国周边的共建"一带一路"国家电力需求则将出现大幅度增长态势。因此,中国在这些国家不仅存在巨大的投资合作机遇,也有着巨大的电力贸易空间。目前,中国东北、环渤海、西南地区已经出现电力过剩。因此,可以借助"一带一路"倡议,在东北地区、西南地区建设区域性电力交易中心,与周边国家如俄罗斯远东、蒙古、朝鲜、中南半岛国家等开展电力互联互通合作。[①]

六、重点企业对接概况

国家电网。全称中国国家电网集团。近年来,把服务和推进"一带一路"建设确立为公司国际化战略及实施的核心,加大沿线国家的投资。集团成立了由董事长舒印彪为组长的"一带一路"建设领导小组,制定了《"一带一路"建设规划》《国际产能合作行动计划》和《服务和推进"一带一路"建设指导意见》。截至2017年底,国家电网境外投资额达195亿美元,已投资运营菲律宾、巴西等7个国家和地区骨干能源网,境外资产达600亿美元,境外工程及电工装备出口合同额累计超过400亿美元。[②] 在非洲,国家电网公司签约的合作项目累计超过120个,涉及25个国家。[③]

国家电网2017年实现利润910亿元,同比增加44亿元。投资运营了菲律宾、巴西、葡萄牙、澳大利亚、意大利、希腊等国家和地区的骨干能

---

① 仝全波、李玲:"未来30年,电力需求将呈下降趋势",《中国能源报》,2018年6月25日,第2版。
② 王旭辉、吕银玲:"国网服务'一带一路'凸显领军作用",《中国能源报》,2018年1月15日,第21版。
③ 董欣:"能源合作点亮中非互惠共赢之路",《中国能源报》,2018年9月10日,第1版。

源网，境外投资额折合人民币约1300亿元，超2600亿元承建项目陆续开展，所有项目运营稳健，全部盈利。①

2017年，国网收购了巴西最大配电和新能源企业CPFL公司54.64%的股份，在巴西市场实现输电、配电、新能源、售电业务领域的全覆盖；完成希腊国家电网公司24%的股权交割，进一步扩大在欧洲能源领域的影响，推动优势技术、装备和产能走出去。由国家电网独立投资的巴西美丽山特高压直流输电一期工程比计划提前两个月竣工，并于2017年末投运，二期目前正在建设当中。作为巴基斯坦输电领域首次向外资开放的大型项目，由国网公司投资、建设、运营的巴基斯坦默拉直流输电项目也已全面开工建设，并将于2019年建成投产。

据统计，国家电网承接的埃塞俄比亚、波兰、缅甸、老挝等共建"一带一路"国家项目，带动中国电工装备出口到83个国家和地区，出口合同总金额超过400亿美元。国家电网已累计建成10条跨国输电线路，接下来还将稳步推进与周边国家电网互联，主动参与共建"一带一路"国家电网基础设施网络建设和跨国跨洲联网项目建设，积极参与新亚欧大陆桥等经济走廊能源电力合作。②

巴西是国家电网重点经营的市场之一。2010年起进入巴西市场，截至2018年初已运营巴西输电线路1万公里左右，占该国输电网络总长度的约1/10。③ 2016年7月，斥资58.5亿雷亚尔（约合人民币120亿元）收购巴西圣保罗工业集团（CamargoCorreaSA）持有的CPFL能源公司23.6%的股权。2016年9月，国家电网再次出资75亿巴西雷亚尔（约合人民币146.7亿元）收购巴西本地养老基金Previ持有的CPFL能源29.4%的股份。2017年12月，国家电网出资113亿雷亚尔（约合人民币221亿元），再次以27.69雷亚尔的每股单价，从第三方手中收购CPFL能源公司40.12%的股权。至此，国家电网共持有CPFL能源总资本的94.76%。④

---

① "国家电网加快'一带一路'建设超2600亿元承建项目陆续开展"，https：//www.yidaiyilu.gov.cn/xwzx/gnxw/46857.htm。

② "国家电网加快'一带一路'建设超2600亿元承建项目陆续开展"，https：//www.yidaiyilu.gov.cn/xwzx/gnxw/46857.htm。

③ "中国国家电网收购巴西电企CPFL遇阻"，http：//app.myzaker.com/news/article.php? pk =5a91548a1bc8e0e650000002。

④ "中国国家电网收购巴西电企CPFL遇阻"，http：//app.myzaker.com/news/article.php? pk =5a91548a1bc8e0e650000002。

除收购CPFL能源之外，国家电网分别于2010年12月和2012年12月分两次收购了巴西12家输电特许权公司100%股权。2014年2月，集团与巴西国家电力公司（Eletrobras）以51%∶49%股比组成的联营体，成功中标巴西美丽山水电特高压直流送出项目，项目特许经营权期限30年。2015年7月，国家电网集团独立参与竞标并成功中标巴西美丽山水电±800千伏特高压直流送出二期特许权经营项目，特许权经营期限30年。

2017年6月，国家电网完成收购希腊电网运营商ADMIE的24%股份，交易金额3.2亿欧元。国家电网在7个国家和地区拥有主干电网的股份，包括意大利、葡萄牙及澳大利亚。其管理的资产价值超568亿美元，并且所有的海外项目都是盈利的。[1]

截至2018年初，国家电网公司已成功投资运营巴西、菲律宾、葡萄牙、澳大利亚、意大利、希腊和香港等七个国家和地区的骨干能源网。境外投资额折合人民币约1300亿元，超2600亿元承建项目陆续开展。2017年《财富》世界500强企业中，国网公司蝉联全球第二。据统计，国网公司承接的埃塞俄比亚、波兰、缅甸、老挝等共建"一带一路"国家项目，带动中国电工装备出口到83个国家和地区，出口合同总金额超过400亿美元。[2]

国家电网公司在共建"一带一路"国家积极推进电网互联互通、电力工程承包、电工装备出口和国际交流合作。目前，公司在埃塞俄比亚、巴西、巴基斯坦、埃及、土耳其和老挝等20多个国家和地区设立海外代表处和分（子）公司，在亚洲、非洲和拉美等近40个国家建设或开发输变电业务市场，涵盖特高压、国家级骨干网、直流输电、中低压配网、运营维护等领域，成功运作BOT、PPP等融资项目。承建的埃塞俄比亚GDHA500千伏输变电工程、巴西美丽山±800千伏特高压二期换流站项目、埃及EETC 500千伏升级改造输电项目、巴基斯坦—默拉±660千伏直流输电项目、埃塞—肯尼亚±500千伏直流联网项目、波兰6个中高压变电站工程总承包项目等一批具有重大影响力的工程相继开工或完工。

在设备出口方面，国家电网公司设备出口至全球80多个国家，2014—

---

[1] "国家电网完成收购希腊电网运营商ADMIE股份"，https：//wemedia.ifeng.com/19842443/wemedia.shtml。

[2] "国家电网公司境外投资项目全部实现盈利"，http：//www.cec.org.cn/yaowenkuaidi/2016-11-21/161236.html。

2017年设备出口总额近25亿美元。出口设备包括铁塔、导线、变压器、断路器、隔离开关、控制保护设备等，涵盖绝大部分电力一次、二次主要设备。设备出口集中在南美洲、非洲和亚洲，以巴西、埃塞俄比亚、菲律宾、肯尼亚为主。

国家电网建成了10条联通俄罗斯、蒙古国、吉尔吉斯斯坦等周边国家的跨国输电线路，累计实现电量交易超过200亿千瓦时。目前正在积极开展中国—蒙古国、中国—俄罗斯、中国—尼泊尔、中国—巴基斯坦等电网互联项目前期工作。一批电力基础设施互联互通项目正在建设，埃塞俄比亚—肯尼亚直流输电项目计划2018年竣工，土耳其—伊朗联网背靠背工程开工建设。[①]

中国重机。近年来，中国重机大力开拓海外市场，在国内经济下行压力较大背景下逆势而上，连续签署了柬埔寨西南环网、农村电网三、四期、农村电网五、六期和柬埔寨国家电网230千伏输变电二期工程等多个项目建设合同。同时，成功实现了达岱水电站BOT项目的建成和投入商业运行，完成了金边环网、农网一期、农网二期工程等多个电力建设项目。[②]

自2009年起，中国重机以柬埔寨达岱水电站BOT项目建设为契机，不断扩展中柬双方合作，深度开发柬埔寨电力市场项目，与柬埔寨国家电力公司一起，积极推动柬埔寨国家电网建设，积极推进柬埔寨农村电网改造工程实施。

2016年10月13日，国家主席习近平在对柬埔寨进行国事访问期间，同柬埔寨首相洪森共同出席了双边合作文件签字仪式。在习近平主席与洪森首相的共同见证下，国机集团所属中国重机与柬埔寨国家电力公司（EDC）签署了柬埔寨国家电网230千伏输变电二期项目（东部环网第一部分）EPC合同。该项目是中国重机与柬埔寨国家电力公司签署的第8个输变电EPC工程，累计合同金额已达7.5亿美元。合同内容包括新建2个变电站和全长约275千米的230千伏输电线路，金额约1.23亿美元。[③]

特变电工。是一家诞生于新疆的重大装备业制造企业，拥有世界顶尖

---

① "国家电网公司，境外项目"，http：//www.sgcc.com.cn/html/sgcc_main/col2017041848/column_2017041848_1.shtml？childColumnId＝2017041848。

② "一带一路"能源合作网："可再生能源"，http：//111.207.175.229/v_practice/toPictureDetails.html？channelId＝1085。

③ "一带一路"能源合作网："可再生能源"，http：//111.207.175.229/v_practice/toPictureDetails.html？channelId＝1085。

装备制造业技术。该公司充分利用位于"一带一路"核心区新疆的地缘和人文优势,推动"电力丝绸之路"和世界能源互联网建设,成功转型为国际产能输出与合作的制造业民企先行军。特变电工已经先后为美国、俄罗斯、巴西等60余个国家和地区,提供了绿色环保、智能科技、可靠高效的能源装备和系统集成服务;并先后参与了塔吉克斯坦、吉尔吉斯斯坦、菲律宾、巴基斯坦以及赞比亚、肯尼亚等10多个国家的电力规划和电源、电网建设,为这些国家提供了从勘测、设计、施工、安装、调试,到培训、运营、维护一体化的"交钥匙工程"及系统解决方案。

每年特变电工都将销售收入的3%至5%用于自主创新投入,依托代表中国最高水平的国家级企业技术中心、工程实验室、博士后科研工作站进行自主创新,参与100多项国内外行业标准制定,实现了由单机制造向系统集成创新、由中国制造向中国创造的升级,推动了中国标准向世界的输出。在未来的发展规划中,特变电工已经将目光扩大到"丝绸之路经济带"沿线的各个国家。依托在绿色节能输变电领域全球领先的技术,特变电工积极利用"两个市场、两种资源",努力实现从"装备中国"到"装备世界"的跨越。这些成套项目的建设,已经带动近50亿美元的中国先进机电产品出口、上万人的智力和劳务输出。①

南方电网公司。供电网络覆盖广东、广西、云南、贵州、海南五省区,利用天然的地缘优势积极参与"一带一路"建设,目前已与越南、老挝、缅甸等多个周边国家实现了电网互联互通。

越南永新燃煤电厂一期BOT项目是中国企业在越投资规模最大的电力项目,特许运营期25年期满后,将无偿移交给越南政府。该项目全部建成投产后,每年可提供约80亿千瓦时的发电量,将缓解越南南部电力紧缺局面,满足当地125万居民的用电需求。

2004年9月,110千伏中国河口—越南老街输电线路投运,拉开了南方电网与周边国家电网互联互通的序幕。2018年8月,南方电网公司与老挝政府、老挝国家电力公司签署备忘录。南方电网公司将利用自身的远距离、超高压、大容量输电技术和丰富经验,助力老挝加快建成一体化输电网,并促进老挝与周边国家的电网互联互通。

除了周边国家和地区,南方电网还逐渐将目光转向更多共建"一带一

---

① "特变电工:国际产能输出的民企先行军", https://www.yidaiyilu.gov.cn/qy-fc/xmal/509.htm。

路"国家，采取股权并购等更多元化方式展开合作。2018年3月，中国南方电网公司与加拿大资产管理公司（BIP）在西班牙马德里和智利圣地亚哥两地完成股权交割，收购BIP持有的智利Transelec公司约27.8%股权。①

在"走出去"过程中，南方电网公司还与中广核集团合作，马来西亚埃德拉项目正是两家抱团出海的成功案例。项目于2018年4月3日完成股权交割，南方电网公司收购马来西亚埃德拉公司37%股权。埃德拉公司是东南亚最大的独立发电商之一，装机容量877万千瓦，电站分布马来西亚、埃及、孟加拉国、巴基斯坦、阿联酋等5个共建"一带一路"国家。②

---

① "中国能量点四方 唤醒繁荣"，https：//mp.weixin.qq.com/s/EVS6SpzuyWhq977wO39TTA。

② "中国能量点四方 唤醒繁荣"，https：//mp.weixin.qq.com/s/EVS6SpzuyWhq977wO39TTA。

第四章

核能与可再生能源合作

相对于油气和电力行业，中国的核能与可再生能源对外合作起步较晚，这在很大程度上与中国国内的核能和可再生能源产业相对滞后相关。但近年来，随着国内核能与可再生能源产业的快速发展和壮大，发展低碳能源成为全球共识，中国核能与可再生能源领域对外投资与项目建设的后发优势日益凸显，在共建"一带一路"国家呈现出加速发展态势。

第一节 核能合作

经过几十年发展，中国核电在建造能力等方面已具有国际水平。2017年，我国核电累计发电2474.69亿度。截至2017年底，我国在运的核电机组共37台，装机容量达到3581万千瓦，位列世界第四，在建规模位列世界第一。[①] 中国不仅可以为世界各国提供先进的核电技术，也可以在高端装备制造、核电站建设施工、运行技术支持、具有竞争力的融资等多领域提供优质服务。2013年10月，国家能源局公布文件，首次提出核电"走出去"。此后，一大批核能合作项目陆续启动，核电实现全产业链"走出去"的良好态势。不过，总体看我国核电"走出去"仍处于初级阶段，未来存在较大的发展空间。

一、国际核电发展概况

全球核电产业已经经历两轮发展周期，第一轮周期中，苏联、美国、英国的核电处于全球领先地位；第二轮周期中，英国、美国等因能源供需变化和反核浪潮导致核电发展停滞，日本、法国、韩国进入核电发展第一梯队。当前全球核电产业正处于第三轮周期中，俄罗斯、韩国的核电技术在全球市场获得较高认可，中国近年来核电高速发展，超过美国成为第一

---

① "2017年我国核电累计发电2474.69亿度"，《中国能源报》，2018年2月5日，第11版。

核电大国，但总体上仍处于追赶第一梯队的阶段，离核电强国尚有差距。[①]

世界核电站的开发与建设始于20世纪50年代。1954年，苏联建成电功率为0.5万千瓦的实验性核电站。1957年，美国建成电功率为9万千瓦的shipping port原型核电站，国际上把上述实验性和原型核电机组称为第一代核电机组。[②]

第二代核电起源于20世纪60年代后期。在实验性和原型核电机组基础上，陆续建成电功率在30万千瓦的压水堆、沸水堆、重水堆、石墨水冷堆等核电机组。20世纪70年代初爆发的石油危机促进了核电的大发展。目前世界上商业运行的400百多座核电机组绝大部分建设于这个时期。

20世纪90年代，为了解决三哩岛和切尔诺贝利核电站核事故的负面影响，国际核电业界集中力量对严重事故的预防和缓解进行了研究和攻关。美国和欧洲先后出台了"先进轻水堆用户要求"（URD文件）和"欧洲用户对轻水堆核电站的要求"（EUR文件），进一步明确了预防与缓解严重事故、提高安全可靠性和改善人因工程等方面的要求。国际上通常把满足URD文件或EUR文件相关标准的核电机组称为第三代核电机组。

2000年1月，在美国能源部的倡议下，美国、英国、瑞士、南非、日本、法国、加拿大、巴西、韩国和阿根廷等十个有意发展核能的国家，联合组成了"第四代国际核能论坛"（GIF），于2001年7月签署了合约，约定共同合作研究开发第四代核能技术。根据设想，第四代核能方案的安全性和经济性将更加优越，废物量极少，无需厂外应急，并具备固有的防止核扩散的能力。

2012年，全世界10.9%的电能供应来自核电。2014年，世界上有13个国家依靠核能提供至少1/4的总发电量。[③]截至2016年1月，全世界共有442个核反应堆用于发电，66座核电站在建。2018年初，全球在运核电机组448台，总装机容量3.91亿千瓦，分布在30个国家和地区，其中美

---

① 朱学蕊："中国仍处于世界核电第二梯队"，《中国能源报》，2017年12月25日，第12版。

② "一带一路"能源合作网："核电合作"，http://111.207.175.229/v_practice/toPictureDetails.html?channelId=1087。

③ "一带一路"能源合作网："核电合作"，http://111.207.175.229/v_practice/toPictureDetails.html?channelId=1087。

国、法国和日本分列前三位，各有 99 台、58 台和 42 台。[①]

近年来，全球核电发展逐步进入回暖期，未来全球核电的装机容量会有显著增长。国际原子能机构的预测显示，2050 年全球核电装机容量可能达到 8.71 亿千瓦。世界核协会预计，到 2050 年世界核电装机容量将达到 10 亿千瓦。经合组织和国际能源署预测，2030 年世界核电装机容量 5.43 亿千瓦，2050 年将达到 9.3 亿千瓦。[②]

二、中国核电进入发展快车道

20 世纪 80 年代初，我国政府首次制定了核电发展政策，核电产业开始起步。我国自主设计的秦山 30 万千瓦压水堆核电站于 1985 年开工，1991 年并网发电，实现了核电零的突破。[③] 此后，我先后建成了大亚湾、秦山二期、岭澳、秦山三期和田湾等核电站。经过 30 多年的发展，我国核电从无到有，跻身世界核电大国行列。继美国、法国、俄罗斯之后，我国成为又一个拥有自主三代核电技术和全产业链的国家。特别是近十几年来，核电装机容量及消费持续增长，正逐步成为世界核电的产业中心，引领世界核电产业的发展。

中国核电在对外合作中不断发展壮大。1983 年 5 月 5 日，中法两国签订核电合作备忘录，法国成为第一个与中国开展民用核能合作的国家。[④] 第一代核电人远赴法国学习核电方面的知识，同时通过引进法国技术，建设了大亚湾核电站，实现了我国核电"高起点起步"。30 年来，通过持续的借鉴学习和自主创新，中国逐步建立起完整的核工业产业链，并研发出自主知识产权的核电技术，核电工程建设、装备制造、运行维护、人才培养等各方面能力均实现了大幅度提升。[⑤] 通过与法国在核电领域的合作，

[①] 朱学蕊、杨晓冉："三代核电出海迎来关键'窗口'"，《中国能源报》，2018年4月30日，第11版。

[②] 朱学蕊、杨晓冉："三代核电出海迎来关键'窗口'"，《中国能源报》，2018年4月30日，第11版。

[③] 郑玉辉："40 年，谱写核能利用辉煌篇章"，《中国能源报》，2018 年 8 月 27 日，第 2 版。

[④] 吕银铃："中法将深化核能产业前后端合作"，《中国能源报》，2018 年 9 月 17 日，第 12 版。

[⑤] "核电强国要合作更要实力"，《中国能源报》，2018 年 1 月 15 日，第 1 版。

我国核电企业完成了从"徒弟"到"伙伴"的角色转换。[1]

根据《BP世界能源统计》，2016年，中国核能消费量为4820万吨油当量，较上年增长24.5%，占世界核能消费比重为8.1%。[2] 2016年，我国共有7台核电机组投运，核电累计发电量为2105.19亿千瓦时，约占全国累计发电量的3.56%，比2015年上升25.07%。2017年，中国大陆在运核电机组36台、在建机组20台，总装机容量约5693.5万千瓦。[3] 在建规模占全球在建机组的1/3，其中三代机组达到10台，装机容量1310万千瓦。[4]

截至2018年7月31日，我国在运核电机组39台，装机容量3802万千瓦，位列世界第四；2017年核电发电量2474.69亿千瓦时，位列世界第三。在建核电机组18台，装机容量2056万千瓦，已经多年保持世界第一。[5] 2018年11月5日，三门核电2号机组投入商运，我国在运核电站机组达到42台，总装机容量达到4177万千瓦。[6] 根据国家"十三五"规划，2020年我国核电运行装机将达到5800万千瓦，在建装机将达到3000万千瓦。[7]

目前世界主流三代核电技术首堆项目中，AP1000首堆在中国三门，EPR（法国三代核电技术）首堆在中国台山，"华龙一号"（中国自主核电技术）首堆在中国福清。[8] 随着新机组的核准开工以及自主核电技术的加速布局，我国将进入核电规模化、自主化、系统化发展新的加速期。中国

---

[1] 朱学蕊："中法核能合作向纵深推进"，《中国能源报》，2018年1月15日，第1版。

[2] "一带一路"能源合作网："核电合作"，http：//111.207.175.229/v_practice/toPictureDetails.html？channelId=1087.

[3] "一带一路"能源合作网："核电合作"，http：//111.207.175.229/v_practice/toPictureDetails.html？channelId=1087.

[4] 朱学蕊："中法核能合作向纵深推进"，《中国能源报》，2018年1月15日，第1版。

[5] 郑玉辉："40年，谱写核能利用辉煌篇章"，《中国能源报》，2018年8月27日，第2版。

[6] 苏南："我国第三代核电站足够安全"，《中国能源报》，2018年11月19日，第11版。

[7] "一带一路"能源合作网："核电合作"，http：//111.207.175.229/v_practice/toPictureDetails.html？channelId=1087.

[8] 朱学蕊："中法核能合作向纵深推进"，《中国能源报》，2018年1月15日，第1版。

将成为拥有三代核电机组类型最多,以及三代核电机组首次实现商运的国家。从全球核电建设情况看,中国是三代核电项目建设速度最快的国家。①此外,高温气冷堆示范工程临近并网,快堆市场工程已开建,具有四代特征的先进核能系统也开启了产业化发展模式。②

与此同时,中国形成了较完整的核电产业链。核燃料产能已跻身世界第一阵营,可以满足国内核电发展和核电"走出去"对各种型号燃料的需求。在核电关键设备制造方面,形成了每年 8—10 台套核电主设备制造能力,百万千瓦级三代核电机组关键设备和材料的国产化率已达 85%。核电工程管理自主化能力和总承包能力显著增强,全面掌握了压水堆、重水堆、高温气冷堆、快堆等多种堆型,30 万、60 万、100 万、170 万千瓦等不同功率的核电建造技术,具备同时开工 30 台以上核电机组的建设能力。③

三、核电技术进入国际领先行列

在核电技术上,中国正从过去以第二代核电技术为主向以三代核电技术为主转变,创新路径也由以引进消化吸收为主向自主创新为主转变。2006 年起,中国国务院将大型压水堆核电站和高温气冷堆核电站列入国家科技专项,逐渐攻克了一大批核电的关键设备和材料领域的世界难题,全面掌握了世界先进核电技术,完成了中国核电由二代向三代甚至更先进技术的历史跨越。④

2011 年日本福岛核事故后,国际社会、中国政府部门和社会公众对核安全提出了更高的要求和期望。具有自主知识产权的"华龙一号"三代核电技术,采用 ACP1000 技术和 177 堆芯,燃料采用中核集团开发的 CF 自主品牌。⑤ "华龙一号"全面平衡贯彻了"纵深防御"的设计原则,提出了

---

① 朱学蕊:"中国仍处于世界核电第二梯队",《中国能源报》,2017 年 12 月 25 日,第 12 版。

② 朱学蕊:"中法核能合作向纵深推进",《中国能源报》,2018 年 1 月 15 日,第 1 版。

③ 郑玉辉:"40 年谱写核能利用辉煌篇章",《中国能源报》,2018 年 8 月 27 日,第 2 版。

④ "一带一路"能源合作网:"核电合作",http://111.207.175.229/v_practice/toPictureDetails.html?channelId=1087。

⑤ "一带一路"能源合作网:"核电合作",http://111.207.175.229/v_practice/toPictureDetails.html?channelId=1087。

能动和非能动相结合的安全设计方案，满足当前国际最高安全标准。2014年8月，国家能源局和国家核安全局联合审查通过了"华龙一号"总体技术方案。① 2015年5月7日，"华龙一号"的全球首堆工程正式落地福清核电5号机组，标志着我国已经形成了具有完整自主知识产权的三代核电品牌，成为继美国、法国、俄罗斯之后又一个具有独立自主的三代核电技术的国家。2017年5月，"华龙一号"首堆提前完成穹顶吊装。② 2018年5月23日，华龙一号示范项目——中广核防城港核电二期工程3号机组穹顶吊装顺利完成。③

在第四代核电发展中，中国也处于国际领先行列。高温气冷堆是中国具有完全自主知识产权的第四代先进核电技术，具有固有安全性、多功能用途、模块化建造的特点和优势，不会发生堆芯融化和大量放射性释放的事故。目前高温气冷堆尚处于示范堆建设阶段。位于山东的石岛湾核电站是中国拥有自主知识产权的第一座高温气冷堆示范电站，也是世界上第一座具有第四代核能系统安全特性模块式高温气冷堆商用规模示范电站，计划于2019年底前后建成。④

在核聚变领域，东方超环（EAST）是中科院等离子体所自主设计、研制并拥有完全知识产权的磁约束核聚变实验装置，是世界上首个非圆截面全超导托卡马克，也是我国第四代核聚变实验装置。近年来，在高性能、稳态、长脉冲等离子体研究方面取得了多项原创性成果。2018年11月，该科学装置取得重大突破，实现加热功率超过10兆瓦，等离子体储能增加到300千焦，等离子体中心电子温度受次达到1亿度，获得的多项实验参数接近未来核聚变堆稳态运行模式所需要的物理条件，朝着未来聚变堆实验运行迈出了关键一步。⑤

---

① 吕银玲："'华龙一号'国内外发展前景广阔"，《中国能源报》，2018年9月10日，第11版。

② 朱学蕊："中法核能合作向纵深推进"，《中国能源报》，2018年1月15日，第1版。

③ "国之重器'华龙一号'穹顶吊装背后"，http://news.bjx.com.cn/html/20180531/902012.shtml。

④ "一带一路"能源合作网："核电合作"，http://111.207.175.229/v_practice/toPictureDetails.html?channelId=1087。

⑤ 央实："中国'人造太阳'获重大突破"，《中国能源报》，2018年11月19日，第11版。

四、"一带一路"倡议下的机遇与实践

在国际核电市场需求增长的背景下,共建"一带一路"国家成为核能发展的热点地区。共建"一带一路"国家中有 28 个国家计划发展核电,规划核电机组台数超过 100 台,是中国未来核电走出去的主要市场。[①] 目前世界上 79 个国家有核电发展计划或规划,计划新建核电机组 157 台,容量 162.1 吉瓦;规划新建核电机组 351 台,容量 401.9 吉瓦。其中,共建"一带一路"国家核电发展占上述新增规模的 70% 以上。[②] 土耳其、伊朗、沙特、阿联酋和约旦等正大力发展核电。美国能源信息署(EIA)数据显示,到 2028 年,中东地区的核电发电能力将从 2018 年的 3.6 吉瓦增加到 14.1 吉瓦。[③]

目前,我国已与罗马尼亚、英国、巴基斯坦、阿根廷、埃及、巴西、泰国、南非、土耳其、沙特等近 20 个国家达成了核电方面合作意向,签署了诸多核电项目协议与备忘录。如 2015 年 11 月,中广核与罗马尼亚国家核电公司签署了关于建设罗马尼亚切尔纳沃德核电站 3 号、4 号机组的合作意向书。2016 年 11 月 8 日,中俄共同发表《两国政府首脑关于深化核能领域战略合作的联合声明》。2017 年 9 月 1 日,在金砖国家领导人第九次会晤前夕,中核集团与巴西国家电力公司、巴西核电公司共同签署了合作谅解备忘录,就中巴双方建设安哥拉 3 号核电站及未来新建核电项目合作达成重要共识。2017 年 3 月 29 日,中泰两国签署《中华人民共和国政府和泰王国政府和平利用核能合作协定》。[④]

阿根廷是我国核电走出去较早的国家之一。2015 年 2 月,我国与阿根廷签署了在阿根廷合作建设压水堆核电站的协议,中国核工业集团在阿根廷建造两间核电厂,交易金额达 150 亿美元。2017 年 5 月,中核集团与阿根廷核电公司又签署了阿根廷第四座和第五座核电站的总合同。

巴基斯坦是近年来核电"走出去"的一大重点地区。我国共承建巴基

[①] 林伯强:"能源合作是互利共赢之举",《中国能源报》,2017 年 5 月 15 日,第 4 版。

[②] 朱学蕊、杨晓冉:"三代核电出海迎来关键'窗口'",《中国能源报》,2018 年 4 月 30 日,第 11 版。

[③] 李倩:"土耳其开建首座核电站",《中国能源报》,2018 年 4 月 9 日,第 5 版。

[④] "一带一路"能源合作网:"核电合作",http://111.207.175.229/v_practice/toPictureDetails.html?channelId=1087。

斯坦核电机组6台，装机340万千瓦，实现了自主三代"华龙一号"核电技术走出国门。卡拉奇核电项目（K-2、K-3）是巴基斯坦国内目前最大的核电项目，由中国核工业集团公司中原对外工程有限公司承建。项目总金额96亿美元，中方贷款额65亿美元，发电能力为2200兆瓦，是"华龙一号"首次走出国门，也是中国首个百万级核电出口项目。卡拉奇项目2号机组和3号机组分别于2015年8月和2016年5月开工。2017年10月，K-2成功实现穹顶吊装，进入全面安装阶段，计划2020年发电。[①]

恰希玛核电项目是中国自行设计、建造的第一座出口商用核电站，3、4号机组项目由中国核工业集团公司中国中原对外工程有限公司负责总承包建设。1号、2号300兆瓦压水堆核电机组已分别于2000年和2011年投入商业运行。3号、4号机组分别于2011年3月和12月正式开工，2016年12月28日，核电站3号机组正式投入商运。[②] 2017年11月，中核集团与巴基斯坦原子能委员会签署恰希玛5号机组商务合同，成为"华龙一号""走出去"的第三台核电机组，也是我国向巴基斯坦出口的第7台核电机组。[③]

2016年9月，中广核与法国电力集团、英国政府签署了英国新建核电项目一揽子合作协议，确定中广核参股投资英国欣克利角C和赛兹韦尔C、控股投资布拉德维尔B项目。其中欣克利角C项目计划建造两台EPR机组，由中广核牵头的中方联合体与法国电力集团（EDF）共同投资建设，中方股比33.5%，预计投资180亿英镑，是目前中国在英国及欧洲最大的投资项目。2017年3月24日，英国欣克利角C核电项目主体工程正式开工建设。该项目建成后，将满足英国7%的电力需求。[④]

根据协议，布拉德维尔B（BRB）项目将以防城港3号机组为参考电站，采用"华龙一号"技术，这是中国自主核电技术首次进入发达国家市场。作为落地英国的技术前提，"华龙一号"在英国的通用设计审查

[①] 郑玉辉："40年谱写核能利用辉煌篇章"，《中国能源报》，2018年8月27日，第2版。

[②] "一带一路"能源合作网："核电合作"，http：//111.207.175.229/v_practice/toPictureDetails.html？channelId=1087。

[③] 郑玉辉："40年，谱写核能利用辉煌篇章"，《中国能源报》，2018年8月27日，第2版。

[④] "一带一路"能源合作网："核电合作"，http：//111.207.175.229/v_practice/toPictureDetails.html？channelId=1087。

(GDA)于2017年初开始,预计5年完成。2018年11月15日,英国核能监管办公室(ONR)和英国环境署(EA)宣布"华龙一号"在英国的通用设计审查(GDA)第二阶段工作完成,正式进入第三阶段。[①] GDA是世界上最严苛的核电技术审查,向英国提出申请的5种堆型中,至今只有法国的EPR技术和美国的AP1000技术通过了审查。若通过GDA,将为其进入英国、全球推广奠定坚实基础。[②] BRB项目预计将于2025年左右开工建设。

在"华龙一号"出口方面,除了巴基斯坦和英国外,我国还与埃及、沙特、巴西、阿尔及利亚、苏丹、加纳、马来西亚等近20个国家达成了合作意向。此外,在第四代核电技术出口方面,也取得重要进展。2016年1月,中国与沙特签订了《沙特高温气冷堆项目合作谅解备忘录》。这标志着中国自主研发的第四代核电"高温气冷堆"项目实现了"走出去"的首次突破。同年,60万千瓦高温气冷堆核电技术方案发布,我国高温气冷堆技术进入商用阶段。

五、核心企业"走出去"概况

中广核。全称中国广核集团有限公司,原为中国广东核电集团有限公司,是国内最大的核电运营商、全球最大核电建造商以及在运在建全球第三大核电企业。由核心企业中国广核集团有限公司和30多家主要成员公司组成,业务主要围绕清洁能源和新能源布局。截至2017年底,中广核在运核电机组达到20台,装机容量2147万千瓦,占全国的60%。在建核电机组8台,装机容量1027万千瓦,占全国的46%。[③]

1978年至1994年,中广核成功建设大亚湾核电站。1995年至2004年,岭澳核电站一期建成。2005年至2013年,中广核开始布局全国,在辽宁大连、福建宁德、广东阳江、台山、广西防城港等地建设核电站。同时,构建铀资源保障体系,研发具有自主知识产权的三代先进核电技术,并在国外进行应用推广。

[①] 蔡鹏飞:"'华龙一号'GDA进入第三阶段",《中国能源报》,2018年11月19日,第11版。

[②] "国之重器'华龙一号'穹顶吊装背后", http://news.bjx.com.cn/html/20180531/902012.shtml。

[③] "中广核拟350亿收购8座英国核电站股权,图什么?" http://app.myzaker.com/news/article.php?pk=5b44a8135d8b5422c20140f0。

中广核是中国在海外装机容量最大的能源企业之一，国际业务已分布在 20 多个国家，境外资产和收入占比分别达 16% 和 20%，境外员工超过 3000 人。除在中东欧、非洲、东南亚等地积极推动"华龙一号"出海外，中广核还在核电站数字化仪控、非动力核技术等领域"走出去"取得积极进展。

开发海外铀资源。中广核与哈萨克斯坦原子能公司共同开发位于哈萨克斯坦南部的伊尔科利铀矿和北部的谢米兹拜伊铀矿。2016 年 12 月，中广核与哈原子能公司合资建设的中哈核燃料组件厂正式开工，预计 2019 年底项目建成投产，推动了哈核燃料产业向上游的升级。该项目一期规模是 200 吨铀，主要面向中广核国内外市场。该项目还取得了哈萨克斯坦规划建设中的核电站燃料的优先供应权。[①]

纳米比亚湖山铀矿。该项目于 2016 年 12 月 31 日生产出第一桶铀，2017 年下半年正式投产。2017 年全年累计产量超过 1000 吨。项目建设期间提供 6000 个就业岗位，生产期间可提供 1600 个就业岗位，有望使纳米比亚成为世界第二大天然铀生产和出口国。

海外新能源。新能源业务覆盖风电、太阳能、气电、热电联产、生物质能及燃料电池等。2015 年 11 月，中广核通过国际竞购，收购了马来西亚埃德拉全球能源公司下属的电力项目，拿下埃德拉公司在共建"一带一路" 5 个国家的 13 个电力项目，控股在运装机容量 662 万千瓦。13 个项目分别在马来西亚、埃及、孟加拉国、阿联酋、巴基斯坦 5 国，以天然气发电为主。埃德拉国项目的收购使中广核成为埃及、孟加拉最大的独立发电商，马来西亚第二大独立发电商，也是中国在海外装机容量最大的能源企业之一。[②]

自主装备出口。2016 年，中广核实现向美国出口电子加速器零的突破，成为国内首家打入欧美市场的加速器制造商。中广核在印度非动力核技术市场占有率也排名第一。2017 年 3 月，中广核旗下的中广核技术发展股份有限公司成功向印尼出口一套工业用电子加速器及 X 射线辐照系统。目前，中广核技已进入美国、印度、泰国、韩国、巴基斯坦、巴西、印尼

[①] 朱学蕊："中广核：挺起腰杆'闯'世界"，《中国能源报》，2017 年 5 月 15 日，第 11 版。

[②] 朱学蕊："中广核：挺起腰杆'闯'世界"，《中国能源报》，2017 年 5 月 15 日，第 11 版。

等7个国家，累计出口18套加速器。

中广核旗下广利核公司正积极推动自主知识产权核级DCS通用平台——和睦系统走出去。该系统研发先后通过了功能安全认证机构德国TüV和ISTec，以及IAEA等多个国外权威认证机构的评审和认证，为进入国际市场拿到通行证。目前，广利核公司已经获得首个海外项目——阿尔及利亚某重水研究堆的核级仪控设备改造订单，并先后与韩国斗山重工集团、英国罗伊斯·罗尔斯仪控公司等多家企业签署合作协议或意向书。2017年初，受约旦原子能委员会和俄罗斯国家原子能公司邀请，参与了约旦VVER核电项目全厂DCS方案的投标。[1]

进军欧洲市场。2014年6月，中广核在法国成立中广核欧洲能源公司。经过四年多发展，已成为欧洲第七大新能源运营商。中广核拥有比利时最大的陆上风电场项目，并成功中标法国及欧洲范围首个漂浮海上风电项目——格鲁瓦项目，也是中企首次进入漂浮海上风电领域。2016年12月，中广核收购了爱尔兰杜凡风电项目，为中国企业在爱最大的投资项目。中广核的海外新能源业务覆盖十余个国家和地区，控股在运装机容量超过900万千瓦。

中广核正成为英国核能计划中越来越重要的参与者。2016年，中广核在英国收购了EDF旗下装机量3.3吉瓦的欣克利角C 33.5%的股份，以及装机量3.2吉瓦的Sizewell C20%股份。中广核还拥有位于英格兰东部的Bradwell B核电站66.5%的股份。中广核还计划与EDF Energy合作，在埃塞克斯的Bradwell-on-Sea开发新的核电站，建造自己的反应堆。[2]

英国媒体《星期日泰晤士报》报道，中广核有意从英国天然气公司的母公司Centrica和法国电力巨头EDF手中收购英国8座核电站最多49%股份，总价值高达40亿英镑（约合350亿人民币）。中广核拟收购的8个核电站分布在英国各地，包括萨福克的Sizewell、肯特的Dungeness和Ayrshire的Hunterston。它们以前统称为"英国能源"，装机量8.9吉瓦，供应整个英国电力需求的20%。据估计，中广核此次收购8个核电站49%的股份价值约为40亿英镑。

---

[1] 朱学蕊："中广核：挺起腰杆'闯'世界"，《中国能源报》，2017年5月15日，第11版。

[2] "中广核拟350亿收购8座英国核电站股权，图什么？" http://app.myzaker.com/news/article.php? pk=5b44a8135d8b5422c20140f0。

中广核国际业务分布在20多个国家,海外收入占比已经超20%。中广核在马来西亚、埃及、孟加拉国、阿联酋、巴基斯坦等"一带一路"沿线多个国家和地区进行布局,目前是埃及、孟加拉国最大的独立发电商,马来西亚第二大独立发电商。

国家电投。全称国家电力投资集团有限公司,成立于2015年6月,由原中国电力投资集团公司与国家核电技术公司重组组建。国家电投是中国五大发电集团之一,我国三大核电开发建设运营商之一,具备核电研发设计、工程建设、相关设备材料制造和运营管理的完整产业链和强大技术实力。国家电投境外业务范围涵盖日本、澳大利亚、马耳他、印度、土耳其、巴西、南非、缅甸等国家(地区)。境外投资运营项目可控装机容量111.12万千瓦,投资在建项目可控装机容量1002.05万千瓦,已签署合资协议并开展前期工作的投资项目可控装机容量514万千瓦。工程承包方面,执行完成的电站EPC项目装机容量120万千瓦;正在执行的电站EPC项目10个,总装机容量1305万千瓦,咨询设计、电站运维服务等项目34个。国家电投的国际化发展目标是,争取2020年境外装机达到800万千瓦,占集团公司装机5%左右。2030年境外装机达到4000万千瓦,占集团公司装机的13%左右。[1]

第二节 可再生能源合作

我国光伏、风能等非水可再生能源产业"走出去"时间晚、规模较小,但随着国内相关产业实力的增强,"走出去"步伐显著加快。共建"一带一路"国家丰富的清洁能源资源、巨大的电力等能源需求缺口,以及资金短缺和开发水平落后的制约等,与我国形成优势互补。截至2012年,中国对33个国家的太阳能和风电产业进行了超过124项投资。[2]

"一带一路"倡议提出后,中国企业海外绿色能源投资进一步增加。2015年,中国企业投资了8个单项金额超过10亿美元的海外可再生能源项目,投资总额达200亿美元,占全球总量的1/3。2016年,单项超过10

---

[1] 国家电力投资集团有限公司:"跨国经营发展",http://www.spic.com.cn/jt-cynew/jw/。

[2] 舟丹:"中国推动金砖国家可再生能源发展",《中外能源》,2018年第3期,第59页。

亿美元的大规模海外可再生能源投资项目增至11个，投资总金额升至320亿美元，同比增长60%。①

随着"一带一路"倡议的推进，未来我国际能源合作有望从化石能源向低碳能源产业链转变，风电、光伏等新能源合作将更趋活跃。在发达国家，由于电力消费平缓、新建大型电站需求不旺及碳排放的政策限制，可再生能源得到了更多的发展空间，投资机会以海上风电、百兆瓦级陆上风电以及较大规模的太阳能发电为主。在发展中国家，受经济规模限制，对大型电站需求有限，可再生能源发电规模更符合其需求特点。比如非洲地区缺乏电网、港口、道路等基础设施，建造和运营大型电站的难度较大，分布式可再生能源更适合当地的需求。这些因素推动了中国企业在海外可再生能源投资的增长，投资形式在发达国家以并购为主，在发展中市场以绿地开发为主。②

一、产业国际竞争力显著提升

近年来，我国新能源和可再生能源产业取得飞跃式发展，成为能源领域的一大亮点。据国家能源局统计，"十二五"期间，我国水电、风电、太阳能发电装机规模分别增长1.4倍、4倍和168倍，带动非化石能源消费比重提高2.6个百分点。我国已成为全球最大的可再生能源生产国和应用国，在可再生能源及相关低碳能源领域投资位居世界前列。风电和光伏发电装机规模及年发电量已多年稳居世界第一，形成了涵盖研发、制造、设计、施工等各环节的新能源全产业链，风机设备、多晶硅、硅片、光伏电池生产规模等均居世界第一。③

我国清洁能源投资力度加大。仅2017年，中国在清洁能源领域投资已达1300多亿美元，包括风能发电、太阳能发电等领域，数额超过世界其他国家的总合。数据显示，2017年中国可再生能源投资占到全球投资的

---

① 齐正平："'一带一路'能源研究报告（2017）"，http：//www.chinapower.com.cn/moments/20170516/77097.html。

② "中国电力能源产业转型系列：海外电力投资机遇"，https：//www.strategyand.pwc.com/cn-s/home/report/overseas-investment-cn。

③ 高国伟："加强'一带一路'能源合作，推动低碳转型"，《中国电力报》，2017年11月25日，第2版。

50%，其中70%进入光伏领域。① 德国2018年4月5日发布的《2018全球可再生能源投资趋势》报告显示，2017年全球可再生能源总投资额同比增长2%，达到2798亿美元（不包括大型水电）。其中，中国投资额达1266亿美元，比2016年增长31%。全球太阳能投资达1608亿美元，同比增长18%，其中中国投资额高达865亿美元，同比增长58%。②

光伏发电在可再生能源行业中后来居上。2015年底，我国光伏发电累计装机容量达4318万千瓦，超越德国，成为全球光伏发电装机容量最大的国家。③ 据国际能源署数据，2016年中国光伏装机量安装超过34吉瓦，比美国的两倍还多，占全年全球新增太阳能发电能力的近一半。④ 2017年，我国新增装机首次突破50吉瓦大关，连续5年再创新高，提前完成"十三五"规划装机目标。⑤

风电已形成世界上最大规模的市场。2000年时，中国风电装机容量仅有30多万千瓦，2010年风电装机容量达到4400万千瓦，2012年突破6000万千瓦，超过美国成为世界第一风电大国。⑥ 2015年，中国风电新增装机容量3297万千瓦，累计并网装机容量首次突破1亿千瓦，达到1.29亿千瓦，占到全球风电装机容量的1/4。⑦ 2017年，全国新增风电装机容量1966万千瓦，累计装机容量达到1.88亿千瓦。在地域分布上，风电产业由"三北"地区向中东部和南方地区转移。在结构上，陆上风电发展趋于平稳，海上风电有望迎来快速增长期。⑧ 中国风电连续多年平均复合增长率高达100%。截至2018年7月，中国陆上风电新增装机已连续9年保持

---

① 李丽旻："可再生能源将成最终经济能源形式"，《中国能源报》，2018年6月4日，第18版。

② 张毅荣："中国可再生能源投资额居全球首位"，《中国能源报》，2018年4月9日，第18版。

③ "国际能源署报告称中国可再生能源领跑全球"，http://www.scio.gov.cn/37259/Document/1598123/1598123.htm。

④ "国内能源企业进军海外市场 全球多国光伏项目系中国制造"，http://finance.huanqiu.com/cjrd/2017-07/11029324.html。

⑤ 郑丹："合作尚需深耕细作"，https://www.china5e.com/news/news-992812-1.html。

⑥ 张子瑞："中国风电：从'零'到领跑全球"，《中国能源报》，2018年7月30日，第2版。

⑦ "华锐风电力拓海外市场两大海外项目进展顺利"，2015年4月10日，http://news.sina.com.cn/o/2015-04-10/120431702730.shtml。

⑧ 张子瑞："风机制造格局生变"，《中国能源报》，2018年4月9日，第18版。

全球第一。①

　　光热发电也在快速起步。2016 年 9 月，国家能源局确定了首批 20 个太阳能热发电示范项目，总装机容量达 134.9 万千瓦。同时，国家发展改革委还明确了太阳能热发电标杆上网示范电价为每千瓦时 1.15 元。在政策利好下，我国光热项目密集开工，产业集群逐步形成。②

　　总体上，近年来中国可再生能源发展势头强劲。2018 年 5 月 22 日，国家能源局发布《2017 年全国可再生能源电力发展监测评价报告》。报告显示，2017 年可再生能源发电量 16979 亿千瓦时，占全部发电量的 26.5%，可再生能源电力消纳量为 16686 亿千瓦时，增加 10.8%，非水电可再生能源电力消纳量为 5025 亿千瓦时，增加 35.2%。③ 在国际舞台上，我国可再生能源企业也开始走向舞台中央。2015 年 5 月底，龙源电力风电装机容量达到 1456.9 万千瓦，成为全球最大的风电运营商。中国的风电整机商也随之崛起，2017 年外资品牌风机在中国风市场的占有率不足 4%，在全球前十大整机厂商中，中国企业已占四席。④

二、中国成为全球清洁能源发展的引领者

　　目前中国已成为全球最大的光伏生产和装机国、最大的风电装机国、最大的核电在建国、最大的能效改善国与最大的电动汽车保有国。⑤ 国际能源署报告显示，2015 年，中国占全球可再生能源增量的 40%。⑥ 据 2017 年《BP 世界能源统计年鉴》，2016 年中国可再生能源全年消费为 8610 万吨油当量，较上年增长 33.4%。过去十年间，中国可再生能源在全球总量

---

　　① 张子瑞：" 中国风电：从 ' 零 ' 到领跑全球"，《中国能源报》，2018 年 7 月 30 日，第 2 版。
　　② " 国际能源署报告称中国可再生能源领跑全球"，http：//www.scio.gov.cn/37259/Document/1598123/1598123.htm
　　③ " 全国可再生能源电力消费增速超过 10%"，《中国能源报》，2018 年 5 月 28 日，第 3 版。
　　④ 张子瑞：" 中国风电：从 ' 零 ' 到领跑全球"，《中国能源报》，2018 年 7 月 30 日，第 2 版。
　　⑤ 仝晓波：" 在 ' 一带一路 ' 倡议下构建国际能源合作平台"，《中国能源报》，2018 年 5 月 28 日，第 3 版。
　　⑥ " 国际能源署报告称中国可再生能源领跑全球"，http：//www.scio.gov.cn/37259/Document/1598123/1598123.htm

中的份额从2%升至20.5%。[①]

国际能源署发布报告称，在全球能源转型方面，中国正引领全球，"中国的风能和水电的新增装机容量已占到世界一半以上，太阳能新增装机占到世界的三分之一，可再生能源投资占全球的三分之一。[②] 中国的清洁能源部署、技术出口和投资规模是支持全球低碳能源转型动力的关键决定因素。克利夫兰能源经济和金融分析研究所能源金融主管提姆·巴克利表示，"中国绝对正在引领全球未来低碳能源技术，就能源而言，中国将在全球竞技场发挥引领未来的作用"。[③]

未来我国可再生能源有望继续保持良好发展势头。2016年初，国家能源局发布的《可再生能源"十三五"发展规划（征求意见稿）》提出，到2020年非化石能源占能源消费总量比例达到15%，2030年达到20%，"十三五"期间新增投资约2.3万亿元。其中，到2020年底水电开发利用目标3.8亿千瓦，太阳能发电1.6亿千瓦，风力发电2.5亿千瓦。[④]《BP世界能源展望（2018）》预计，2040年全球可再生能源增长将超400%，占全球发电量增长的50%以上。美国在全球可再生能源生产中的比例将从目前的24%下降至2040年的15%，中国占比将升至30%。可再生能源和核能、水电发展迅速，占2040年中国能源需求增长的80%，可再生能源将接替石油成为中国第二大能源来源。[⑤]

据国际能源署《2018可再生能源年度报告》，中国已成为太阳能发电行业的绝对领先者，到2023年，中国的太阳能发电装机容量将几乎占全球的40%，领先于美国和印度。与此同时，国际能源署预测，中国将主导全球可再生能源增长，5年内的发电装机增量将达400多吉瓦，到2023年，

[①] "一带一路"能源合作网："可再生能源"，http://111.207.175.229/v_practice/to Picture Details. html? channelId=1086。

[②] "国际能源署报告称中国可再生能源领跑全球"，http://www.scio.gov.cn/37259/Document/1598123/1598123.htm。

[③] "加媒：未来中国，'清洁能源领域的沙特'？" http://wemedia.ifeng.com/63891786/wemedia.shtml。

[④] "国际能源署报告称中国可再生能源领跑全球"，http://www.scio.gov.cn/37259/Document/1598123/1598123.htm。

[⑤] 卢奇秀："《BP世界能源展望（2018）》中文版发布：能源结构持续多样化"，《中国能源报》，2018年4月16日，第5版。

中国将超过欧盟成为全球最大的可再生能源消费国。[1]

在可再生能源领域，我国既有产业优势，也有技术优势。通过近十年的探索和高速发展，我国在可再生能源领域取得了丰富的应用经验和技术积累，在产品制造和工程建设上拥有明显优势。[2] 产品技术与质量已逐步达到甚至超过国际顶尖水平，成本不断下降，多项新能源技术居世界先进水平。中国新能源发展所积累的技术、管理、产能优势十分契合共建"一带一路"国家的需求。随着产业日趋成熟、成本快速下降，新能源企业积极"走出去"，已成为"一带一路"能源合作领域的生力军。[3]

截至 2016 年年底，我国风电出口装机容量约为 250 万千瓦，而 2016 年我国国内风电新增装机就高达 2237 万千瓦。[4] 当前，中国国内每年新增装机都达到 2000 多万千瓦，2015 年的 3200 万千瓦更是占世界的 60%。今后要维持国内市场的稳定，难度将越来越大。只有不断拓展国际市场，才能维持和促进产业发展。2017—2020 年，在国际风电市场上，非洲和中东将是新增装机中非常有潜力的地区，特别是共建"一带一路"国家将是未来中国整机出口的重要市场。[5]

三、共建"一带一路"国家资源丰富

共建"一带一路"国家太阳能和风电等可再生能源资源丰富，但设备制造业尚未成熟，合作潜力巨大。尤其是近年来，东南亚、印度、中东、中亚、非洲等地区或国家的光伏电站装机以及风电装机均出现爆发性增长，市场前景广阔。[6]

共建"一带一路"大部分国家的可再生能源资源开发潜力巨大。中亚

---

[1] 李倩："IEA：全球可再生能源发展仍需提速"，《中国能源报》，2018 年 10 月 22 日，第 7 版。

[2] 林伯强："能源合作是互利共赢之举"，《中国能源报》，2017 年 5 月 15 日，第 4 版。

[3] "积极推进电力项目'一带一路'新能源合作遍地开花"，http://ex.bjx.com.cn/html/20171208/24971.shtml。

[4] 姚金楠："风机'出海'遭遇'认证'关"，《中国能源报》，2017 年 5 月 15 日，第 2 版。

[5] 姚金楠："风机'出海'遭遇'认证'关"，《中国能源报》，2017 年 5 月 15 日，第 2 版。

[6] 郑丹："合作尚需深耕细作"，https://www.china5e.com/news/news-992812-1.html。

地区沙漠广阔，南亚、东南亚的泰国、印度、菲律宾等国光照资源好，适合于建大型太阳能电站。亚洲和非洲水能、风能、太阳能理论蕴藏量合计超过全球总量一半，但开发利用率很低。中亚国家可再生能源发电占比不足1%。亚太地区非水可再生能源平均消费占比约2%，远远低于经合组织的4.5%和欧盟的8%。①

在风能方面，中亚地处北半球风带，风能资源丰富，是世界上最适合开发风能的地区之一，哈萨克斯坦是世界上最大的内陆国家，技术可开发量约为1.8万亿千瓦时。东南亚风能开发与利用处于起步阶段，资源相对丰富的国家有越南和菲律宾等国，风电开发潜力分别达到1.2亿千瓦和7000万千瓦左右。②南亚8国中，风能资源较为丰富的主要是印度和巴基斯坦，印度风电开发潜力约为1亿千瓦，巴基斯坦风能资源总蕴藏量达3.46亿千瓦。西亚北非，风能资源较为丰富的主要是埃及、土耳其和伊朗等国。埃及的苏伊士湾地区是世界上常年风速最高的区域之一，年等效满负荷利用小时多达3900小时。中东欧国家中风能资源较为丰富的有罗马尼亚、克罗地亚和保加利亚等国。俄罗斯风能资源技术可开发量超过7万亿千瓦时。蒙古国超过10%的国土面积风资源等级达到优良级别以上，技术可开发潜力达2.5万亿千瓦时。格鲁吉亚和阿塞拜疆，风能资源潜力分别达到150万千瓦和450万千瓦。③

共建"一带一路"大部分国家经济高度依赖传统能源，近年来绿色低碳经济成为全球共识和主流，向新能源转型也成为沿线国家的重要能源战略。④沿线国家大多制定了能源电力领域低碳转型相关政策，提出了清洁能源发展目标和支持性政策，对可再生能源的关注和投资显著提升。根据国际能源署预测，2017—2040年共建"一带一路"国家预计新增约1.81万亿美元可再生能源发电投资，比化石能源发电投资多37%。⑤为破解电

---

① 齐正平："'一带一路'能源研究报告（2017）"，http：//www.chinapower.com.cn/moments/20170516/77097.html。

② "风电行业'一带一路'产能合作前景广阔"，https：//mp.weixin.qq.com/s/o7yD7usp5fwpzGrROPAN8A#__NO_LINK_PROXY__。

③ "风电行业'一带一路'产能合作前景广阔"，https：//mp.weixin.qq.com/s/o7yD7usp5fwpzGrROPAN8A#__NO_LINK_PROXY__。

④ 齐正平："'一带一路'能源研究报告（2017）"，http：//www.chinapower.com.cn/moments/20170516/77097.html。

⑤ 高国伟："加强'一带一路'能源合作，推动低碳转型"，《中国电力报》，2017年11月25日，第2版。

力结构单一（超过90%为火电）且供不应求的问题，南非政府决定以清洁能源为突破口，于2009年启动针对新能源项目的五轮全球招标。①

四、各国可再生能源支持力度加大

2016年初，全球已制定可再生能源发展目标的173个国家中，有146个国家出台了支持政策。②2017年，全球可再生能源投资总额增长了2%，达到2800亿美元，可再生能源投资的增长幅度也超过了石油等化石能源的增长幅度。③《2018可再生能源年度报告》预计，2018至2023年期间全球可再生能源发电装机将增长1太瓦以上，2023年可再生能源发电量占比将占全球的近1/3，高于目前的近25%。④

2018年6月7日，"一带一路"国家基础设施发展指数（以下简称"发展指数"）发布，发展指数显示，"一带一路"国家基础设施合作前景看好，总指数创新高，东南亚地区吸引力最强。电力行业需求旺盛，新能源成为未来发展重点。新能源已成为各国能源行业的发展方向。共建"一带一路"重点国家能源行业发展规划中，清洁能源、电力、核能、可再生能源潜力较大。⑤

共建"一带一路"重点国家能源行业发展规划中，核能、可再生能源潜力较大。印度政府计划开发22个反应堆，增加40吉瓦发电能力，预计2050年印度四分之一的电力总量由核电供应。欧盟要求波兰2020年可再生能源占最终能源消费比例不低于15%，发展可再生能源成为方向之一。波兰提出到2020年交通领域燃料10%由生物质能提供。⑥西班牙启动一项能源计划，拟到2050年发电100%使用可再生能源。根据该计划，西班牙

---

① 于欢："中企在非首个自主风电项目投产"，《中国能源报》，2017年11月27日，第3版。
② 莫君媛、顾成奎："中古可再生能源合作启示"，《中国能源报》，2018年3月12日，第17版。
③ "'一带一路'基础设施投资最具吸引力国家，你绝对想不到"，http://www.sohu.com/a/234656908_731021。
④ 李倩："IEA：全球可再生能源发展仍需提速"，《中国能源报》，2018年10月22日，第7版。
⑤ "'一带一路'基础设施投资最具吸引力国家，你绝对想不到"，http://www.sohu.com/a/234656908_731021。
⑥ "'一带一路'基础设施投资最具吸引力国家，你绝对想不到"，http://www.sohu.com/a/234656908_731021。

未来10年内将禁止新增油气开采，每年至少增加3000兆瓦的风能和太阳能装机容量，国家预算的1/5将用于缓解气候变化的措施。到2030年，西班牙的绿色电力占比将达到35%，能源效率也将提高35%。[1]

马来西亚、泰国、越南、菲律宾等东南亚国家市场前景可期，多制定了未来光伏产业发展的目标。泰国计划到2036年达到6吉瓦的光伏安装量。越南计划到2020年光伏发电装机容量为850兆瓦，到2030年达到10吉瓦。为促进目标的实现，越南政府在光伏收购电价、光伏项目开发企业所得税、进口关税、土地使用税等多个方面，均采取了优惠措施。[2]

西亚地区中多个国家皆出台可再生能源及光伏的发展计划，如约旦在2020年要达到600兆瓦的光伏安装量、沙特阿拉伯在2023年达到以风力和光伏为主的9.5吉瓦可再生能源安装量。相较其他西亚国家，光伏发展最好的为土耳其，其主要推动政策是允许民众无须经过授权即可安装低于1兆瓦的光伏项目，这使得光伏安装量激增。[3]

在南亚，印度是近年来最受全球关注的光伏市场之一。2017年，印度政府推出了可再生能源发展三年规划，宣布将在未来3年内兴建超过100吉瓦的太阳能和风电项目。此前，印度设定了2022年实现175吉瓦的可再生能源装机目标，但预计该目标将提前完成。2018年6月，印度新能源和可再生能源部部长辛格宣布了该国长期海上风电目标，计划到2030年装机容量达到30吉瓦。[4]

独联体国家当中可再生能源发展最受瞩目的为俄罗斯以及乌克兰两国。2017年底，俄罗斯太阳能发电装机已达540兆瓦，2020年的太阳能装置目标为1.56吉瓦。到2024年俄罗斯的目标是增加太阳能装机1.52吉瓦，2024年至2030年间，将再增加1.18吉瓦。[5]

欧盟制定了在2020年可再生能源需占整体能源需求20%的目标，为

---

[1] 李倩："西班牙计划2050年实现100%可再生发电"，《中国能源报》，2018年11月19日，第5版。

[2] 周雨桐："东方日升成立越南办事处"，《中国能源报》，2018年9月10日，第17版。

[3] 北京国际能源专家俱乐部："光伏助推'一带一路'绿色能源通道建设"，https: //mp.weixin.qq.com/s/gp1DEx-Pbt3wD_weL2CYiQ#__NO_LINK_PROXY__。

[4] 李倩："印度拟2030年建成30吉瓦海上风电"，《中国能源报》，2018年6月25日，第5版。

[5] 北京国际能源专家俱乐部："光伏助推'一带一路'绿色能源通道建设"，https: //mp.weixin.qq.com/s/gp1DEx-Pbt3wD_weL2CYiQ#__NO_LINK_PROXY__。

了实现目标，欧盟为各成员国设定了不同的可再生能源标准。以波兰为例，波兰设定了要在2020年前达到可再生能源占整体能源消费的15%的目标。波兰成为中东欧17国当中光伏累积安装量呈现正成长的国家之一，其主要推动政策为拍卖及自产自销。克罗地亚光照十分充足。克罗地亚的可再生能源主要来自太阳能（48.9%）、陆地风电（30%）和水电（11.7%）。[1] 专家认为，到2050年，克罗地亚可以实现100%使用可再生能源。

2018年6月4日，中国—中东欧国家能源合作第一次技术交流会在北京举行，中东欧国家的多名能源专家表示，他们所在的国家都在大力推进传统能源向新能源及可再生能源的转变，这一进程将给来自中国的能源企业提供广阔的投资空间。马其顿能源署执行署长萨拉齐介绍，马其顿未来将进一步减少对进口电能的依赖，可再生能源将会得到政府的大力支持，未来将会进一步增加太阳能发电和风力发电的装机总量。波兰驻华大使馆经济处一等秘书毕思齐称，波兰目前也在着手对国内的能源设施进行改造升级，其中重点关注清洁能源领域。[2]

根据"非洲可再生能源计划"，非洲要在2030年建成3000亿千瓦可再生能源装机容量，以满足非洲大陆一半能源需求。到2050年，非洲清洁能源电量将占全球清洁能源总量的16%。根据国际可再生能源署（IRENA）的相关报告，非洲累计光伏装机量将在2030年突破70吉瓦。非洲许多国家也出台了相关政策鼓励清洁能源。如埃及和肯尼亚重点发展新能源行业，摩洛哥鼓励外国企业在光伏和风能领域投资，计划2020年可再生能源占电力总装机比例提升至42%。[3] 埃及计划在2020年实现可再生能源装机容量占总电力装机容量的20%。[4]

五、市场前景广阔

据2018年4月全球风能理事会（GWEC）发布的报告称，随着成本下

---

[1] 北京国际能源专家俱乐部："光伏助推'一带一路'绿色能源通道建设"，https://mp.weixin.qq.com/s/gp1DEx-Pbt3wD_weL2CYiQ#__NO_LINK_PROXY__。

[2] "中国—中东欧国家描绘能源合作蓝图"，http://news.cnpc.com.cn/system/2018/06/08/001693512.shtml。

[3] 董欣："非洲光伏市场持续升温"，《中国能源报》，2018年10月8日，第3版。

[4] 北京国际能源专家俱乐部："光伏助推'一带一路'绿色能源通道建设"，https://mp.weixin.qq.com/s/gp1DEx-Pbt3wD_weL2CYiQ#__NO_LINK_PROXY__。

降，市场恢复增长，未来五年全球风力发电装机容量将增长逾50%。截止到2017年底，全球风力发电装机容量总计为539吉瓦，较上年增长11%。随着全球各国开发可再生能源以实现减排目标，以及风能成本继续下降，到2022年底时全球风电装机容量预计增长56%。①

2017年全球新增风电装机容量大约52.5吉瓦，较2016年的54.6吉瓦略有降低。GWEC预测2019年风能市场将恢复增长。GWEC在报告中称："2019年和2020年全年市场将会恢复增长，在新的10年开启之际，新增容量会再次突破60吉瓦并继续保持增势，但增速将会减慢，预期到2022年累计装机容量将会达到840吉瓦。"②

中国仍将是全球最大的风力市场，2017年新增装机容量近19.7吉瓦。中国的风电市场增长步伐正逐渐放缓，预期到2020年将会持平。印度2018年风力装机容量创下高点，新增超过4吉瓦。2010—2016年，金砖国家风电年均增速为60%，为全球平均水平19%的3.2倍。其中南非增速最快，由0.03TWH（太瓦时或万亿瓦时）增至4TWH，年均增速达到123%，俄罗斯、巴西、中国和印度年均增速分别为81%、57%、33%和15%。2016年，中国、印度、巴西风电装机容量分别占全球的32%、6%和2%。中国、印度、巴西风力发电量占全球比例分别为25%、5%和3%。③

2018年6月，彭博新能源财经（BNEF）发布《2018年新能源市场长期展望》报告，指出风电及光伏技术成本快速走低，加上电池储能成本下降，2050年风电和光伏的发电量有望达到全球总发电量的50%。2018年至2050年期间，全球范围内新增发电装机投资将达到11.5万亿美元，其中8.4万亿美元用于风电和光伏，1.5万亿美元将用于水电和核电等其他技术。这些投资将使全球光伏装机量增长17倍，风电装机增长6倍。预计到2050年，可再生能源将占欧洲总发电量的87%，美国的55%，中国的62%和印度的75%。④

---

① "未来五年全球风电装机容量将增长逾50%"，http://newenergy.in-en.com/html/newenergy-2310970.shtml。
② "未来五年全球风电装机容量将增长逾50%"，http://newenergy.in-en.com/html/newenergy-2310970.shtml。
③ 苏星："金砖国家可再生能源市场前景与'金砖+'模式应用探讨"，《中外能源》，2018年第3期，第10页。
④ 王林："2050年风电和光伏将占全球发电量50%"，《中国能源报》，2018年6月25日，第7版。

随着风电和太阳能成本快速下降，而水电开发受环境保护、移民等问题约束较大，国际能源署预测未来共建"一带一路"国家太阳能和风电新增装机规模将大于水电。预计2017—2040年，共建"一带一路"国家新增可再生能源装机规模将达到8.8亿千瓦，其中太阳能新增3.0亿千瓦，风电新增2.7亿千瓦，水电新增2.2亿千瓦。其中仅印度预计就将新增太阳能装机1亿千瓦，新增风电装机0.8亿千瓦，约占共建"一带一路"国家增量的1/3。[1]

未来几年内，共建"一带一路"国家的光热市场也有很大的发展空间。据CSPPLAZA统计，截至2016年底，全球光热发电已建成装机总量达5017兆瓦，在建装机总量约为5705兆瓦。建有光热发电项目的国家共计24个，除中国外，位于共建"一带一路"的还有沙特阿拉伯、埃及、印度、以色列、科威特、泰国、土耳其、阿联酋、阿曼等九个国家。这些国家的光热发电已建成装机总量占比较少，未来有较大发展潜力。[2]

近年来，澳大利亚光伏市场发展迅速。据澳大利亚智慧能源理事会的数据显示，2017年该地区新增光伏装机量约为1336兆瓦，相比2016年增长了57%。截至2018年6月底，光伏累计装机量已超过8452兆瓦，在此前12个月内新增的装机量高达1998兆瓦，新南威尔士、昆士兰与西澳地区增长显著。目前规划中的项目有125个，共计22.64兆瓦。[3]

五、中国相关政策支持力度加大

"一带一路"倡议为新能源产业发展带来新的战略机遇，预计未来沿线重点区域、重点国别的新能源投资将加速。[4] 2015年9月，国家主席习近平在联合国宣布出资200亿元建立"中国气候变化南南合作基金"，清洁能源项目已经成为帮助其他发展中国家向绿色、低碳、气候适应型经济

---

[1] 高国伟："加强'一带一路'能源合作，推动低碳转型"，《中国电力报》，2017年11月25日，第2版。

[2] "'一带一路'光热市场可期 企业须抱团出海"，http://www.cspp/aza.com/article-107-41-1.html。

[3] 董欣："澳大利亚光伏市场前景可期"，《中国能源报》，2018年11月5日，第7版。

[4] "积极推进电力项目'一带一路'新能源合作遍地开花"，http://ex.bjx.com.cn/html/20171208/24971.shtml。

转型的重要方式。①

2015 年，国家发改委、外交部、商务部联合发布的《愿景与行动》明确将清洁能源视为构建"绿色丝绸之路"的重要依托。2016 年 12 月，联合国环境规划署（UNEP）同中国环保部签订《绿色发展"一带一路"备忘录》，旨在建立一个信息分享和绿色金融平台，关注中国和沿线国家的环境状况，对相关项目对当地发展、环境的影响进行评估，并引导资金更多投入到清洁能源项目。

2016 年 9 月，"一带一路"生态环保大数据服务平台网站正式启动，借助大数据、卫星遥感等信息技术，对沿线国家的生态环境状况以及环境保护政策、法规、标准、技术和产业发展等相关信息进行梳理。②

2017 年 5 月 14 至 15 日，中国在北京主办第一届"一带一路"国际合作高峰论坛，承诺将扩大丝路基金、南南合作援助基金等资金规模，并倡议建立"一带一路"绿色发展国际联盟，为相关国家应对气候变化提供援助。会前，中国环保部等四部委联合发布了《关于推进绿色"一带一路"建设的指导意见》，对绿色"一带一路"建设的目标、顶层设计等做出战略性的规划和指导，推进绿色投资、绿色贸易和绿色金融体系发展，为绿色"一带一路"建设提供政策支持。

受益于"一带一路"倡议，中国光伏行业不仅在制造领域处于全球领先地位，而且在过去几年里应用规模也排在世界第一。"一带一路"还为新能源汽车带来新的发展机遇。如长江汽车致力于发展纯电动车、新能源汽车，已经在国内打下了坚实基础。泰国、印度、马来西亚、老挝、俄罗斯、白俄罗斯和哈萨克斯坦等国企业前来考察，对该公司相关产品、技术产生兴趣。

六、光伏成为"走出去"新名片

国内光伏产业，尤其是分布式光伏起步较晚，但由于国内市场庞大，随着政策扶持力度加大，发展迅速，短短几年内装机量和需求量都已跃居全球前列。无论是在光伏电池、光伏组件领域，还是作为综合能源提供

---

① 李昕蕾："'一带一路'框架下中国的清洁能源外交——契机、挑战与战略性能力建设"，《国际展望》，2017 年第 3 期，第 40 页。
② 李昕蕾："'一带一路'框架下中国的清洁能源外交——契机、挑战与战略性能力建设"，《国际展望》，2017 年第 3 期，第 40 页。

商，国内能源企业都走在了世界的前列。"一带一路"为中国光伏业带来了新的市场增长空间。

在"一带一路"倡议下，我国光伏企业在全球20多个国家和地区建厂，产品销售至180多个国家，中标全球最大光伏电站项目。[①] 2015年，我国光伏电池及组件出口量达到2500万千瓦以上，出口额达到144亿美元，出口国家数量累计约200个。2015年底，中国光伏制造企业在海外已投产电池产能达320万千瓦，电池组件产能380万千瓦；在建电池产能220万千瓦，电池组件产能200万千瓦；计划投资电池产能110万千瓦，电池组件产能近500万千瓦。[②]

目前，中国光伏企业在共建"一带一路"主要活跃的区域为：越南、印度尼西亚、巴基斯坦、马来西亚、印度、马尔代夫、阿联酋、沙特阿拉伯、土耳其、哈萨克斯坦、乌克兰、俄罗斯、埃及、以色列等十几个国家。其中，在印度、马来西亚、越南、巴基斯坦、哈萨克斯坦、阿联酋等，主要进行投资、合资建设、收购兼并、产品输出。隆基、晶科、协鑫集成、晶澳、天合光能5家企业着重布局在产业链上游和中游的生产环节，阿特斯、东方日升主推电站建设，阳光能源以开发光储一体化项目为主。[③]

随着西方国家对我国光伏行业"双反"力度加大，我国光伏企业着手开拓新兴发展中国家市场。2013年亚洲取代欧洲成为中国光伏产品的主要出口市场。2014年出口亚洲的交易额达78.54亿美元，同比增长42.73%。出口增幅最大的市场是拉美等新兴市场，出口额为4.86亿美元，同比增长高达159.21%。2016年，我国光伏产品（硅片、电池片和组件等）出口额约为138.4亿美元，对印度、土耳其、智利、巴基斯坦等新兴市场出口显著提升，对欧美传统市场出口占比降至30%以下。目前，我国一半以上的光伏产品用于出口，其中，18%—19%销往北美，13%—14%销至欧盟，其余近60%都集中在亚洲等发展中国家。[④]

---

① 郑丹："合作尚需深耕细作"，https://www.china5e.com/news/news-992812-1.html。

② "国内能源企业进军海外市场 全球多国光伏项目系中国制造"，http://finance.huanqiu.com/cjrd/2017-07/11029324.html。

③ 舟丹："'一带一路'为中国光伏企业带来了发展机遇"，《中外能源》，2018年第10期，第29页。

④ "国内能源企业进军海外市场 全球多国光伏项目系中国制造"，http://finance.huanqiu.com/cjrd/2017-07/11029324.html。

协鑫集团是我国新能源企业"走出去"的先行者。目前该公司在印尼、土耳其、斯里兰卡等地的电力项目正在积极推进；在北美、日本、非洲等地设立了海外公司，建设运营多座太阳能光伏电站；储能领域的电池项目也在越南投产。①

联盛新能源集团是中国最大的分布式光伏投资商、国际能源巨头 ENGIE 集团成员单位、全球领先的清洁能源综合解决方案提供商，已在德国、印度、日本、荷兰、美国、澳大利亚等全球数十个国家有丰富的国际项目投资、管理理念以及专业的电站工程建设经验。2017 年 6 月 30 日，位于印度特伦甘纳邦的 15 兆瓦地面分布式光伏电站正式并网。②

晶科能源为电站业务最大的企业，2017 年与日本丸红株式会社组成联合体中标了共建"一带一路"最大的光伏电站阿联酋阿布扎比苏维罕电站，装机容量超过 1.35 吉瓦。天合光能已拓展 65 个沿线国家中的 39 个，占"一带一路"区域的 60%，在马来西亚、泰国、越南、印度建了海外生产基地，在土耳其、印度等沿线国家的业务量都已占到当地 16%—20% 的市场份额。此外，晶澳和阿特斯承接了沿线至少 25 个国家的光伏业务。③

2018 年，在"531 新政"背景下，各大光伏企业纷纷加大出海力度，拓展海外市场。2018 年上半年，协鑫集成海外市场出货达到 1.02 吉瓦。海外营收同比增长 201.88%，约占公司整体营收的一半，全球市场占有率近 5%。隆基股份上半年海外市场的单晶组件销量达 687 兆瓦，为去年同期的 18 倍。阳光能源在海外营收相比 2017 年同期增长超过 34%。④

七、主要光伏企业海外投资概况

协鑫集团。全称协鑫集团控股有限公司。协鑫新能源是协鑫集团旗下以太阳能发电为主、集开发建设、运营于一体的新能源企业。协鑫集团旗下多家公司积极在共建"一带一路"国家布局，成为集团投资重点板块。

---

① 袁家海、赵长红："'一带一路'绿色能源合作前景何在"，https://www.china5e.com/news/news-995636-1.html。

② "国内能源企业进军海外市场 全球多国光伏项目系中国制造"，http://finance.huanqiu.com/cjrd/2017-07/11029324.html

③ 舟丹："'一带一路'为中国光伏企业带来了发展机遇"，《中外能源》，2018 年第 10 期，第 29 页。

④ 姚金楠："光伏企业上半年业绩整体向好"，《中国能源报》，2018 年 9 月 10 日，第 17 版。

第四章　核能与可再生能源合作

作为协鑫集团新能源和清洁能源板块之一的协鑫智慧能源，是目前在共建"一带一路"国家布局项目最多的公司之一。按照集团规划，到"十三五"末，协鑫智慧能源海外装机容量将占总装机容量的1/3，集团清洁能源装机（包括新能源）规模跻身全球能源企业十强。[①] 协鑫智慧能源2017年7月在印尼开工建设卡巴燃煤项目，由协鑫印尼（西加）电力有限公司投资建设。在土耳其，协鑫智慧能源投资8亿美元建设地热发电项目，计划建成255兆瓦发电能力。在斯里兰卡，投资2.4亿美元的300兆瓦燃机发电项目和投资6000万美元的垃圾发电项目均处于投标阶段。2016年12月29日，协鑫通过全资子公司协鑫新加坡出资3200万美元采购600兆瓦太阳能电池片所需的生产设备。[②] 印度也是协鑫集团下一步重点投资的国家。

协鑫新能源于2016年底着手战略转型，从以国内市场为主，到国内市场和海外市场并重。海外市场目前重点是共建"一带一路"国家，如菲律宾、泰国、越南、印度、乌兹别克斯坦、乌克兰、俄罗斯等。截至2018年底，协鑫新能源总装机容量约7309兆瓦，居全球第二。公司的电站建设布局全球，截至2018年底，已在全球持有211座电站。

晶科能源。晶科能源控股有限公司，是世界知名的太阳能光伏企业。公司为中国、美国、日本、德国、英国、智利、南非、印度、墨西哥、巴西、阿联酋、意大利、西班牙、法国、比利时以及其他地区的地面电站、商业以及民用客户提供太阳能产品、解决方案和技术服务。晶科能源拥有垂直一体化的产能，截至2018年6月30日，该公司硅锭和硅片产能达到约9吉瓦、电池片产能达到约5吉瓦，组件产能达到约9吉瓦。

晶科能源在全球拥有超过12000名员工及8个全球化生产基地；日本、新加坡、印度、土耳其、德国、意大利、瑞士、美国、加拿大、墨西哥、巴西、智利、澳大利亚以及阿联酋等15个海外子公司；销售团队遍布英国、保加利亚、希腊、罗马尼亚、约旦、沙特阿拉伯、埃及、摩洛哥、加纳、肯尼亚、南非、哥斯达黎加、哥伦比亚、巴拿马

---

① "协鑫集团布局沿线国家光伏产业 用新能源点亮'一带一路'"，https://mp.weixin.qq.com/s?__biz=MzIyMzYzMTA4MQ%3D%3D&idx=1&mid=2247484222&sn=b54b4ecfcd357aee7ba491cbbc16e9b9。

② "协鑫集团布局沿线国家光伏产业 用新能源点亮'一带一路'"，https://mp.weixin.qq.com/s?__biz=MzIyMzYzMTA4MQ%3D%3D&idx=1&mid=2247484222&sn=b54b4ecfcd357aee7ba491cbbc16e9b9。

和阿根廷等国。①

晶科能源的光伏产品几乎涵盖共建"一带一路"所有相关国家,"一带一路"电站装机容量超过 1.35 吉瓦。2017 年晶科能源与日本丸红株式会社组成的联合体中标了共建"一带一路"沿线最大的光伏电站阿联酋阿布扎比苏维罕电站;2018 年 3 月,晶科能源与土耳其 Asunim Turkey 合作共同建设太阳能发电厂,该项目由两部分组成,容量分别为为 19.7 兆瓦和 20.6 兆瓦;2018 年 6 月晶科能源成功揽获泰国 46.5 兆瓦供应订单,为位于泰国北标省、佛统府的两个光伏项目供应王牌 Eagle 系列组件;2018 年 6 月,晶科能源为哈萨克斯坦最大的光伏电站供应 50 兆瓦高效组件;2018 年 8 月,晶科能源为希腊提供 40 兆瓦屋顶光伏系统组件;2018 年 8 月,晶科能源签署越南油汀 420 兆瓦光伏电站二期 240 兆瓦项目组件供货合同。②

天合光能。已拓展沿线国家中的 39 个市场。在马来西亚、泰国、越南、印度建立了海外生产基地,在土耳其、印度等沿线国家的业务量都占了当地 16% 至 20% 的市场份额。

英利集团。绿色高效光伏产品已经遍布共建"一带一路"20 多个国家,在全球已经有超过 20 吉瓦的英利光伏组件为各类用户提供绿色电力。英利绿色电力进入了巴基斯坦国会大厦,为非洲最大的阿尔及利亚 233 兆瓦光伏电站提供了高效组件,为非洲 20 个足球希望中心足球场安装了光伏照明设备。英利还连续承办了两届科技部"光伏技术与应用国际培训班",为来自亚洲和非洲共建"一带一路"国家近 400 名学员培训了光伏产业应用的先进技术,还向 10 多个国家输出相关技术成果多达 20 余项。③

阿特斯。全称阿特斯阳光电力有限公司,在共建"一带一路"25 个国家开展业务。2018 年 5 月,阿特斯与 Global Investment Holdings 签署了一份开发和运营 300 兆瓦光伏项目的协议,拟在欧洲、中东、非洲开发项目;接受印度卡纳塔克邦的委托,为其建设一个 35 兆瓦的商业和工业(C&I）

---

① "Jink Solar: Your Best Supplier of Modules, Cells & Wafers", https://www.jinkosolar.com/about_12.html?lan=cn。

② 北京国际能源专家俱乐部:"光伏助推'一带一路'绿色能源通道建设",https://mp.weixin.qq.com/s/gp1DEx-Pbt3wD_weL2CYiQ#__NO_LINK_PROXY__。

③ 北京国际能源专家俱乐部:"光伏助推'一带一路'绿色能源通道建设",https://mp.weixin.qq.com/s/gp1DEx-Pbt3wD_weL2CYiQ#__NO_LINK_PROXY__。

开放式太阳能项目。阿特斯还在泰国、越南、印尼建立了海外生产基地。①

晶澳太阳能。从 2013 年开始,在"一带一路"倡议参与国的出货量稳步上升。2017 年,晶澳太阳能在共建"一带一路"23 个国家的出货量同比增长超过 50%;2018 年 1—7 月,晶澳太阳能在共建"一带一路"26 个国家光伏产品出货量达 711 兆瓦,占公司整体出货量的近 17%。2018 年,晶澳为以色列最大的光伏电站——Ashalim250 兆瓦太阳能电站供货,其中 35 兆瓦的光伏电站全部由晶澳太阳能作为唯一供应商供应 PERC 组件;晶澳太阳能为阿联酋迪拜 Aramex 公司 3.2 兆瓦屋顶光伏项目供应了全部单晶 PERC 组件。

东方日升。依托于全资公司日升香港、日升电力,通过 EPC、BT、BOT、持有运营等业务模式,积极进行海内外电站开发、建设、运营,有效开拓"一带一路"市场。2017 年,东方日升为印度总计约 183 兆瓦的电站项目供货;2018 年 5 月,东方日升为尼泊尔装机规模达 25 兆瓦的太阳能光伏发电站提供高效组件产品;2018 年 6 月,东方日升与欧洲复兴银行签署了哈萨克斯坦 40 兆瓦光伏电站项目融资协议;2018 年 6 月,东方日升与越南企业塔斯克完成宁顺省 61 兆瓦项目的签约。②

隆基股份。近年来在印度、马来西亚等共建"一带一路"国家投资建厂,在美国、日本、欧洲等地开设分公司,销售网络遍布全球,拥有一大批海外优质客户和合作伙伴。2018 年 8 月,隆基股份为印度首家宜家(IKEA)提供了最大输出功率 800 千瓦的屋顶太阳能项目供应组件,为 Lightsource BP 公司首个印度公共光伏发电项目(总装机容量约 60 兆瓦)提供共计 20 万块高效单晶组件。③

八、风电海外市场占有率提升

随着我国风电全产业链基本实现国产化,风电设备的技术水平和可靠性达到世界先进水平,在国际市场上得到了广泛的认可。"一带一路"倡议为我国风电企业"走出去"提供了良好的时机和平台。国家能源集团、

---

① 北京国际能源专家俱乐部:"光伏助推'一带一路'绿色能源通道建设",https://mp.weixin.qq.com/s/gp1DEx-Pbt3wD_weL2CYiQ#__NO_LINK_PROXY__。
② 北京国际能源专家俱乐部:"光伏助推'一带一路'绿色能源通道建设",https://mp.weixin.qq.com/s/gp1DEx-Pbt3wD_weL2CYiQ#__NO_LINK_PROXY__。
③ 北京国际能源专家俱乐部:"光伏助推'一带一路'绿色能源通道建设",https://mp.weixin.qq.com/s/gp1DEx-Pbt3wD_weL2CYiQ#__NO_LINK_PROXY__。

国家电力投资集团、中国电建集团、金风科技、东方风电、联合动力等企业都在沿线地区积极谋篇布局。

2007—2010年间，我国整机厂商陆续向其他国家出口，但是出口量很小，平均每年不到15兆瓦。直到2011年，我国的风电机组出口量猛增，突破200兆瓦；2013年突破600兆瓦。但在2014年和2015年，连续两年同比出现下滑。2015年底，我国风电机组制造商已出口的风电机组共计1085台，累计容量达到2035.75兆瓦。到2016年底，我国风电共计出口容量约为250万千瓦。2017年，我国新增风电机组出口装机64.1万千瓦，累计出口量达320.5万千瓦，遍布六大洲的33个国家和地区。①

2015年底，在风电机组制造企业中，金风科技出口量最大，占总出口量的47.5%，其次是华锐风电、三一重能、明阳风电，出口量均超过100兆瓦。截至2015年底，我国风电机组出口到28个国家，其中向美国出口的风电机组容量最多，累计达394.75兆瓦，占出口总容量的19.4%。其次是巴拿马、埃塞俄比亚，出口占比分别为13.3%和10%。

在海外投资方面，2011年7月龙源电力成功收购加拿大安大略省99.1兆瓦风电项目。2014年11月，该项目正式并网发电，成为中国发电企业在海外实现自主开发、自主建设、自主运营的首个风电项目。2017年，金风科技、远景能源、明阳集团的3款风机分别获得了国际电工委员会可再生能源设备认证互认体系（IECRE）颁发的认证证书，这是国内首批风电企业获得"国际通行"的认证证书。2018年6月，龙源南非德阿项目获得南非国家电网签发的并网模型及测试一致性验证报告，一次性通过南非电网验收。②

十余年间，我国风电行业在"走出去"上取得初步成效。截至2017年底，共有金风科技、联合动力、远景能源、明阳智能、中国海装、东方风电等17家企业向33个国家和地区出口了1707台机组，累计装机320.5万千瓦。③ 截至2017年底，金风科技国际业务已经突破三个"100万"，即累计装机超过100万千瓦，在开发项目100万千瓦，在手订单突破100万

---

① 秦海岩："借政策东风，风电扬帆新征程"，《中国能源报》，2018年6月25日，第4版。
② 张子瑞："中国风电：从'零'到领跑全球"，《中国能源报》，2018年7月30日，第2版。
③ 夏云峰、张雪伟："中国风电行业'走出去'"，http://www.cnenergy.org/xny_183/fd/201804/t20180423_468777.html。

千瓦，业务覆盖6大洲，近20个国家，基本形成集投资、设备供应、项目施工、运维于一体的出口运作体系。仅2017年，该公司就向澳大利亚、巴基斯坦和美国等国家出口了197台机组，装机容量达39.95万千瓦，占全国总出口量的六成以上。[1]

九、主要风电企业"走出去"概况

华锐风电。随着国内风电市场竞争及企业发展需求的变化，华锐风电提出了"两海战略"概念，即加大力度进军海上风场，加快开拓海外市场。华锐风电在2011年11月与土耳其Bereket Energy Production INC公司签订合作协议，向该公司提供36台1.5兆瓦风机，用于建设位于土耳其南部USAK省的USAK风电项目。2012年12月，华锐风电和该公司签订了第二批供货协议，再次提供36台1.5兆瓦风机，用于建设位于土耳其西南部的YALOVA风电项目。2014年5月，华锐风电顺利将36台风机运达客户指定的GEMLIK港，并在7月份对风机进行吊装工作。[2]

华锐风电的品牌、技术、产品、服务等综合竞争力赢得国际市场的认可。由华锐风电自主研制的SL1500/82和SL1500/89两种低风速风电机组切入风速均可达到2.8m/s以下，额定风速分别为10.5m/s、10m/s。具有切入风速低、低风速区发电量大等优点。华锐风电SL1500/82机组于2011年10月20日获得了中国第一个A级设计认证证书——德国劳埃德船级社（GL）A级设计认证证书。在2013年6月，华锐风电与瑞典GreenExtreme公司签署了一项风电项目供货协议，向瑞典Kalmar地区的30兆瓦风电项目提供10台由华锐风电研发生产的3兆瓦风电机组，并提供运行维护服务。[3]

神华集团。2012年2月，神华集团成功收购澳洲乌淖斯风电场75%的股权，完成新能源产业在海外的第一个项目。9月神华集团旗下的国华投资公司再一次收购澳洲塔州水电公司马斯洛风电项目75%的股权。12日，神华国华投资公司与澳洲塔州水电公司就马斯洛风电项目股权交易进行签

---

[1] 夏云峰、张雪伟："中国风电行业'走出去'"，http://www.cnenergy.org/xny_183/fd/201804/t20180423_468777.html。

[2] "华锐风电力拓海外市场，两大海外项目进展顺利"，http://news.sina.com.cn/o/2015-04-10/120431702730.shtml。

[3] "华锐风电力拓海外市场，两大海外项目进展顺利"，http://news.sina.com.cn/o/2015-04-10/120431702730.shtml。

约仪式。根据协议,由国华投资公司、神华香港公司共同出资成立的神华澳大利亚清洁能源控股公司与塔州水电公司共同出资,成立澳大利亚马斯洛风电控股公司。①

马斯洛风电场位于风能资源丰富的澳洲塔州东北角,该项目于2011年底开工建设,2013年6月竣工投产。项目投产后,国华投资公司在澳洲的风电装机容量达到30.78万千瓦,其中,乌淖斯风电场装机13.975万千瓦,马斯洛风电场装机容量为16.8万千瓦。②

龙源电力。成立于1993年,是国内最早从事风电开发的企业,经过20余年发展,于2015年成为全球装机规模最大的风电开发商。2017年,公司风电装机突破1800万千瓦。在深耕国内市场的同时,大力开拓国际市场。龙源电力2013年9月在南非成功中标南非德阿一期、二期24.45万千瓦风电项目。2017年4月20日,德阿一期项目67台风电机组全部完成风机吊装。2017年9月德阿二期项目分别顺利通过南非电网公司的并网复合型测试,成功并入南非国家电网。这是中国在非洲第一个集投资、建设、运营为一体的风电项目,龙源电力EPC总承包,全部采用联合动力自主研发制造的风机。③

一直以来,欧美国家、澳大利亚等发达国家是龙源电力的开发重点。在"一带一路"倡议带动下,中东欧正成为龙源电力海外市场的新发力点。2016年3月,在习近平主席访问捷克期间,龙源电力与捷克SWH集团公司签署合作谅解备忘录,双方约定利用各自优势,合作开拓中东欧乃至整个欧洲市场。④

中国电建。由中国电建总承包的巴基斯坦萨察尔风电项目是首批进入"一带一路"的能源项目,也是"一带一路"建设项目中第一个完成贷款签约的新能源项目。萨察尔风电工程总承包项目是巴基斯坦第一个以标杆电价模式开发的风电项目。大沃风电项目是"中巴经济走廊"首个完成融

---

① "神华集团半年两次巨额并购澳洲风电项目",http://www.guancha.cn/Business/2012_09_14_97684.shtml。

② "神华集团半年两次巨额并购澳洲风电项目",http://www.guancha.cn/Business/2012_09_14_97684.shtml。

③ 北京国际能源专家俱乐部:"风电行业'一带一路'产能合作前景广阔",https://mp.weixin.qq.com/s/o7yD7usp5fwpzGrROPAN8A#__NO_LINK_PROXY__。

④ 于欢:"中企在非首个自主风电项目投产",《中国能源报》,2017年11月27日,第3版。

资闭合并开工建设的项目,也是中国电建在海外落地的首个新能源投资项目。巴丹莎风电项目是哈萨克斯坦和中亚地区最大的新能源工程,被列入哈政府第一批风电项目清单。在非洲,中国电建承建的埃塞俄比亚阿达玛风电项目,是埃塞俄比亚乃至东非地区最早并网发电的现代化风电工程,也是中国进出口银行首次以优惠出口买方信贷支持的海外新能源项目。在拉丁美洲,2018年7月,中国电建签署的阿根廷胡伊风电项目EPC合同,成为在阿根廷实施的首个大型EPC风电项目群。①

东方电气。2014年、2016年,东方电气连续签订瑞典布莱肯三期和四期的风电设备供货及安装合同,批量成套出口北欧市场。2016年,签订古巴赫拉杜拉风电二期项目,在拉美地区收获第一个风电项目。成为埃塞俄比亚阿伊萨二期48×2.5兆瓦风电项目包括设计、设备供货、安装调试及土建工程的总承包商,首个风电项目出口非洲。签订俄罗斯乌里扬诺夫斯克风电项目,这是俄罗斯第一个规模性开发的风电项目,也是以东方电气自主研发的2.5兆瓦直驱风机为代表的中国风电成套设备首次进入俄风电市场的窗口示范项目。②

金风科技。项目分布在全球6大洲近20个国家,包含乌兹别克斯坦、泰国、菲律宾、巴基斯坦、土耳其、埃塞俄比亚、罗马尼亚等共建"一带一路"国家和地区。金风科技持续重视核心研发能力培养,国内外专利申请数量逐步增加。截至2017年底,金风科技拥有国内授权专利1335项,海外授权专利363项。金风科技还以优质服务和信誉获得了多项国外大奖。如2013年埃塞俄比亚Adama项目并网发电,成为针对高海拔地区技术创新的典型成功案例,获得了当地政府颁发的"非洲能源大奖"。③

中广核新能源。中广核还进军风电、太阳能发电等可再生能源领域。截至2017年底,中广核新能源国内在运电力总装机规模1500万千瓦,总资产1300多亿元,在国内新能源企业中位居前列,涉及风电、太阳能、水

---

① 北京国际能源专家俱乐部:"风电行业'一带一路'产能合作前景广阔",https://mp.weixin.qq.com/s/o7yD7usp5fwpzGrROPAN8A#__NO_LINK_PROXY__。
② 北京国际能源专家俱乐部:"风电行业'一带一路'产能合作前景广阔",https://mp.weixin.qq.com/s/o7yD7usp5fwpzGrROPAN8A#__NO_LINK_PROXY__。
③ 北京国际能源专家俱乐部:"风电行业'一带一路'产能合作前景广阔",https://mp.weixin.qq.com/s/o7yD7usp5fwpzGrROPAN8A#__NO_LINK_PROXY__。

电、燃气、热电联产等领域。① 海外的新能源控股装机近900万千瓦，主要分布在英国、法国、比利时、爱尔兰、埃及、韩国、马来西亚、孟加拉国、阿联酋、澳大利亚等十几个国家。②

欧洲能源公司由中广核2014年6月30日在法国注册成立，主要从事欧洲海上风电、陆上风电、太阳能等可再生能源项目的投资并购、开发建设、运维以及资产管理等业务。成立以来，已先后在英国、法国、比利时、爱尔兰、荷兰等五个国家，通过并购及自主开发建设拥有了近100万千瓦的风电、太阳能资产。2016年12月，欧洲能源公司与爱尔兰Gaelectric公司在都柏林签署股权转让协议，完成该公司Douvan风电项目100%股权的收购，得以进入爱尔兰及英国北爱尔兰风电市场。③

十、地热海外开发起步

自20世纪70年代我国首个地热发电项目羊八井电站开建之后，国内地热能开发一直停滞不前，至今我国地热发电装机总量还不到30兆瓦。但近两年，国内一些具备地热能开发能力的企业在国内地热能开发难以打开局面的情况下，将目光投向海外市场。

2016年8月，开山股份宣布通过其在新加坡的控股合资公司KS ORKA以6000万美元的价格完成对印尼OTPGeothermal Pte., Ltd 100%股权的收购，标的公司拥有印尼最大地热田Sorik Marapi地热项目（项目公司简称SMGP）的特许开发权。项目拟采用"一井一站"的开发模式建设净发电量240兆瓦的地热发电站，预计投资9亿美元左右。该项目成为我国海外地热能开发第一大单。项目位于印尼北苏门答腊的苏门答腊断裂带上，是印尼地热资源黄金地段，覆盖629平方千米，绵延苏门答腊断裂带超过50千米，是印尼最大的地热项目之一。④

开山股份此前主要从事空气压缩机、螺杆膨胀发电机等机械设备的研

---

① "中广核拟350亿收购8座英国核电站股权，图什么？"http：//app.myzaker.com/news/article.php？pk=5b44a8135d8b5422c20140f0。

② "中广核收购爱尔兰及英国23万千瓦风电项目"，http：//www.cpnn.com.cn/dlcj/201612/t20161209_939311.html。

③ "中广核海外再收购23万千瓦风电项目"，http：//sztqb.sznews.com/html/2016-12/15/content_3686807.htm。

④ "总投资9亿美元，开山股份靠什么拿下印尼最大的地热发电项目？"http：//www.sohu.com/a/167517960_618572。

发、生产和销售业务，是国内最大的空气压缩机制造企业。开山股份最早成立于1994年，前身为浙江衢州凿岩机厂。2011年，登陆创业板。2013年，实现从压缩机设备生产商向国内低温余热设备供应商转型。2015年，凭借自主研发成功拥有自主知识产权的螺杆膨胀发电以及"一井一站"地热发电技术，开始实施向可再生能源运营商转型的战略，布局全球可再生能源发电业务。

2015年12月，开山股份全资子公司开山香港公司与冰岛Hugar Orka ehf公司签署合资协议，在新加坡设立KS Orka再生能源有限公司。开山股份间接持有合资公司70%股份，Orka占30%股份。Orka均拥有20年以上从事地热资源、能源电力项目的开发、投资、运营管理经验，参与了菲律宾、印尼、非洲、欧洲和中东等地的大型能源项目和许多全球著名的地热发电项目。通过成立KS Orka合资公司，开山股份开始大力拓展全球地热电站市场。[①]

开山股份开发海外地热资源恰逢"一带一路"倡议的深化推进阶段。由于契合国家"一带一路"和"高端装备技术"走出去战略，2017年3月，SMGP项目获得金额不超过1亿美元（或11亿元人民币）、期限不超过10年的长期银团贷款，银团由中国进出口银行浙江省分行牵头组建。2017年6月，印尼SMGP项目被浙江省发改委列入"一带一路"重大项目名单。

自2015年下半年起，开山股份先后投资多个地热项目。2016年7月，收购匈牙利Turawell地热公司51%股权。2016年8月，收购印尼PT Sokoria地热公司95%股权，项目公司持有Sokoria地热项目（SGPP）的开发权，项目地热资源为30兆瓦。该地热发电项目的计划投资总额为1.5亿美元。2017年4月，收购美国内华达Wabuska附近的地热电站项目，区域地热资源储量在40兆瓦以上。2017年，收购美国PrescoEnergy, LLC.公司地热项目，计划在2019年底使地热电站装机功率总额达到60兆瓦。[②]

十一、问题及挑战

我国可再生能源利用规模世界第一，但风电、光伏发电技术在某些环

[①] "总投资9亿美元，开山股份靠什么拿下印尼最大的地热发电项目？" http://www.sohu.com/a/167517960_618572.

[②] "总投资9亿美元，开山股份靠什么拿下印尼最大的地热发电项目？" http://www.sohu.com/a/167517960_618572.

节还落后于发达国家,大型风机技术水平有待提升,融资难问题仍待解决,整体运维短板尚存。产能过剩、低价竞争是光伏发展过程中长期存在的问题。部分共建"一带一路"国家投资法律体系不够健全,对外国投资保护力度不足,投资环境有待进一步提升。此外,还面临标准不统一带来的技术壁垒问题、供需不平衡带来的消纳问题等。①

我国风电行业的国际化程度不高。从整体出口情况看,每年的新增规模不大。风能专委会的数据显示,即使是新增出口量最大的 2013 年,增量也不到 70 万千瓦。我国风电企业的业绩主要来自于本土市场,国外市场占有率低,分布的地区有限。而维斯塔斯的风电机组遍布全球 6 大洲的 70 多个国家和地区;西门子—歌美飒的业务也覆盖到超过 70 多个国家和地区。②

共建"一带一路"发展中国家居多,少数国家政局动荡,政策持续性差,腐败程度高。独联体地区地缘政治复杂,投资便利度低。西亚、北非地区局势动荡,外汇管制政策不确定。电力行业关系到国计民生,相关投资容易受到政治因素干扰,从而影响到投资的安全性。在监管风险方面,电力行业作为自然垄断行业受到严格监管,监管政策对于新能源企业经营具有重要影响。③

可再生能源标准互认程度较低。共建"一带一路"国家普遍存在新能源标准不统一、技术标准整体落后、标准协调机制不完善等问题,不利于新能源投资、工程建设和装备供货业务的开展。国内外可再生能源技术标准仍存在一定差距,国内认证机构的认证结果在国际上采信度不高,互认机制尚不健全。如中古两国企业合作的项目招标时,古巴通常要求我国企业采用欧美等发达国家的技术标准,关键装备及产品要通过欧美等国的认证。南非政府进行风电项目招标之初,中国企业认证证书被拒之门外,后经多方沟通和努力,金风和联合动力才得到邀请。

为实现和其他国家认证结果的有效互认,国内认证机构一直在积极推广自身的认证证书。现在有 20 多个国家认可中国的证书。2017 年 2 月 24 日和 4 月 12 日,中国电力科学研究院和鉴衡认证中心一次性通过 IECRE

---

① 高国伟:"加强'一带一路'能源合作,推动低碳转型",《中国电力报》,2017 年 11 月 25 日,第 2 版。

② 夏云峰、张雪伟:"中国风电行业'走出去'",http://www.cnenergy.org/xny_183/fd/201804/t20180423_468777.html。

③ 北京国际能源专家俱乐部:"光伏助推'一带一路'绿色能源通道建设",https://mp.weixin.qq.com/s/gp1DEx-Pbt3wD_weL2CYiQ#__NO_LINK_PROXY__。

（国际电工委员会可再生能源设备认证互认体系）评审，中国正式具备了开展 IECRE 检测和认证的能力。2017 年 5 月 6 日，金风科技、远景能源、明阳集团的三款风机分别获得了 IECRE 颁发的认证证书。[①]

新能源消纳问题。部分共建"一带一路"国家风能、太阳能等可再生能源资源丰富，但是短期内国内无法完全消纳新开发的可再生能源，限制了可再生能源的大规模开发。消纳困难的原因包括国内电力需求有限，本国消纳成本较高，本国电力系统规模较小，系统调峰能力不足等。推进共建"一带一路"国家跨国电网互联、扩大电力贸易，是解决新能源消纳问题的重要举措。[②]

贸易摩擦问题。在海外市场拓展过程中，我可再生能源企业不同程度遇到了贸易保护的壁垒。2018 年协鑫集成半年财报指出，美国、印度等国家保障性关税措施的出台，使海外市场受到限制，光伏产业链整体需求下降，市场竞争更加激烈。[③] 2018 年 7 月 16 日，印度贸易救济总局建议以首年 25%、次年上半年 20%、下半年 15% 的税率，对进口电池片及组件征收两年的保障措施税，中国和马来西亚将成为主要"针对"对象。[④]

[①] 姚金楠："风机'出海'遭遇'认证'关"，《中国能源报》，2017 年 5 月 15 日，第 2 版。

[②] 高国伟："加强'一带一路'能源合作，推动低碳转型"，《中国电力报》，2017 年 11 月 25 日，第 2 版。

[③] 姚金楠："光伏企业上半年业绩整体向好"，《中国能源报》，2018 年 9 月 10 日，第 17 版。

[④] 北京国际能源专家俱乐部："光伏助推'一带一路'绿色能源通道建设"，https: //mp.weixin.qq.com/s/gp1DEx-Pbt3wD_weL2CYiQ#__NO_LINK_PROXY__。

第二编

主要能源项目

中国油气行业"走出去"时间早、项目多，主要领域包括油气勘探开发、油气贸易、管道建设和工程服务等领域。此后，随着中国电力能源行业的发展壮大，其海外投资规模也逐渐增大，特别是煤电和水电领域表现出了较强的竞争实力和较好的发展势头，而这些领域的投资主要集中于经济增速较快的东南亚等共建"一带一路"国家。近年来，随着风电、太阳能等成本的下降，国际社会对低碳能源重视程度的不断提高，我国企业的电力海外能源投资逐渐由传统能源向可再生能源扩展。

第五章

化石能源项目

第一节 油气项目

中国与共建"一带一路"国家进行油气合作的主要领域包括油气勘探开发、油气贸易、管道建设和工程服务等领域。其中许多项目开始于"一带一路"倡议提出之前,而"一带一路"倡议的提出进一步推动了中国企业在沿线国家的油气合作,启动了一系列新项目,原来的许多项目也有了新的发展和延伸。

一、俄罗斯、蒙古国及东欧

俄罗斯:亚马尔液化天然气项目。位于俄罗斯西西伯利亚西北部的亚马尔半岛,北纬71度北极圈内,是目前全球在北极地区开展的最大型液化天然气工程,被誉为"北极圈上的能源明珠",属于世界特大型天然气勘探开发、液化、运输、销售一体化项目。气源地为南坦别伊凝析气田,探明天然气储量1.35万亿立方米,凝析油储量6018万吨。按照设计,计划年产天然气250亿立方米,并建成3条550万吨/年生产线,配套年产LNG 1650万吨和凝析油100万吨,3条生产线分别于2017年12月、2018年、2019年投产。根据协议,中国购买其中的液化天然气400万吨/年。[①]

亚马尔液化天然气项目是"一带一路"倡议提出后实施的首个海外特大型项目。项目由俄罗斯诺瓦泰克公司、中国石油天然气集团公司、法国道达尔公司和中国丝路基金共同合作开发,分别占股50.1%、20%、20%和9.9%。[②] 中国为该项目提供了100亿美元的贷款,既是中国石油第一次大规模参与海外液化天然气上游项目,也是中国第一次与俄罗斯进行战略

[①] "超级工程亚马尔LNG项目投产",http://finance.sina.com.cn/stock/t/2017-12-09/doc-ifypnqvn1982589.shtml。

[②] "中俄超级工程马尔液代天然气项目投产,中国将新增北极来气",http://news.163.com/17/1209/17/D57TNTR6000187VE.html。

性油气项目的全产业链合作。① 项目建设中,中国企业承揽了全部模块建造的85%。中国海油旗下的海油工程青岛公司承担了全部36个核心工艺模块的建造工作,总重约18万吨。②

萨哈林-3号项目。萨哈林-3号项目总面积约5300平方千米,海水深度在25—150米之间。俄罗斯石油工业公司(ROSNEFT)在2003年4月份拿到萨哈林-3号项目的开采执照。③ 2005年6月,中石化曾与俄石油签署《合作谅解备忘录》,同年7月又签署《一号议定书》,决定就萨哈林三号项目维宁斯基(Veninsky)区块勘探一事展开合作。该项目由俄罗斯石油工业公司、中国石油化工集团公司、萨哈林石油公司三方分别持股49.8%、25.1%和25.1%。后由于地震勘探结果查明地质条件比预期差,需增加更多投资,而萨哈林石油公司在履行油气勘探责任时资金出现困难,俄罗斯石油工业公司建议其转让其手中股份。当时对其股份感兴趣的除中石化外,还有韩国一家石油企业,但该股份最终转让给俄罗斯石油工业公司(共持有该项目74.9%的股份)。④ 2010年9月,中石化集团撤出了在俄罗斯远东油气开发项目萨哈林-3号上的全部作业人员,该项目的勘探工作全面结束。中石化(萨哈林-3号)的两口深海探井虽然花费了几千万美元,但勘探效果并不理想。

中俄天然气购销合同。2014年11月13日,中国石油与俄气签署了《关于沿西线管道从俄罗斯向中国供应天然气的框架协议》。未来俄罗斯将通过中俄天然气管道西线向中国每年供气300亿立方米,供气量渐增期4年至6年,合同期限30年。

三维地震资料采集项目。2006年,中国石油天然气集团公司获得秋明—英国石油公司的三维地震资料采集项目。

MCI5570微电阻率扫描仪器销售及技术服务合同。2010年,中石油与俄罗斯TNG测井公司签订了MCI5570微电阻率扫描仪器销售及技术服务合

---

① 刘乾:"当前中俄能源合作的亮点和挑战",《中国能源报》,2018年6月18日,第14版。

② "超级工程亚马尔LNG项目投产 核心模块'海油制度'",http://news.sina.com.cn/c/2017-12-14/doc-ifyptfcn0148592.shtml。

③ "中石化或将购俄罗斯萨林三号油气项目股权",http://finance、people、com、cn/GB/1038/59942/59945/5168305.html。

④ "萨哈林—3号项目开始采油中国石化持股25.1%",http://intl.ce.cn/specials/zxxx/200907/08/t20090708_19492129.shtml。

同，实现了中国产同类仪器在俄罗斯测井市场零的突破。

中俄原油管道。管道起点为俄罗斯东西伯利亚—太平洋原油管道斯科沃罗季诺分输站，穿越黑龙江后到达黑龙江省漠河，途经黑龙江省和内蒙古自治区13个县市区，终点为中国漠河—大庆原油管道漠河首站。管道在俄境内段长约63.4千米，黑龙江穿越段长1.5千米，我国境内从漠河至大庆段长965公里，一期工程设计输量为1500万吨/年。

2009年4月21日，中俄两国政府签署《中俄政府关于石油领域合作的协议》，同意建设中俄原油管道，并授权中国石油天然气集团公司和俄罗斯管道运输公司共同建设。为此，中石油与俄罗斯管道运输公司签署了《关于斯科沃罗季诺—中俄边境原油管道建设与运营合同》，与俄罗斯石油公司和俄罗斯管道运输公司分别签署了开展长期原油贸易的协议。根据协议，中方向俄罗斯提供总额为250亿美元的融资贷款合同，而俄罗斯则从2011年1月1日起，在20年的合同期内，每年通过管道向中国供应1500万吨原油。

2011年1月1日，中俄原油管道正式投产进油。2017年5月，中国自俄罗斯经中俄原油管道进口原油突破了1亿吨。管道建成后运营顺利，中俄原油贸易规模也不断扩大。据统计，2016年俄罗斯成为我国第一大原油进口来源国，中国从俄进口原油5248万吨。2017年中国从俄进口原油5970万吨。[①]

中俄原油管道二线项目。2016年，全长941.8千米、管径813毫米的中俄原油管道二线工程（漠河—大庆）启动建设。2017年年底，中俄原油管道二线工程全线顺利贯通，每年从该通道进口的俄油量从1500万吨增加到3000万吨。2018年1月1日，俄罗斯原油开始从漠河向大庆林源输送，中俄原油管道二线项目正式投入商业运营。[②]

中俄东线、西线天然气管道。2006年，中国石油天然气集团公司与俄罗斯天然气工业股份公司签订合作备忘录，计划在两国边境接壤的东西两线各建设一条通往中国的天然气管道。其中东线管道则经过俄罗斯远东地区输送到中国东北地区。西线2011年开始向中国供气，东线天然气管道预

[①] "一带一路"能源合作网："能战俄罗斯 源于世界杯"，https：//mp.weixin.qq.com/s/SuIglTGU0UJ5f0Nq5DeQSA#__NO_LINK_PROXY__。

[②] "一带一路"能源合作网："能战俄罗斯 源于世界杯"，https：//mp.weixin.qq.com/s/SuIglTGU0UJ5f0Nq5DeQSA#__NO_LINK_PROXY__。

期 2016 年向中国供气，到 2020 年东西天然气管道供气总量计划达到每年 680 亿立方米，其中东线供气 380 亿立方米，西线供气 300 亿立方米。[①] 但两条管线的建设均出现不同程度的延期。2014 年 5 月，中俄双方签署了总价值超过 4000 亿美元、年供气量 380 亿立方米、期限长达 30 年的中俄东线天然气购销合同。

中俄东线天然气管道。管道起点位于黑龙江省黑河市的中俄边境，途经黑龙江、吉林、内蒙古、辽宁、河北、天津、山东、江苏、上海等 9 个省区市，终点为上海市，全长 3371 千米，是我国目前口径最大、压力最高的长距离天然气输送管道。2015 年 6 月开工，分期进行北段（黑河—长岭）、中段（长岭—永清）和南段（永清—上海）的建设，预计 2019 年实现北段投产，2020 年底全线贯通。[②]

中俄西线天然气管道。全长 6700 千米，由俄罗斯西西伯利亚经中俄边境至中国新疆，最终和中国的西气东输管道连接，其中俄境内长 2700 千米，中国境内长 4000 千米。原计划 2011 年通气，但由于各种原因被大大推迟。

二、中亚

哈萨克斯坦：阿克纠宾项目。阿克纠宾项目是中石油在中亚地区获得的第一个油气合作项目。1997 年 6 月，中石油收购并接管哈萨克斯坦阿克纠宾公司，拉开了中国与中亚油气合作的序幕。[③] 1997 年、2003 年中石油分两次共购得阿克纠宾油气股份公司 85% 的股权，并参与部分油田项目改造工程。中方经营的阿克纠宾斯克油气公司储量约为 6 亿吨，天然气储量为 1460 亿立方米。2013 年，生产原油约 590 万吨，天然气 35 亿立方米，产量分别占哈国总产量的 7.2% 和 8.2%。20 年来，阿克纠宾项目油气当量由接管时的 300 万吨增长到 1000 万吨，已成为阿克纠宾州重要的支柱性企业。[④]

[①] "中俄东线天然气管道工程全面加速建设"，2017 年 12 月 13 日，人民网，http://ydyl.people.com.cn/n1/2017/1213/c411837-29704318.html。

[②] "一带一路"能源合作网："能战俄罗斯 源于世界杯"，https://mp.weixin.qq.com/s/SuIglTGU0UJ5f0Nq5DeQSA#__NO_LINK_PROXY__。

[③] "'一带一路'成中石油海外业绩亮点"，http://news.cnpc.com.cn/system/2017/01/09/001629251.shtml。

[④] "'一带一路'成中石油海外业绩亮点"，http://news.cnpc.com.cn/system/2017/01/09/001629251.shtml。

阿克纠宾油气股份公司是哈国第五大石油公司，拥有 2 个油田（扎纳诺尔、肯基亚克）、3 个油藏（扎纳诺尔、肯基亚克盐上、肯基亚克盐下）的开发许可证。公司还拥有滨里海盆地东部中部区块 6 年的勘探许可证。2005 年，公司宣布在这个区块发现了乌米特（希望）油田。这是阿克纠宾地区近十年来最大的发现。在过去的 10 年，中油阿克纠宾油气股份有限公司总投资超过 20 亿美元，主要用于老的扎纳诺尔天然气处理厂的改造，并建设了新天然气处理厂，完善油气生产、储存及运输的基础设施建设。[1]

中油阿克纠宾油气股份有限公司生产的原油主要供给 PK 油品公司及巴甫洛达尔炼厂，一部分原油通过铁路出口中国。自 2003 年起，公司通过肯基亚克—阿特劳输油管线出口原油。此外，公司生产的原油也通过铁路运输至阿塔苏，继而输送至 2006 年投入工业运营的阿塔苏—阿拉山口输油管道。2006 年，公司铺设了 80 千米的热姆—扎纳诺尔新的铁路投入运营，实现通过铁路直接从油田运输原油至干线管道。[2]

2017 年 11 月哈萨克斯坦政府公布的本年度油气勘探区块首轮招标结果中，中油国际中亚公司阿克纠宾项目成功中标杰列斯肯 I 和杰列斯肯 II 两个勘探区块，总面积约 4500 平方千米。此次中标的两个勘探区块均位于阿克纠宾项目北特鲁瓦油田向南延伸地带，总面积是这个项目原有勘探总面积的 1.3 倍。[3]

北布扎奇项目。北布扎奇油田位于曼吉斯套州阿克套市北 248 千米，油田发现于 1975 年。油田于 1999 年投入开发，2003 年，中石油先后从 Nimir 石油公司和 Texaco 公司购买了雪佛龙——德士古北布扎奇有限公司 35% 和 65% 的股份，从而获得北布扎奇油田 100% 的股权。后经多次股权变动，中石油和俄罗斯卢克石油公司各持有 50% 的股份，双方以联合作业的方式共同经营北布扎奇油田。2009 年 7 月 10 日，北布扎奇中心处理站二期工程全面投产，油田处理能力提高到 200 万吨/年。[4] 中石化于 2014 年

---

[1] "中国石油公司在哈萨克斯坦油气投资项目概述"，http://blog.sina.com.cn/s/blog_53a492c401008mt2.html。

[2] "中国石油公司在哈萨克斯坦油气投资项目概述"，http://blog.sina.com.cn/s/blog_53a492c401008mt2.html。

[3] "中国石油在哈项目开发再获新突破"，http://energy.people.com.cn/n1/2017/1211/c413260-29699205.html。

[4] "中国石油在哈萨克斯坦"，http://www.cnpc.com.cn/cnpc/kazakhstan/country_index.shtml。

6月签署收购卢克石油在该项目中权益协议,但因油价下跌、政府审批等原因,项目未交割。

Kuat Amlon Muani（KAM）项目。1994年,哈国Kuat控股有限公司与英国的Amlon贸易公司为工业开发克孜勒奥尔达州南图尔盖的克尼斯和贝克塔斯油田成立了Kuat Amlon Muani合资公司。KAM公司开发南图尔盖盆地克尼斯和贝克塔斯油田。油田剩余可采储量约1509万吨（11300万桶）。[①] 2004年,振华石油联合中石油收购KAM项目50%权益,2008年振华又收购哈方所持剩余股份,KAM公司为100%中资（振华－75%, CNPC－25%）。2013年产量约为81万吨。2004年底,中国石油天然气勘探开发公司（CNODC）参股KAM项目。[②]

Ai-Dan Munai（ADM）项目。CNPC-Ai-Dan Munai JSC（ADM）公司于1998年成立,开发南图尔盖盆地阿雷斯油田。

2005年4月,中国石油天然气勘探开发公司（CNODC）收购了ADM股份公司。ADM公司主要开发阿雷斯油田及布里诺夫油田,前者位于克孜勒奥尔达市东120千米,库姆科尔油田南80千米;后者位于阿雷斯油田西北18千米。阿雷斯油田位于阿克莎布拉克油田西北30千米,阿克莎布拉克—库姆科尔输油管道通过库姆科尔—卡拉科因管线与奇姆肯特—巴甫洛达尔—鄂木斯克干线管道相连。ADM公司2006年生产原油45.3万吨。[③]

哈萨克斯坦石油公司（PK）上游项目、图尔盖石油及哈德项目。2005年中石油公司收购哈萨克斯坦石油公司。2006年,哈国家油气公司获得PK33%的股权,CNPC同时对等管理奇姆肯特炼厂。2013年PK产量为294万吨,图尔盖石油公司产量为165万吨,哈德公司产量为310万吨,已建成年产原油780万吨产能。

上游业务（勘探、开发）。PK公司油气资产主要分布在哈萨克斯坦中南部南图尔盖盆地,矿区总面积约8万平方千米,同时还拥有总面积约1.6万平方千米的5个勘探区块,参股12个油田,其中,3个已投产,4

---

① "振华石油控股有限公司", https://baike.baidu.com/item/%E6%8C%AF%E5%8D%8E%E7%9F%B3%E6%B2%B9%E6%8E%A7%E8%82%A1%E6%9C%89%E9%99%90%E5%85%AC%E5%8F%B8/147145? fr=aladdin。

② "中国石油公司在哈萨克斯坦油气投资项目概述", http://blog.sina.com.cn/s/blog_53a492c401008mt2.html。

③ "中国石油公司在哈萨克斯坦油气投资项目概述", http://blog.sina.com.cn/s/blog_53a492c401008mt2.html。

个处开发阶段，2个处于早期开发阶段，3个试采油田。2006年上半年，PK公司总产量为2605万桶，较2005年同期增长12.7%。至2004年底公司油气地质储量约为5.49亿桶，其中探明储量为3.89亿桶。①

下游业务（原油加工、运输及销售）。PK公司在哈国南部奇姆肯特市拥有一座以生产汽油、柴油、航空煤油、燃料油及LPG为主的年加工能力约为600万吨的炼厂。2006年上半年，加工206万吨原油。PK公司原油主要通过管道、铁路和船运三种方式运输，其余用于出口，主要销往独联体、中国、欧洲炼厂及美国。2004年公司所运输原油中约20%销往中国，主要通过KTO公司管道运往阿塔苏终端，再进入新疆。

卡拉让巴斯项目。2006年底，中信集团以19.1亿美元从加拿大内森斯能源公司（Nations Energy Co.）购得其在哈萨克斯坦的石油资产卡拉让巴斯公司94.62%股份，合同期至2020年。中信收购的油气资产还包括内森斯公司拥有100%权益的为油田开采提供运输服务和钻井、维修、培训服务的公司。

卡拉让巴斯油田位于北布扎奇半岛，距离港口城市阿克套东北约200千米，1974年发现该油田。油田共有七个含油层，其中，白垩系为5层，侏罗系2层，埋藏深度300~500米。2006年，油田的探明储量约5500万吨。2006年产量为232.4万吨。2006年底转手至中信集团后，中信资源委托辽河石油勘探局进行油田生产作业，2007年上半年生产原油102.1万吨，是2006年同期产量的95.2%。2007年，哈国家油气公司收购了Nations公司50%的权益。2013年产量约205万吨。②

曼吉斯套项目。2009年4月16日，哈国家油气公司与中石油在北京签署了联合收购中亚石油公司所拥有的曼吉斯套公司100%普通股的协议，中石油从哈石油手中购买曼吉斯套油气公司48%的股权，项目实行等权管理。该公司开采包括卡拉姆卡斯和热特巴伊两大油田在内的15个油田，2013年产油约607万吨。曼吉斯套油气公司是哈萨克斯坦大型石油开采企业之一，拥有36处油气田（15处正在开采），其中储量最大的是卡拉姆卡斯油气田和热特拜依油气田，占曼吉斯套油气公司可采储量的88.8%。公

---

① "中国石油公司在哈萨克斯坦油气投资项目概述"，http://blog.sina.com.cn/s/blog_53a492c401008mt2.html。

② "中国石油公司在哈萨克斯坦油气投资项目概述"，http://blog.sina.com.cn/s/blog_53a492c401008mt2.html。

司还拥有哈萨克斯坦三大炼厂之一的巴甫洛达尔炼油厂58%的股份。[①]

萨赞库拉克项目和萨基兹项目。中石化在哈萨克斯坦持有7个石油区块的勘探开发权，包括3个子公司和4个合资公司。FIOC公司油气区块位于滨里海盆地，已开发的萨赞库拉克盐上油田位于Mezhdurechenski区块内的东部。萨赞库拉克和萨基兹油田2012年产量分别为9万吨和16万吨。

东莫尔图克油田（EM）项目。2007年7月，中新资源有限公司支付2.5亿美元收购哈萨克斯坦的KKM Operating Company公司位于哈国西北部阿克纠宾斯克州滨里海盆地东部的东莫尔图克油田（East Mortuk）权益。[②] 中新资源有限公司由中信国安集团和新疆生产建设兵团新天国际经贸股份有限公司合资组建，2006年3月在新疆乌鲁木齐市正式成立，注册资本8亿元，面向中亚市场。[③]

AO "KKM Operating Company" 于2004年在哈国注册，公司持有阿克纠宾地区科克日杰、库姆塞和东莫尔图克（已转让）油田区块的许可证，已与能矿部签订勘探开发合同。KKM公司2006年生产原油10.6万吨。EM油田位于阿克纠宾斯克市以南250千米，距离CNPC阿克纠宾股份公司的肯基亚克油田约12千米。90年代初期，EM油田内钻了三口井，其中前两口井测试获工业油气流。油藏属于盐下KT-Ⅱ层碳酸盐岩（石炭纪），于1990年发现。据KKM官方网站引用政府的储量报告显示，该油田探明储量约5亿桶，潜在储量为8500万桶。区块面积118平方千米。[④]

广汇石油项目。2009年，广汇石油收购东哈州寨桑油气区块（49%的股权，具有对等管理权）。斋桑区块已探明天然气可采储量53亿立方米，稠油资源量1亿立方米。此外，广汇石油于2011年底出资2亿美元收购哈南依马谢夫油气区块51%的权益。天然气储量为2682亿立方米，原油2.1亿吨。

洲际油气公司项目。2013年12月4日，海南正和实业集团股份有限

---

① "中石油和哈油气公司联合收购曼吉斯套油气公司将于7月底前完成"，http://news.163.com/09/0423/20/57K5AUSL000120GR.html。
② "中国石油公司在哈萨克斯坦油气投资项目概述"，http://blog.sina.com.cn/s/blog_53a492c401008mt2.html。
③ "中国石油公司在哈萨克斯坦油气投资项目概述"，http://blog.sina.com.cn/s/blog_53a492c401008mt2.html。
④ "中国石油公司在哈萨克斯坦油气投资项目概述"，http://blog.sina.com.cn/s/blog_53a492c401008mt2.html。

公司（现更名为洲际油气）发布关于非公开发行股票募集资金31.2亿元收购马腾石油股份有限公司95%的股权的公告。马腾公司的资产为位于阿特劳州滨里海盆地的三个在产油田，分别为马丁油田、东卡阿尔纳油田和卡拉阿尔纳三个盐上老油田，2013年产量约为50万吨。

中哈天然气合作协议。2008年11月，中石油与哈萨克斯坦国家石油天然气股份公司签署《关于在天然气及天然气管道领域扩大合作的框架协议》。根据协议，哈方在确保每年提供50亿立方米天然气资源进入中哈天然气二期管道的基础上，还将采取一切必要措施，保证中石油阿克纠宾油田生产的天然气进入中哈天然气二期管道；同时，双方将扩大在天然气领域的合作，共同研究和推动合作开发乌里赫套凝析气田。在满足哈萨克斯坦南部地区天然气需求的情况下，每年组织50亿至100亿立方米天然气出口到中国。

阿特劳炼油厂升级改造工程。2013年6月，中石化炼化工程（集团）股份有限公司与哈萨克斯坦石化工业公司（KPI公司）正式签订了关于哈萨克斯坦阿特劳炼油厂升级改造工程的总承包（EPCC）合同。根据该合同，中石化炼化工程的工作范围包括50万吨/年丙烷脱氢装置（PDH）和聚丙烯装置（PP），以及两套工艺装置所需的公用工程设施和厂区外配套基础设施的设计、采购、施工、开车和性能考核总承包工作。合同工期计划为36个月，合同总额约为18.5亿美元。

奇姆肯特炼厂升级改造项目。奇姆肯特炼厂股东为PK公司，其中中石油控股50%，哈国家油气公司控股50%。炼厂在2007—2015年份进行两个阶段的升级、改造，开始生产石化产品聚丙烯、苯等。

哈萨克国家油气集团罗马尼亚子公司股份。2017年，华新能源收购哈萨克国家油气集团所持有的罗马尼亚子公司股份，交易金额6.8亿美元。[1]

复兴气田产能一体化服务合同。2013年9月，中石油与土库曼斯坦天然气康采恩签署加尔金内什（复兴）气田300亿立方米/年商品气产能建设设计、采购、施工交钥匙合同（2018年年底建成）及每年向中国增供250亿立方米天然气购销协议。预计到2020年左右，土库曼斯坦向中国年出口天然气将达到650亿立方米以上。

中哈原油管道。西起哈西北部的阿塔苏，东至中国新疆的阿拉山口，

---

[1] 朱和：“民营油企内外齐发力，迅速崛起影响深远”，《国际石油经济》，2018年第1期，第30页。

总长约 3000 千米，设计输油能力为 2000 万吨。中哈管线协议于 1997 年签署，是中国历史上第一条跨国商业输油管线。整个石油管道分三段建设：首期工程：阿特劳—肯基亚克，2003 年 3 月完工投产；二期工程：阿塔苏—阿拉山口，2004 年 9 月动工，2005 年底工程完工，2006 年 7 月 29 日哈原油通过该管道抵达中国，即管线投入商业运营；三期工程：肯基亚克—阿塔苏，2007 年 12 月开工建设，2009 年 10 月 1 日工程竣工投产，进行商业输油。2013 年中哈石油管道输油达 1185 万吨，同比增长 14.1%，年进口量再创历史新高。自 2006 年新疆阿拉山口口岸开始以管道输送的形式进口原油以来，累计进口管道输送原油达 6362 万吨。

中哈天然气管道一期。中哈天然气管道项目是中国—中亚天然气工程的重要组成部分。中亚天然气管道于 2008 年 7 月正式开工，由中石油中亚天然气管道公司负责组织建设。管道途经土、乌、哈、中四国，其中哈国段管道西起哈萨克斯坦与乌兹别克斯坦边境，东至我国新疆霍尔果斯，与西气东输二线相连，哈国境内单线全长约 1300 千米。

中哈天然气管道二期。中哈天然气管道二期工程（哈南线）即哈萨克斯坦境内 别伊涅乌—巴佐伊—奇姆肯特天然气管道，管输天然气主要来自哈萨克斯坦西部油田区。管道终点抵达南哈萨克斯坦州奇姆肯特，在此与中亚天然气管道（中哈天然气管道一期）相连，线路总长 1454 千米。这条管线第一阶段为巴佐伊至奇姆肯特段。线路长度 1143 千米，2012 年 7 月现场开工，2013 年 9 月 9 日中哈天然气管道二期第一阶段已竣工通气。管道建设年输气能力 100 亿立方米，未来根据气源和市场情况可提高到 150 亿立方米。第二阶段别伊涅乌至巴佐伊段 311 千米，计划于 2015 年建成投产。第二阶段完成别伊涅乌—巴佐伊管道及巴佐伊压气站的增容和卡拉奥杰克压气站的建设，年输气能力达到 100 亿立方米；第三阶段属于远期规划，将根据天然气资源情况新建部分管线，增减和扩建压缩机站及其附属设施，使年输气能力达到 150 亿立方米。

萨拉布雷克—吉木乃天然气管道。是连接新疆广汇能源与哈萨克斯坦 TBM 公司斋桑油气区块项目上游斋桑油气开发区与下游新疆吉木乃县广汇天然气生产加工区的一条跨境输气管道，管道全长 118.5 千米，设计年过气量超过 5 亿立方米。这是广汇自主修建的、中国第三条跨境油气管道，也是首条完全由民营资本投资建设的跨境天然气管道。2011 年 5 月动工建设，2012 年 12 月 18 日，全线铺设和对接完成，

2013年6月20日正式通气。[1]

乌兹别克斯坦：咸海项目。中乌能源合作始于2004年6月时任中国国家主席胡锦涛访问乌兹别克斯坦期间。当时，中石油总经理陈耕代表集团与乌兹别克国家油气公司签订了油气合作协议。2005年9月20日，乌兹别克石油天然气公司表示，与中石油、俄罗斯卢克石油公司、马来西亚石油公司、韩国国家石油公司已经就开发乌兹别克咸海部分项目签署了成立投资银团的协议。[2]

2006年6月8日，中石油天然气勘探开发公司与乌兹别克国家油气公司在北京签署了油气勘探协议。这一项目合同区包括乌兹别克斯坦境内5个陆上勘探区块，总面积3.4万平方千米。[3] 2006年8月23日，乌兹别克斯坦总统卡里莫夫签署针对中石油在乌陆上5个区块勘探项目的总统指令。

2006年8月30日，中石油和乌兹别克国家油气公司、俄罗斯卢克公司、马来西亚石油公司及韩国国家石油公司共同组成的咸海财团，在乌兹别克斯坦首都塔什干与乌国政府正式签署咸海水域油气勘探开发项目产品分成协议。合同区位于北乌斯丘尔特盆地，乌境内面积12000平方千米。后因钻井成果不理想，马来西亚石油公司退出。2009年10月，中石油西部钻探公司获得咸海石油钻井服务合同。

丝绸之路项目。2006年，中石油在乌国成立丝绸之路公司，参与油气勘探开发。合同区面积为34000平方千米，分布在乌斯丘特、阿姆河、费尔干纳三个盆地。计划利用5年时间，实施7000千米的2D、1320平方千米的3D地震，完钻各类探井27口。

明格布拉克项目。2009年8月，中石油与乌兹别克国家油气公司正式签署合作协议，合资开发明格布拉克油田。该油田位于乌兹别克斯坦费尔干纳盆地北缘，油气埋藏深度超过5000米，可采储量超过3000万吨，预计可建成年200万吨的生产能力。

卡拉库里气田项目。卡拉库里项目是中乌首个上游合作项目，由中石油和乌国家石油公司共同出资，包含西莎、西吉、东阿拉特3个气田，设

---

[1] "广汇能源——中哈萨布雷克—吉木乃天然气管道"，http://guba.eastmoney.com/news,600256,118192826.html。

[2] "中石油：介入乌兹别克咸海油气项"，http://www.qzwb.com/gb/content/2005-09/21/content_1806229.htm。

[3] "中石油与乌兹别克斯坦连签两油气项目"，http://www.chinairn.com/doc/70280/79947.html。

计最大年产量为 10 亿立方米。2013 年 9 月，中石油与乌兹别克斯坦国家油气公司签署一系列油气合作新协议。根据签署的《关于成立合资公司补充勘探和开发卡拉库里投资区块油气田的原则协议》，双方成立合资公司，共同开发卡拉库里区块的三个气田及潜在的油气田。① 2017 年 12 月 4 日，卡拉库里气田项目一期正式投产。

中乌天然气合作协议。2010 年 6 月，中石油与乌兹别克斯坦国家油气公司签署天然气购销框架协议，乌兹别克斯坦将向中国每年供应 100 亿立方米天然气。中乌双方将采取积极措施，实现乌兹别克斯坦管道输气系统与中乌天然气管道系统相连接。

穆巴列克天然气化工厂。2014 年 8 月，中石油与乌兹别克斯坦国家石油公司签署《穆巴列克天然气化工厂合作备忘录》，中乌双方还有意向在乌兹别克斯坦穆巴列克天然气处理厂基础上建设天然气化工厂，主要面向中亚市场生产聚乙烯和液化气等产品。

中乌天然气管道。中国—中亚天然气管道 A/B/C/D 线均经过乌国。D 线投产后，中国从中亚进口天然气输气规模将达到 850 亿立方米/年。

土库曼斯坦：阿姆河天然气项目。阿姆河右岸第一天然气处理厂位于巴格德雷合同区 A 区块，2008 年 6 月开工建设，2009 年 11 月 22 日建成投产，2009 年 12 月 1 日开始向中亚天然气管道输送天然气。第二天然气处理厂是二期工程的主体工程之一，位于巴格德雷合同区 B 区块主力气区的中心位置，2011 年 12 月开工，建成后天然气通过中亚天然气管道外输。该项目是西气东输二线的主供气源。

中土天然气合作协议。2006 年 4 月，中土两国元首签署了开展天然气合作的协议。协议规定，从 2009 年起的 30 年间，土方每年向中国出口 300 亿立方米天然气。2008 年，土方同意在原有基础上再增加 100 亿立方米。2011 年 11 月，两国领导人会晤以后，土方宣布将在已有基础之上，每年再增加 250 亿立方米。

中土天然气管道 A 线。始建于 2008 年 6 月，2009 年 12 月 14 日投入运行。B 线：2010 年 10 月 20 日投入运行。到 2012 年 6 月，A、B 两线输气能力升至 300 亿立方米/年。C 线：2011 年开工建设，设计输气能力为 250 亿立方米/年，工程造价 22 亿美元，2013 年底竣工。

---

① "中乌合建卡拉库里气田项目一期投产"，http：//finance.sina.com.cn/roll/2017-12-05/doc-ifyphkhm0686188.shtml。

塔吉克斯坦：博赫塔尔（Bokhtar）勘探项目。该区块位于阿姆河盆地东部，面积为3.5万平方千米，预测的资源量为3.22万亿立方米的天然气及85亿桶石油。克能石油有限公司子公司Kulob Petroleum Limited与道达尔及中石油签署了博赫塔尔地区勘探开发产量分成协议，各公司可获得塔吉克斯坦项目的1/3的权益。项目获批后，合作伙伴将继续开展总值8000万美元的前期工程，其中包括在2013年采集二维地震勘探数据并钻一口最大深度达7000米的评价井。

塔吉克斯坦炼油厂。该炼油厂第一期项目投资6000万美元，计划生产能力为年处理50万吨原油，可创造200个工作岗位。2013年4月2日塔国投资与国有资产管理委员会代表塔政府与山东东营合力公司正式签署了炼油厂项目建设及运营协议。

中国—中亚天然气管道D线。中国—中亚天然气管道D线经过塔吉克斯坦，全长1000千米，其中境外段840千米，设计年输量300亿立方米，气源为土库曼斯坦复兴气田，途经乌兹别克斯坦、塔吉克斯坦、吉尔吉斯斯坦三国，最终从新疆南部的乌恰县入境。2014年9月D线塔吉克斯坦段首先开工。

吉尔吉斯：延长石油集团项目。2011年4月，陕西延长石油集团有限责任公司与中能国际石油勘探公司合作，获得吉尔吉斯斯坦面积达1.1万平方千米的区块的勘探权。延长石油旗下的国际勘探开发工程有限公司于2013年1月10日以吉尔吉斯斯坦巴特肯州三个区块内的6口油气井石油作业为项目向社会招标。

中国—中亚天然气管道D线。2014年开工，穿越吉尔吉斯斯坦，建成后将成为该国最主要的过境管道。

陕煤化集团中大石油炼油项目。该项目位于吉尔吉斯斯坦北部楚河州卡拉巴德市，是该国规模最大的炼油项目，投资4.5亿美元，占地面积5200亩，年加工原油80万吨，也是陕西省对外投资额最大的项目。[1] 2009年开建，2014年12月建成投产。该项目使用了中国炼油企业特有的催裂化装置，轻质成品油回收率高出俄罗斯等国炼油厂20%。[2]

---

[1] "'一带一路'上的煤企足迹"，http://www.cwestc.com/newshtml/2017-5-12/459801.shtml。

[2] "'一带一路'上的煤企足迹"，http://www.cwestc.com/newshtml/2017-5-12/459801.shtml。

阿塞拜疆：KK 项目。KK 项目包括 Kursange 和 Karabagli 两个油田，是阿塞拜疆主要采油区。2002 年 3 月签约，中石油占有 50% 的权益。

三、中东

伊拉克：艾哈代布油田。项目位于伊拉克首都巴格达东南 180 千米，石油储量约为 10 亿桶。早在 1994 年，中石油就联合中国北方公司，与伊拉克石油部签署了该油田的初步开发协议。但直到 2008 年 11 月，经过 7 轮艰苦谈判才正式签署技术服务合同。艾哈代布项目是伊拉克战后首个重建的油田开发项目。中石油累计投资额约 30 亿美元，合同期限 23 年，并可延长。计划三年内原油日产量达到 2.5 万桶，六年内形成日产 11.5 万桶的产能。2011 年 6 月 21 日，该油田生产出第一桶商业原油。截至 2017 年底，该油田日均产油约 14 万桶。[①]

鲁迈拉油田。位于巴士拉以西，是伊拉克最大的油田，资源储量位列世界第六，始建于 1953 年。原油储量约 170 亿桶。由于已开采 50 年，加之伊拉克战争的影响，油田开发一度陷入困境。2009 年 6 月，中石油与 BP 公司联合中标鲁迈拉油田开发协议，成为伊拉克战后首轮公开招标中唯一中标的项目。要求中石油和 BP 公司在 6 年内将产量提高到 285 万桶/日，而超过 120 万桶/日开采量可获得伊政府每桶 2 美元的超额生产报酬。油田作业权有效期 20 年，可延长 5 年。鲁迈拉电站是为满足鲁迈拉油田开发和战后伊拉克重建需要，由 BP 公司与中石油联合建设，于 2017 年 12 月 29 日并网发电。[②]

哈法亚油田。位于米桑省，是伊拉克第六大油田，发现于 1976 年，因地下情况复杂，开采难度大，一直未能有效开发。2009 年 12 月，中石油以作业者身份，携手道达尔和马来西亚石油公司，拿下该油田开发生产服务合同。按照合同要求，项目初始开发方案获批 3 年内达到每日 7 万桶的商业产量；7 年内达到每日 53.5 万桶的高峰产量。第三期 2018 年 9 月投产。[③] 合同为期 20 年，中石油持股 37.5%。

---

① 刘建林、吴莉："中国石油，逐鹿中东竞风流"，《中国能源报》，2018 年 1 月 22 日，第 1 版。
② 刘建林、吴莉："鲁迈拉：老油田的新生"，《中国能源报》，2018 年 1 月 29 日，第 13 版。
③ 刘建林、吴莉："哈法亚：'荒漠上崛起现代化绿色油田'"，《中国能源报》，2018 年 2 月 5 日，第 13 版。

西古尔纳项目。西古尔纳油田由埃克森美孚公司和伊拉克南方石油公司联手主导。2013年,中石油收购了埃克森美孚在西古尔纳—1项目技术服务合同25%的权益。中石油第一建设公司伊拉克鲁迈拉项目承揽了M127罐区与外输计量系统、M130湿气处理、M043原油储罐、M109产出水处理4项工程。获得了业主美国埃克森美孚公司颁发的百万工时无事故证书。[1]

巴士拉天然气公司(BGC)改造项目。2016年10月13日,中国石油工程建设公司(CPECC)与壳牌签约伊拉克巴士拉天然气公司(BGC)老厂改造项目,合同金额约2.8亿美元。

振华石油艾哈代布项目。2008年11月,振华石油下属绿洲石油公司与伊拉克北方石油公司在巴格达正式签署《艾哈代布项目开发生产服务合同》,这是伊拉克战后启动的第一个国际石油合作项目,也是伊拉克近二十年来第一个新建产能项目。[2] 该合同期限23年,全部建成后每天将出产原油11.5万桶,年产量超过600万吨。[3] 2011年6月21日油田正式投产,年生产原油650万吨。振华石油拥有37.5%权益。[4]

米桑油田群项目。位于伊拉克东南部,距巴格达东南方向约350公里。2010年5月18日,中海油联手土耳其国家石油公司与伊拉克签订为期20年的服务合同。中海油担任米桑油田群的作业者,并拥有63.75%的工作权益。[5] 该项目是中海油首次作为项目的主合同方开发和管理的一个大型整装油田。项目还包括米桑油田天然气处理厂项目,主要有增压单元、脱硫单元、硫磺回收单元等设施,是伊拉克境内最大的油气水电一体化处理中心,2018年初建成投产。

伊朗:亚德瓦兰油田项目。2004年,中石化与伊朗石油部就进口

---

[1] "M127项目管理在西尔古纳分包商中排名首位",http://news.cnpc.com.cn/system/2016/11/15/001620760.shtml。
[2] "军工背景的振华石油 能否成为中国第四桶油?" https://baijiahao.baidu.com/s?id=1560858610358415&wfr=spider&for=pc。
[3] 振华石油控股有限公司,https://baike.baidu.com/item/%E6%8C%AF%E5%8D%8E%E7%9F%B3%E6%B2%B9%E6%8E%A7%E8%82%A1%E6%9C%89%E9%99%90%E5%85%AC%E5%8F%B8/147145?fr=aladdin。
[4] "军工背景的振华石油 能否成为中国第四桶油?" https://baijiahao.baidu.com/s?id=1560858610358415&wfr=spider&for=pc。
[5] "中国三大油企齐聚伊拉克,中海油中标米桑油田",http://news.sohu.com/20100519/n272214985.shtml。

伊朗液化天然气、开采伊朗亚德瓦兰油田签署意向性协议。根据协议，中石化在25年内，购买伊朗2.5亿吨液化天然气，总价值约1000亿美元。中石化以回购形式，参与亚德瓦兰油田50%的开发。① 2007年12月10日，中石化与伊朗签署最终协议，合作开发伊朗的亚德瓦兰油气田。亚德瓦兰油气田开发项目合同价值20亿美元。据估计，亚德瓦兰的原油储量约为120亿桶至180亿桶。根据约定，中石化集团必须将51%的分包合同授予伊朗公司。②

北阿扎德甘项目。位于阿瓦兹市以西80公里处，地处两伊边境国家级湿地自然保护区，作业区处于沼泽地带，是伊朗近30年来发现的最大油田，原油储量约420亿桶。2009年1月，伊朗与中石油公司签署了总额达17.6亿美元的协议，对北阿扎德甘油田进行开发。项目以回购模式分两个阶段进行，合同期45个月，其中一期开发成本为17.6亿美元，要达到日产7.5万桶的产能。2015年10月28日，投油试产成功，具备年产原油400万吨、日产天然气70万立方米的油气生产能力。2016年4月13日，原油外输，项目正式投产。③

南阿扎德甘项目。2009年7月，中石油与伊朗国家石油公司就南阿扎德甘油田开发签署了备忘录。2009年8月6日，中石油与伊朗国家石油公司就南阿扎德甘油田开发项目签署了回购开发合同。合同规定，中石油将购得伊朗国家石油公司在南阿扎德甘油田70%的股权，另提供约合20%股本金的资金支持，中方将承担90%的油田开发投资。④ 2014年4月，伊朗政府称，由于中国石油天然气集团（中石油）未能履行其相关合同义务，伊朗将取消与中石油签订的25亿美元南阿扎德甘油田开发协议。

南帕尔斯（SouthPars）项目。南帕尔斯是位于亚洲西部波斯湾的一个特大天然气田，是世界上已知的储量最大的非混合天然气气田。南帕尔斯天然气田跨越了伊朗与卡塔尔的海上分界线，该气田伊朗境内部分天然气

---

① "中石化同伊朗谈判取得积极进展，有望开发伊朗亚德瓦兰油田"，http：//info. chem. hc360. com/HTML/001/001/022/114277. htm。
② "中国石化20亿美元开发亚德瓦兰油气田"，http：//stock. hexun. com/2007－12－11/102242782. html。
③ "中国石油在伊朗合作项目首船投资回收原油发运"，http：//www. chinqpipe. net/national/2016/30236. html。
④ "中石油与伊朗签署南阿扎德甘油田开发备忘录"，http：//quba. eastmoney. com/news，601857m14101530. html。

储量约 14 万亿立方米，凝析油储量 180 亿桶，其中天然气储量占伊朗全国天然气储量的 50%，占世界已探明天然气储量的 8%。除了天然气外，已探明存在油层。[①] 国际对伊朗核计划实施制裁之后，法国的道达尔公司及英荷壳牌公司等一直在南帕尔斯进行开采的西方公司，相继在 2007 年至 2010 年间撤出伊朗。2009 年 7 月，中石油从道达尔手中接管了其在南帕尔斯气田的权益，成为"南帕尔斯Ⅱ"项目的开发者，合约价值 47 亿美元。

但由于受美欧严厉经济制裁，外部政治风险加大，中石油迟迟未能启动南帕尔斯气田Ⅱ期开发。2012 年 7 月，因无法达到伊朗南帕尔斯气田开采的工程进度，在伊朗警告和最后通牒后，中石油集团最终选择了放弃伊朗海上南帕尔斯气田Ⅱ区块的开发，并开始撤走全部的中方工人。[②] 2014 年 3 月，伊朗石油部副部长 MansourMoazami 在接受《华尔街日报》采访时称，伊朗方面已多次发出警告，如果中国方面在南帕尔斯天然气田开发项目上继续拖延，那么伊朗可能中止与中方这项 47 亿美元的合约。

2017 年 7 月 3 日，中国石油天然气集团、法国道达尔公司与伊朗国家石油公司在德黑兰签署合作协议，共同开发伊朗南帕尔斯天然气田Ⅱ期项目。根据协议，道达尔公司是该项目作业方，持股 50.1%，中石油持股 30%，伊朗国家石油公司持股 19.9%。项目开采经营期 20 年，总投资额 48 亿美元。该项目是伊朗在西方解除对其经济制裁后首次与外国公司在油气领域签署的合作协议。项目将分两阶段开发。第一阶段的工作是钻 30 口油井并建成两座海上钻井平台；第二阶段将根据气藏条件建造海上天然气压缩设施。预计项目投产后，日均天然气产量将达到 56 亿立方米。[③]

沙特：延布炼厂。项目位于沙特西部延布市附近的石油化工工业区，是中国石化首个海外炼化项目，也是中国在沙特最大的投资项目。中国石化与沙特阿美持股比例分别为 37.5% 及 62.5%。该炼厂拥有世界领先的炼化设施，以沙特重油作为原料，设计加工能力达 40 万桶/日，每日生产超过 1350 万加仑超清洁交通燃料及其他高附加值炼油产品。HSE 标准和生产运行管理标准均达世界先进水平，生产的汽柴油质量可满足美国标准和

---

① 喻春来："对伊投资风控当先 中石油撤离伊朗南帕尔斯气田"，http://news.hexun.com/2012-08-01/144207605.html。

② 喻春来："对伊投资风控当先 中石油撤离伊朗南帕尔斯气田"，http://news.hexun.com/2012-08-01/144207605.html。

③ "中石油道达尔与伊朗石油公司合作开发气田项目"，http://news.sina.com.cn/o/2017-07-03/doc_ifyhryex5983420.html。

欧五标准。2012年初，中国石化与沙特阿美签订合资协议。2015年12月，延布炼厂获得"2015年普氏全球能源奖之年度建设项目奖"。[①] 2015年，延布炼厂从延布海洋油库出口了首批30万桶清洁柴油燃料。

阿美重油管道项目。2017年底，中石油管道局中东地区公司沙特分公司与沙特阿美业主签署阿美重油管道项目。该项目为EPC总承包项目，工程从朱阿马罐区延伸到上游西东泵站。项目主要包括直径48英寸、长164公里的陆上管道，投资约1亿美元，工期预计为37个月。[②]

阿联酋：ADCO陆上油田开发项目。2017年2月19日，中石油与阿布扎比国家石油公司（ADNOC）签署ADCO陆上油田开发项目购股协议。根据协议，中石油将斥资18亿美元收购阿布扎比陆上石油公司8%的股权，作为回报，阿布扎比石油将授予中石油ADCO油田项目8%的权益，合同期40年。阿布扎比国是阿拉伯联合酋长国中最大的酋长国，ADCO陆上油田项目是石油蕴藏量约占全球总量1/10的阿布扎比最大的原油开采项目，总资源达200亿至300亿桶原油，主要由阿布扎比陆上石油公司负责勘探开发。[③] 此间，华信能源与中石油联手，获得阿布扎比陆上石油公司租赁合同区块，分别获得4%和8%的权益（中石油出资18亿美元），合同期40年，预计年度份额油将超320万吨。[④]

巴布油田综合设施EPC总承包项目。2017年11月，中国石油工程建设有限公司与阿布扎比国家石油公司陆上公司在阿布扎比签署了巴布油田综合设施EPC总承包项目（BIFP）合同。合同金额高达15.2亿美元，工期为42个月。该项目是阿布扎比国家石油公司陆上公司向国际公开招标的重点工程，作业量大、合同金额高。

阿布扎比国家石油公司物探合同。2018年7月19日，中国石油东方地球物理勘探有限责任公司（BGP）与阿布扎比国家石油公司（ADNOC）在阿布扎比签署海上和陆上三维采集合同。合同金额16亿美元，是全球物

[①] "有图有真相！'一带一路'上的这些能源项目都是中国造！"，https://www.toutiao.com/i6420155057274094082/。

[②] "中石油管道局与沙特阿美签署重油管道合同"，《中国能源报》，2017年12月18日，第20版。

[③] "中石油重启海外并购步伐 收购阿联酋原油开采项目股权"，http://www.chinairn.com/news/20170220/153209144.shtml。

[④] 朱和："民营油企内外齐发力，迅速崛起影响深远"，《国际石油经济》，2018年第1期，第30页。

探行业有史以来三维采集作业涉及金额最大的一笔合同。①

叙利亚：振华石油戈贝贝油田项目。戈贝贝（Gbeibe）油田位于叙利亚东北部吉比萨油区，拥有地质储量3.38亿吨，剩余可采储量约890万吨（6355万桶）。②年产原油65万吨，振华石油拥有35%的权益。③

四、南亚

巴基斯坦：振华石油勘探项目。2007年3月29日，振华石油获得了巴基斯坦巴斯卡和东巴哈瓦普尔两个区块的石油天然气勘探权。巴斯卡区块位于巴基斯坦中部，区块面积为2442平方千米，该区块内共识别出六个圈闭，其中一个圈闭已有油气发现。测试天然气产量为45.76万方/天，凝析油为709桶/天。东巴哈瓦普尔区块位于巴基斯坦东部，区块面积2496平方千米，区块内共识别出五个圈闭。两个区块三年勘探期的最低义务工作量约3000万美元。④

2013年3月，振华石油与巴基斯坦石油与自然资源部签订合同，振华石油获得巴基斯坦两个陆上区块100%的石油天然气勘探许可证。根据合同，振华石油拟在三年勘探期内，在地处巴东部旁遮普省、西北边境省和西南部俾路支省三省的巴斯卡等两个勘探区块钻探井三口，进行若干二维/三维地震采集，项目总投资超过2亿美元。振华石油拥有两个区块51%的权益。⑤

瓜达尔港—纳瓦布沙天然气管道。伊朗—巴基斯坦天然气管道项目在伊朗境内的1000多公里早在2012年就已建造完成，而管道在巴基斯坦境内的部分却由于巴方的金融问题而迟迟没有开工。2013年中国提出构建

---

① "中石油与阿布扎比国家石油公司签署全球物探行业最大合同"，https：//www.yidaiyilu.gov.cn/xwzx/hwxw/60588.htm。

② "振华石油控股有限公司"，https：//baike.baidu.com/item/%E6%8C%AF%E5%8D%8E%E7%9F%B3%E6%B2%B9%E6%8E%A7%E8%82%A1%E6%9C%89%E9%99%90%E5%85%AC%E5%8F%B8/147145？fr=aladdin。

③ "军工背景的振华石油 能否成为中国第四桶油？"，https：//baijiahao.baidu.com/s？id=1560858610358415&wfr=spider&for=pc。

④ "振华石油控股有限公司"，https：//baike.baidu.com/item/%E6%8C%AF%E5%8D%8E%E7%9F%B3%E6%B2%B9%E6%8E%A7%E8%82%A1%E6%9C%89%E9%99%90%E5%85%AC%E5%8F%B8/147145？fr=aladdin。

⑤ "军工背景的振华石油 能否成为中国第四桶油？"，https：//baijiahao.baidu.com/s？id=1560858610358415&wfr=spider&for=pc。

"中巴经济走廊"的倡议后，中国表示愿意在"走廊"规划下帮助完成伊巴天然气管道建设。2014年10月，巴基斯坦政府决定修建从瓜达尔到纳瓦布沙的天然气管道和天然气接收站，以连接伊朗境内的管道。瓜达尔港—纳瓦布沙天然气管道工程项目业主为巴基斯坦州际天然气公司，管道全长约700千米，管道直径为42英寸。

2015年4月，中国和巴基斯坦签订框架协议，巴方直接授予中国公司负责承建瓜达尔—纳瓦布沙天然气管道项目。管道工程项目由中国石油天然气管道局负责建设，整个项目投资额为20亿美元，其中包括由中国进出口银行提供的14亿美元贷款。该管道工程的修建计划分为两个阶段，第一阶段计划铺设瓜达尔和纳瓦布沙之间的天然气管道，第二阶段计划修建从瓜达尔到巴伊边境的管道和配套设施，以实现和伊朗境内管道的对接。其中第一阶段预计2017年12月完工，第二阶段预计2021年完工。2017年6月，随着沙特、埃及、巴林和卡塔尔断交，巴基斯坦政府随即暂停了瓜达尔—纳瓦布沙天然气管道项目。该项目已完成40%。2017年8月，美国出台新一轮对伊朗制裁法案，为该管道前景蒙上阴影。

阿富汗：AD油田勘探开发项目。AD油田勘探开发项目，包括Kashkari区块、Bazarkhami区块和Zamarudsay区块，位于阿富汗北部的阿姆河盆地。阿富汗丰富的油气资源大部分集中在阿姆河盆地，而中亚天然气管道以及国内的西气东输二线管道气源来自于阿姆河地区。2011年底，中石油通过竞标获得了阿富汗北部阿姆河盆地油田的25年开采权。根据协议，中石油将向阿支付15%的矿产税、20%的营业税，并上交50%—70%的利润。这是几十年来阿富汗第一次将石油开采开放给外国公司。[①]

2011年12月28日，中石油与阿富汗政府签署了一份石油开采协议。根据协议，中石油与阿富汗瓦坦集团组建合资公司，联合勘探和开采阿富汗北部阿姆河盆地（AmuDarya）附近三处油田（简称AD项目），包括Kashkari区块、Bazarkhami区块和Zamarudsay区块。[②] 2012年6月24日，中油国际阿富汗AD（阿富汗北部阿姆河盆地（AmuDarya）附近三处油

---

① "中石油阿富汗油田项目暂停，中亚管道规划遇阻"，http://new.qq.com/cm-sn/20130823/20130823001034

② "中石油宣布阿富汗油田项目正式开工"，http://finance.china.com.cn/industry/ny/20120704/847431.shtml

田）项目在阿富汗 Angot 油田举行开工仪式。[1]

签订协议之初，中石油曾承诺在附近建设一座炼油厂，以将开采出来的原油就地冶炼。签约后不久，阿姆河油田即开始逐步投产。不过，中石油的炼油厂并没有同步开工建设。2013 年 8 月，外媒引述阿富汗政府一位官员的话说，由于没有在炼油事宜上达成一致，阿富汗和中国之间的石油合作项目已经暂停。截至 2015 年 4 月，中石油与阿富汗的 WATAN 石油组建的联合公司已累计生产原油数万吨。[2]

五、东南亚及大洋洲

泰国：L31/50 区块项目。2007 年 11 月，延长石油集团对泰国油气勘探项目进行了考察，购买了部分泰国区块的资料。在进行了详细的研究和论证后，延长石油集团决定对泰国 L31/50 区块进行投标，2008 年 5 月，正式向泰国政府递交了投标所需全部材料。2009 年 12 月 16 日，延长石油集团正式获得泰国能源部所授予的"泰国石油天然气 L31/50 陆地勘探区块的勘探开采特许经营权证书"。项目位于泰国东中部呵叻盆地，面积约 39.6 万公顷。2010 年 2 月 25 日，延长石油集团与泰国能源部签署了《石油勘探特许权合同》。2010 年 11 月 19 日，延长石油（泰国）有限公司在泰国曼谷正式注册。[3]

泰国压气站项目。2014 年 11 月，中国石油管道局首次中标泰国压气站项目。这个压气站 2015 年 1 月开工，总工期 28 个月，合同额 1.88 亿美元，业主为泰国国家石油公司。这个工程建成后，将保障万诺伊至港考伊、那空沙旺、那空拉差仕玛等 4 条管道气量充足。

印度尼西亚：中石油项目。2002 年，中石油与印尼国家石油公司达成了收购戴文能源公司印尼油气资产的协议，正式进入印尼投资领域。印尼项目包括 8 个合同区块，31 个独立开发的油气田。其中，Jabung、Tuban、Salawati Basin、Salawati Island、South Jambi B 为生产区块，South Jambi B 以天然气为主，同时还为印尼石油市场提供一体化的工程技术服务。

---

[1] "中石油宣布阿富汗油田项目正式开工"，http://finance.china.com.cn/industry/ny/20120704/847431.shtml

[2] "中石油阿富汗油田项目暂停，中亚管道规划遇阻"，http://new.qq.com/cmsn/20130823/20130823001034

[3] "延长石油（泰国）有限公司、延长橡胶（泰国）有限公司"，http://ylmh-sxycpccom/info/1012/1131html。

东加深水项目。2010 年 11 月 30 日，中石化与雪佛龙公司达成一项协议，将斥资 6.8 亿美元（约合 45.3 亿元人民币）参股印度尼西亚东加里曼丹省的 Gendalo-Gehem 深水天然气项目。中石化集团获得 Rapak、Ganal 和 Makassar Strait 每个深水天然气区块的 18% 股份。① 2011 年 9 月 28 日，中国石化国勘公司与雪佛龙印尼公司在印尼雅加达举行东加深水项目 18% 权益收购交割仪式。该项目位于印尼中部库特盆地深水区，包含 1 个在产油田和 5 个待开发油气田，油气剩余可采储量分别为 1500 万桶和 7000 亿立方英尺。②

东南苏门答腊 SES 区块。位于苏门答腊岛东南爪哇海域，作业面积 5851 平方千米，产品分成合同 PSC 签于 1968 年 9 月 6 日，总合同期 50 年，2018 年 9 月 5 日到期。中海油于 2002 年 1 月通过并购西班牙瑞普索（Repsol）公司在印尼资产权益获得该区块并首次在海外担任油田作业者，曾一度成为印尼最大的海上原油生产者。③

越南：河内原油和石油产品经营合作协议。2009 年 11 月 24 日中国石化所属的国际石化总公司与越南油气集团所属的越南石油总公司（PV Oil）在河内签订原油和石油产品经营合作协议。协议包括 4 个合作领域：原油贸易、原油和天然气开采、参与越南 1 号炼油厂的升级改造、在越南合作建设 2、3 号炼油厂项目。

缅甸：仁安羌与稍埠油田项目。位于缅甸中部，两区块均属于老油田提高采收率项目。油田拥有地质储量 1.82 亿吨，年生产原油 12.6 万吨。振华石油拥有 40% 的权益。④

Zawtika Phase 1B 项目 EPCI 合同。2014 年 10 月 13 日，中国石油海洋工程股份有限公司与泰国国家石油公司正式签订缅甸 Zawtika Phase 1B 项目 EPCI（设计、采购、建造和安装）总包合同，合同金额 3.67 亿美元，是其目前最大的海外 EPCI 总包合同。

---

① "中石化 45 亿元参股雪佛龙印尼天然气项目"，http：//finance.sina.com.cn/chanjing/gsnews/20101202/20479047091.shtml。

② "中石化成功收购印尼东切深水项目权益"，http：//www.cu-market.com.cn/hgjj/2011-10-10/14471648.html。

③ 徐玉强："中国海油首个海外作业者项目收官"，《中国能源报》，2018 年 9 月 24 日，第 13 版。

④ "军工背景的振华石油 能否成为中国第四桶油？" https：//baijiahao.baidu.com/s?id=1560858610358415&wfr=spider&for=pc。

中缅油气管道。中缅原油管道的起点位于缅甸西海岸的马德岛，天然气管道起点在皎漂港。油气管道并行，经缅甸若开邦、马吉省、曼德勒省和掸邦，从云南瑞丽进入中国。在贵州安顺油气管道分离，原油管道终点为重庆，天然气管道最终抵达广西。缅甸境内管道长771千米。油管国内长1631千米，天然气管道国内全长1727千米。2013年9月30日，中缅天然气管道全线贯通，开始输气。2015年1月30日，中缅石油管道全线贯通开始输油。[①]

马来西亚：炼厂欧IV升级改造项目。2017年，恒源石化参与马来西亚炼厂欧IV升级改造项目。

马来西亚炼油公司股权。2017年，恒源石化并购壳牌马来西亚炼油公司51%的股权，金额6630万美元。[②]

马六甲和波德申至日得拉输油管道、金马利斯天然气站至山打根和斗湖等输气管道、边佳兰（Pengerang）油气管道。2018年5月，马哈蒂尔上台后，由中国石油天然气管道局承建的马六甲和波德申至北部日得拉的输油管道项目、金马利斯天然气站至山打根和斗湖等的输气管道项目和边佳兰（Pengerang）天然气与石油管道等项目被叫停。

文莱：PMB石油化工项目。2017年，恒逸石化与文莱政府签署关于PMB石油化工项目的实施协议。该项目一期（文莱）800万吨炼化一体化项目，是中国民企海外最大的投资建设项目，金额34.5亿美元。[③]

澳大利亚：太平洋液化天然气有限公司（APLNG）股份。2011年4月21日，中国石化与澳大利亚太平洋液化天然气有限公司（APLNG）签署了股份认购协议，认购APLNG公司15%的股份，康菲公司和Origin公司所持股份分别由50%降至42.5%。12月12日，再次签署LNG增购协议，中国石化对APLNG持股比例从15%增至25%，康菲与Origin能源公司持股比例均减至37.5%。2012年7月12日，中国石化与澳大利亚太平洋液化天然气有限公司（APLNG）就增持APLNG公司10%股份

---

① "中缅油气管道"，https://baike.so.com/doc/5391684-5628421.html。
② 朱和："民营油企内外齐发力，迅速崛起影响深远"，《国际石油经济》，2018年第1期，第30页。
③ 朱和："民营油企内外齐发力，迅速崛起影响深远"，《国际石油经济》，2018年第1期，第30页。

项目完成交割。①

中澳 LNG 购销协议。2011 年 4 月 21 日，中国石化与澳大利亚太平洋液化天然气有限公司（APLNG）签署了 LNG（液化天然气）购销协议，从 2015 年开始，每年从 APLNG 公司采购 430 万吨液化天然气，为期 20 年。12 月 12 日，双方再次签署 LNG 增购协议，在先期协议 430 万吨/年基础上，从 APLNG 项目增购 330 万吨/年的液化天然气，直至 2035 年。②

六、非洲

埃及：油气资产权益项目。2013 年 8 月 30 日，中国石油化工集团国际石油勘探开发有限公司与美国阿帕奇石油公司（Apache Corporation）宣布双方正式建立全球战略合作伙伴关系。作为战略合作第一步，双方签署协议由中国石化收购其埃及油气资产 1/3 权益，收购价格 31 亿美元。11 月 15 日，双方举行交割仪式。③

喀麦隆：Pecten 石油公司股份。2011 年 5 月 25 日，中国石化国勘公司与壳牌石油公司签署收购协议，以 5.38 亿美元收购壳牌持有的喀麦隆 Pecten 石油公司全部 80% 股份。同年 10 月 31 日完成交割。④

阿尔及利亚：阿德拉尔油田开发一体化项目。2003 年 7 月 14 日，中国石油天然气勘探开发公司与阿国家石油天然气公司签署了阿尔及利亚阿德拉尔油田开发、炼油厂建设和经营、销售一体化项目合同，项目总投资约 3.5 亿美元，这是阿尔及利亚第一个对外合作一体化项目。⑤

阿尔及利亚国家石油公司 ERP 项目。2018 年初，中国石油集团东方地球物理勘探公司信息技术中心（中油瑞飞）成功中标阿尔及利亚国家石油公司 ERP 项目，合同金额超过 1 亿美元。

埃塞俄比亚—吉布提油气项目。该项目位于欧佳登盆地，区块面积 12 万

---

① "2011 年以来中国石化海外收购情况摘录"，http://m.cqn.com.cn/cj/content/2013-11/15/content_1999570.htm。

② "2011 年以来中国石化海外收购情况摘录"，http://m.cqn.com.cn/cj/content/2013-11/15/content_1999570.htm。

③ "2011 年以来中国石化海外收购情况摘录"，http://m.cqn.com.cn/cj/content/2013-11/15/content_1999570.htm。

④ "2011 年以来中国石化海外收购情况摘录"，http://m.cqn.com.cn/cj/content/2013-11/15/content_1999570.htm。

⑤ "一带一路"能源合作网："掀起中非能源合作浪潮"，https://mp.weixin.qq.com/s/aZlKC8XzpNECUemsmh8hJw#__NO_LINK_PROXY__。

平方千米，其中开发区块1226平方千米，勘探区块115925平方千米，是东非近年少见的大型优质油气能源项目。项目包括埃塞油气勘探开发、埃塞—吉布提油气长输管道和吉布提液化天然气工厂、液化天然气专用码头，一期300万吨液化天然气，预计于2020年建成投产。① 项目由协鑫集团与保利集团共同组建的保利协鑫石油天然气集团控股有限公司（保利协鑫）投资开发，保利协鑫拥有埃吉油气项目85%的控股权，埃塞俄比亚政府拥有其余15%控股权，是中资迄今在海外控股的最大油气田项目之一，预计总投资42亿美元。预计2020年石油产量可达30万吨，远期LNG年产量可达1000万吨。②

七、拉美

巴西：TTWork公司股权收购。2018年9月，中国石油国际事业有限公司与巴西TTWork公司正式签署交割文本及股东协议，完成30%股权接收。该公司是巴西第五大成品油分销商。中国石油正式获得该公司成品油进口份额和稳定的成品油分销渠道，成为第一家登陆拉美成品油市场的中国油气企业。③

里贝拉项目。里贝拉区块位于巴西东南部海域，面积超过1500平方千米，石油预期储量相当于巴西全国已探明原油总储量的80%，为全球石油开采规模最大的海上油田，拥有高达120亿桶可开采原油储量，开发后最高产量可达每天140万桶。2013年10月21日，由中石油、中海油及巴西国家石油公司、壳牌及道达尔组成的联合体作为唯一投标方，中标巴西里贝拉石油区块。中标联合体的股权分配方式为，巴西国家石油公司40%、壳牌20%、道达尔20%、中国石油和中国海油各占10%。④ 巴西里贝拉项目合同于2013年12月签署，是巴西第一个产品分成合同项目。⑤ 2017年

---

① 王伟健："协鑫集团能源项目向非洲延伸，为'一带一路'建设'加油添气'"，《人民日报》，2017年12月4日，第14版。

② 李玲：" '埃吉油气项目'助力中国清洁气电发展"，《中国能源报》，2018年9月10日，第13版。

③ 周问雪、颜锦晖、贺江："中国石油进入拉美下游市场"，《中国能源报》，2018年9月10日，第13版。

④ "巴西里贝拉项目有望探明巨型油田"，http://www.sohu.com/a/110847346_257552。

⑤ "中国石油第一个超深海项目——巴西里贝拉项目正式进入投资回收阶段"，http://www.chinamining.org.cn/index.php?a=show&c=index&catid=8&id=25079&m=content。

11月里贝拉项目实现首油投产，2018年3月15日，巴西里贝拉项目首船原油海上提油作业顺利完成并发运。

佩罗巴项目。项目为超深海勘探区块，位于巴西桑托斯盆地盐下核心区，紧邻卢拉、沙滨霍等世界级大油田，迄今尚未进行过任何钻探。中石油于2017年10月在巴西深海盐下第三轮产品分成合同区块招标中成功中标。2018年1月31日，佩罗巴产品分成合同正式签署，标志着项目进入实质运营阶段。2018年8月，完成首口探井井位部署，10月24日首口探井Peroba-1井顺利开钻。[①]

第二节 煤炭项目

一、俄罗斯、蒙古国

俄罗斯：《中俄煤炭领域合作路线图》。2014年12月中俄双方共同签署了更新的《中俄煤炭领域合作路线图》，明确了2015年中俄煤炭领域合作的重点任务和重点项目，包括煤炭贸易、煤炭一体化项目合作开发、技术与装备合作、完善项目贷款机制和铁路运输保障等方面。到2030年，亚太地区煤炭市场将增加1.5倍，而俄罗斯的占有率也将从现在的6%增加到15%。

埃利吉煤矿区项目。米切尔公司与中国神华能源股份就共同开采埃利吉煤矿区达成了共识。该矿区探明储量为22亿吨，2017年进行首批开采，年总产量约为1200万吨。

杰尼索夫斯基洗煤厂。杰尼索夫斯基洗煤厂项目位于俄远东萨哈共和国涅留恩格里地区，项目总投资额120亿卢布（约合人民币12亿元），项目年产洗选量为600万吨。北京中航美林机械设备有限责任公司为项目EPC总承包方。2018年4月26日，洗煤厂竣工仪式26日在俄罗斯萨哈（雅库特）共和国涅留恩格里举行。洗煤厂投产运营后，将创造4000个新增就业岗位（涅留恩格里地区人口约为6万）。目前，中航美林已经和科马尔公司启动了新的合作项目，建设年产量1200万

---

① "巴西佩罗巴项目首口探井顺利开钻"，http://news.cnpc.com.cn/system/2018/10/26/001708623.shtml。

吨的伊纳格林斯基 2 期洗煤厂。①

蒙古国：塔温陶勒盖煤矿。位于蒙古国南戈壁省境内，是亚洲最大煤矿之一，初步探明焦煤储量 64 亿吨。该矿分为东西两个区块，东区由蒙古国有企业自主开采。2009 年，蒙古国政府启动西区国际招标，美、日、韩、加、巴西、澳大利亚、印度、俄罗斯、中国等公司积极参与。2011 年 7 月，蒙古政府曾公布招标结果，神华获 40% 股权，俄蒙联合财团获 36%，美国皮博迪公司获 24%。由于日韩企业提出异议，该招标结果流产。

2014 年 4 月，神华与蒙古能源资源公司、日本住友商事株式会社组成开发联合体，获得塔矿单独开发资格。中蒙日联合体对塔矿至蒙古口岸嘎顺苏海特的铁路建设进行投资，在投入使用 30 年后，将 51% 股权无偿转为蒙古国有。由于蒙古国内外压力和政治斗争，该结果被议会以"威胁国家安全"为由否决。目前，蒙古国已与中、韩、朝、日等国签署了煤炭出口协议，日、印均承诺参与蒙修建连接塔矿的境内铁路。

二、中亚

哈萨克斯坦：煤炭清洁综合利用项目。由中国庆华集团联合哈萨克斯坦石油加工与销售公司以及两家当地煤矿开发企业，在哈萨克斯坦卡拉干达州投资建设，主要利用煤炭生产汽油或柴油及其他化工产品，预计投资 30 亿美元。项目合作协议于 2013 年 9 月和 2014 年 12 月在哈萨克斯坦分别由中哈两国元首和两国政府首脑见证签署。该项目受到中哈两国政府的高度重视，列入中哈产能与投资合作项目清单。

乌兹别克斯坦：沙尔贡煤矿 EPC 总承包合同。2014 年 4 月 9 日，中国煤科与乌兹别克斯坦共和国沙尔贡煤炭股份公司在乌兹别克斯坦首都塔什干签署"90 万吨/年沙尔贡煤矿技术改造工程"EPC 总承包合同，合同金额超过 8000 万美元。

三、南亚

巴基斯坦：塔尔煤田 II 区块煤矿和电站项目。巴基斯坦塔尔煤田 II 区

---

① 戚易斌："又一'一带一路'合作项目花开，杰尼索夫斯基洗煤厂竣工投产"，中国网，2018 年 4 月 26 日，http://news.china.com.cn/world/2018－04/26/content_50969053.htm。

块煤矿和电站项目位于巴基斯坦信德省东南部塔尔沙漠地区，是巴基斯坦迄今发现的最大煤区，面积为9000平方千米，煤炭储量约1750亿吨，是世界第七大、亚洲第一大褐煤矿，"中巴经济走廊"上的首个煤电一体化项目。2009年，巴基斯坦安格鲁电力公司与信德省政府计划合作开发塔尔煤田Ⅱ号区块，以坑口电站形式进行煤矿与电站的联产联营。随后，双方以一定股份比例合资成立了信德安格鲁煤矿公司（SECMC）对该区煤矿进行开发。2014年9月，EPL全资成立了安格鲁塔尔电力公司（EPTL），用于开发电站项目。[①] 中国机械设备工程股份有限公司（CMEC）长期跟踪并中标"煤矿项目"和"燃煤电站项目"。项目包括露天煤矿和燃煤电站两个部分，拟建成年产380万吨规模的露天褐煤矿和2×330兆瓦循环流化床燃煤电站。项目Ⅰ期预计于2019年投入运营。

四、东南亚及澳大利亚

印度尼西亚：苏门答腊煤炭项目。2007年7月，中国神华宣布签订涉资3.31亿美元的苏门答腊煤炭项目。该煤电一体化项目近年来持续盈利。

澳大利亚：沃特马克煤矿项目。2015年2月，中国神华澳洲沃特马克一期工程露天煤矿项目获批，规划3个露天开采区域，可采储量2.9亿吨（JORC标准），设计规模共10百万吨/年，设计服务年限24年。

---

① "中国机械设备工程股份有限公司：'一带一路'建设中的品牌创新——以巴基斯坦塔尔煤电一体化项目为例"，http://tj.people.com.cn/GB/n2/2017/0608/c380747-30300277.html。

第六章

电力项目

"一带一路"倡议下的电力合作项目主要包括三个方面：一是电源项目方面，投资范围涉及水电、火电、风电、核电以及新能源等各领域。二是输变电工程项目。我国电网企业在巴基斯坦、菲律宾、巴西、葡萄牙、澳大利亚、意大利、新加坡、印尼、越南、柬埔寨等多个国家投资运营项目。三是跨国电网互联互通。在"一带一路"倡议下，我国已经与俄罗斯、蒙古国、吉尔吉斯斯坦、越南、老挝、缅甸等国实现电网互联互通。正在研究中国与巴基斯坦、尼泊尔、哈萨克斯坦等国电网互联以及东北亚电网互联的可行性。[1]

2006—2015年间，我国电力投资与建设主要集中在丝绸之路经济带上的印度、巴基斯坦、印度尼西亚、越南、老挝、土耳其、伊朗、菲律宾、沙特、孟加拉等十国，占我国对外电力投资项目的81.2%，其中印度占比最高，达25.4%。"一带一路"倡议提出以来，我国在沿线国家签订多项重大电力投资项目。其中以发电项目居多，中亚以火电为主、非洲则以水电为主，电网项目主要是输变电工程总包项目，合作地域主要在东南亚和非洲。

第一节 煤电项目

一、东欧、中亚

白俄罗斯：明斯克二号热电站改造项目。中国海外经济合作总公司于2007年正式启动明斯克二号热电站改造项目，历经4年完成了初步设计、施工图设计和设备的供货，于2011年6月底完成了机组设备的安装调试。

别列佐夫电站。别列佐夫联合循环电站项目位于白俄罗斯布列斯特州别洛奥泽罗市东南部，是由燃气轮机、余热锅炉、蒸汽轮机、发电机及其

---

[1] 齐正平："'一带一路'能源研究报告（2017）"，http://www.chinapower.com.cn/moments/20170516/77097.html。

附属设备组成的一套完整的427兆瓦机组的配套建筑工程,是中国境外总承包建设的首个投入商业运行的SGT5－4000F级联合循环机组项目,在节能环保领域创造了三项第一。①

格鲁吉亚:联合循环电站。2018年4月13日,湖北工程公司工程建设公司格鲁吉亚gardabani联合循环电站项目顺利开工。该项目作为再度与总包方中国天辰工程公司合作的项目,先后克服了资金、材料、机具、人员不足的困难,深入考察市场,利用当地资源,与兄弟单位导求合作,经过多方努力,保证了项目的正常开工。中国天辰工程有限公司格鲁吉亚Gardabani II联合循环电站位于格鲁吉亚首都第比利斯以南约40千米的咖达巴尼地区,电站配置为2+2+1(两台燃机、两台余热锅炉、一台汽轮机),双压余热锅炉,全凝/空冷汽机。湖北工程公司承建的标段为电站动力岛、锅炉及公共工程土建工程施工。②

塔吉克斯坦:杜尚别2号热电厂。该项目位于瓦尔佐布河岸边,分为一期和二期,装机总容量400万兆瓦,该项目是塔国最大的热电厂,年发电量可达22亿千瓦时,供热面积超过430万平方米,由中国新疆的特变电工承建。一期工程两台机组(2×50兆瓦)于2014年9月13日竣工并网发电供热。③ 2016年底,二期工程的两台150兆瓦机组和城市热网工程投入运营。④

二、中东

土耳其:图凡贝伊利燃煤电站。项目位于土耳其阿达纳省图凡贝伊利市,规划建设两台350兆瓦亚临界燃煤机组,EPC承包范围包括电站主体工程、BOP公用系统及相关附属设施。该项目由中国电建国际公司与山东电建一公司合作开发,工程建设工期39个月,由山东电建一公司承担EPC总承包任务。2017年11月20日,中国电建与土耳

---

① "有图有真相!'一带一路'上的这些能源项目都是中国造!",https://www.toutiao.com/i6420155057274094082/。

② "湖北工程公司格鲁吉亚联合循环电站开工",http://www.powerchina.cn/art/2018/4/8/art_23_278068.html。

③ "杜尚别2号热电厂二期开工,承建方是新疆企业特变电工",http://news.ifeng.com/a/20140915/41984126_0.shtml。

④ "中国承建塔吉克斯坦热电厂二期已提前竣工投产",http://cyfz.chinadevelopment.com.cn/gjcnhz/2018/05/1264763.shtml。

第六章 电力项目

其 TEYO 投资集团在伊斯坦布尔正式签署土耳其图凡贝伊利 2×350 兆瓦燃煤电站总承包合同。[①]

KARABIGA 工程。2018 年 1 月，中国能建中电工程中南院设计的土耳其 KARABIGA 2×660 兆瓦超超临界进口蒸汽燃煤电站工程 2 号机组一次性顺利通过 72 小时满负荷试运行，并投入商业运行。十几年来，中南院深耕土耳其市场，设计项目创造了中国电站出口项目多个第一：中国出口土耳其的第一台燃煤机组（土耳其 Biga 一期 1×135 兆瓦机组）、中国出口的第一台沥青岩燃料机组（土耳其 Silopi 一期 1×135 兆瓦机组）、中国出口的第一台 600 兆瓦超临界机组［土耳其 EREN（1+1）×600 兆瓦机组］、中国出口的第一台 350 兆瓦超临界机组（土耳其 IZDEMIR 1×350 兆瓦机组）、第一个直接面向土耳其业主的设计咨询服务合同（KARABIGA 2×660 兆瓦超超临界机组）。[②]

土耳其 EMBA 股权收购项目：中国企业在土耳其的首个煤电投资项目，两国建交以来中国企业在当地的最大直接投资项目。2013 年夏天，上海电力与土耳其 EMBA 发电有限公司当地股东开始收购的意向洽谈，2013 年 10 月启动收购的尽职调查，2013 年 12 月完成收购交割，获得 50.01% 的股份，正式控股土耳其 EMBA 发电有限公司。胡努特鲁燃煤电厂是该公司拟开发的首个项目，建设规模为 2 台 66 万千瓦超超临界燃煤发电机组。2015 年 7 月 9 日，上海电力股份有限公司的控股子公司土耳其 EMBA 发电有限公司获得土耳其能源市场监督管理委员会颁发的胡努特鲁燃煤电厂工程发电许可证书，有效期为签发后的 49 年。[③]

阿联酋：迪拜哈翔清洁燃煤电厂一期。该项目是迪拜政府能源战略规划中的重点项目，是中东地区首座燃煤电厂项目。合同额为 14 亿元人民币，项目由 4 台 600 兆瓦机组组成，首台机组计划在 2020 年 3 月投入商业运行。2016 年 12 月，中国建筑工程总公司所属中建三局与中建中东公司

---

① "中国电建签订土耳其图凡贝伊利燃煤电站总承包合同"，http：//news.bjx.com.cn/html/20171123/863350.shtml。

② "土耳其 KARABIG 工程 2 号机组通过 72 小时试运"，http：//news.bjx.com.cn/html/20180118/874991.shtml。

③ "中国能源企业海外项目中的阳光身影"，https：//mp.weixin.qq.com/s?__biz=MjM5ODk4NzQ2MQ%3D%3D&idx=1&mid=401150783&sn=daefd37718238460ec6cc7d0 eb-fa23c0。

以联合体形式签约。[①]

沙特：沙巴哈联合循环电站改造项目。位于沙特阿拉伯东部谢巴油田地区，项目安装6台双压直流立式余热锅炉。该项目地处沙漠腹地，离最近城镇有400千米的距离。2018年4月沙巴哈项目C炉酸洗顺利通过阿美各有关部门及锅炉厂家的双重验收。[②]

吉赞联合循环电站项目。是目前全球最大的整体煤气化联合循环电站，设计采购工期18个月，施工工期33个月，EPC合同额为18亿美元，项目集技术、规模、高效、节能、环保于一体，将成为吉赞经济城乃至整个沙特西部地区的关键性燃气和蒸汽发电示范电站。项目执行沙特阿美石油公司企业标准（高于ASME、API等标准），采用3D数字化设计。[③]

约旦：侯赛因联合循环燃气电站项目。该项目位于约旦最大的工业城市——扎尔卡省。该项目为约旦国内在建规模最大的燃气联合循环电站项目，由集团山东电建三公司EPC承建，是我国"一带一路"建设在中东地区的重要一站，项目机组规模为燃气—蒸汽联合循环三拖一配置，设计装机容量达到485兆瓦。2018年2月26日，约旦侯赛因项目GT13燃机并网成功。[④]

阿塔拉特油页岩电站。该项目位于约旦首都安曼南部约110千米的油页岩矿区，为燃烧油页岩发电的火力发电项目，建设规模为2台235兆瓦循环流化床发电机组，该项目是全球最大的油页岩电站。项目总投资为22亿美元，投产后预计年消耗800万吨油页岩。预计将于2020年建成投产，届时年供电量达37亿千瓦时，可以满足约旦10%—15%的用电需求。[⑤] 电站由中国能建南方建投广东火电总承包，西北建投西北电建参建。

---

① "中建三局联合体签约迪拜哈翔清洁燃煤电厂一期项目"，http：//www.china-crane.net/news/201612/22/111690.html。
② "电建核电公司沙特沙巴哈电站完成重要里程碑项目"，http：//www.pow-erchina.cn/art/2018/4/16/art_23_279026.html。
③ "王斌赴沙特吉赞项目考察指导"，http：//finance.powerchina.cn/s/1103-3761-5658.html。
④ "约旦在建最大燃气电站项目三台燃机全部成功并网"，http：//www.pow-erchina.cn/art/2018/2/28/art_23_273294.html。
⑤ "约旦首相视察阿塔拉特油页岩电站项目"，http：//news.cnpc.com.cn/system/2018/02/27/001679247.shtml。

三、南亚

印度：嘉佳圣雄甘地电厂。位于印度哈里亚纳邦贾杰贾尔区，厂址在新德里西南约100千米，装机容量为2×660兆瓦超临界燃煤火力发电机组，是印度最大的外资电站项目和最大的BOO火电项目。投资方为香港中华电力中电控股有限公司，由山东电力建设第三工程公司EPC总承包场内全部工程。项目主体工程2009年1月17日正式开工，2012年5月17日1号机组投入商业运营，2012年8月9日2号机组投入商业运营。[1]

莎圣6×66万千瓦超大电站。世界在建规模最大燃煤电站，位于印度中央邦（Madhya Pradesh），业主为印度莎圣电力有限公司（Sasan Power Limited），一期工程建设6台66万千瓦超临界燃煤发电机组，由中国能建安徽电建一公司承建。2014年5月21日，电站6号汽轮发电机定子顺利吊装就位。[2]

纳佳燃煤电站。纳佳2×66万千瓦超临界燃煤电站，由东北电力设计院有限公司设计。该机组采用超加参数主机，再热蒸汽温度可达600℃，是目前国内出口项目中投运容量最大、技术参数等级最高的燃煤发电机组。项目由中国技术进出口总公司及天津电力建设公司联合EPC总包模式承建。2016年11月15日，1号机组顺利通过满负荷运行。[3]

古德洛尔电厂脱硫项目。2013年5月20日中国大唐集团科技工程有限公司与印度ITPCL公司签署了该公司在印度泰米尔纳德邦古德洛尔镇新建的两台60万千瓦亚临界燃煤机组脱硫装置总承包合同。2016年底，一号机组通过试运行。该项目是国内第一个由中国环保企业与印度企业直接签署总承包合同的脱硫项目。[4]

巴基斯坦：卡西姆港燃煤电站项目。该项目位于巴基斯坦信德省卡拉奇市东南37千米的卡西姆港工业园，是中巴建交走廊首批优先实施项目和

---

[1] "中国电建承建印度最大外资电站"，http：//news.bjx.com.cn/html/20140307/495368.shtml。

[2] "世界在建规模最大燃煤电站—印度莎圣超大电站全部定子吊装"，http：//news.bjx.com.cn/html/20140527/513812.shtml。

[3] "印度纳佳燃煤电站1号机组通过满负荷运行"，http：//www.ceppea.net/n/i/11213?pid=149。

[4] "弘扬大唐精神，建设国际能源 专题报道国际篇"，http：//www.docin.com/p-2013697681.html。

首个落地大型能源项目，被巴基斯坦总理谢里夫称为"1号工程"。项目包括电站工程、配套的卸煤码头及航道工程，电站设计安装两台66万千瓦超临界机组，总装机容量为1320兆瓦，年均发电量约90亿千瓦时。电站总投资20.85亿美元，75%资金由中国进出口银行提供贷款。项目由中国电建集团海外投资有限公司和卡塔尔AMC公司共同出资，中方占比51%。中国电建集团山东电建三公司总承包。2015年6月，卡西姆电站项目开工建设。2017年11月29日，电站一号机组正式投产发电。[①] 2018年4月月13日，卡西姆电站正式移交给甘肃能源公司负责运行维护。[②]

萨希瓦尔燃煤电站。该项目是"中巴经济走廊"重点工程项目，位于巴基斯坦旁遮普省萨希瓦尔市，项目由中国华能山东如意（巴基斯坦）能源有限公司承建，规划容量为2×660兆瓦+2×1000兆瓦，首期工程建设2×660兆瓦超临界燃煤机组。该电站的年发电量预计约90亿千瓦时。[③] 2015年7月，项目正式开工，1、2号机组分别于2017年5月24日和6月8日通过试运行。2018年8月，项目顺利通过竣工验收，成为"中巴经济走廊"首座实现全面竣工的电站工程。[④]

胡布燃煤控股发电项目。位于巴基斯坦俾路支省南部沿海的胡布港，是国家电投旗下中电国际首个海外控股自主开发的大型煤电项目。该项目规划建设2台660兆瓦燃煤机组，预计年发电量将达到98.3亿千瓦时。该项目于2017年3月底开工，预计第一台机组于2018年并网发电。[⑤]

贾姆肖罗超超临界燃煤电站。2018年3月29日，哈电集团哈尔滨电气国际工程有限责任公司与巴基斯坦国家电力公司下属的贾姆肖罗电力有限公司正式合作，签订巴基斯坦贾姆肖罗2×660兆瓦超超临界燃煤电站项目总承包合同及5年运行维护合同。项目总装机容量为1320兆瓦，由2台660兆瓦的超超临界机组组成。合同范围包括主机和辅机设备供货、设计、

---

① 刘伟主编：《读懂"一带一路"蓝图》，商务印书馆，2017年9月版，第70页。

② "卡西姆电站正式移交甘肃能源运维"，http://www.powerchina.cn/art/2018/4/17/art_23_278874.html。

③ 刘伟主编：《读懂"一带一路"蓝图》，商务印书馆，2017年9月版，第70页。

④ "巴基斯坦萨希瓦尔电站全面竣工"，《中国能源报》，2018年8月25日，第11版。

⑤ 卢彬："清洁电力点亮'一带一路'"，《中国能源报》，2017年5月15日，第11版。

土建、安装、调试、试运行、试验、培训、运行维护等。[1]

塔尔煤田Ⅱ区块煤矿和电站项目。该项目位于巴基斯坦信德省东南部塔尔沙漠地区，是巴基斯坦迄今发现的最大煤区，储量约1750亿吨，是世界第七大、亚洲第一大褐煤矿，也是"中巴经济走廊"上的首个煤电一体化项目。2009年，巴基斯坦安格鲁电力公司与信德省政府计划合作开发塔尔煤田Ⅱ号区块，以坑口电站形式进行煤矿与电站的联产联营。[2] 中国机械设备工程股份有限公司（CMEC）中标"煤矿项目"和"燃煤电站项目"。项目包括露天煤矿和燃煤电站两个部分，拟建成年产380万吨规模的露天褐煤矿和2×330兆瓦循环流化床燃煤电站。该项目Ⅰ期计划2019年投入运营。

必凯联合循环电站。项目位于巴基斯坦旁遮普省拉合尔地区，总装机容量118万千瓦，是世界上效率最高、也是亚洲首台9H级燃机联合循环电站工程。电站采用"2+2+1"配置，即2台9HA燃机、2台余热锅炉和1台汽轮发电机组。项目由中国能建旗下的中电工程东北院设计、天津电建承建。2015年10月，必凯项目正式开工。2017年3月9日，1号机组并网发电，成为世界首台双燃料9HA01型燃机发电机组。2017年4月5日，2号燃机并网发电。2017年12月3日，电站联合循环一次并网成功。[3]

赫维利燃气联合循环电站项目。项目位于巴基斯坦旁遮普省，电站采用"2+2+1"配置，即2台9H燃机、2台余热锅炉和1台汽轮发电机组，总装机容量为1230兆瓦，为巴基斯坦目前最大燃气联合循环电站。该项目由巴基斯坦国家电力管理公司（NPPMCL）发起，中国电建集团EPC总承包，山东电力建设第三工程有限公司具体执行，负责电站的建设与试运行。GE为该项目提供两台H级重型燃机、一台气机、两台余热锅炉以及技术支持服务。2018年5月10日，赫维利燃气联合循环电站项目成功通过试运行，正式投入联合循环商业运行。[4]

---

[1] "哈电集团在巴基斯坦赢得大型燃煤火电项目"，http://meitan.nengyuanjie.net/2018/dongtai_0330/140160.html。

[2] "中国机械设备工程股份有限公司：'一带一路'建设中的品牌创新——以巴基斯坦塔尔煤电一体化项目为例"，http://tj.people.com.cn/GB/n2/2017/0608/c380747-30300277.html。

[3] 张辉："必凯高奏中国旋律"，《中国能源报》，2018年5月21日，第27版。

[4] 李慧："巴基斯坦最大燃气联合循环电站投运"，《中国能源报》，2018年5月21日，第7版。

CFPP 项目。CFPP 工程项目位于巴基斯坦旁遮普省萨戈达的盐岭附近,由巴基斯坦政府出资建设,建设 2 台 25 兆瓦机组。该项目是巴基斯坦首个燃煤发电机组项目,由中国能建规划设计集团湖南总院总承包,南方建投湖南火电承建。2018 年 11 月 4 日,完成试运行。

孟加拉国:帕亚拉 2×660 兆瓦燃煤电站。项目位于孟加拉国南部城市巴里萨尔,属博杜阿卡利地区,包括两台 PPP 项目,总投资约 24.8 亿美元,采用先进高效的超超临界技术。由中国机械进出口(集团)有限公司作为社会资本方,运作方式为 BOO,付费机制为政府付费。2014 年年底,中国机械进出口(集团)有限公司与孟加拉西北电力有限公司各出资 50% 资本金成立项目公司——孟中电力有限公司。2016 年 9 月签订实施协议(PPP 项目合同)。[①] 该项目由中国能建东电一公司与中国能源工程股份有限公司联合总承包。项目全部采用中国技术和设备,计划于 2019 年 10 月投产发电,届时将成为孟加拉最大的火电站。[②]

锡莱特燃气轮机联合循环扩建项目。锡莱特燃机扩建工程位于孟加拉国第三大城市锡莱特市,距首都达卡 300 多千米。该项目为一台 E 级 225 兆瓦燃气轮机联合循环扩建机组,是上海电气在孟加拉国电力市场首次推出的联合循环机组项目。2017 年 11 月 26 日,上海电气集团股份有限公司与孟加拉国家电力发展署在首都达卡签订锡莱特燃气轮机联合循环扩建项目 EPC 总承包合同。上海电气曾在该地区以 EPC 模式为锡莱特燃机电厂兴建了一台 150 兆瓦燃机项目。此次扩建,是将原 150 兆瓦单循环扩建至 225 兆瓦联合循环。[③]

巴库燃煤电站。项目位于孟加拉西北部,距首都达卡约 400 千米,装机容量 275 兆瓦,是孟加拉国目前总装机容量最大的燃煤电厂项目。该项目是哈电集团与孟加拉电力发展总署签订的首个煤电项目,项目三大主机设备(锅炉、汽轮机、电机)均由哈电集团制造。2013 年 7 月 4 日,哈尔滨电气集团公司(简称哈电集团)所属哈电国际工程公司与孟加拉电力发

[①] "'一带一路'PPP 项目案例——孟加拉帕亚拉 PAYRA 2×660MW 燃煤电站 PPP 项目",http://www.zhjs.org.cn/town/anli/149663048910035.html。

[②] "最大燃煤电站帕亚拉发电厂一期工程 1 号锅炉第一榀钢结构开始吊装并顺利完成",http://www.sohu.com/a/194895140_436794。

[③] "燃机联合循环 EPC 进军孟加拉",https://www.sohu.com/a/208906077_677075。

展总署在孟加拉首都达卡签约。[①] 2017年11月,电站机组并网发电。

西拉甘杰联合循环电站。项目位于孟加拉中部的拉杰沙希省西拉甘杰区,装机225兆瓦,由中国能建北方建投东电一公司承建。2018年5月,3号燃气轮机并网发电。

斯里兰卡:普特拉姆燃煤电站。位于斯里兰卡西北部沿海的卡尔皮提亚半岛上,距首都科伦坡以北130千米,总装机容量达90万千瓦。电站由中国援建,两期工程全部完工后,该电站的装机容量将达到90万千瓦,占该国现有装机容量的三分之一以上,成为斯里兰卡发电量最大的电站。[②]

四、东南亚

印度尼西亚:燃煤坑口电站项目。2012年2月中国电工与金光集团签约,该项目是印尼首座IPP燃煤坑口电站,合同金额为2.98亿美元。

苏南第八电站工程。印尼乌吉亚森国营煤炭公司(PT Bukit Asam-PT-BA)于2012年9月初与华电集团签署合作协议,将在苏南省建设2×62万千瓦的苏南第八电站工程,投资金额约为15.9亿美元。

巴厘岛一期燃煤电厂项目。由中国华电投资修建,2012年8月28日开工,项目总投资额为6.3亿美元,总装机容量3×142兆瓦,中国华电作为投资商和总承包商将控股运营30年。项目使用高效的清洁燃煤技术,是巴厘岛单机容量和总装机容量最大的火力发电厂。

塔卡拉燃煤电站。塔卡拉燃煤电站项目位于印尼南苏拉威西省吉利普多市,装机容量为2台100兆瓦燃煤发电机组。该燃煤电站为葛洲坝集团及印尼当地公司PT HUTAMA KARYA组成的联合体签约,业主为印尼国家电力公司,由中国能建葛洲坝集团总承包。合同工期33个月,项目资金来自于中国进出口银行优惠买方信贷。该项目为印尼第二期1000万千瓦电力发展计划重点项目之一。[③] 2018年1月,电站1号机组提前投入商业运行,

---

[①] "哈电集团获得孟加拉国巴库275兆瓦火电项目合同",http://www.cec.org.cn/hangyeguangjiao/qiyezixun/2013-07-10/105475.html。

[②] "有图有真相!'一带一路'上的这些能源项目都是中国造!"https://www.toutiao.com/i6420155057274094082/。

[③] "印尼十大电力项目",https://mp.weixin.qq.com/s?__biz=MzU0NDA3OTg50Q%3D%3D&chksm=fb00ee03cc776715d8457fd03859c998559481439e8a5c d0cb9112dd68c3bab7df0a76583fce&idx=1&mid=2247485303&scene=21&sn=84455bc69d560d598a36f7ed1186410a。

正式成为印尼电网的重要枢纽。[1]

格伦达洛燃煤电站。该电站投资额为2.1亿至2.2亿美元，预计于2020年投入商业运营。Toba公司是由2家印尼企业和1家中国企业合资成立的公司，其中格伦达洛电力公司持股60%，Toba Sejahtera公司持股20%，中国上海电力建设公司持股20%。工程投入运营之后，获25年管理权，生产出来的电力销售给国家电力公司，并与印尼万自立银行签署贷款协议。[2]

万丹超临界燃煤电站。该项目由马来西亚云顶能源公司和中国国投电力控股股份有限公司投资兴建，项目总装机容量67万千瓦，预计全年发电近44亿千瓦时。项目于2013年12月开工建设，哈电国际为EPC总承包方，工期38个月。该项目是印尼政府3500万千瓦电力规划（2015年—2019年）中的第一个，也是唯一进入商业运行的IPP电站项目。

明古鲁燃煤电站。项目位于印尼苏门答腊岛明古鲁省，包括净装机容量为2×100兆瓦燃煤电站、150千伏输变电线路、卸煤码头及相关设施，运营期25年，年均售电量约14亿度。[3] 该项目是中国电建海外投资公司在印尼投资建设的第一个电站，由中国电建集团国际公司负责项目EPC总承包建设，水电八局EPC总承包实施。2017年2月开工，第一台机组计划于2019年10月底实现投产运营。[4] 项目由中国工商银行和中国进出口银行组成银团为项目提供融资。[5]

爪哇7号火电项目。该电站总投资约20亿美元，由中国国家开发银行提供贷款。预计将于2020年中期正式投入商业运营，运营期25年，总装

---

[1] "印尼塔卡拉燃煤电站提前投入运行"，http://huodian.nengyuanjie.net/2018/xingyedongtai_0116/136782.html。

[2] "印尼十大电力项目"，https://mp.weixin.qq.com/s?__biz=MzU0NDA3OTg5OQ%3D%3D&chksm=fb00ee03cc776715d8457fd03859c998559481439e8a5cd0cb9112dd68c3bab7df0a76583fce&idx=1&mid=2247485303&scene=21&sn=84455bc69d560d598a36f7ed1186410a。

[3] "中国电建在印尼投资首个项目实现融资关闭"，http://www.cec.org.cn/zdl-huiyuandongtai/qita/2017-07-06/170536.html。

[4] "印尼十大电力项目"，https://mp.weixin.qq.com/s?__biz=MzU0NDA3OTg5OQ%3D%3D&chksm=fb00ee03cc776715d8457fd03859c998559481439e8a5cd0cb9112dd68c3bab7df0a76583fce&idx=1&mid=2247485303&scene=21&sn=84455bc69d560d598a36f7ed1186410a。

[5] "中国电建在印尼投资首个项目实现融资关闭"，http://www.cec.org.cn/zdl-huiyuandongtai/qita/2017-07-06/170536.html。

机容量为 2×105 万千瓦。拥有 2 台百万千瓦超超临界燃煤发电机组，是中国第一个海外百万千瓦级独立发电商火电项目。由神华国华（印尼）爪哇发电有限公司与印尼国家电力公司子公司共同投资开发，山东院和浙江火电组成联合体进行工程总承包。①

吉利普多二期 EPC 项目。二期工程的两台燃煤电站将为印尼国家电网供电，两台机组总容量为 2×135 兆瓦，净输出 2×125 兆瓦。本工程是中国能建浙江火电第一个真正意义上的融资型 EPC 项目。作为 EPC 总承包方，浙江火电承担工程的设计、采购和施工（包括调试和运行）任务，以及电厂运行人员的培训和第一次大修。②

芝拉扎电站运维项目。电站位于印度尼西亚中爪哇省南岸的芝拉扎市，是中爪哇岛南部地区唯一的能源基地。2008 年 7 月，大唐淮南田家庵发电厂成立的印尼芝拉扎项目部首次进驻芝拉扎电站。2015 年，芝拉扎项目部被印尼国家电力系统授予最佳合作伙伴奖。③

庞卡兰苏苏项目。项目位于印尼北苏门答腊省郎卡特县，主要工程内容包括电站相关建筑物的设计、施工以及 2 台 200 兆瓦等级锅炉、汽轮机、发电机、150 千伏变电站及配套设备、辅助生产系统、结构等全套电站设备的供货、安装和调试。项目由中国水电承建，2013 年签约，是中国水电在印尼中标的第三个火电 EPC 总承包项目，也是印尼近年来第一个利用中国优惠买方信贷的电站项目。④ 2015 年 5 月 4 日，电站开工。

卡巴一期（Kalbar-1）燃煤电站。项目计划建设 2 台 100 兆瓦燃煤发电机组，预计于 2020 年完工。项目建成后，年发电量将超过 14 亿千瓦时。项目由协鑫集团承建，是中国民企在印尼落地、有正式购售电协议（PPA）

---

① "印尼十大电力项目"，https：//mp. weixin. qq. com/s?__biz = MzU0NDA3OTg5OQ% 3D% 3D&chksm = fb00ee03cc776715d8457fd03859c998559481439e8a5cd0cb9112dd68c3bab7df0a76583fce&idx = 1&mid = 2247485303&scene = 21&sn = 84455bc69d560d598a36f7ed1186410a。

② "印尼十大电力项目"，https：//mp. weixin. qq. com/s?__biz = MzU0NDA3OTg5OQ% 3D% 3D&chksm = fb00ee03cc776715d8457fd03859c998559481439e8a5cd0cb9112dd68c3bab7df0a76583fce&idx = 1&mid = 2247485303&scene = 21&sn = 84455bc69d560d598a36f7ed1186410a。

③ "弘扬大唐精神，建设国际一流能源集团 专题报道国际篇"，http：//www. docin. com/p-2013697681. html。

④ "印尼总统主持庞卡兰苏苏火电站、佳蒂格德水电站项目开工仪式"，http：//www. sinohydro. com/index. php? a = show&c = index&catid = 69&id = 2180&m = content。

的首个发电项目。2017年8月，电站正式开工。①

坦竣A2×66万千瓦燃煤电站。项目位于印尼西爪哇岛，是印尼3500万千瓦电力规划的重点项目，采用超超临界装机和国际标准设计。2017年3月1日，中国能建中电工程东北院与哈电国际签订坦竣A燃煤电站工程勘测咨询和设计合同。

玛木朱电厂。项目位于印尼西苏拉维西省玛木朱市，由中铁十一局集团四公司担负施工建设，装机容量为2×25兆瓦，2015年10月26日开工，2017年8月15日，顺利完成主体工程，2018年7月17日，玛木朱电厂正式进入试运营状态。②

巴比巴卢电站。该项目包括2台50兆瓦机组，是中能建葛洲坝集团在印尼实施的第一个火电EPC工程。2018年9月6日，1号机组完成试运行。③

马来西亚：吉马火电厂。项目位于森美兰州，北距马来西亚首都吉隆坡90千米，南距波迪申港20千米，为马来西亚国家能源公司旨在解决能源短缺局面重点规划的系列洁净电站项目之一，亦称洁净3B项目。2016年6月，Chinafec公司成功中标马来西亚吉马火电厂深层搅拌桩项目，中标金额580万马来西亚林吉特，折合人民币934万人民币，合同工期3个月。④

巴林基安项目。2016年3月，中国大唐集团海外技术服务有限公司成功中标上海电气电站工程公司总承包的马来西亚巴林基安燃煤电站项目运维培训工作，并分4批次共派29名人员前往，圆满完成了合同约定的业主学员现场教室培训、跟班培训和各项调试工作。⑤

凯德隆（KIDURONG）联合循环燃气电厂。凯德隆项目位于马来西亚沙捞越州民都鲁市，距民都鲁海港约6公里。2016年10月，中国电建国

---

① "印尼首个中国民企燃煤发电项目开工，缓解当地严重缺电现状"，http：//power. in-en. com/html/power－2278072. shtml。
② "中国企业承建印度尼西亚玛木朱电厂实现满负荷试运行"，https：//www. yidaiyilu. gov. cn/xwzx/hwxw/60463. htm。
③ 李延庆："印尼巴比巴卢电站1号机组完成可靠性试运行"，《中国能源报》，2018年9月4日，第26版。
④ "公司中标马来西亚吉马火电厂深层搅拌桩项目"，http：//www. chinafec. com/Item/7335. aspx。
⑤ "弘扬大唐精神 建设国际一流能源集团 专题报道国际篇"，https：//www. docin. com/p－2013697681. html。

际工程有限公司、中水电（马来西亚）有限公司、GE 瑞士公司以及 GE 马来西亚公司组成的联营体，共同中标承建该 EPC 合同项目，水电八局负责项目的具体实施。2018 年 3 月 29 日，马来西亚沙捞越能源有限公司（SEB）和美国 GE 公司与中国水电联营体在马来西亚古晋正式签订凯德隆电厂扩建工程 2 号机 EPC 合同补充协议。2 号机项目是在 1 号机基础上增建一台机组。新增 2 号机主体结构主要设备配置为 1 台套 GT26 燃气轮发电机组、1 台余热锅炉、1 台套汽轮发电机组以及全厂配套 BOP 设备，设计净出力为 413 兆瓦。2 号机建设周期共 30 个月，与 1 号机组有 20 多个月的重叠工期。[1]

曼绒（Manjung）燃煤电站。位于马来半岛霹雳州西海岸，是东南亚首座 100 万千瓦超临界燃煤电站，也是东南亚单机容量最大的燃煤机组。项目业主为马来西亚国家电力公司（TNB），EPC 总承包方为法国阿尔斯通公司与中国机械进出口（集团）有限公司联合体。山东电建二公司主要承担该项目 BOP 安装与调试工作。[2]

柔佛电厂。位于马来西亚柔佛州，全称柔佛州 Track 4A 144 万千瓦联合循环电厂，由中国能建北方建投天津电建承建。[3]

缅甸：达吉达燃气—蒸汽联合循环电厂。项目位于仰光市区以东 10 千米处的 Thaketa 镇，采用 BOT 投资模式，特许经营期 30 年。规划装机容量 500 兆瓦，其中一期 118 兆瓦，二期 380 兆瓦。一期总投资约 1.3 亿美元，工期 24 个月，2016 年 5 月 12 日开工建设。[4] 该项目是缅甸新政府与中国签订的首个能源工程项目，采用技术先进的 GE 6FA 燃机。[5] 由中国电建山东电建三公司 EPC 总承包。2018 年 3 月 17 日，竣工仪式在缅甸仰光举行。达吉达电站可为仰光省及周边地区提供年均 7.62 亿千万时的电量，满足 42000 多户家庭的电力需求。

---

[1] "凯德隆联合循环电厂签下 2 号机补充协议"，http://www.powerchina.cn/art/2018/4/3/art_23_277697.html。

[2] "中国电建签约建设马来西亚百万千瓦电站"，http://energy.southcn.com/e/2012-11/28/content_59051675.htm。

[3] 孟文才："履约马六甲"，《中国能源报》，2018 年 11 月 26 日，第 28 版。

[4] "中缅电力唯一合建的达吉达燃气项目首次点燃成功"，http://www.sasac.gov.cn/n2588025/n2588129/c8470475/content.html。

[5] "中国电建 EPC 总承包的缅甸达吉达一期项目并网电发"，http://www.cec.org.cn/hangyeguangjiao/gongchengjianshe/2018-01-11/176953.html。

直通燃机联合循环发电 EPC 项目。项目位于缅甸孟邦直通镇，是缅甸对外开放后世界银行投资的首个电力项目，由中能建规划设计院湖南院承建。

菲律宾：迪格宁（GNPD）燃煤电站 EPC 项目。位于菲律宾巴丹半岛马利万斯市，是菲律宾第一个超临界电站项目，包括 8 万吨的输煤码头及两个 120 米直径的圆形煤场以及海水脱硫系统。由迪格宁电力公司、阿亚拉能源股份公司和黑石集团所属的赛德电力共同投资，由上海电建和河南院联合总承包。项目由中国电建集团所属上海电建和河南电力勘测设计院联手实施。[1]

考斯瓦根燃煤电站。考斯瓦根（3+1）×135 兆瓦 燃煤电站工程位于菲律宾棉兰老岛北拉瑙省考斯瓦根市，毗邻伊利甘海岸。中国电建上海电力建设有限责任公司（简称"上海电建"）作为 EPC 总包商承建。2014 年 5 月，项目 EPC 合同"中电建签菲律宾首个 2×668 兆瓦超临煤电项目"正式签署，2015 年 9 月 1 日实现融资关闭。[2]

PALAUIG LNG 联合循环电站。项目位于吕宋岛中部，为一套"2+2+1"7H 发电机组，配套 LNG 码头和 LNG 陆地接收站，总发电容量 1100 兆瓦。该项目是菲律宾境内首个 LNG 电站项目，采用 2 台燃机、2 台余热锅炉和 1 台汽机联合循环装机方案。业主方 MELEKON 公司隶属于菲律宾 MENLO 集团。项目合同金额约 8.478 亿美元，工期为 33 个月。中国能建作为 EPC 合同总承包方，2017 年 11 月 17 日签约。[3]

越南：永新燃煤电厂一期 BOT 项目。项目由中国能建下属企业广东火电与广东院组成联合体总承包建设。项目的主机和辅机将全部采用国产设备，是中国企业在越南建设的第一个 BOT 项目。项目金额在 87 亿元人民币以上。2013 年 12 月，中越双方共同签署了越南永薪一期项目；2015 年 7 月，越南永薪电厂一期 BOT 项目开工建设。1 号机组已于 2018 年 7 月 6

---

[1] "中电建签菲律宾首个 2×668 兆瓦超临界煤电项目"，http://www.ep18.cn/news/jituan/2015-10-29/575241.html。

[2] "中国能源企业海外项目中的阳光身影"，https://mp.weixin.qq.com/s?__biz=MjM5ODk4NzQ2MQ%3D%3D&idx=1&mid=401150783&sn=daefd37718238460ec6cc7d0eb-fa23c0。

[3] "东北院配合中国能建签订 PALAVIG1100 兆瓦 LNG 联合循环电站 EPC 合同"，http://www.nepdi.ceec.net.cn/art/2017/11/21/art_19511_1521086.html。

日投入商业运营。^① 按计划，两台机组将分别于 2018 年 12 月和 2019 年 6 月投入运营，全部投产后，年发电量约为 80 亿千瓦时。^②

永新燃煤电厂三期。项目包含 3 台机组，厂址坐落于平顺省绥风县永兴镇，建成后年均发电量为 120 亿千瓦时。项目由香港中华电力投资建设，EPC 总承包方为哈尔滨电气国际工程有限责任公司，中国能建广东火电负责项目安装工程施工。^③ 2015 年 6 月 16 日，哈电国际与越南永新三能源有限公司在哈尔滨签约。

升龙燃煤火力发电厂。由中国能建设计集团西南院设计，北方建投山西电建承建，为中国企业首次在越南以总承包方式建设的 300 兆瓦等级 CFB 项目。2018 年 5 月正式投入商业运行。

海阳燃煤电厂 BOT 项目。项目位于越南海阳省，建设规模为两台 60 万千瓦亚临界机组，由中国能建集团所属中国电力工程顾问集团有限公司和马来西亚 JAKS 公司联合出资（项目资本金占总投资的 25%，中电工程占比 70%。项目融资占总投资的 75%，由中电工程向中国进出口银行、中国工商银行、中国建设银行申请贷款），总投资达 18.685 亿美元，是迄今中国公司在越南单笔投资金额最大的项目。项目建设期 54 个月，特许经营期 25 年，期满后将无偿移交给越南政府，电厂建成后除满足当地用电需要外，还将向首都河内和周边省份输电。2016 年 3 月 27 日，举行奠基仪式。^④

五、非洲

埃及：汉纳维（Hamrawein）燃煤项目。上海电气集团股份有限公司于 2016 年 1 月 21 日与埃及电力控股公司签署了埃及汉纳维燃煤项目有条件性 EPC 项目总承包合同，将以 EPC 项目总承包方式分两期为埃及公司建造燃煤电站，第一期为 4 台 660 兆瓦燃煤机组，第二期为 2 台 1000 兆瓦燃

---

① 崔晓利："电网'一带一路'国际合作现状分析"，https：//mp. weixin. qq. com/s/3ZacwSmCVl4UQshL9oxCeQ#__NO_LINK_PROXY__。
② "87 亿！'中国制造'走出去 中国能建 EPC 总承包越南永新燃煤电厂项目"，http：//news. bjx. com. cn/html/20171103/859418. shtml。
③ "中能建筑签越南永新 3 期 3 台 660 兆瓦燃煤发电项目"，http：//www. cce-up. com/news/newsdetail/news_45994. html。
④ "越南海阳燃煤电厂 BOT 项目举行奠基仪式"，http：//intl. ce. cn/specials/zxgjzh/201603/28/t20160328_9865688. shtml。

煤机组。2016年8月17日，埃及电力控股公司改变了项目机组组成和容量，邀请几家单位参加汉纳维6000兆瓦超超临界燃煤发电站项目EPC总包。上海电气集团股份有限公司在2016年11月与东方电气股份有限公司组成项目联营体，代表中国重新参与上述项目竞标。2018年6月27日，项目联营体中标埃及电力控股公司汉纳维超超临界燃煤电站承建项目，合同总额约44亿美元。东方电气和上海电气将各自负责合同的50%份额。[①]

阿布吉尔电站。项目位于亚历山大市10千米处，建设两台65万千瓦电站6号机组。由埃及国家电力与美国电力公司组成的联合体PGESCo负责电站的设计和施工管理，由中国能建浙江火电承建，是中国企业在埃及最大的电力承包项目。[②] 2010年开工建设，2012年7月24日6号机组并网发电，2012年11月29日，7号机组并网发电。2013年8月7日，电站建成发电并移交业主。[③]

津巴布韦：万基燃煤电站扩机增容改造项目。2017年11月10日，津巴布韦国家电力公司与中国电建签署了价值11亿美元的协议，对津巴布韦最大煤电电站——万基电站进行扩机增容改造。2018年完工后将增加60万千瓦发电量。[④]

加纳：安所固二期360兆瓦燃机电站。项目位于非洲西部，几内亚湾北岸，是中国在非洲首个独立电力生产商投资项目，也是加纳电力发展的重点项目，由深圳能源集团和中非基金共同投资兴建。中国能建广东火电作为该项目的EPC总承包商参与项目建设。2015年4月开工，于2016年4月顺利完成该项目第一套机组的移交投产。[⑤]

科特迪瓦：圣佩德罗布鲁托燃煤电站项目。2018年8月31日，中国电建与科特迪瓦S. ENERGIES公司签署了圣佩德罗布鲁托燃煤电站投资协

[①] "两家中企联合中标埃及火电EPC项目"，https://www.yidaiyilu.gov.cn/xwzx/hwxw/58999.htm。

[②] "中国能建承建的埃及阿布吉尔电站6号机组冲管完成"，http://finance.ifeng.com/roll/20120625/6649715.shtml。

[③] "中国能源企业海外项目中的阳光身影"，https://mp.weixin.qq.com/s?__biz=MjM5ODk4NzQ2MQ%3D%3D&idx=1&mid=401150783&sn=daefd37718238460ec6cc7d0ebfa23c0。

[④] "津巴布韦卡里巴南岸水电站扩机项目8号机组并网，"http://www.powerchina.cn/art/2018/3/5/art_23_273238.html。

[⑤] "俞正声出席深能加纳安所固电厂二期工程投产仪式"，http://news.bjx.com.cn/html/20160421/726878.shtml。

议和 EPC 商务合同，该项目是科特迪瓦目前最重要的能源项目之一，西非地区最大的超临界机组电站。该项目建成后将极大地改善科特迪瓦电源结构，提高其电网的稳定性和安全性。①

安哥拉：索约燃气联合循环电站。项目总装机容量 75 万千瓦，由中国能建旗下中电工程中南院勘察设计，是非洲目前装机最大的燃气电站。2017 年 7 月，索约燃气联合循环电站竣工投产。

第二节 水电项目

一、俄罗斯、蒙古国及东欧

俄罗斯：西伯利亚水电项目。2011 年 6 月 11 日，中国长江电力股份有限公司与俄罗斯能源集团有限公司签订框架合作协议。根据协议，双方将合资成立各持股 50% 的公司，在俄罗斯西伯利亚及远东地区建设及运营电力项目。首批合资项目包括开发西伯利亚的两个水电项目，水电站装机总容量为 1000 兆瓦~2400 兆瓦。投产后将从俄罗斯西伯利亚地区向中国东部与东北部出口电能。

下布列亚水电站项目。该项目位于俄罗斯布列亚河上，装机容量 320 兆瓦（4 台机组）。下布列亚水电站项目是中俄远东全面战略合作的一个重要合作项目。2014 年 11 月，三峡集团与俄罗斯签署《关于设立合资公司在俄罗斯远东地区投资、建设和运营水电站之股东协议核心条款》。

俄罗斯水电集团合作协议。俄罗斯水电集团分别与中国长江三峡集团、中国电力建设股份有限公司就水电站建设签署合作协议。协议总金额约为 3700 亿卢布（约合 79 亿美元）。根据与长江三峡集团签署的协议，双方将在俄罗斯阿穆尔州和哈巴罗夫斯克边疆区共同建造 4 座防汛水电站，总装机容量为 2000 兆瓦，项目预计投资额 2300 亿卢布。与中国电力建设股份有限公司签署的协议，确定了双方共同建造装机容量为 1560 兆瓦的列宁格勒抽水蓄能电站。项目投资额约为 1380 亿卢布。

蒙古：额根河水电站项目。项目投资总额为 9800 万美元，拟由中国葛洲坝集团公司承建。水电站装机 315 兆瓦，还包括 72.3 千米的输电线和长

---

① "一带一路"能源合作网："掀起中非能源合作浪潮"，https：//mp. weixin. qq. com/s/aZlKC8XzpNECUemsmh8hJw#__NO_LINK_PROXY__。

达71.9千米的公路。2016年因俄罗斯抗议将污染贝加尔湖而暂停。

二、中亚

哈萨克斯坦：玛伊纳水电站。位于哈萨克斯坦首都阿拉木图东部150千米处的恰伦河上，项目设计安装总装机容量30万千瓦高水头冲击式水轮发电机组，年发电量10.27亿度。该水电站在1985年就已着手实施，但是在1992年由于缺乏资金而被迫中断。2005年初，哈萨克斯坦政府通过了关于恢复建造水电站的决议。玛伊纳水电站是中国公司在哈萨克斯坦获得的最大水电工程，采用EPC承包模式，由中国水利电力对外公司、中国地质工程集团公司、中国水电顾问集团成都勘测设计研究院联营体共同实施。2008年4月9日，玛伊纳水电站项目的EPC总承包合同签字仪式在北京举行，投资总额3.3亿美元，其中1.3亿美元由哈萨克斯坦开发银行承担，其余2亿美元由中国国家开发银行提供。[①]

塔吉克斯坦：格拉夫纳亚水电站技改工程。中国水电第十六工程局有限公司为责任方，和中国电建集团成都勘测设计研究院有限公司联营承建。项目合同于2016年10月25日签订，2016年12月16日开工，2018年10月28日首台机组正式启动并网发电。[②]

三、西亚

伊朗：塔里干水利枢纽工程。位于伊朗北部塔里干地区，距首都德黑兰市约150公里，是一个以灌溉、城市供水和防洪为主，兼有发电功能的水利枢纽工程。[③] 蓄水容量为4.5亿立方米，每年可为临近的加兹温和德黑兰两市分别供水3亿立方米和1.5亿立方米，装有两台9000千瓦的水下发电机组。2001年1月12日，中国水电与伊朗德黑兰水组织签订EPC合同，合同额1.43亿美元。项目于2002年3月15日开工，2006年8月31日投入运行。[④] 该项目是中国水电集团成功运作的首个出口信贷项目，同

[①] "玛伊纳水电站"，http://baike.so.com/doc/5181775-5412852.html。
[②] "塔吉克斯坦格拉夫纳亚水电站首台机组并网"，http://power.in-en.com/html/power-2300943.shtml。
[③] 苏南："水电：'一带一路'实践成绩斐然"，《中国能源报》，2017年5月15日，第12版。
[④] "中水电承建的伊朗塔里干水坝电站项目竣工 伊朗总统出席揭牌仪式"，http://www.gongkong.com/news/200608/120353.html。

时也是中国出口信用保险公司承保的第一个大型出口信用保险项目。中国水利水电建设股份有限公司承建，委托中国水利水电第十工程局承担该项目主体工程。①

鲁德巴水电站。位于西部洛雷斯坦省的鲁德巴河上，距离首都德黑兰450多公里。电站将安装两台单机225兆瓦的混流式水轮发电机组，总装机容量450兆瓦。②项目总投资30多亿元人民币，是中伊融资合作框架下的首个项目，其中中国国产机电成套设备出口约占项目投资额度的50%。2017年中方公司完成电站建设后，伊朗业主继续将3年期商业运行项目托付给了中方公司。③

卡塔尔：大型供水工程E标段项目。项目包括两座水池、一座加压泵站及旁通管线工程。建成后，将成为世界最大的单体蓄水池，每座水池储水量达50万立方米。项目由中国能建旗下的葛洲坝集团承建。

四、南亚

巴基斯坦：卡洛特水电站。位于巴基斯坦北部印度河支流吉拉姆河流域，是吉拉姆河梯级水电站的第四级，装机容量720兆瓦，是巴基斯坦第五大水电站。该项目总投资约16.5亿美元，采用BOT方式投资建设。丝路基金参与由中国进出口银行牵头的银团，为项目提供贷款。该水电站是"一带一路"首个水电大型投资建设项目，是中国企业在海外投资在建的最大绿地水电项目。2016年1月10日，项目主体工程全面开工。④

SK水电站。该电站由中国能建旗下的葛洲坝集团投资建设，项目位于巴基斯坦开普省，距伊斯兰堡偏东265千米。电站总装机87.3万千瓦，项目总投资19.63亿美元，建设周期为6年。2017年12月，项目主体工程开始建设。建设期间，项目将为当地提供近4000个就业机会。

苏勒曼奇大坝修复升级项目。苏勒曼奇大坝是巴基斯坦重要的民生灌

---

① "伊朗塔里干水利枢纽工程"，http://baike.so.com/doc/6708235-6922251.html。
② "鲁德巴水电站"，http://ylldbsdz.dlzb.com/。
③ "'一带一路'伊朗项目之鲁德巴水电站平稳运行一周年"，http://news.bjx.com.cn/html/20170607/829543.shtml。
④ 刘伟主编：《读懂"一带一路"蓝图》，商务印书馆，2017年9月版，第71页。

溉工程，位于巴基斯坦旁遮普省，横跨苏特莱杰河，距离印巴边境约 3 千米。大坝修复升级项目包括 24 孔主坝闸门设备、16 孔底泄水闸门设备、8 孔 P 渠渠首调节闸门设备、7 孔 ES 渠渠首调节闸门设备、5 孔 F 渠渠首节闸门设备以及与之相关的附属设备设施。2018 年 2 月，中国电建水电七局夹江公司苏勒曼奇项目部完成收尾消缺。①

尼鲁姆—杰卢姆（N-J）水电站。该项目是在尼鲁姆河建设大坝，通过引水隧洞将水引至下游的发电机组发电，引水隧洞总长 68.5 千米，落差高度 420 米。是巴基斯坦目前最大的在建水电工程项目，由中国电建水电七局全程参与制造、安装，2008 年正式开工。电站共安装 4 台总容量为 96.3 万千瓦的混流式水轮发电机组，电站全部发电后，年发电量约 51.5 亿千瓦时，占巴基斯坦水电发电量的 12%。② 2017 年 5 月 5 日，N-J 水电站引水隧洞全线贯通。2018 年 4 月，水电站首台机组并网发电，项目正式投入运营。③

科哈拉水电站。项目位于巴基斯坦东北部，巴控克什米尔（AJK）境内的印度河（Indus River）支流吉拉姆河（Jhelum River）上，是吉拉姆河规划的 6 个梯级电站的第 2 级。电站总装机容量 112.4 万千瓦，工程建设期合同总工期 78 个月。④

尼泊尔：上马相迪 A 水电站。位于马相迪河中下游，是马相迪河干流水电规划的第 4 个梯级电站，距首都加德满都 200 千米。该电站以发电为主，采用径流引水式开发。枢纽工程由混凝土挡水坝、溢流坝、引水发电系统、发电厂房及尾水渠等组成。电站装机 3 台，总装机容量 112.5 兆瓦，年发电量 7.2 亿千瓦时。⑤ 该项目是中资企业在尼泊尔投资的第一个电站项目，由中国电建海投公司采用 BOOT 模式投资开发，总投资额约 1.659

---

① "苏勒曼奇大坝完成修复升级"，http://7j.powerchina.cn/Article_Show.asp?ArticleID=44952。

② "巴基斯坦尼杰电站首台机组并网发电"，http://sc.cri.cn/20180416/4706c062-1e33-fb0a-12eb-693d9c785cd9.html。

③ "巴基斯坦尼杰电站首台机组并网发电"，http://sc.cri.cn/20180416/4706c062-1e33-fb0a-12eb-693d9c785cd9.html。

④ "科哈拉水电站庆祝'古尔邦节'"，http://7j.powerchina.cn/Article_Show.asp?ArticleID=43167。

⑤ "上马相迪工水电站前期工作快速展开"，http://7j.powerchina.cn/Article_Show.asp?ArticleID=44911。

亿美元，特许期35年（含建设期）。①

那苏瓦卡里水电站。项目坐落于尼泊尔与中国西藏交界处的垂树里河上，在首都加德满都西北146千米处。属于尼泊尔境内垂树里河最上游的第一级水电开发项目，总装机111兆瓦。项目为EPC总承包合同，合同金额约为9800万美元。②

库里卡尼Ⅲ水电站。位于尼泊尔黑多拉市北15公里的哈尼河上，由尼泊尔国家电力局投资建设。为引水式发电站，装机容量为14兆瓦，最大引流量为16立方/秒。水电十一局承建该水电站大坝、引水隧洞及厂房等土建工程。③ 2018年4月，水电站完工。

布达甘达基大坝。2017年6月，尼泊尔联合政府与中国葛洲坝集团公司签约，建造1200兆瓦水电站，该协议价值达25亿美元，为该国最大的水电站项目。2017年11月13日，尼泊尔政府内阁会议决定取消前政府与中国葛洲坝集团签署的布达甘达基水电站建设协议。④ 2018年4月，尼泊尔新总理许诺恢复布达甘达基大坝项目建设。

斯里兰卡：莫勒格哈坎达水库。项目是该国最大规模的水利枢纽工程，蓄水能力为5.7亿立方米，发电能力为25兆瓦。项目从南到北贯穿斯里兰卡，利用较大库容将雨季的贮水调节到旱季使用，将中部的水调节到北部使用。承建方为中国电建欧亚区域总部，项目2012年7月开始建设，2017年7月全部完工。⑤ 2018年1月8日，举行竣工移交仪式。

五、东南亚

柬埔寨：甘再水电站。位于贡布省会上游约15千米的甘再河干流，距首都金边150千米。该水电站采用多年调节模式，其主要任务是兼具发电、灌溉、防洪等功能。总装机量19.41万千瓦，总投资3.4亿美元，由中国

---

① 苏南："水电：'一带一路'实践成绩斐然"，《中国能源报》，2017年5月15日，第12版。
② "那苏瓦卡里水电站"，http://baike.so.com/doc/8518937-8839402.html。
③ "尼泊尔库里卡尼Ⅲ水电站完工移交"，http://www.powerchina.cn/art/2018/4/10/art_23_278403.html。
④ "尼泊尔撕毁与中企签署的水电站协议 或因印度施压"，https://mp.weixin.qq.com/s?__biz=MjM5OTc3ODM5Ng%3D%3D&idx=1&mid=2649250880&sn=385ab402c47e3533877d929e40f9c530。
⑤ "中企承建斯里兰卡最大水库竣工移交 将助当地解决水资源分布不均等问题"，https://www.yidaiyilu.gov.cn/xwzx/hwxw/43035.htm。

水利水电建设股份公司开发建设。按照中国水电与柬埔寨工业部的开发计划，甘再水电站特许经营期为44年，电站收益双方共享。40年的商业运行期结束后，整个电站无偿交给柬方。柬埔寨金边电网白天容量为550兆瓦，夜间容量为220兆瓦，甘再水电站承担其电网白天35%左右，夜间80%左右的电量供应。① 它是中国电建第一个以BOT方式进行投资开发的境外水电投资项目，也是中国当时最大的一个BOT境外水电投资项目。②

额勒赛下游水电站。该项目为华电海外项目，包括四台机组，装机容量为338兆瓦，年发电量约为11.98亿千瓦时，占柬埔寨全国年发电量的20%以上。2013年12月28日，该电站四台机组全部投产。③

桑河二级水电站。位于东北部上丁省西山区境内的桑河干流上，总装机容量40万千瓦，占柬埔寨全国总发电机容量的20%。工程施工总工期为4年9个月，共57是柬埔寨最大的水电工程。大坝全长6.5千米，是亚洲水电站第一长坝。④ 电站由华能澜沧江水电有限公司全资子公司云南澜沧江国际能源有限公司、柬埔寨皇家集团、越南电力集团国际股份公司三方联合开发，三方分别持有51%、39%和10%的股份。由桑河二级水电有限公司以BOT方式进行投资开发和运营。⑤ 2013年10月开工，2017年12月9日首台机组投产发电。2018年10月21日，8台机组全部投产发电。预计年发电量可达19.7亿千瓦时。⑥

达岱水电站BOT项目。由中国重型机械有限公司（中国重机）投资建设，共投资5.4亿美元，是柬埔寨单项工程装机规模最大的水电站项目，占其国内水电总装机容量的四分之一。项目总装机容量246兆瓦，由3台82兆瓦的水轮发电机组组成，建设期5年，运营期37年。建成后平均年

---

① "有图有真相！'一带一路'上的这些能源项目都是中国造！"https://www.toutiao.com/i6420155057274094082/。
② 苏南："水电：'一带一路'实践成绩斐然"，《中国能源报》，2017年5月15日，第12版。
③ 卢彬："清洁电力点亮'一带一路'"，《中国能源报》，2017年5月15日，第11版。
④ "柬埔寨首相洪森出席桑河水电站下闸蓄水仪式"，http://www.chinapower.com.cn/guoji/20170926/91989.html。
⑤ "中国在柬埔寨修成亚洲第一长坝：桑河水电站下闸蓄水"，http://mil.news.sina.com.cn/dgby/2017-09-26/doc-ifymenmt7025847.shtml。
⑥ 华勋："华能桑河二级水电站全部投产发电"，《中国能源报》，2018年10月29日，第12版。

发电量8.49亿度。[①]

斯登沃代（Stung Atay）水电站。项目位于柬埔寨西部菩萨省斯登沃代河上，距金边340千米。该电站由中国大唐集团海外投资有限公司投资建设，为BOT项目。总装机容量为12万千瓦，年发电量4.65亿千瓦时。[②]分两级开发，第一级为坝后式电站，装机容量20兆瓦，第二级为引水式电站，装机容量100兆瓦。[③] 2009年11月正式开工建设，2013年6月30日6台机组全部投产。

缅甸：太平江水电站。位于缅甸东北克钦邦境内太平江上，紧邻中缅边境，距中国云南省德宏州的盈江县城和瑞丽市区分别为90千米和170千米。太平江电站规划总装机容量40万千瓦，分两期建设。一期水电站为4台6万千瓦机组，设计年发电量10.7亿千瓦时，预计总投资约17亿元，90%以上的电量回送中国南方电网。工程2007年12月主体工程开工，2008年10月截流，2009年9月首台机组发电，2010年6月全部建成。[④]项目由大唐集团投资控股，华中电力国际经贸有限责任公司和江西省水利规划设计院参与投资建设。工程由中国水电建设集团国际公司进行施工总承包，包括电站全部土建施工、金属结构制安及机电电气设备安装等，工程由十四局具体承担施工。2009年12月20日，在缅甸首都内比都签署了合资协议。根据合资协议：项目特许经营期限为"35+5"年，特许经营期满后全部移交给缅甸联邦政府。[⑤]

伊江上游七级大型水电站项目：国家电投所属云南国际电力投资有限公司在缅甸伊江上游规划建设七级大型水电站及一座配套施工电源电站（小其培电站），总装机容量2160万千瓦，年均发电量约1140亿千瓦时。2013年9月，小其培电站（3×3.3万千瓦）实现向缅北部分地区供电。[⑥]

密松水电站。伊洛瓦底江干流上游的水电站，坝址位于迈立开江与恩

[①] "有图有真相！'一带一路'上的这些能源项目部都是中国造！"，https://www.toutiao.com/i6420155057274094082/。

[②] "弘扬大唐精神 建设国际一流能源集团 专题报道国际篇"，https://www.docin.com/p-2013697681.html。

[③] "斯登沃代水电站"，http://baike.so.com/doc/4423745-4631340.html。

[④] "密松水电站"，http://baike.so.com/doc/4695631-4909721.html。

[⑤] "密松水电站"，http://baike.so.com/doc/4695631-4909721.html

[⑥] "国家电力投资集团有限公司：跨国经营发展"，http://www.spic.com.cn/jt-cynew/jw/

梅开江汇合处下游7千米处，密支那以北37千米处，是世界上第15大水电站，于2009年12月正式开工建设。由缅甸电力部、中国电力投资集团、缅甸亚洲世界公司组成的合资公司投资建设。总装机容量600万千瓦，平均每年可为缅甸提供308亿度电。电站是伊江上游水电项目（伊洛瓦底江、恩迈开江和迈立开江）规划的七座大坝之一。七座水电站规划装机容量约20000兆瓦，年平均发电量超过1000亿千瓦时。2001年，缅甸制订的30年电力发展规划要建设64座水电站、3座燃煤电厂，总装机4000万千瓦，而伊江上游水电项目就占了41%的装机容量。密松水电站是规划7座水电站中最大的、最下游一级电站，装机容量相当于三峡水电站的16%。[①]

早在1952年缅甸政府就提出开发密松大坝的计划。此后找了欧洲、日本、中国等多个国家的投资者，因资金、电力市场及西方制裁等问题，都不愿投资缅甸。2001年，缅甸电力企业及缅甸农业与灌溉部制订了"伊洛瓦底江密松大坝多用途水利项目"。2003年昆明水电勘测设计院进行了勘测。2006年10月，缅甸政府在第三届中国东盟投资峰会上邀请中国电力投资集团投资开发缅甸的水电。2006年12月，缅甸政府与中国电力投资集团签订了谅解备忘录（MOU），计划首期建设600万千瓦的密松水电站与340万千瓦的其培（Chibwe）水电站。[②]

2007年，由长江水利勘测设计院实施地质钻探、库区勘测、水电设计。2007年4月，为密松、其培电站建设施工供电的9.9万千瓦的小其培水电站开工建设（2011年9月建成）。2009年6月16日，中国电力投资集团（CPI）与缅甸电力部水电规划司（DHPP）签订了伊江上游水电项目协议备忘录（MOA），开发、运营、转交在密松上游的恩梅开江、迈立开江建设水电站。2009年12月21日，密松水电站正式开工建设。

根据双方谈定的商务条款，缅甸政府获得10%的发电量与15%的项目股份。此外，缅甸政府还将征收所得税与出口税。运营50年后，项目将完全无偿移交给缅甸政府。在50年特许经营期内，缅甸政府将获得170亿美元收入。对于伊洛瓦底江盆地的7座规划水电站，缅甸政府可获得540亿美元的税收、发电量的免费份额、股份分红。缅甸政府得到的经济收益超过总收益的60%，而投资者不足40%。50年特许经营期后，项目所有权

[①] "密松水电站"，http://baike.so.com/doc/6184171-6397419.html。
[②] "密松水电站"，http://baike.so.com/doc/6184171-6397419.html。

移交缅方，项目开发方式为典型的国际 BOT 项目。[1]

2010 年 2 月，设在英国的克钦民族组织在英、日、澳洲、美等地的缅甸大使馆抗议兴建密松水电站。2011 年 6 月，缅甸政府军与克钦独立军爆发武装冲突。2011 年 9 月 30 日，缅甸总统吴登盛在缅甸国会突然宣布密松水电站在他的总统任期内搁置。2013 年 3 月，中国撤出了全部参建单位和设备。现场还留守部分人员，看守已经建成的设备，并为当地移民提供大米、医疗、教育、扶贫等帮助。2016 年 8 月，昂山素季访华，李克强同昂山素季举行会谈强调，中方愿同缅方加强发展战略对接，更好规划重点领域合作，妥善推进中缅油气管道、密松水电站等大项目合作。[2]

马来西亚：巴贡（Bakun）水电站。位于沙捞越州的巴卢伊（Balui）河上，是该国最大的工程项目，被誉为东南亚的三峡工程。最大坝高 205 米，水库总库容 438 亿立方米，有效库容 192 亿立方米。电站装有 8 组发电机组，装机总容量 240 万千瓦，年发电量约 170 亿千瓦时。该工程于上世纪 90 年代初开始规划并于 1996 年底开工，受亚洲金融危机影响于 1997 年全面停顿，2000 年重新提上复工议程。[3]

2002 年 10 月 8 日，巴贡水电站主体土建工程（EPC 项目）由中国水电集团八局和马来西亚当地公司组成的马中水电联营体中标承建，[4] 总标价 17.88 亿马来西亚林吉特，约折合 4.7 亿美元。2002 年 10 月 8 日开工，总工期 59.5 个月。[5] 2010 年 10 月 13 日上午，巴贡水电站项目下闸蓄水。2011 年 11 月，巴贡水电站工程荣获 2010—2011 年度国家优质工程金质奖。[6]

巴莱水电站。巴莱水电站项目位于沙捞越州东南人口稀疏的拉让（Rajang）河支流巴莱河上，位于与 Putai 河流汇流处上游 3 千米、与 Rajang 河流汇流处上游 95 千米，距离巴贡水电站约 110 千米。巴莱水电站作为沙捞越再生能源走廊（SCORE）开发的一部分，由中国电建水电七局承建。2017 年 10 月，巴莱水电站导流洞项目正式动工。[7]

---

[1] "密松水电站"，http：//baike.so.com/doc/6184171-6397419.html。
[2] "密松水电站"，http：//baike.so.com/doc/6184171-6397419.html。
[3] "马来西亚巴贡水电站"，https：//baike.so.com/doc/7533388-7807481.html。
[4] "马来西亚巴贡水电站"，https：//baike.so.com/doc/7533388-7807481.html。
[5] "巴贡水电站"，http：//7j.powerchina.cn/Article_Show.asp？ArticleID=23312。
[6] "马来西亚巴贡水电站"，https：//baike.so.com/doc/7533388-7807481.html。
[7] "中国电建承建马来西亚巴莱水电站"，http：//www.caexpo.org/index.php？a=show&c=index&catid=120&id=219764&m=content。

沐若水电站。地处婆罗洲岛的沙捞越州，坝址位于拉让（Rajang）河流域源头沐若河上，距民都鲁市约 200 千米，装机容量 944 兆瓦（4×236 兆瓦）。水电站是拉让河上游四级梯级开发中的第 2 级梯级电站，距下游巴贡水电站约 70 千米。EPC 合同总价约为 58 亿人民币，工期为 60 个月。中国三峡总公司全程负责该项目设计、采购和施工，三峡总公司旗下子公司长江三峡经济技术发展有限公司承建。工程于 2008 年 10 月正式动工，总工期 5 年，合同金额 10 亿美元。2010 年 4 月实现截流。2013 年 9 月 21 日沐若水电站顺利实现导流洞下闸，开始蓄水。① 2016 年 10 月，沐若电站正式启用。电站工程荣获 2016 年度中国电力优质工程奖。

老挝：南欧江水电站。位于琅勃拉邦省，南欧江全流域梯级总装机容量为 1272 兆瓦，年均发电量约 49.66 亿度，按"一库七级"规划方案，分两期进行投资开发，总装机容量达 127.2 万千瓦，总投资约 28 亿美元。其中，一期项目（二、五、六级水电站）总装机容量 540 兆瓦，年平均发电量约 20.92 亿度，总投资为 10.35 亿美元，于 2012 年正式开工，2015 年年底各级电站首台机组将按照计划陆续发电。二期项目（一、三、四、七级水电站）总装机容量为 732 兆瓦，年均发电量约 28.74 亿度，总投资约 17 亿美元。由中国电建投资的二级电站 2 号机组已于 2016 年 2 月 2 日正式并网发电。② 2017 年 12 月，南欧江二期电站实现大江截流。

南欧江五级电站。截至 2018 年 4 月 8 日，南欧江五级电站已连续安全运行 831 天，累计发电量突破 10 亿度，占南欧江一期总发电量的 40%。为老挝北部电网输送了优质电能，为当地经济发展做出了较大贡献。南欧江五级电站位于老挝丰沙里省境内，是中国电建首个境外获得以全流域整体规划和 BOT 投资开发的水电项目中的第五个梯级电站，是南欧江流域七级水电规划中装机最大的一级，电站总装机容量 240 兆瓦，首台机组于 2015 年 12 月份投产发电，2016 年 4 月全面投产发电。③

南俄 4 水电站。南俄 4 水电站项目位于老挝川圹省。该电站装 3 台 80 兆瓦混流式机组，设计总装机容量 240 兆瓦，建设工期 60 个月。由中国政府提供优惠出口买方信贷建设，由中国重型机械有限公司承建。2018 年 1

---

① "沐若水电站"，http://baike.so.com/doc/5269761-5503645.html。
② "有图有真相！'一带一路'上的这些能源项目部都是中国造！" https://www.toutiao.com/i6420155057274094082/。
③ "南欧江五级电站累计发电量突破 10 亿度"，http://www.powerchina.cn/art/2018/4/10/art_23_278354.html。

月 25 日开工。该项目将有助于增强老挝发电能力和改善电力配套基础设施。①

南俄 5 水利水电工程。中国电建在老挝投资的首个 BOT 项目，总装机 120 兆瓦，年发电量 5.07 亿千瓦时，除满足当地工农业建设用电的需要外，大部分将出口到泰国和越南，兼有减轻下游洪水灾害，以及发展旅游、水产养殖等综合效益。②

北本水电站。北本水电站为老挝境内湄公河干流规划梯级开发的第 1 级，开发任务是以发电为主，兼有航运、鱼道等综合利用效益的水电枢纽工程，2017 年 6 月通过湄委会 PNPCA 程序。③

东萨宏水电站。位于南部占巴塞省，距孔恩瀑布约 2000 米。工程采用明渠引水发电，引水明渠长 5000 米，水头约 20 米。电站共安装四台灯泡贯流式发电机组，总装机 260 兆瓦，设计最大引水流量 1600 立方米每秒。明渠两侧修建的 RCC 碾压混凝土重力式挡水堤坝工程共分三段，总长度约 6.8 千米，堤顶高程 76.9 米。项目由中国水电国际工程公司承建，2015 年 9 月 28 日启动。④

南塔河 1 号水电站。项目位于老挝北部的博乔省湄公河左岸支流南塔河上，总装机 16.8 万千瓦，年发电量 7.2 亿千瓦时。项目由南方电网和老挝国家电力公司共同投资建设。⑤ 2010 年 6 月，签署项目开发协议。2013 年 12 月项目开工，2014 年签署特许权协议和融资协议。总投资约 27 亿元人民币，特许经营期限 30 年。⑥ 2018 年 6 月，水电站正式下闸蓄水。2019 年 3 月投产发电。

南莫 II 水电站。地处老挝川圹省，距离老挝、越南边境 20 千米，装

---

① "中国重型机械承建老挝南俄 4 水电站开工"，http：//www.bhi.com.cn/ydyl/吉瓦 dt/46481.html。

② "有图有真相！'一带一路'上的这些能源项目部都是中国造！"https：//www.toutiao.com/i6420155057274094082/。

③ "弘扬大唐精神 建设国际一流能源集团 专题报道国际篇"，https：//www.docin.com/p－2013697681.html。

④ "电建股份在公司召开老挝东萨宏水电站项目启动会议"，http：//10j.powerchina.cn/index.php？a=show&c=index&catid=25&id=2104&m=content。

⑤ "中国、老挝、越南电网互联互通取得实质性进展"，http：//www.xinhuanet.com/energy/2017－09/18/c_1121678256.htm。

⑥ 崔晓利："电网'一带一路'国际合作现状分析"，https：//mp.weixin.qq.com/s/3ZacwSmCVl4UQshL9oxCeQ#__NO_LINK_PROXY__。

机 3 台 40 兆瓦机组，总装机容量 120 兆瓦，是老挝第一个高水头冲击式机组电站。由老挝、越南双方共同开发，生产电力大部分输往越南国家电网。2018 年 1 月，东方电气签订南莫 II 水电站 EPC 总承包合同。①

南涧水电站。位于老挝北部川圹省南涅河上游左侧支流上，包括 2 台冲击式水轮发电机组，总装机容量 10.4 万千瓦。中国能建旗下的葛洲坝集团机电公司承担机电成套与安装任务。2014 年 5 月开工，2018 年 1、2 号机组相继完成试运行。②

印度尼西亚：佳蒂格德水电站。位于西爪哇省双木丹县境内，距井里汶—双木丹主干线约 16 千米，距井里汶市约 75 千米，距万隆市约 125 千米。水库控制流域面积 1414 平方千米，总库容 10.6 亿立方米，电站装机容量 110 兆瓦，是印尼最大水利工程。工程分两期开发，一期为大坝建设，二期为发电站。一期于 2007 年 4 月 30 日签订合同，11 月 15 日开工。二期于 2014 年 12 月签约，2015 年 5 月开工。项目由印尼 Pembangunan 公司和中国水电建设集团承建，其中土木工程、岩土工程和隧道、涡轮等由中方承建。③

波索 1 二期水电项目。波索 1 二期水电项目位于印尼中苏拉威西省。2017 年 8 月，东方电气签约波索 I 二期水电项目。④

越南：中宋水电站。中宋水电站位于越南清化省马河，总装机容量 26 万千瓦，安装 4 台单机容量 6.5 万千瓦混流式水轮发电机组。该项目为越南第一个世界银行正式贷款的水电项目，业主为 EVN 第二发电集团，水电八局承建。2017 年 6 月 24 日，4 号机组通过试运行，中宋电站四台机组全部投产发电。⑤

---

① "东方电气签订老挝南莫 II 水电 EPC 总承包合同"，http：//www.bhi.com.cn/ydyl/dt/46061.html。

② 龚烈："南涅河上水电争艳占巴花"，《中国能源报》，2018 年 3 月 12 日，第 26 版。

③ "印尼十大电力项目"，https：//mp.weixin.qq.com/s?__biz=MzU0NDA3OTg5OQ%3D%3D&chksm=fb00ee03cc776715d8457fd03859c998559481439e8a5cd0cb9112dd68c3bab7df0a76583fce&idx=1&mid=2247485303&scene=21&sn=84455bc69d560d598a36f7ed1186410a。

④ "东方电气海外水电项目再下两城"，http：//www.bhi.com.cn/ydyl/dt/42217.html。

⑤ "越南中宋水电站 4 台机组全部投产发电"，http：//8j.powerchina.cn/web/News/NewsShow.asp?ID=22546。

菲律宾：卡利瓦大坝项目。该项目是菲律宾新百年水源计划的重要组成部分，拟建设一座5700万立方米的水库，向大马尼拉地区每日供应6亿升生活用水。2018年11月20日，中国能建与菲律宾签署项目协议。[①]

澳大利亚：太平洋水电项目。2015年12月17日，国家电投所属五凌电力收购澳大利亚太平洋水电公司，太平洋水电拥有19座水电站和风电场，资产分布于智利、澳大利亚和巴西，总装机90万千瓦，并拥有一定数量的绿地项目。[②]

六、非洲

苏丹：麦洛维水电站。位于苏丹王国北方省，距苏丹首都喀土穆350千米，位于卡瑞玛城东北部27千米的尼罗河上，装机容量1250兆瓦，由苏丹灌溉及水利资源部投资兴建，其主要目的为发电和灌溉。[③] 该大坝是世界上最长的大坝（9700米，三峡大坝全长2309米），水库建成后蓄水125亿立方米，并通过麦洛维电站使下游400公里范围内形成自流灌溉，解决尼罗河两岸400万人的生产和生活用水问题。[④]

埃塞俄比亚：泰可泽电站。该电站集水利、发电、灌溉为一体，总装机容量30万千瓦，坝高188米，装机容量占该国总装机容量的1/3，是世界上最高的混泥土双曲拱坝。

GD-3（GENALE-DAWA-3）水电站。位于埃塞俄比亚西南部，距首都亚的斯亚贝巴约360千米，为奥姆欧河梯级开发中的第3级电站。电站装设10台187兆瓦的混流式水轮发电机组，是非洲在建最大水电站。合同金额4.51亿美元，合同工期48.5个月，总承包商为葛洲坝集团第一工程有限公司。2016年9月，电站顺利发电。[⑤]

赤道几内亚：吉布洛电站。是赤道几内亚第一座水电站，它的兴建结

---

① 宗和："中国能建签署菲律宾两项目协议"，《中国能源报》，2018年11月26日，第25版。

② "国家电力投资集团有限公司：跨国经营发展"，http://www.spic.com.cn/jt-cynew/jw/。

③ "苏丹麦洛维水电站"，http://7j.powerchina.cn/Article_Show.asp?ArticleID=23315。

④ 苏南："水电：'一带一路'实践成绩斐然"，《中国能源报》，2017年5月15日，第12版。

⑤ "非洲在建最大水电站吉布3水电站投产，由中国公司承建"，https://www.thepaper.cn/newsDetail_forward_1530867。

束了该国境内依靠燃油发电的历史。该电站满足赤道几内亚大陆境内90%以上的用电需要。

几内亚：凯乐塔水利枢纽工程。位于几内亚西部的孔库雷河流域，工程装机容量24万千瓦，工期48个月，合同金额4.46亿美元。是几有史以来规模最大、发电量最多的综合性水利枢纽项目，也是几内亚政府优先、重点发展的能源项目。该项目由中国水利电力对外公司（中水电对外CWE）承建。2012年4月18日正式开工，2015年10月投产运营。① 电站效果图被几内亚央行选中作为新发行面值2万几内亚法郎货币的背面图案。

苏阿皮蒂水电站。2016年1月，三峡集团与几内亚签署了苏阿皮蒂水电站项目EPC总承包合同，总额13.8亿美元，年平均发电量19亿千瓦时，工期58个月。该项目也是西非地区国家区域合作的项目。②

乌干达：卡鲁玛水电站。距乌干达首都坎帕拉270千米，由中国电力建设集团有限公司所属中国水利水电建设集团公司承建，是乌干达境内维多利亚尼罗河上规划的7个梯级电站中的第三级，是目前东非地区在建的最大水电站项目。

该项目于2013年8月开工建设，是乌干达政府最优先实施的重大水电站项目，水电站建成后，每年将发电40亿千瓦时。③

伊辛巴水电站。位于乌干达南部，距离尼罗河源头、世界第二大淡水湖维多利亚湖下游30千米，是三峡集团所属中国水利水电对外有限公司在乌干达承建的第一个项目。总装机容量183.2兆瓦，完建后年平均发电量10.39亿千瓦时。2018年11月5日，水电站成功启动下闸蓄水。该电站将使乌干达电力装机容量增加22%，年发电量增加约1/4。④

加纳：布维水电站。位于加纳北部和科特迪瓦交界处，在沃尔特水库上游150公里的青沃尔特河上，枢纽建筑物主要有110米高的RCC大坝和坝后式厂房，电站装机3台，总容量400兆瓦，年发电量10亿度。随着水

---

① "中国赢得非洲朋友的工程：几内亚凯乐塔水电站"，http：//blog. sina. com. cn/s/blog_47ea0ee40102w605. html。
② "一带一路"能源合作网："掀起中非能源合作浪潮"，https：//mp. weixin. qq. com/s/aZlKC8XzpNECUemsmh8hJw#__NO_LINK_PROXY__。
③ "一带一路"能源合作网："掀起中非能源合作浪潮"，https：//mp. weixin. qq. com/s/aZlKC8XzpNECUemsmh8hJw#__NO_LINK_PROXY__。
④ 牛洪涛、闻东旭："三峡承建乌干达伊辛巴水电站下闸蓄水"，《中国能源报》，2018年11月12日，第12版。

电站成功并网发电,加纳一跃由电力进口国变成了电力出口国。[①]

马里:费鲁水利水电工程。系中国公司迄今在马里境内承建的最大的工程承包项目。由马里、塞内加尔、毛里塔尼亚、几内亚四国联合开发,电站装机63兆瓦。[②]

古伊那水电站。位于马里西部,巴富拉贝与卡伊两城市之间的塞内加尔河流上,为径流式电站。电站大坝为常态混凝土重力坝,最大坝高17米,大坝全长1230米。电站总装机容量3×49兆瓦。由塞内加尔河流域开发组织(OMVS)投资开发,中国电建EPC总承包,采用FIDIC黄皮书合同条件,合同总工期42个月。[③]

赞比亚:卡里巴北岸水电站扩机工程。由中国能建集团承建,是赞比亚国家独立后首个独立自主完成的能源开发项目。在卡里巴水电站北岸电厂原四台机组的基础上,新增两台180兆瓦机组,将为该国增加18%的电力供应。[④]

下凯富峡水电站。项目位于赞比亚首都卢萨卡西南90公里的凯富河上,项目装机75万千瓦,年发电量约30亿度。从2003年开始,中国水电积极推动该项目的建设。[⑤] 2017年11月13日,下凯富峡水电站EPC项目完成融资,融资方为中国工商银行和中国进出口银行。项目业主是赞比亚电力公司下属的下凯富峡水电站开发有限公司。预计2020年竣工发电。

莱索托:麦特隆供水工程。麦特隆供水工程地处南非高原,阿拉伯基金等多个财团提供建设资金,并由中国电建水电八局为主承建。2011年底开工建设,2015年5月实现向莱索托首都和周边城镇的工业以及生活供水。2016年,全部完成项目建设并移交当地政府。[⑥]

科特迪瓦:苏布雷水电站项目。苏布雷水电站位于西非科特迪瓦境内

[①] "有图有真相!'一带一路'上的这些能源项目部都是中国造!" https://www.toutiao.com/i6420155057274094082/。

[②] "有图有真相!'一带一路'上的这些能源项目部都是中国造!" https://www.toutiao.com/i6420155057274094082/。

[③] "马里古伊那水电站主体工程首全混凝土开始浇筑",http://www.powerchina.cn/art/2018/4/17/art_23_279104.html。

[④] "有图有真相!'一带一路'上的这些能源项目部都是中国造!" https://www.toutiao.com/i6420155057274094082/。

[⑤] "下凯富峡水电站",http://baike.so.com/doc/6572749-6786512.html

[⑥] "首次满蓄溢流中国电建施工的麦特隆水坝滴水不漏",http://www.powerchina.cn/art/2018/4/17/art_23_279081.html。

萨桑德拉河上,是科特迪瓦目前最大的水电站,科特迪瓦国家能源平衡战略的核心项目,总装机容量为 275 兆瓦。项目还将配套建设水电站至阿比让的 225 千伏输电线路。该电站由中国大唐集团海外技术服务公司提供试运行技术指导,由中国水利水电第五工程局有限公司承建。历时 9 个月,于 2017 年 12 月 5 日正式实施完毕。①

刚果(金):布桑加水电站大坝及水垫塘工程。布桑加水电站位于刚果(金)南部地区卢阿拉巴河上,距卢本巴希市约 410 千米。水电站为混合式开发,以发电为主。电站总装机容量 240 兆瓦(单机容量 60 兆瓦)。电站建成后与刚果(金)南部电网相连,然后自距矿区约 20 千米的南部电网中心变电站(科卢韦齐 SCK 220 千伏变电站)通过双回 220 千伏电源线路引入矿区,为刚果(金)铜钴矿区采、选、冶、生产等提供电力保障。2018 年 3 月 9 日,刚果(金)布桑加水电站大坝及水垫塘工程施工项目合同签约仪式在中铁资源公司举行。②

刚果(布):利韦索水电站。项目位于刚果(布)桑加地区,总装机容量 19.2 兆瓦,安装 3 台 6.4 兆瓦混流式机组,由中国能建葛洲坝一公司承建。2018 年 6 月,项目通过验收。

津巴布韦:卡里巴南岸水电站扩机项目。项目位于赞比亚和津巴布韦两国的界河——赞比西河南岸,距离首都哈拉雷 375 公里,2014 年 11 月 10 日正式开工,主要承担在原 6 台机组的基础上进行扩机任务,扩机容量为 2 台 15 万千瓦的水轮发电机组。由中国电建旗下水电十六局承建,是中国企业在津巴布韦最大的水电项目,也是津巴布韦独立以来开工建设的规模第二大能源项目。建成后将使卡里巴水电站发电量增加 40%,使津巴布韦全国年发电量提高近 25%。2018 年 2 月 26 日,电站扩机项目 8 号机组并网发电成功。③

喀麦隆:曼维莱水电站。曼维莱水电项目位于喀麦隆南部大区,总投资 6.37 亿美元,总装机容量 211 兆瓦,多年平均发电量 1187 吉瓦·h。由水电十六局承建,为喀麦隆最大的在建水电站,项目总投资 6.37 亿美

---

① "弘扬大唐精神 建设国际一流能源集团 专题报道国际篇",https://www.docin.com/p-2013697681.html。
② "水电一局签署刚果(金)布桑加水电站大坝及水垫塘工程施工项目合同",http://www.powerchina.cn/art/2018/3/13/art_23_274675.html。
③ "津巴布韦卡里巴南岸水电站扩机项目 8 号机组并网",http://www.powerchina.cn/art/2018/3/5/art_23_273238.html。

元。项目于 2012 年底开工，2018 年 2 月 8 日，曼维莱水电站主体通过验收。[①]

安哥拉：卡库洛卡巴萨水电站。位于北宽扎省境内宽扎河中游，项目装机容量达 217.2 万千瓦，是目前非洲在建的最大水电站，也是目前中资企业在非洲承建的最大水电站，被誉为"非洲三峡工程"。项目合同额超过 45 亿美元，中国葛洲坝集团股份有限公司作为承建方。2015 年 6 月 5 日签约，2017 年 8 月 4 日，电站开工，计划在 80 个月内建成。葛洲坝集团还将负责电站四年的运行和维护。[②]

尼日利亚：蒙贝拉水电站。2017 年 11 月 10 日，中国能建旗下葛洲坝集团牵头的"葛洲坝—中国水电—中地海外"三家中资企业联营体中标蒙贝拉水电站，合同总额 57.92 亿美元。

尼日尔：坎大吉水电站。位于尼日尔河下游区域，距离首都尼亚美 180 千米，总装机容量 13 万千瓦，大坝长 9.1 千米，最大坝高 28 米，被誉为尼日尔的"三峡工程"。中国葛洲坝集团于 2018 年 6 月份与尼日尔共和国坎大吉水电有限公司签署坎大吉水电站 1 标工程施工总承包合同。[③]

肯尼亚：斯瓦克大坝。项目位于肯尼亚东南部，距首都内罗毕 120 公里。2017 年 11 月 15 日，中国能建旗下中国葛洲坝集团与肯尼亚水利与灌溉部在肯尼亚首都内罗毕签署了斯瓦克（Thwake）大坝项目合同。项目第一期主要包括：大坝、引水系统、电站场道路、业主永久营地等附属设施的设计与施工等，合同工期为 53 个月。[④]

七、拉美

哥斯达黎加：托瑞托（TORITO）水电站。位于哥斯达黎加 Cartago 省 Turrialba 市的 Reventazon 河上，距哥斯达黎加首都圣何塞约 70 千米。该项目是东方电气集团首次以承包商身份进入中美洲水电市场。2012 年 2 月 14

[①] "'一带一路'海外工程项目巡礼"，http://www.xinhuanet.com/2018-05/15/c_1122832710.htm。

[②] "安哥拉总统为卡卡水电站奠基 中国公司承建非洲最大水电站开工"，http://www.sohu.com/a/162722614_271142。

[③] "尼日尔总统接见坎大吉水电站项目管理团队"，http://www.cggc6.ceec.net.cn/art/2018/8/10/art_14852_1704977.html。

[④] "中国葛洲坝集团签署肯尼亚斯瓦克大坝项目合同"，http://www.gzbgj.ceec.net.cn/art/2017/11/17/art_7615_1517899.html。

日签约。2014年4月，机电公司与东方电气集团国际合作有限公司达成合作共识，水电八局负责水电项目机电设备安装。

厄瓜多尔：辛克雷水电站。辛克雷水电站位于厄瓜多尔东部的科卡河流域，电站坝址距首都基多约130千米，为引水式电站，共计划安装机组8台，总装机1500兆瓦。水电站由中国资金支持、中国水电承建，合同总额约23亿美元。① 它是厄瓜多尔目前最大的水电站，年发电量88亿千瓦时，建成后将满足厄瓜多尔1/3人口的电力需求，整个项目由中国进出口银行提供85%的买方信贷。②

美纳斯水电站。位于厄瓜多尔第三大城市昆卡西南方向，距昆卡公路里程90公里，电站工区平均海拔700米左右，电站总装机容量275兆瓦。项目由哈尔滨电气国际工程有限责任公司与中国水利水电第八工程局有限公司共同建设。该工程自2012年3月开始修建。③ 2018年1月，美纳斯水电站举办大坝蓄水庆典。电站的建成将提供年均1290亿千瓦时的能源，将替代目前的能源进口，创造2798个直接就业岗位。④

阿根廷："基塞"水电站。该项目包括基什内尔和塞佩尼克两座水电站，设计装机容量达1740兆瓦，为阿根廷历史上最大的水利工程。项目建成后，年均发电量可达49.5亿千瓦时。项目建设由葛洲坝集团与阿方企业组成的联营体负责。2014年7月18日，中国国家主席习近平与阿根廷时任总统克里斯蒂娜共同见证了"基塞"水电项目融资协议的签署。项目实施过程中将创造约5000个直接岗位和1.5万个间接岗位。⑤

孔拉水电站。项目位于阿根廷南部巴塔哥尼亚高原的圣克鲁斯河上，由相距65公里的"孔多克里夫"和"拉巴朗科萨"两座水电站组成，总装机容量1310兆瓦，是阿根廷在建的最大水电项目。由葛洲坝集团和阿根廷公司联合承建。2015年2月工程开工，2015年末阿根廷新一届政府上

---

① "有图有真相！'一带一路'上的这些能源项目部都是中国造！"https://www.toutiao.com/i6420155057274094082/。
② 苏南："水电：'一带一路'实践成绩斐然"，《中国能源报》，2017年5月15日，第12版。
③ "美纳斯水电站"，http://baike.so.com/doc/8415467-8735221.html。
④ "水电八局承建的厄瓜多尔美纳斯水电站举权大坝蓄水庆典"，http://ny.rednet.cn/c/2018/01/18/4533741.htm。
⑤ "世界最南端水电项目诠释'一带一路'合作内涵"，http://www.xinhuanet.com/silkroad/2018-01/18/c_1122277354.htm。

台，项目经历了重大合同变更，后又因环评问题导致项目主体持续停滞。2017年10月13日，阿根廷能源矿业部长阿兰古伦视察项目施工现场并宣布项目复工。项目建成后，阿根廷电力装机总容量可以提升约6.5%，每年可节约燃油进口外汇11亿美元。项目实施过程中将创造约5000个直接岗位和1.5万个间接岗位。[1]

巴西：圣西芒水电站特许经营权。圣西芒水电站是巴西第9大水电站，位于米纳斯吉拉斯州圣维多利亚城巴拉那伊巴河流域，装机容量171万千瓦。浙能集团与国电投海外公司协作中标圣西芒水电站的特许经营权项目。浙能集团投入10.19亿巴西雷亚尔（约20亿元）资本金参与该项目的投资和运行，股比占整个项目的35%，获得30年特许经营权。2017年12月，浙能集团完成特许经营权交割。[2]

玻利维亚：圣何塞水电站II期。项目位于玻利维亚科恰班巴省克洛美（COLOMI）市，总装机120兆瓦，是中国电建在玻利维亚签约的首个水电站，是玻利维亚重点工程项目。2014年6月25日，中国电建所属中国水电与玻利维亚电力公司签署圣何塞水电站II期项目（土建）合同。[3] 2017年底，该水电站顺利下闸蓄水。2018年1月17日，电站顺利实现提前并网发电。[4]

第三节 输变电项目

电网配套设施落后也是许多国家电力供应不足的重要原因。经过多年发展和探索，中国输电行业相关技术和建设能力达到国际领先水平。输变电领域的"走出去"以承建海外电网项目为主，中国国家电网等先后承建了埃塞俄比亚、波兰、缅甸、老挝等的国家级重点电网项目。建设与周边国家互联互通的电网工程、并购海外电网运营商股份等也是输变电领域合

---

[1] "阿根廷CC/LB水电站主体大坝开始回填"，http://www.cggc1.ceec.net.cn/art/2018/2/22/art_13536_1584540.html。

[2] "20亿参股巴西水电站 浙能集团参与'一带一路'建设"，http://bbs1.people.com.cn/post/129/1/2/165588807.html。

[3] "中国电建签约玻利维亚圣何塞水电站项目"，http://www.sasac.gov.cn/n2588025/n2588124/c8510187/content.html。

[4] "玻利维亚圣何塞水电站并网发电 由中国电建承建"，http://www.sasac.gov.cn/n2588025/n2588124/c8510187/content.html。

作的重要内容。

一、俄罗斯、蒙古国及独联体

俄罗斯：中俄黑河直流联网输电项目。在中俄共同支持下，1992年7月1日，110千伏布黑线（俄罗斯布拉戈维申斯克变电站—中国黑河变电站）正式合闸送电。2012年1月9日，中俄黑河直流联网输电项目建成，该工程也是中国首个国际直流输电项目，也是目前中国境外购电电压等级最高、输电容量最大的输变电工程。黑河电网年供电能力从20亿千瓦时增加到近50亿千瓦时。2012年4月1日，500千伏阿黑线正式投入商业运营。

蒙古国：乌兰巴托—曼德勒戈壁输变电项目。该项目系蒙古国首条330千伏跨区域高压输变电线路，总长约250千米。项目建成后将成为蒙古国首条跨区域330千伏高压输变电线路，可打通乌兰巴托至蒙南部戈壁矿区电力供应线路。项目总金额约1.19亿美元，其中95%使用中国优惠出口买方信贷，其余5%蒙方自筹。项目实施企业为特变电工股份有限公司。2017年6月21日，项目开工。预计工期20个月，2019年上半年完工。①

锡伯敖包至天津特高压直流输电工程。是第一个落地天津的特高压直流工程，起点为蒙古国，途经我国内蒙古自治区、河北省，终点为天津市宝坻区，天津段线路途经宝坻区、宁河县，长度约60千米。

旨在白俄罗斯：核电输出及电力联网项目。项目覆盖白俄罗斯60%以上的国土面积，为白俄罗斯即将落成的首座核电站对外输送电能，项目地跨白俄罗斯3个州，共分23个子项，是中白两国在能源合作方面最大的电网项目之一，由中国能建规划设计集团华北院EPC总承包建设。工期历时5年，2018年底全面完工。②

塔吉克斯坦：220千伏—500千伏南北能源大动脉。自2006年起，新疆企业特变电工先后为塔吉克斯坦建设了220千伏—500千伏南北能源大动脉等6个输变电工程。

---

① "乌兰巴托至曼德勒戈壁输变电项目举行开工典礼"，http: //mn. mofcom. gov. cn/article/jmxw/201706/20170602597724. shtml。

② "中国能建'一带一路'部分标志性项目"，http: //news. bjx. com. cn/html/20180912/927381. shtml。

二、欧洲

波兰：科杰尼采变电站扩建及改造项目。位于波兰东部，是波兰境内第二大变电站，是波兰国家电网公司重要的枢纽变电站，承载着华沙一半的电力供应。由国家电网公司所属平高集团有限公司总承包，工程金额约合人民币2.52亿元。2014年5月9日启动，2018年11月8日竣工。[①]

希腊：电网运营商ADMIE股份。2017年6月，中国国家电网完成收购希腊电网运营商ADMIE的24%股份，交易金额3.2亿欧元。ADMIE为希腊公共电力公司所有，公共电力公司拥有、运营及维护希腊国内的输电网络。2016年10月，中国国家电网打败来自意大利和法国的竞标者中标。[②]

葡萄牙：葡萄牙国家电网公司股份。2012年2月，葡萄牙政府同意以5.92亿欧元（约合7.79亿美元）的价格向中国国家电网公司和阿曼石油公司出售葡萄牙国家电网40%的股份。中国国家电网公司将购买25%的股份，将为此支付3.872亿欧元（约合5.08亿美元）。由国开行提供10亿欧元融资，以帮助葡萄牙国家电网满足其再融资需求和完成新投资计划。

葡萄牙电力公司股份。2011年12月，中国三峡集团以27亿欧元收购了葡萄牙电力公司（Energias de Portugal）的21.35%股份。

意大利：存贷款能源网公司股权。2014年7月，国家电网与意大利存贷款公司在意大利罗马签署交易协议，收购意大利存贷款能源网公司35%的资产股权，交易金额达到20亿欧元。[③]

比利时：伊安蒂斯公司股权。2016年6月，国家电网与比利时伊安蒂斯公司成功签署股权认购协议，持有伊安蒂斯公司14%的股权。伊安蒂斯公司是比利时最大的能源配网公司，为比利时弗拉芒区80%地域提供配电和配气服务。[④]

[①] "中企在欧盟首个电网EPC项目竣工"，《中国能源报》，2018年11月19日，第21版。

[②] "国家电网完成收购希腊电网运营商ADMIE股份"，https：//wemedia.ifeng.com/19842443/wemedia.shtml。

[③] 崔晓利："电网'一带一路'国际合作现状分析"，https：//mp.weixin.qq.com/s/3ZacwSmCVl4UQshL9oxCeQ#__NO_LINK_PROXY__。

[④] 崔晓利："电网'一带一路'国际合作现状分析"，https：//mp.weixin.qq.com/s/3ZacwSmCVl4UQshL9oxCeQ#__NO_LINK_PROXY__。

卢森堡：Encevo 公司股权。2018 年 10 月 22 日，南方电网公司与法国私募股权基金 Ardian 公司在卢森堡完成股权交割，南方电网公司成功收购其持有的 Encevo 公司 24.92% 股权。[①]

三、西亚

伊朗：吉兰省变电站项目。业主为伊朗吉兰省电力公司，项目金额 15000 万美元。新建 3 个 230 千伏和 4 个 63 千伏 GIS 变电站。

伊拉克：电网改造项目。业主为伊拉克电力公司，项目金额 30000 万美元，为输变电设备供货项目。

四、南亚

巴基斯坦：默拉（默蒂亚里至拉合尔）直流输电项目。巴基斯坦首条直流工程，也是在输电领域首个外商投资项目，采用 ±660 千伏直流输电技术，输送容量 400 万千瓦，线路长约 878 千米。[②] 国家电网公司以 BOOT（建设—拥有—运营—移交）模式建设该工程，经营期 25 年，总投资 16.58 亿美元。[③] 2015 年 4 月，在习近平主席和巴基斯坦谢里夫总理的见证下，国家电网公司与巴基斯坦水电部签署了《项目合作协议》，默拉直流输电项目列入了中巴经济走廊优先实施项目清单。2016 年 12 月 29 日，国家电网公司与巴基斯坦水电部共同签署了相关协议。[④] 2017 年上半年，项目开工，预计 2021 年上半年投运。

卡拉奇 TP1000 输电线路工程。项目涵盖新建架空线路、旧塔改造换线、城区地下电缆和变电站内电缆沟等，为综合性城市电网建设项目，是卡拉奇电力公司成立以来最大的电力升级项目。由中国能建旗下的中电工程中南院承建。2016 年 7 月，开工建设。

巴基斯坦木扎法戈—盖提 500 千伏变电站扩建项目。是当地电压等级

[①] 崔晓利："电网'一带一路'国际合作现状分析"，https：//mp.weixin.qq.com/s/3ZacwSmCVl4UQshL9oxCeQ#__NO_LINK_PROXY__。

[②] "一带一路"能源合作网："能源互联互通"，http：//111.207.175.229/v_practice/toPictureDetails.html?channelId=1085。

[③] 崔晓利："电网'一带一路'国际合作现状分析"，https：//mp.weixin.qq.com/s/3ZacwSmCVl4UQshL9oxCeQ#__NO_LINK_PROXY__。

[④] "一带一路"能源合作网："能源互联互通"，http：//111.207.175.229/v_practice/toPictureDetails.html?channelId=1085。

最高的变电站,由中国能建西北院 EPC 总承包,2008 年投运。[①]

五、东南亚

柬埔寨:柬埔寨国家电网输变电二期项目。项目是中国重机与柬埔寨国家电力公司签署的第 8 个输变电 EPC 工程,累计合同金额已达 7.5 亿美元。合同内容包括新建 2 个变电站和全长约 275 公里的 230 千伏输电线路,建设工期 36 个月,金额约 1.23 亿美元。2016 年 10 月 13 日,国机集团所属中国重机与柬埔寨国家电力公司(EDC)签署了柬埔寨国家电网 230 千伏输变电二期项目(东部环网第一部分)EPC 合同。[②]

金边—菩萨—马德望 230 千伏输变电工程。项目位于柬埔寨西部,为柬埔寨王国国家电网规划的南干线,是我国首个在外投资建设的电网项目,也是柬埔寨第一个国家电网工程。该项目穿越柬埔寨首都金边、干拉、磅清扬、菩萨及马德望四省一市,输电线路总长约 294 千米。项目于 2008 年 1 月获得国家发改委核准,2009 年 11 月正式开工,2012 年 4 月正式投产。[③]

缅甸:230 千伏主干网连通输电项目。该项目位于缅甸实皆省,包括新建两条总长约 300 千米的 230 千伏输电线路、新建 1 座 230 千伏变电站和扩建 1 座 230 千伏变电站。2017 年 11 月开工,计划 2019 年建成投运。届时,该项目年输电能力达 30 万千瓦。

北克钦邦主干网连通工程。业主为缅甸国家电力公司,项目金额 13347 万美元。2 个 230 千伏变电站及 2 条双回 230 千伏输电线路,总长约 636 千米。

老挝:巴俄—帕乌东输变电项目。业主为老挝国家电力公司,项目金额 16600 万美元。老挝北部水电外送工程,包括一条 130 公里的 230 千伏双回路输电线路及两个新建 230 千伏变电站。2016 年 10 月,中国南方电网公司和柬埔寨皇家集团签署了柬埔寨电网投资合作谅解备忘录,巴俄—

[①] 齐立强:"四十载逐梦电网动脉",《中国能源报》,2018 年 9 月 24 日,第 25 版。
[②] "一带一路"能源合作网:"能源互联互通",http://111.207.175.229/v_practice/toPictureDetails.html? channelId=1085。
[③] "金边至马德望输变电项目",http://www.china-cdto.com/hwtzweb//indexAction.ndo? action=showPage&id=F21C0BE9-6BD4-53BD-40F0-1857EFCE07F4&super=super。

帕乌东输变电项目开工。①

北部电网EPC项目：老挝230千伏北部电网EPC项目由南方电网公司承建，老挝国家电力公司投资，于2015年9月27日投运，比原计划提前3个月完工。该项目是"一带一路"框架下中老合作首个成功投运的电网项目，打造了老挝电力建设的新标杆。②

《老挝电力规划研究》。是中国政府首次协助"一带一路"国家编制的国家级电力规划。由国家能源局牵头，电规总院具体承担并编制完成，于2018年3月14日顺利通过验收。报告全面梳理了老挝能源电力工业发展基本情况，分析了老挝未来电力市场增长及外送电需求，提出了近期及中长期老挝电源、电网建设以及与周边国家互联规划方案，并提出了重点项目清单、建设时序及相关的保障措施，为老挝电力工业发展提供了系统全面的解决方案。③

越南：北方电气设备制造有限公司股权。许继集团收购越南北方电气设备制造有限公司47.48%股权，成为第一大股东。④

菲律宾：变电站增容工程。位于VISIYAS地区，包含3个变电站的增容改造。2018年6月，中国能建设计集团江苏院中标。

泰国：地下电缆总承包项目。项目为115千伏地下电缆总承包项目，工程全长17公里。2018年6月，由中国能建设计集团湖南院与泰国当地输变电工程公司TEDA组成的联合体中标。

马来西亚：埃德拉公司股权。2018年4月3日，南方电网公司收购马来西亚埃德拉公司37%股权。埃德拉公司是东南亚最大的独立发电商之一，旗下拥有13个电站，装机容量877万千瓦，分布于马来西亚、埃及、孟加拉、巴基斯坦、阿联酋等5个共建"一带一路"国家。⑤

---

① "中国、老挝、越南电网互联互通取得实质性进展"，http：//www. xinhua-net. com/energy/2017 - 09/18/c_1121678256. htm。

② 崔晓利："电网'一带一路'国际合作现状分析"，https：//mp. weixin. qq. com/s/3ZacwSmCVl4UQshL9oxCeQ#__NO_LINK_PROXY __。

③ "中国能建'一带一路'部分标志性项目"，http：//news. bjx. com. cn/html/20180912/927381. shtml。

④ "中国、老挝、越南电网互联互通取得实质性进展"，http：//www. xinhua-net. com/energy/2017 - 09/18/c_1121678256. htm。

⑤ 崔晓利："电网'一带一路'国际合作现状分析"，https：//mp. weixin. qq. com/s/3ZacwSmCVl4UQshL9oxCeQ#__NO_LINK_PROXY __。

第六章 电力项目

六、非洲

埃及：EETC500千伏输电工程。该项目是埃及目前规模最大、电压等级最高、覆盖范围最广的输电线路工程，投资额近51亿人民币。包括新建15条总长1210公里500千伏同塔双回交流输电线路。项目由中国能建天津电建承建。[①]

埃塞俄比亚：复兴大坝水电站送出工程。埃塞俄比亚复兴大坝水电站500千伏送出工程被称为"埃塞俄比亚电力高速公路"，是目前非洲最先进的输变电工程。由国家电网公司总承包建设。2016年2月建成投产。[②]

埃塞—吉布提：国际铁路输电项目。业主为埃塞电力公司。项目金额20000万美元。建设埃塞至吉布提国际铁路配套供电线路工程及相关变电站间隔扩建，包括293公里230千伏线路和232公里132千伏线路及12个间隔扩建。

埃塞—吉布提：230千伏输电项目。业主为埃塞电力公司，项目金额10000万美元。埃塞计划向吉布提修建第二条230千伏双回路输电线路，长约150千米，吉布提境内将新建1座230千伏变电站等。

埃塞—肯尼亚—乌干达—卢旺达—布隆迪输电项目。业主为埃塞电力公司，埃塞通过肯尼亚、乌干达、卢旺达、布隆迪输电线路向经过国家售电。

埃塞俄比亚—肯尼亚±500千伏直流输电联网项目。该项目是埃塞俄比亚与肯尼亚两国政府间规划的重点项目，是目前非洲大陆首条跨国直流输电联网工程，也是东部非洲电力互联规划主干线路。国家电网公司所属中电装备公司承建。项目获得业主完工运行证书。

埃塞俄比亚城市配网升级改造项目。该电网改造升级项目由中电装备公司建设，是埃塞俄比亚全面实施村村通电计划的一项重要民生工程，该工程受益人口超过500万。项目于2016年2月正式开工建设，覆盖埃塞俄

[①] "一带一路"能源合作网："国家电网公司：打造东非电力高速路 助推非洲工业化发展"，https://mp.weixin.qq.com/s/tI3Owiw8TJlLKwjGvSBG0A#__NO_LINK_PROXY__。

[②] "一带一路"能源合作网："国家电网公司：打造东非电力高速路 助推非洲工业化发展"，https://mp.weixin.qq.com/s/tI3Owiw8TJlLKwjGvSBG0A #__NO_LINK_PROXY__。

比亚 8 个城镇，分布在首都亚的斯亚贝巴市周边 200 千米至 800 千米范围。①

尼日利亚：MJ 双回输电线路等项目。1996 年中国能建华北院在尼日利亚设立非洲总代表处，此后 20 多年参与建设多项工程，在尼日利亚形成项目群，主要包括 MJ、ALG330 千伏双回输电线路总承包项目，MP、Makurdi、Jos、Kukwaba 等变电站总承包工程。②

几内亚：凯乐塔水利枢纽工程输变电项目。由南网广西送变电建设公司参建，被称为几内亚电力丝绸之路。该公司还在几内亚参与建设了科纳克里城网改造项目和林桑—弗米—康康段 225 千伏输变电工程项目。③

赞比亚：卢萨卡城网改造项目。包括 1 个 132 千伏变电站，2 个 11 千伏开关站和 32.4 千米 11 千伏线路等改扩建工程，是自卢萨卡电力系统改造项目启动以来在全球范围内公开招标的第一个项目。中能建湖南院与思源电气、正泰电气、中国电缆工程有限公司等承包商等 20 家企业进行激烈竞争，最终湖南院脱颖而出，获签 EPC 合同。2016 年 9 月 7 日，中能建湖南院与赞比亚国家电力公司在卢萨卡签署卢萨卡电力系统改造 LOT1 标段总承包项目合同。④

2018 年 1 月，山东电建中标赞比亚国家电力公司规划的卢萨卡城网改造项目中的一环。该系列项目共分 19 个包，分别由不同国际金融机构提供援助资金。整个系列项目计划分 5 年完成，总投资金额 4.8 亿美元（约合人民币 311462.4 万元）。其中，山东电建中标的 CHI-LANGA 变电站项目为第三包，合同金额 1393 万美元，资金由欧洲投资银行 EIB 提供。

七、拉美

巴西：美丽山 800 千伏特高压直流输电工程。由国网与巴西国家电力

---

① "一带一路"能源合作网："国家电网公司：打造东非电力高速路 助推非洲工业化发展"，https://mp.weixin.qq.com/s/tl3Owiw8TJlLKwjGvSBG0A#__NO_LINK_PROXY__。

② 齐立强："四十载逐梦电网动脉"，《中国能源报》，2018 年 9 月 24 日，第 25 版。

③ 张宇璇、李洁："在非洲，挥洒青春"，《中国能源报》，2018 年 9 月 10 日，第 24 版。

④ "中国能建湖南院首次承接世行贷款援建非洲电力 EPC 项目"，http://www.cec.org.cn/zdlhuiyuandongtai/qita/2016-09-12/158258.html。

公司联合投资建设,为中国特高压首个"走出去"项目。2014 年、2015 年,凭借特高压领先技术,成功中标巴西美丽山水电送出一期、二期两个±800 千伏特高压直流工程的特许经营权。2017 年 12 月 21 日,一期工程投运,二期工程于 2017 年 9 月开工。

CPFL 等公司股权。2017 年 1 月 23 日,国家电网成功收购巴西 CPFL 公司 54.64% 股权。据悉,2017 年 12 月,国家电网再次收购 CPFL 能源公司 40.12% 的股权。至此,国家电网共持有 CPFL 能源总资本的 94.76%。[1]

路易斯安那变电站。距离巴西利亚 80 千米,为 500 千伏,2008 年投运,2010 年变电站作为输电特许经营权项目由巴控公司接管。2011 年为国家电网收购。

智利:Transelec 公司股权。2018 年 3 月 19 日,南方电网公司以 13 亿美元的价格成功收购加拿大资产管理公司持有的智利最大输电公司 Transelec 公司约 27.8% 股权。[2]

---

[1] 崔晓利:"电网'一带一路'国际合作现状分析",https://mp.weixin.qq.com/s/3ZacwSmCVl4UQshL9oxCeQ#__NO_LINK_PROXY__。

[2] 崔晓利:"电网'一带一路'国际合作现状分析",https://mp.weixin.qq.com/s/3ZacwSmCVl4UQshL9oxCeQ#__NO_LINK_PROXY__。

第七章

核能与可再生能源项目

核能与可再生能源领域的"走出去"相对较晚，但近年来在共建"一带一路"国家呈现出快速发展态势。核能项目主要集中于核电项目建设与铀矿开采。可再生能源海外投资扩展势头迅猛，涉及国家多、领域广，主要包括太阳能光伏电站、风电场、地热电站、生物质及垃圾发电站、太阳能电池制造厂等的投资、并购与项目承建等。

第一节 核能项目

一、铀矿开发

哈萨克斯坦铀矿。中广核与哈萨克原子能公司共同开发位于哈萨克斯坦南部的伊尔科利铀矿和北部的谢米兹拜伊铀矿。2016年12月，中广核与哈原子能公司合资建设的中哈核燃料组件厂正式开工，预计2019年底项目建成投产，推动了哈核燃料产业向上游的升级。该项目一期规模是200吨铀，主要面向中广核国内外市场。该项目还取得了哈萨克斯坦规划建设中的核电站燃料的优先供应权。[①]

纳米比亚湖山铀矿。项目位于纳米比亚西部纳米布沙漠地区，2012年，中广核铀业发展有限公司联合中非发展基金收购纳米比亚湖山铀矿，是我国在非洲最大的实体投资项目。[②] 该矿为近十年来非洲乃至世界铀资源勘查领域的重大发现之一，其铀资源储量位列世界第三，资源总量达28.6万吨八氧化三铀。湖山铀矿于2013年初启动建设，于2016年12月31日生产出第一桶铀，2017年下半年正式投产。项目建设期间可提供6000个就业岗位，生产期间可提供1600个就业岗位，有望使纳米比亚成

[①] 朱学蕊："中广核：挺起腰杆'闯'世界"，《中国能源报》，2017年5月15日，第11版。

[②] "一带一路"能源合作网："掀起中非能源合作浪潮"，https://mp.weixin.qq.com/s/aZlKC8XzpNECUemsmh8hJw#__NO_LINK_PROXY__。

为世界第二大天然铀生产和出口国。[①]

二、核电项目

巴基斯坦：恰希玛核电项目。为30万千瓦压水堆型核电站，坐落在巴基斯坦旁遮普平原柴尔沙漠的西北部，印度河东岸，距巴基斯坦首都伊斯兰堡280千米，[②] 是中国自行设计、建造的第一座出口商用核电站。其中恰希玛1号、2号300兆瓦压水堆核电机组已分别于2000年和2011年投入商业运行。3号、4号机组分别于2011年3月和12月正式开工，2016年10月15日，3号机组正式并网成功，4号机组进入全面调试阶段。恰希玛核电3、4号机组项目由中国核工业集团公司中国中原对外工程有限公司负责总承包建设。截至2016年底，中国核工业集团公司已向巴基斯坦出口建设四台300兆瓦级核电机组、两台1000兆瓦核电机组。

卡拉奇核电项目。卡拉奇核电项目（K-2、K-3）是巴基斯坦国内目前最大的核电项目，厂址位于阿拉伯海沿岸、卡拉奇以西。项目总金额96亿美元，中方贷款额65亿美元，发电能力为2200兆瓦，是中国自主三代核电技术"华龙一号"ACP1000核电技术在境外的首堆工程，也是巴基斯坦至今目前最大的核电项目。该项目于2015年8月20日正式开工建设，由中国核工业集团公司中原对外工程有限公司承建，计划2020年发电。

英国：欣克力角C核电项目。2016年，中广核与法国电力集团（EDF）、英国政府签署了英国新建核电项目一揽子协议，包括欣克力角C、赛兹韦尔C和布拉德维尔B（BRB）三大核电项目。其中欣克利角C项目计划建造两台EPR机组，由中广核牵头的中方联合体与法国电力集团（EDF）共同投资建设，中方股比33.5%。欣克利角C项目预计投资180亿英镑，是目前中国在英国及欧洲最大的投资项目。该项目建成后，将满足英国7%的电力需求。2017年3月24日，英国欣克利角C核电项目进行了核岛廊道第一罐混凝土浇筑，标志着项目主体工程正式开工建设。根据协议，BRB项目将使用我国自主知识产权的三代核电技术"华龙一号"。作为落地英国的技术前提，2017年1月10日，英国政府正式受理"华龙

[①] 朱学蕊："中广核：挺起腰杆'闯'世界"，《中国能源报》，2017年5月15日，第11版。

[②] "有图有真相！'一带一路'上的这些能源项目部都是中国造！"https://www.toutiao.com/i6420155057274094082/。

一号"通用设计审查申请。BRB 项目预计 2025 年左右开工建设。

罗马尼亚：中广核罗马尼亚核电公司与罗马尼亚国家核电公司已于 2015 年 11 月签署了《切尔纳沃德核电 3、4 号机组项目开发、建设、运营及退役谅解备忘录》。①

第二节 可再生能源项目

一、太阳能项目

（一）欧洲

英国：Park Farm 地面光伏电站。位于英格兰中部的莱斯特郡，装机容量 13 兆瓦，是中盛迄今为止在英国承建的最大光伏项目，由中盛新能源 ET Solar 旗下子公司 ET Solutions AG 承建。业主为英国可再生能源投资商 Belltown Power。2015 年 6 月，电站并网运营。

德国：正泰收购光伏组件工厂。2014 年，正泰收购德国光伏组件工厂后，该工厂产能利用率从不到 50% 提升至 100%，欧洲地区出货量增长了 4 倍以上，大大提高了市场份额。

荷兰：N 型"熊猫"双面发电电站。该电站毗邻荷兰瓦森 Tempress 公司总部，由阿姆泰克集团成员 Tempress 公司和英利绿色能源联合开发，电站装机容量 400 千瓦，采用 1428 块英利生产的 N 型"熊猫"双面发电组件。2017 年 6 月，欧洲最大 N 型"熊猫"双面发电电站在荷兰建成，并网后年发电量将超过 40 万度，可减少二氧化碳排放 416 吨、节约标准煤 160 吨，经济效益和环境示范效益明显。②

马耳他：马萨工业区屋顶分布式光伏项目。为光伏示范项目，总装机容量为 119.4KW，由上海电力马耳他公司控股国际可再生能源发展有限公司（IREDL）自主开发。项目被纳入马耳他国家补贴计划，享受 20 年固定上网电价补贴。2017 年 12 月 30 日，完成全容量并网发电。③

---

① "中国—中东欧国家描绘能源合作蓝图"，http://news.cnpc.com.cn/system/2018/06/08/001693512.shtml。
② "光伏企业海外布局'大动作'"，http://www.sohu.com/a/205820043_289078。
③ "上海电力马耳他公司马萨屋顶光伏项目全容量并网"，http://www.cec.org.cn/hangyeguangjiao/gongchengjianshe/2018-01-08/176819.html。

（二）中亚

哈萨克斯坦：曼吉斯套州5兆瓦光伏电站项目。2015年3月，中国建材工程和哈萨克斯坦Best-Group NS公司签署了哈萨克斯坦曼吉斯套州5兆瓦光伏电站项目的合作协议。

（三）中东

土耳其：航天机电土耳其分公司。2016年第四季度，航天机电土耳其分公司正式成立，主要负责航天光伏电池和组件在土耳其、欧美、中东市场的销售和管理业务。2017年年初，土耳其工厂正式投产，占地约30000平方米，目前电池片和组件产能分别达到300兆瓦和600兆瓦。[1]

阿联酋：迪拜光热发电项目。由三个装机为200兆瓦的槽式电站和一个装机为100兆瓦的塔式电站组成，装机容量总计700兆瓦，是世界上投资规模最大、装机容量最大、熔盐罐储热量最大、光热吸热塔最高、技术最先进的光热项目。中国能建规划设计集团华东院承担常规岛及BOP部分的设计工作、全场的场平设计和全勘测回填碾压试验等工作。[2]

（四）南亚

巴基斯坦：旁遮普省光伏电站。位于旁遮普省巴哈瓦尔布尔真纳太阳能工业园，占地面积4500英亩，规划总规模为900兆瓦，分9期建成，由中兴能源有限公司投资建设，总投资额逾15亿美元，建成后将成为全球单体最大的光伏发电项。APPLO电站是第一期工程，发电容量100兆瓦，由中国能建规划设计集团西北院设计。2016年6月8日，APPLO电站正式投运，成为中巴经济走廊首个完成融资、首个建成并网发电的能源项目。[3]

特变电工太阳能光伏电站。位于旁遮普省巴哈瓦尔布尔地区塔尔沙漠。投资2.15亿美元，占地1.4平方公里。电站业主为振发集团，是巴基斯坦第一座装机容量达10万千瓦的大型太阳能光伏电站。[4] 2015年4月，

---

[1] "光伏企业海外布局'大动作'"，http://www.sohu.com/a/205820043_289078。
[2] "中国能建'一带一路'部分标志性项目"，http://news.bjx.com.cn/html/20180912/927381.shtml。
[3] 孟勇强："'阿波罗'点亮中巴经济走廊建设"，《中国能源报》，2018年11月2日，第27版。
[4] "一带一路"能源合作网："可再生能源"，http://111.207.175.229/v_practice/toPictureDetails.html?channelId=1086。

全部投产,每天向附近的旁遮普省提供清洁电源 50 万度。①

印度:特伦甘纳邦光伏项目。2017 年 5 月 8 日,海润光伏和 Nereus Capital 宣布,其合资公司 Medak Solar Projects Pvt. Ltd. 在印度特伦甘纳邦完成了一个 8.2 兆瓦的光伏项目,开放存取模式与并网发电,预计每年将发电约 1520 万度。②

特伦甘纳邦地面分布式光伏电站。位于印度特伦甘纳邦,装机 15 兆瓦。该项目是联盛新能源集团挺进印度的第一个项目,与印度本土全球知名的企业 Suzlon 联合打造。该项目在开工前就获得印度可再生能源发展署贷款,还与印度规模领先的特伦甘纳邦北部电力公司签署了一份长达 25 年的购电协议。③ 2017 年 6 月 30 日,正式并网。

安得拉邦地面电站。2017 年 6 月,天合光能为软银能源在印度安得拉邦的大型地面电站提供的 455 兆瓦太阳能组件投入使用。这是天合光能在印度完成的最大单笔订单。④

(四) 东南亚及大洋洲

越南:600 兆瓦高效电池生产线。2017 年 7 月 27 日,协鑫集成与越南电池科技有限公司合作运营的越南 600 兆瓦高效电池生产线正式投产。

晶澳太阳能 1.5 吉瓦硅片、1.5 吉瓦组件制造项目。该项目占地 20 公顷,项目完成后总投资额达 2.8 亿美元,建成后预计年产值约 10 亿美元,提供就业岗位达 2200 个。2016 年 11 月,项目奠基仪式在越南北江省光州工业区举行。落成后将实现 1.5 吉瓦硅片的年产量。⑤

天合光能。2017 年 1 月,由天合光能控股的太阳能光伏电池工厂——天合光能科技 (越南) 有限公司在越南北江省云中工业区正式开业,并凭借其单体设计 1 吉瓦的总产能成为目前越南最大规模的太阳能光伏电池制造项目。⑥

富安华会光伏项目。该项目建设规模为 257 兆瓦,占地面积 256 公顷,配套建设一座 220 千伏升压站,是越南首批新能源示范项目,由中国能建

---

① "光伏企业海外布局'大动作'",http://www.sohu.com/a/205820043_289078
② "光伏企业海外布局'大动作'",http://www.sohu.com/a/205820043_289078。
③ "国内能源企业进军海外市场 全球多国光伏项目系中国制造",http://finance.huanqiu.com/cjrd/2017-07/11029324.html。
④ "光伏企业海外布局'大动作'",http://www.sohu.com/a/205820043_289078。
⑤ "光伏企业海外布局'大动作'",http://www.sohu.com/a/205820043_289078。
⑥ "光伏企业海外布局'大动作'",http://www.sohu.com/a/205820043_289078。

第七章　核能与可再生能源项目

规划设计集团山西院总承包、华东建设安徽电建一公司、安徽电建二公司承建。2018年9月签约，2018年11月17日正式开工。[①]

塔占太阳能电站等项目。项目位于越南宁顺省，装机容量20兆瓦，东方日升作为EPC总承包商，将提供高效组件和5主栅1500V高压组件。2018年10月中标。[②]

马来西亚：晶澳光伏电池制造厂。位于马来西亚槟城，制造产能400兆瓦，是晶澳在海外的第一个制造厂，主要生产高效率多晶光伏电池，用于在海外制造晶澳光伏组件。该厂投资约3亿马来西亚林吉特，为当地提供多达700个就业机会。2015年10月，投入运营。[③]

隆基股份（古晋）有限公司。2016年2月，隆基股份从SunEdison手中收购马来西亚古晋的硅片厂，并于7月29日为该厂举办开工仪式。工厂将拥有600兆瓦单晶电池、300兆瓦单晶硅、600兆瓦单晶组件产能。该厂将为马来西亚创造2500个以上的工作岗位，每年生产的太阳能产品相当于可生产20亿度清洁能源。[④]

泰国：B. Grimm能源有限公司光伏项目。项目装机容量为40.83兆瓦，由中国能建山西院总承包，2018年4月开工。

澳大利亚："超级2.5兆瓦太阳能组块"模块化电站。2017年10月，协鑫集成获得其在澳大利亚首个订单，订单来自澳大利亚电站开发商APSU，包括公司近期发布的"超级2.5兆瓦太阳能组块"模块化电站系统。[⑤]

阿特斯阳光电力（泰国）有限公司。为阿特斯阳光电力集团旗下全资子公司，2017年5月，在泰国正式开业。主要生产阿特斯高效多晶三代太阳能电池和组件。这些产品主要用于满足欧洲、北美和周边国家，以及泰国当地市场的需求。

阳光电源西澳项目。主要为户用储能系统PowCube4.8，由储能逆变器和电池包组成，可实现电网、光伏、储能、用户四者之间能量的合理流

[①] 赵亮宇："越南富安华会257兆瓦光伏项目开工"，《中国能源报》，2018年11月26日，第26版。

[②] 仇承杰："东方日升中标越南50兆瓦光伏项目"，《中国能源报》，2018年10月22日，第17版。

[③] "晶澳首个海外光伏制造厂投入运营"，http://news.cecb2b.com/info/20151026/3249194.shtml。

[④] "光伏企业海外布局'大动作'"，http://www.sohu.com/a/205820043_289078。

[⑤] "光伏企业海外布局'大动作'"，http://www.sohu.com/a/205820043_289078。

动,提高光伏发电自发自用率。2017 年 10 月,阳光电源签约西澳项目。

(六) 非洲

阿尔及利亚:23.3 万千瓦光伏电站 EPC 项目。2013 年 9 月,英利与中国水电建设集团国际工程有限公司和中国水电工程顾问集团有限公司组成联合体,成功中标阿尔及利亚 23.3 万千瓦的电站项目。2013 年 12 月 11 日,联营体三方代表在阿尔及利亚国家电力与燃气公司 SONELGAZ 总部与阿尔及利亚南部电网和新能源建设公司成功签订了电站项目合同。[1]

SKTM 光伏项目。阿尔及利亚 SKTM 光伏项目,总装机规模 23.3 万千瓦,业主为阿尔及利亚电力和新能源公司(SKTM)。项目于 2014 年 1 月开工,2015 年 5 月陆续并网发电。该项目由中国电建承接,为光伏发电 EPC 项目。

摩洛哥:努奥Ⅱ、Ⅲ期太阳能光热电站。位于摩洛哥腹地城市瓦尔扎扎特,为世界上最大规模的塔式太阳能聚热电站,总规模 35 万千瓦,由中国电建集团承建,是中国企业在海外建设的第一个光热电站。其中二期为槽式光热电站,总装机规模 20 万千瓦,年运行 4750 小时。三期为塔式光热电站,总装机规模 15 万千瓦,年运行 4287 小时。[2] 三期项目中 200 多米高的集热塔,不仅是世界上首次采用混凝土和钢混合式结构的光塔,同时也是迄今最高的光热发电集热塔。[3] 2018 年 1 月,努奥光热电站项目顺利并网发电。

塞内加尔:Malicounda 太阳能电站。中广核集团旗下中广核欧洲能源公司收购意大利 Chemtech Solar 公司塞内加尔 Malicounda 44 兆瓦太阳能电站项目 90% 的股权。项目位于达喀尔附近,总装机容量预计可达 100 兆瓦,目前一期工程 22 兆瓦已经并网,并获得该国国家主权担保。

安哥拉:柴油机、光伏互补分布式发电项目。2017 年 4 月 28 日,东方电气与安哥拉电力公司在罗安达签约《安哥拉柴油机、光伏互补分布式发电总承包项目合同》。合同约定东方电气将在未来的 16 个月内,以工程

---

[1] "一带一路"能源合作网:"可再生能源",http://111.207.175.229/v_practice/toPictureDetails.html?channelId=1086。

[2] "一带一路"能源合作网:"可再生能源",http://111.207.175.229/v_practice/toPictureDetails.html?channelId=1086。

[3] "有图有真相!'一带一路'上的这些能源项目部都是中国造!"https://www.toutiao.com/i6420155057274094082/。

总承包方式分别在安哥拉 8 个省完成 11 座电站及配套的输电线路的建设。①

（七）拉美

巴西：晶澳太阳能巴西分公司。2017 年 6 月 13 日，晶澳太阳能宣布成立巴西分公司。支持当地的市场推广及销售工作，宣传晶澳的最新技术，为客户提供及时的物流支持及各种定制化服务，帮助公司在当地抓住更多商业机遇。

正泰太阳能电池组件制造厂。2017 年初，正泰与巴西北里奥格兰德州政府签署了一项框架协议，在巴西建立太阳能电池组件制造厂。

阿根廷：100 兆瓦蔻察利 I 太阳能光伏电站项目。2017 年 5 月，中利集团全资子公司苏州腾晖光伏技术有限公司及其孙公司腾晖能源阿根廷有限公司与上海电力建设有限责任公司签订了《100 兆瓦蔻察利 I 太阳能光伏电站项目相关工程设计、采购及施工（EPC）分包合同》等合同，腾晖光伏承接上海电力合计 300 兆瓦电站 EPC 分包业务，2018 年 5 月 19 日为机械竣工日，涉及合同总金额 31800 万美元。②

古巴：3.9 兆瓦光伏项目。2017 年 9 月，东方日升成功中标援助古巴 3.9 兆瓦光伏项目，公司将为电站项目供应包含 260W 高效多晶组件、铝合金边框、配套接线盒、密封胶等在内的一系列产品。

墨西哥：晶澳太阳能墨西哥分公司。2017 年 3 月，晶澳开始在南美市场实施本地化扩张战略，成立墨西哥分公司。

晶科能源光伏太阳能项目。2016 年 4 月，晶科能源中标墨西哥 3 个光伏太阳能项目共计 188 兆瓦。晶科能源将开发并建造中标的电站项目。三个项目每年预计发电超过 5 亿度电。③

二、风能项目

（一）欧洲

希腊：四个风电场 75% 权益。2017 年 11 月，神华集团与希腊最大投

---

① 中国东方电气集团有限公司："共享'一带一路'红利 东方电气集团为安哥拉提供能源解决方案"，http：//www.sasac.gov.cn/n2588025/n2588124/c7411654/content.html。
② "光伏企业海外布局'大动作'"，http：//www.sohu.com/a/205820043_289078。
③ "光伏企业海外布局'大动作'"，http：//www.sohu.com/a/205820043_289078。

资集团之一的 Copelouzos 就收购其四个风电场 75% 权益签署协议，成为在希腊投资风电场的第一家中国公司。

爱尔兰：Douvan 风电项目。位于爱尔兰及英国北爱尔兰，由 10 个在运风电场和 4 个在建风电场组成，总装机容量为 23 万千瓦。该项目可以满足 12 万户家庭的用电需求。中广核集团下属的中广核欧洲能源公司与爱尔兰 Gaelectric 公司在都柏林签署股权转让协议，完成该公司 Douvan 风电项目 100% 股权的收购。①

比利时：Esperance 陆上风电场。中国广核集团旗下中广核欧洲能源公司与比利时 Windvision 公司于 2016 年 9 月 29 日在巴黎签订 Esperance 项目股权转让协议，收购该项目 100% 股权。Esperance 项目装机容量 81 兆瓦，是比利时目前装机容量最大的在运风场，采用德国 Enercon 风机，单机组额定功率达到 7.5 兆瓦，是目前世界上单机容量最大的陆上风电机组。②

法国：格鲁瓦漂浮海上风电示范项目。2016 年 7 月，中广核欧洲能源公司与法国合作方组成的联合体中标大西洋布列塔尼地区的格鲁瓦项目。该项目为欧洲范围内首次进行的规模化漂浮海上风电示范项目招标，也是中国企业首次进入漂浮海上风电技术领域。项目将由四台单机容量 6 兆瓦的漂浮式海上风机组成，总装机容量 24 兆瓦。③

乌克兰：西瓦什风电项目。该项目位于乌克兰南部赫尔松地区锡瓦什湖畔，装机容量 250 兆瓦，采用 64 台 Nordex 3.9 兆瓦风机，适用欧盟标准。2018 年 9 月 6 日，中国电力建设集团有限公司（简称中国电建）与挪威 NBT 公司正式签订了乌克兰西瓦什 250 兆瓦风电项目 EPC 合同，合同金额 2.92 亿欧元。该项目建成后将成为欧洲最大的路基风电场。西瓦什 250 兆瓦风电专案由挪威 NBT 公司投资，欧洲复兴开发银行牵头融资，中国电建与福建公司组成联营体共同作为 EPC 承包商。预计 2019 年底完工。

黑山：莫祖拉风电项目。由上海电力（马耳他）控股公司旗下国际可再生能源发展有限公司与马耳他能源公司、中国远景能源等合作伙伴合作开发总装机容量 46 兆瓦的首个欧洲新能源项目。项目采用 23 台中国远景

---

① "中广核海外再收购 23 万千瓦风电项目"，http：//sztqb.sznews.com/html/2016-12/15/content_3686807.htm。

② "中广核收购比利时最大在运陆上风电场"，http：//www.bhi.com.cn/ydyl/dt/32190.html

③ 李刚："中广核中标法国首批漂浮海上风电示范项目"，《人民日报》，2016 年 8 月 1 日，第 10 版。

能源 2.0 兆瓦低风速智能风机，总投资额 9000 万欧元。2018 年 4 月，莫祖拉风电项目首台风机顺利吊装完成。①

（二）南亚

巴基斯坦：泽菲（Zephyr）风电项目。项目位于巴基斯坦信德省，占地 2540 英亩，装机容量 50 兆瓦，总投资额 1.1 亿美元，投资商拥有该项目 20 年的有效经营权。项目由江苏苏美达集团有限公司（简称苏美达集团）总包承建。项目采用 25 台西门子歌美飒（Siemens Gamesa）G114 - 2.0 兆瓦型风机，建成后预计年发电量 1.79 亿千瓦时。2017 年 10 月，项目启动。②

哈瓦风电项目。包括 132 千伏升压站土建安装及集电线路施工，总装机容量 49.735 兆瓦，共安装 29 台单机容量 1.7 兆瓦的风电机组，风电场配套建设一座 132 千伏升压站。项目由中国电建湖北工程公司工程建设公司施工建设。③

达沃风项目。位于南部港口城市卡拉奇以东约 60 千米的巴哈伯尔地区，为沿海滩涂风电场，共布置 33 台单机容量 1.5 兆瓦双馈型风机，总装机容量 49.5 兆瓦，金额约 1 亿美元。该项目是中国电建西北院首次在海外进行全方位的风电 EPC 总承包，由中国水电顾问集团投资、中国水电顾问集团华东勘测设计院建设，④ 是中巴经济走廊建设计划首批 14 个优先发展的能源项目之一，也是中巴经济走廊中首个完成融资闭合并开工建设的中方投资项目。2017 年 4 月 3 日，风电场正式进入商业运行。⑤

NBT 风电项目。该项目主要由 NBT 三期（250 兆瓦），SIABIST 项目

---

① 北京国际能源专家俱乐部：“风电行业'一带一路'产能合作前景广阔”，《电力决策与舆情参考》2018 年 10 月 26 日第 40 期，https://mp.weixin.qq.com/s/o7yD7usp5fwpzGrROPAN8A#__NO_LINK_PROXY__。

② "苏美达集团承建的巴基斯坦 50 兆瓦风场项目正式启动"，http://www.sohu.com/a/201455179_251755。

③ "2017 年 1—5 月份海外风电项目建设汇总"，https://mp.weixin.qq.com/s?__biz = MzIyMTA5OTU1MQ% 3D% 3D&idx = 1&mid = 2650684913&sn = ef83991b5e1e5777d068e6659668e9a1。

④ "中国企业助力巴基斯坦风电建设 填补巴国电力缺品"，http://www.sohu.com/a/124910296_131990。

⑤ "2017 年 1—5 月份海外风电项目建设汇总"，https://mp.weixin.qq.com/s?__biz = MzIyMTA5OTU1MQ% 3D% 3D&idx = 1&mid = 2650684913&sn = ef83991b5e1e5777d068e6659668e9a1。

（50兆瓦）和ZENI项目（50兆瓦）三个项目组成。业主为巴基斯坦NBT公司，项目金额46900万美元。

三峡风电项目。由三峡集团投资，总装机量5万千瓦，金额约1亿美元，2015年4月完成并网发电。2016年1月12日，风电二期项目（2×50兆瓦）开工。①

联合能源风电项目。由联合能源有限公司投资，中国葛洲坝公司承建，总装机量10万千瓦，金额约1.2亿美元。目前项目处于进场阶段，预计第一期于2017年底完工。②

Jhimpir风电项目。项目位于信德省Jhimpir地区的风资源走廊内，装机9.9万千瓦，为中巴经济走廊14个优先实施项目之一。预计年发电量274782000度。项目采用BOO形式进行投资开发，总投资额为2.52亿美元，由国家开发银行提供贷款，中国葛洲坝股份有限公司承建，新疆金风科技有限公司提供风机。2014年11月APEC会议期间，李克强总理和谢里夫总理在人民大会堂见证了该项目EPC总包框架协议的签署；2015年3月实现融资关闭。③

萨察尔50兆瓦风电项目。项目位于巴基斯坦信德省锦屏地区，采用33台金风1.5兆瓦风机机组，是"一带一路"倡议提出后的首个"一带一路"新能源项目。中国电建下属的中国水电工程顾问集团有限公司与萨察尔能源公司签订工程总承包协议，项目总投资1.3亿美元。委托中国电建下属的华东勘测设计研究院有限公司负责项目建设、运营等工作。2015年12月11日项目开工，2017年4月10日开始商业运行。

特里肯波斯顿风电项目。项目位于巴基斯坦卡拉奇信德省Jhampir区，该区域为巴基斯坦集中开发风电示范基地。2016年9月26日，中国电建签署了巴基斯坦目前单体最大的特里肯波斯顿150兆瓦风电项目EPC合同。以HYDROCHINA品牌签约，项目总装机规模150兆瓦，融资方为世行下国际金融公司（IFC）、伊斯兰银行（IDB）等。特里肯波斯顿150兆瓦风电项目是集团在巴基斯坦承建的第7个风电项目。至此，电建集团在

---

① "中国企业助力巴基斯坦风电建设 填补巴国电力缺品"，http：//www.sohu.com/a/124910296_131990。

② "中国企业助力巴基斯坦风电建设 填补巴国电力缺品"，http：//www.sohu.com/a/124910296_131990。

③ "一带一路"能源合作网："可再生能源"，http：//111.207.175.229/v_practice/toPictureDetails.html?channelId=1086。

巴基斯坦签署的风电项目 EPC 总承包合同装机共 480 兆瓦，并投资建设 50 兆瓦大沃风电项目，合计将为巴基斯坦人民提供 530 兆瓦风电清洁能源，占 60% 以上市场份额。[①]

印度：三一集团项目。2015 年 10 月，三一集团宣布，未来 5 至 7 年内，该集团和战略伙伴将在印度投资 30 亿美元，滚动建设 2000 兆瓦的风力发电站。15 日，三一集团向印度总理莫迪提交了价值 30 亿美元的投资承诺书，投资印度的可再生能源行业，预计将为印度新增年均发电 48 亿千瓦时。

（三）东南亚及澳大利亚

菲律宾：北伊罗戈省 232 兆瓦风电光电项目。2017 年 1 月，中国西电下属西电国际菲律宾分公司和一家新加坡财团将投资 5 亿美元在菲律宾北伊罗戈省建设一个 232 兆瓦的风力和太阳能发电项目。西电国际菲律宾分公司和新加坡财团于 2016 年 12 月份收购了菲律宾 Energy Logics 公司，使其成为后者的主要股东。Energy Logics 公司在北伊罗戈省拥有太阳能和风能服务合同。西电国际菲律宾分公司与 Energy Logics 公司于 2016 年 12 月 16 日签署了股份收购协议。[②]

越南：富呦风电项目。项目位于越南平顺省，总装机规模 2.4 万千瓦。项目资金由德国复兴银行对越南政府优惠贷款。该项目为越南国家风电示范项目和第一个国营风电项目，也是中国企业在越南建设的第一个风电项目。项目于 2015 年 7 月开工，2016 年 9 月完工。[③]

澳大利亚：乌淖斯风电项目。该风电场总装机为 13.975 万千瓦。2012 年 2 月，神华集团收购澳洲乌淖斯风电场 75% 的股权，由国华投资和神华国际香港公司共同出资成立神华澳大利亚清洁能源控股公司，并由后者与塔州水电共同出资成立澳大利亚乌淖斯风电控股公司，来具体负责乌淖斯风电场的管理和运营。

马斯洛风电项目。项目位于塔州东北角，2011 年底开工建设，2013 年

---

① "中国电建签署巴基斯坦单体最大风电项目"，http://www.powerchina.cn/art/2016/10/8/art_123_188545.html。
② "2017 年 1—5 月份海外风电项目建设汇总"，https://mp.weixin.qq.com/s?__biz = MzIyMTA5OTU1MQ%3D%3D&idx = 1&mid = 2650684913&sn = ef83991b5e1e5777d068e6659668e9a1。
③ "一带一路"能源合作网："可再生能源"，http://111.207.175.229/v_practice/toPictureDetails.html?channelId = 1086。

2月交割。项目投产后,国华投资公司在澳洲的风电装机容量将达到30.78万千瓦,其中马斯洛风电场装机为16.8万千瓦。

(四)非洲

南非:德阿风电项目。2013年8月,在南非政府第三轮新能源项目招标中,龙源电力击败法电(EDF)、意电(Enel)、葡电(EDP)等国际知名电企,成功中标德阿一期和德阿二期风电项目。德阿一期和德阿二期风电项目装机容量分别为10.05万千瓦和14.4万千瓦,合计装机24.45万千瓦,总投资约25亿人民币,分别位于南非北开普敦省德阿镇西南25千米处和东北75千米处。2017年11月17日,德阿项目顺利投产发电。预计项目年产6.44亿千瓦时的清洁电力,满足当地8.5万户居民的用电需求。①

埃塞俄比亚:阿达玛风电项目。位于埃塞俄比亚首都东南约90公里处,装机136台,总装机规模20.4万千瓦。其中一期5.1万千瓦,2011年6月开工建设,2012年8月竣工;二期15.3万千瓦,2013年7月开工建设,2016年5月竣工。②项目由中国电建所属中国水电顾问集团和中地海外建设集团联营承建。设计年发电量可达4.67亿千瓦时,总投资3.45亿美元,是东非地区最大的风电项目,也是中国支持的最大海外可再生能源项目。③

(五)美洲

玻利维亚:科巴纳风电项目。2014年1月2日,由中国电建集团所属中南院总承包的玻利维亚首个风电项目——科巴纳风电项目正式竣工移交,这也是该国重点示范性能源项目,项目总装机容量3兆瓦(2×1.5兆瓦),被称为玻利维亚"风电之花"。④

美国:响尾蛇项目。项目位于得克萨斯州,包括64台风机,为金风科技在美最大容量项目。建成后,年发电量预计将达到626.9吉瓦时。

---

① 于欢:"中企在非首个自主风电项目投产",《中国能源报》,2017年11月27日,第3版。
② "一带一路"能源合作网:"可再生能源",http://111.207.175.229/v_practice/toPictureDetails.html?channelId=1086。
③ "一带一路"能源合作网:"掀起中非能源合作浪潮",https://mp.weixin.qq.com/s/aZlKC8XzpNECUemsmh8hJw#__NO_LINK_PROXY__。
④ "中国电建签约玻利维亚圣何塞水电站项目",http://cafiec.mofcom.gov.cn/article/hyzc/tongjixuehui/201406/20140600642640.shtml。

三、地热电站

印尼：Sorik Marapi 地热项目。位于印尼北苏门答腊的苏门答腊断裂带上，覆盖 629 平方千米。预期地热资源可以支持 350 兆瓦至 460 兆瓦的发电潜力。SMGP 已与印尼国有电力公司 PTPLN 签署了有效期 30 年的照付不误 PPA（电力购买协议），PPA 电价为 0.081 美元/kWh。计划商业运行日期起至 PPA 有效期止的运营收入预计为 48 亿美元。[①] 2016 年 8 月，开山股份通过其在新加坡的控股合资公司 KS ORKA 完成 6000 万美元对印尼 OTP Geothermal Pte.，Ltd100% 股权的收购，标的公司拥有印尼最大地热田 Sorik Marapi 地热项目（项目公司简称 SMGP）的特许开发权。项目拟采用"一井一站"的开发模式建设净发电量 240 兆瓦的地热发电站，预计投资 9 亿美元左右。[②]

Sokoria 地热项目。2016 年 8 月，开山股份收购印尼 PT Sokoria 地热公司 95% 股权，项目公司持有地热项目（SGPP）的发展权利，项目地热资源为 30 兆瓦。该地热发电项目的计划投资总额为 1.5 亿美元。

泰国：NPP5A 项目。属于泰国 AA 职业集团下属 NPS 公司项目，为生物质电站汽轮发电机组总承包工程。由中国大唐下属的上市公司——大唐环境产业集团股份有限公司承揽。NPP5A 项目合同签署于 2012 年 6 月份，于 2013 年 4 月正式动工，2015 年 2 月移交业主投入商用。[③]

美国：内华达 Wabuska 地热电站项目。2017 年 4 月，开山股份收购美国内华达的地热电站项目，区域地热资源储量在 40 兆瓦以上。

RyePatch-Humboldt House 地热项目。2017 年，开山股份收购美国 Presco Energy, LLC. 公司的 RyePatch-Humboldt House 地热项目，计划在 2019 年底实现地热电站装机功率总额达到 60 兆瓦。[④]

土耳其：Geo2E 地热发电项目。2017 年 5 月 18 日，胜利石油工程公

---

① "总投资 9 亿美元，开山股份靠什么拿下印尼最大的地热发电项目？"，http://www.sohu.com/a/167517960_618572。
② "总投资 9 亿美元，开山股份靠什么拿下印尼最大的地热发电项目？"，http://www.sohu.com/a/167517960_618572。
③ "弘扬大唐精神 建设国际一流能源集团 专题报道国际篇"，https://www.docin.com/p-2013697681.html。
④ "总投资 9 亿美元，开山股份靠什么拿下印尼最大的地热发电项目？"，http://www.sohu.com/a/167517960_618572。

司与 GCL ND 公司签订土耳其 Geo2E 地热发电项目生产井/回灌井钻探工程合同，共有地热钻井大包工作量 26 口，合同工期 30 个月，该项目合同涵盖钻前工程、钻、测、录、固、泥浆、定向、酸化等业务，并提供套管及附件、钻头、泥浆、固井材料等。合同总额达 8467 万美元，折合人民币约 5.83 亿。

四、生物质及垃圾发电站

泰国：NPP9 项目。属于泰国 AA 职业集团下属 NPS 公司项目，为生物质电站汽轮发电机组总承包工程。NPP9 项目为亚洲最大的生物质电站。由中国大唐下属的上市公司——大唐环境产业集团股份有限公司承揽。项目于 2013 年 4 月正式签署合同，2016 年 7 月 15 日通过试运行并移交业主。[①]

马来西亚：生物质电站项目。项目为一揽子生物质电站项目，电站总装机容量 44 兆瓦。由中国能建南方建投广东火电承建，2018 年 6 月签约。

越南：富寿垃圾发电项目。为生活垃圾焚烧发电项目，一期工程配置一条 500 吨/天垃圾焚烧生产线和一台 9 兆瓦的凝气式汽轮发电机组。由中国能建北方建投黑龙江能源建设公司总承包，2018 年 6 月中标。

菲律宾：吕宋岛环保电站。项目包括 Laoac Pangasinan、Mabalacat Pampanga、San Jose Batagas 等三个城市垃圾发电项目。建成后将成为菲律宾国内首批城市垃圾发电项目，日处理垃圾 1800 吨。中国能建旗下的中电工程东北院作为 EPC 牵头方，2018 年 3 月 9 日，项目正式签约。

埃塞俄比亚：雷皮垃圾发电厂。位于首都亚的斯亚贝巴，由中国电力工程有限公司承建，是该国第一座垃圾发电厂。电厂于 2018 年 8 月 19 日正式完工，日城市垃圾处理量可达 1400 吨，年发电量 185 吉瓦时。[②]

[①] "弘扬大唐精神 建设国际一流能源集团 专题报道国际篇"，https://www.docin.com/p-2013697681.html.

[②] "一带一路"能源合作网：“掀起中非能源合作浪潮”，https://mp.weixin.qq.com/s/aZlKC8XzpNECUemsmh8hJw#__NO_LINK_PROXY__。

第三编

成效与问题

"一带一路"能源合作是中国能源企业"走出去"的新阶段和2.0版，参与规模更大，业务范围更广，合作方式也更加多元。油气企业多在该地区有较好的合作基础，巩固和深化合作是主要目标，发展态势较为平稳。煤炭和传统电力行业基本处于大规模"走出去"和市场拓展阶段，而新能源和可再生能源及核能等则处于快速起飞的阶段，呈现出较强的后发优势。

"一带一路"能源合作成果显著，诸多企业的国际竞争力得到显著提升，双边、多边合作机制逐步完善。但不少企业经验仍显不足，开拓国际市场能力欠缺，加之新的市场环境及政治风险等，仍有一些投资受阻和并购失败等不太成功的案例。中国能源企业的国际化整体上仍处于较初级的阶段，国际市场竞争力的提高和国际一流能源集团的打造仍然任重道远。

第八章

特点与经验

"一带一路"能源合作是中国能源企业"走出去"的新阶段和2.0版，参与规模更大。国企特别是央企依然是"走出去"主力，但民企海外投资占比迅速提升。投资模式多样，积极推动融资和商业模式创新；打造中国质量，推动技术与标准及产业链"走出去"；积极履行环保理念和社会责任，惠及当地民生与经济发展；坚持深耕细作，变"单打独斗"为"抱团出海"，着力打造综合性国际能源公司。

第一节 结构与分布

项目分布广泛。中国海外能源项目涉及几乎所有的能源种类，在2005—2016年经济总额6065亿美元中，石油、煤炭、水电、天然气、替代性能源技术（如可再生能源、新能源汽车等）占比分别为23%、17%、14%、13%和5%。此外，还包括无法归为某一具体能源类别的项目。例如，2011年中国投资有限公司斥资32.4亿美元收购法国燃气苏伊士集团30%的股份，后者业务包括天然气和电力两个板块；2012年中海油以151亿美元收购加拿大尼克森公司，后者业务包括石油和天然气两个板块。[1]

地域方面几乎遍及全球。据蔡斌《中国能源企业出海版图项目》一文统计，数量较多的国家包括印度尼西亚（39）、巴基斯坦（38）、澳大利亚（36）、巴西（25）、老挝（25）、美国（24）、加拿大（24）、俄罗斯（21）、哈萨克斯坦（20）。巴西、加拿大、澳大利亚、巴基斯坦是海外能源项目经济额最高的国家，均超过300亿美元。直接投资方面，在加拿大、澳大利亚、巴西、俄罗斯、哈萨克斯坦、美国均超过150亿美元，分别为379亿、343亿、330亿、185亿、178亿和150亿美元；建设合同方面，在巴基斯坦、印度尼西亚、老挝、印度、越南均超过100亿美元。中国在任何一个欧洲国家的能源项目经济额均未超过100亿美元，但在整个欧洲

---

[1] 蔡斌："中国能源企业出海版图"，http://www.stategrid.com.cn/html/sgid/col1230000106/2018-05/31/20180531091234550452241_1.html。

地区的直接投资达 465 亿美元，建设合同达 140 亿美元。①

国企特别是央企，是能源企业"走出去"主力。中石油、中石化、中海油、中国电建、国家电网是最积极的 5 家企业，海外能源项目金额分别达到 1203 亿美元、841 亿美元、784 亿美元、408 亿美元和 392 亿美元，成功完成的项目金额分别为 995 亿美元、730 亿美元、361 亿美元、401 亿美元和 292 亿美元。海外项目金额排名前 10 位的能源央企，其海外能源项目金额总计达 4918 亿美元，占全国的 66%。其中，直接投资、建设合同分别为 2260 亿和 1736 亿美元，占全国的 67% 和 59%。能源央企中，受阻项目金额最高的是中海油，达到了 423 亿美元。中石油、中石化紧随其后，受阻项目金额分别为 208 亿和 111 亿美元。"三桶油"的受阻海外项目金额占全国的比重达到 62%。②

民企海外油气投资占比迅速提升。中国民营石油企业在国家利好政策鼓励下发展迅速，借获得原油进口权和进口原油使用权等契机，规模实力明显增强，成为三大国有石油公司外的重要力量。特别是在"一带一路"倡议下，民营资本海外油气投资发展迅速。规模由小变大，金额由低转高，投资领域从上游扩展至中下游。民营企业以其经营的灵活性、决策的快捷性成为中国海外油气并购投资中的一支重要力量。③ 2014 年发生的 68 宗中资能源矿产行业海外并购中，有 43 宗的并购方为民营企业，占总数的 63%；涉及金额 92.95 亿美元，占总金额的 41.61%。④ 2015 年，民营企业并购案达 397 宗，占全年总投资案例数的 53%。2016 年上半年，民营企业海外并购 290 宗。2014—2015 年，民营企业年均投资案例数 256 起，是 2008—2013 年年均投资案例数的 7 倍，呈爆炸式增长。⑤

---

① 蔡斌："中国能源企业出海版图"，http：//www.stategrid.com.cn/html/sgid/col1230000106/2018-05/31/20180531091234550452241_1.html。

② 蔡斌："中国能源企业出海版图"，http：//www.stategrid.com.cn/html/sgid/col1230000106/2018-05/31/20180531091234550452241_1.html。

③ 朱和："民营油企内外齐发力，迅速崛起影响深远"，《国际石油经济》，2018 年第 1 期，第 30 页。

④ 齐正平："'一带一路'能源研究报告（2017）"，http：//www.chinapower.com.cn/moments/20170516/77097.html。

⑤ 刘宏："中国对外直接投资现状、特征及存在问题"，《海外投资与出口信贷》，2017 年第 1 期，第 13 页。

第二节 投资模式多样

中国能源企业"走出去"模式多样,主要有买股权、购买电站、EPC 总承包等。如三峡国际能源投资集团在巴西的水电投资方式就呈现购买股权等 4 种模式。葛洲坝集团以财务投资的方式参股了东盟投资基金和中央海外基础设施投资公司,以 BOT 和 PPP 的方式投资了巴基斯坦水电站,控股投资了哈萨克斯坦水泥项目,以股权并购方式收购了巴西的水务公司,总投资额超过了 50 亿美元。①

积极推动融资模式创新。2017 年 4 月 21 日,中国电建完成非公开发行 A 股股票工作,成功募集 120 亿元资金,用于共建"一带一路"重点工程,如老挝南欧江二期水电站项目、巴基斯坦卡西姆港燃煤应急电站等。我国首个境外工程"鲁班奖"项目——伊朗塔里干水利枢纽工程是我国首个卖方信贷工程,利用进出口银行向业主提供 85% 融资。老挝南立 1—2 水电站和巴基斯坦卡洛特水电项目是三峡集团采用 BOOT 方式投资建设的海外项目。其中,卡洛特项目贷款银团由多家机构组成(中国进出口银行、国家开发银行、丝路基金和世界银行旗下国际金融公司),采用的是国际上通行的融资模式——"有限追索的项目融资"。②

在投标德阿风电项目前,龙源电力南非公司曾考虑采用中资银行的美元贷款,但由于南非能源部要求本地股份不能低于 40%,而本地公司无法提供股东担保,加之美元兑兰特的汇率波动较大,对冲成本极高,综合考虑之下,最终采用了南非本地银行提供的无追索项目融资,龙源电力只需提供股东方资本金,极大地降低了项目投资风险。③"有限追索的项目融资"方式是国际上通行的融资模式,但到目前为止还没有哪一个水电项目能在短时间实现融资关闭,在中国海外投资项目中更少。卡洛特项目提前

---

① 朱学蕊、王海霞:"核电氢能智慧能源,多能互补'一带一路'",《中国能源报》,2017 年 12 月 25 日,第 4 版。

② 苏南:"水电:'一带一路'实践成绩斐然",《中国能源报》,20107 年 5 月 15 日,第 12 版。

③ 于欢:"中企在非首个自主风电项目投产",《中国能源报》,2017 年 11 月 27 日,第 3 版。

实现融资关闭，为未来更多的项目融资提供了经验。① 由于 2014 年俄罗斯卢布大幅贬值，导致亚马尔项目面临困境。正是通过丝路基金增加约 3.01 亿美元的公司注册资本，才改善了亚马尔液化天然气公司净资产状况。②

根据自身优势和国外市场差异，我国电网公司在海外工程承包、股权并购、装备出口等方面采取不同投资策略，不断创新模式，优化海外业务布局。国家电网公司在积极开拓 EPC、BOT 市场同时，推进工程的打包整合、本土化以及标准互联互通，形成了包括工程、技术、标准、装备、建设的差异化解决方案。③ 特许权经营形式如，2014 年、2015 年，国家电网两次中标巴西美丽山水电送出一期、二期两个 ±800 千伏特高压直流送出特许经营权项目等。股权并购形式如，国家电网 2014 年 1 月收购新加坡能源国际澳洲资产公司 60% 的股权和新加坡能源澳网公司 19.9% 的股权、2014 年 7 月收购意大利存贷款公司能源网 35% 的资产股权，2017 年 6 月收购希腊国家电网公司 24% 股权等，南方电网成功收购智利最大输电公司 27.8% 股权等。④

商业模式创新。"投资带动 EPC"是一种日益为国际市场所接受的行业发展新趋势。巴基斯坦塔尔煤电一体化项目，是中国机械设备工程股份有限公司（CMEC）首个落地的投资带动 EPC 项目，它不仅创新了 CMEC 的商业模式，也显示出创新战略对 CMEC 业务发展明显的促进作用。⑤ 在促成塔尔项目成功签约的过程中，CMEC 给业主提供了全方位的服务，包括积极安排业主与银行、信保公司的沟通；CMEC 自己也与银行和信保公司保持顺畅沟通，让金融机构对项目本身持续增进了解。CMEC 将相关各

---

① 苏南："2017 年水电平稳变革，绿色转型"，《中国能源报》，2018 年 1 月 1 日，第 7 版。
② "中俄超级工程亚马尔液代天然气项目投产，中国将新增北极来气"，http://news.163.com/17/1209/17/D57TNTR6000187VE.html。
③ 崔晓利："电网'一带一路'国际合作现状分析"，https://mp.weixin.qq.com/s/3ZacwSmCVl4UQshL9oxCeQ#__NO_LINK_PROXY__。
④ 崔晓利："电网'一带一路'国际合作现状分析"，https://mp.weixin.qq.com/s/3ZacwSmCVl4UQshL9oxCeQ#__NO_LINK_PROXY__。
⑤ 中国机械设备工程股份有限公司："'一带一路'建设中的品牌创新——以巴基斯坦塔尔煤电一体化项目为例"，http://tj.people.com.cn/GB/n2/2017/0608/c380747-30300277.html。

方协调一致的重要能力，最终促成项目成功签约。①

探索本土化运营模式。促进本土化运营是诸多企业成功"走出去"的重要经验。国家电网所属中电装备公司在承建埃塞俄比亚—肯尼亚直流500千伏工程总承包项目时，通过培训、现场教学、考试、颁发上岗证等形式，为当地培养出360人12个班组的技术人员。截至2017年底，国网国际发展公司境外员工共计17629人，其中外籍员工17244人，占比超过97.8%。该公司下属的国网巴西控股公司作为其第一家境外全资公司，英语为工作语言，保留了全部巴西籍员工，统一聘用中巴籍中层管理干部。聘用巴西籍高管，协助中方团队提高经营管理水平，促进中巴一体化整合。同时，加大当地业务骨干培养力度，安排当地骨干分批来华交流、培训。②桑河二级水电站工程项目推行属地化管理，为当地劳工提供了更多的就业机会，进一步融洽了企地关系。③南方电网公司海外项目均坚持本地化经营，老挝南塔河、越南永新项目的员工超六成为属地国籍，公司还开展技能培训，让外籍员工成为当地行业佼佼者。④

第三节 国际标准与中国质量

立足国际标准与惯例。中石油在伊拉克的哈法亚项目产能规模大，建设工期短，国际化程度高，建设安全环境差。原油外输指标严苛，相当于国内同类油田要求的四倍。在员工构成上，哈法亚项目汇集了来自全球五大洲的业界精英和员工，37个国家的国际雇员，占员工比例的38%，当地雇员占38%。哈法亚油田还设有急救站，2011年作为保障员工职业健康、实现HSSE管理战略的重要部分，哈法亚项目通过国际公开招标的方式与

---

① 中国机械设备工程股份有限公司："'一带一路'建设中的品牌创新——以巴基斯坦塔尔煤电一体化项目为例"，2017年6月11日，http://tj.people.com.cn/GB/n2/2017/0608/c380747-30300277.html.

② 王旭辉、吕银玲："国网服务'一带一路'凸显领军作用"，《中国能源报》，2018年1月15日，第21版。

③ "中国在柬埔寨修成亚洲第一长坝：桑河水电站下闸蓄水"，http://mil.news.sina.com.cn/dgby/2017-09-26/doc-ifymenmt7025847.shtml。

④ "中国能量点亮四方 唤醒繁荣"，https://mp.weixin.qq.com/s/EVS6Spzuy-Whq977wO39TTA.

国际 SOS 救援中心签署了合作协议。①鲁迈拉油田项目是中石油首次以合作者身份与西方大石油公司深度合作的项目，从中标到项目实施，都经受住了国际石油业最高标准的检验。

创造中国速度。中石油哈法亚项目创造了多项第一，一期比合同要求提前 15 个月投产，二期比合同要求提前 2 年投产。该项目被伊拉克政府称为"速度最快、执行最好的国际合作项目"。中石油接管鲁迈拉油田项目后 6 个月，即实现了原计划 3 年实现的原油产量增产 10% 的目标。项目运营第二年，即跨入自我滚动、规模发展的良性循环轨道。中国石油工程建设有限公司（CPECC）承建的鲁迈拉电站项目在满足 BP 质量要求的前提下，取得了令 BP 赞叹的中国速度。②

巴基斯坦卡西姆燃煤电站 1 号机组比巴基斯坦政府要求工期整整提前 50 天。该项目实现各项参数稳定、指标优良，均达到设计要求，除尘、脱硫等各项环保指标远远优于巴基斯坦国家标准。由哈锅自主设计制造的巴基斯坦萨希瓦尔 2 号燃煤电站 2 台锅炉各项主要参数均达到或优于设计值，运行状况优异。项目比原计划提前了 6 个月，建设速度创下了中国企业海外同类型电站项目建设新纪录，被巴基斯坦政府誉为"萨希瓦尔速度"。③

中国质量。中国建材国际工程集团在英国建造了 9 个太阳能电站，其中 3 个的装机容量被列入英国前五。柬埔寨桑河二级水电站工程建设克服了交通不便、热带气候、疾病多发、施工资源紧缺等困难，工程安全、质量管理得到了柬埔寨政府及各方专家的高度认可。④ 2018 年 1 月，中国能建葛洲坝集团总承包的印尼塔卡拉燃煤电站项目 1 号机组提前投入商业运行，荣获业主颁发的"2017 年优秀履约奖"。⑤

中国水利水电建设股份有限公司承建的伊朗塔里干水利枢纽工程中的电站厂房交通竖井因全部采用液压滑模一次性滑升浇筑技术，为国内首

---

① 刘建林、吴莉："哈法亚：'荒漠上崛起现代化绿色油田'"，《中国能源报》，2018 年 2 月 5 日，第 13 版。

② 刘建林、吴莉："鲁迈拉：老油田的新生"，《中国能源报》，2018 年 1 月 29 日，第 13 版。

③ 李灿："国产发电装备'一带一路'项目'唱主角'"，《中国能源报》，2017 年 11 月 20 日，第 20 版。

④ "中国在柬埔寨修成亚洲第一长坝：桑河水电站下闸蓄水"，http://mil.news.sina.com.cn/dgby/2017-09-26/doc-ifymenmt7025847.shtml。

⑤ "印尼塔卡拉燃煤电站提前投入运行"，http://huodian.nengyuanjie.net/2018/xingyedongtai_0116/136782.html。

创，获中国企业新纪录第十一批证书。2009年10月30日，中国建筑业协会公布2009年度中国建设工程鲁班奖境内外工程评选结果，伊朗塔里干水利枢纽工程获得首个境外工程鲁班奖。① 中国三峡集团老挝南立1—2水电站项目竣工仪式上，老挝第一次为项目投资及建设的外国企业员工颁发国家劳动奖章。② 越南永新项目是中国企业在越南建设的第一个BOT项目，通过采用先进管理技术和系统标准，对设计、施工、质量等主要环节层层严格把关。在项目建设方面，采用的是中国国内最先进的发电技术，也是越南首座采用超临界W火焰锅炉技术的电厂。工程建设各项质量指标均获得越南工贸部和国家质量监督管理部门的验收和高度评价。③

第四节　推动技术与标准走出去

推动国内技术出口。在核电领域，卡拉奇核电项目（K-2、K-3）是巴基斯坦国内目前最大的核电项目，也是中国自主三代核电技术"华龙一号"首次走出国门，标志中国成为能独立出口三代核电技术的国家之一。同时，我国多家核电集团分别与英国、阿根廷、南非、土耳其、罗马尼亚、沙特等国家签署合作投资建设有关核电项目协议，推动自主品牌三代核电"华龙一号"进入英国、阿根廷，自主品牌三代核电CAP1400进入南非、土耳其取得重要进展。自主品牌三代核电技术有望成为我国高端装备制造业"走出去"的国家名片。

国电所属科环集团，凭借独有的等离子点火技术，成功走进俄罗斯、印尼、土耳其等国家，总装机容量近3亿千瓦。"十二五"期间，国电科环累计出口火电厂等离子点火、烟气脱硫、空冷、光伏组件、风机及分散控制系统等技术装备到欧洲、澳大利亚、美国、东南亚、中东等二十几个国家和地区，合同额累计达23.63亿元人民币。④ 由新疆特变电工承建的

---

① "伊朗塔里干水利枢纽工程"，http://baike.so.com/doc/6708235-6922251.html。
② 高鑫："当中国水电遇上'一带一路'"，http://www.hydropower.org.cn/showNewsDetail.asp?nsId=16526
③ "87亿！'中国制造'走出去，中国能建EPC总承包越南永新燃煤电厂项目"，http://news.bjx.com.cn/html/20171103/859418.shtml。
④ 卢彬："清洁电力点亮'一带一路'"，《中国能源报》，2017年5月15日，第11版。

塔吉克斯坦杜尚别 2 号热电厂采用全球最先进的环保技术和设备。其中，电袋复合除尘技术除尘率超过 99.95%，石灰石—石膏湿法烟气脱硫率在 95% 以上，确保了工业排气超净排放；等离子点火技术的使用真正做到了"零油耗"。① 亚马尔项目建设过程中，国产的第一台"极光"号极地钻机，打破了美、加拿大等技术垄断，成功进入了俄罗斯市场。②

推动中国标准"走出去"。我国能源企业在"走出去"过程中，注重参与国际标准制定，大力推动共建"一带一路"国家标准互认互通。国家电网坚持自主创新，全面掌握一批特高压输电、智能电网等核心关键技术，在国际上率先建立了完整的特高压交直流、智能电网技术标准体系。其中，我国电动汽车充换电标准体系与美国、德国、日本标准并列为世界四大标准体系。国家电网董事长舒印彪连续两届担任 IEC（国际电工委员会）副主席，并发起成立 5 个新技术委员会。2017 年，国网在 IEC、IEEE（电气和电子工程师协会）主导新立项 11 项国际标准，累计主导编制 IEC、IEEE 国际标准 47 项。③

2018 年 3 月 5 日，由国家电网主导发起的虚拟电厂《架构与功能要求》和《用例》两项国际电工技术委员会（IEC）标准提案获批正式立项。这是 IEC 在虚拟电厂领域立项的首批国际标准，也是中国在能源转型和绿色发展领域国际标准化方面取得的又一突破。④ 在推进国际标准化工作方面，国家电网除了立项 51 项国际标准之外，还加强与共建"一带一路"国家合作，开展联合攻关研究，积极推进与共建"一带一路"国家标准对接和互认。188 项中国标准在"一带一路"相关国家电力建设中得到应用，菲律宾、巴西、巴基斯坦、埃及等共建"一带一路"国家的电网建设和运行中广泛使用中国标准。⑤

在"一带一路"建设中，中国能建以国际项目为载体，积极推动中国

---

① "中国承建塔吉克斯坦热电厂二期已提前竣工投产"，http://cyfz.chinadevelopment.com.cn/gjcnhz/2018/05/1264763.shtml。

② "中俄超级工程亚马尔液化 天然气项目投产，中国将新增北极来气"，http://news.163.com/17/1209/17/D57TNTR6000187VE.html。

③ 王旭辉、吕银玲："国网服务'一带一路'凸显领军作用"，《中国能源报》，2018 年 1 月 15 日，第 21 版。

④ "中国能源领域国际标准化取得突破 国家电网 IEC 虚拟电厂提案获批"，https://www.yidaiyilu.gov.cn/xwzx/gnxw/49836.htm。

⑤ "中国能源领域国际标准化取得突破 国家电网 IEC 虚拟电厂提案获批"，https://www.yidaiyilu.gov.cn/xwzx/gnxw/49836.htm。

标准走出去，其在建的多数国际工程项目全部或部分采用中国标准。中国能建近年来还牵头完成"一带一路"能源合作、中国与周边国家电力互联互通等多个规划研究。2018年3月，中国能建旗下电力规划设计总院承担并编制完成的"老挝电力规划研究"通过老挝能矿部验收。这是中国政府首次协助共建"一带一路"国家编制国家级电力规划。"从适应国际标准向参与制定国际标准转变，提高了我国企业在国际电力行业的话语权和竞争力。"①

越南永新燃煤电厂一期项目主机和辅机将全部采用国产设备，项目设计、建设完全采用中国标准，真正实现"中国制造"，带动中国国内融资、设计、装备、施工"走出去"。② 国家电网公司总承包的巴西美丽山水电站送出一期、二期两个特高压直流输电工程，全部采用中国特高压技术和标准，为我国装备出口拿到了"通行证"。③

国际可再生能源认证互认进程也在提速。我国已加入国际电工委员会可再生能源认证互认体系（IECRE）风能和光伏领域。该体系采用国际标准，按照统一的要求，对风机及其零部件、光伏模块、光伏电站等开展检测、检验和认证。国家认监委作为该体系国家成员机构，积极组织推荐国内的认证机构、实验室申请加入该体系。其中中国电力科学研究院和北京鉴衡认证中心分别于2017年2月24日和4月12日成为亚洲第一家IECRE实验室和认证机构，我国成为亚洲首个可以开展IECRE风电检测和认证的国家。5月6日，国内三家风电龙头企业金风科技、远景能源、明阳智能获得鉴衡颁发的"国际通行"的IECRE证书。6月22日，由质检总局推荐的中国质量认证中心、北京鉴衡认证中心和上海英格尔认证有限公司均获得批准，分别成为IECRE认证机构和检验机构，我国由此成为全球第一个拥有IECRE风能、光伏检测、检验、认证能力的国家。④

---

① "海外合同占比近35% '一带一路'为中国能建添动力"，https://www.yidaiyilu.gov.cn/xwzx/gnxw/65708.htm。

② "87亿！'中国制造'走出去 中国能建EPC总承包越南永新燃煤电厂项目"，http://news.bjx.com.cn/html/20171103/859418.shtml。

③ "广元电力'一带一路'建设这些电力工程你知道多少"，http://e-.chengdu.cn/syxw/232800qq.html。

④ 北京国际能源专家俱乐部："风电行业'一带一路'产能合作前景广阔"，《电力决策与舆情参考》，2018年10月26日第40期，https://mp.weixin.qq.com/s/o7yD7usp5fwpzGrROPAN8A#__NO_LINK_PROXY__。

中国资本带动中国制造"走出去"。龙源电力南非德阿项目的163台风机全部使用国产自主研发的联合动力1.5兆瓦机型，所有风机一次性通过南非电网公司的并网验收。[①] 作为电力装备企业龙头，哈电集团以哈电国际公司作为窗口，采取"驾船出海"战略，大力开展火电站、水电站、风电站、机电设备场和输变电项目总承包业务，并带动锅炉、汽轮机、发电机及辅机设备和其他配套设备出口，发展电站工程总承包业务。[②]

防城港核电二期是我国"华龙一号"示范工程，该其顺利推进将带动自主技术装备制造等产业大规模"走出去"。出口一座"华龙一号"核电站相当于出口200架商业客机，并将带动我国装备制造业5400多家企业"走出去"。[③] 埃塞俄比亚阿达玛风电项目，采用中国贷款、中国技术、中国标准、中国设备和中国承包商，是我国风电"走出去"的第一个完整的新能源工程项目。[④]

大型项目对工程技术服务、装备制造和贸易有着巨大推动作用。在亚马尔项目中，中国企业和基金共出资55亿美元，带动了154亿美元的贸易出口，共有45家中国厂商为项目提供百余种产品，促进了国内装备制造企业走出去，以及钢铁、电缆等众多产业技术创新和转型升级。[⑤] 中国公司承揽了项目全部模块建造的85%，以及6艘运输船的建造、15艘LNG运输船中14艘的运营等，工程建设合同额达到78亿美元，船运合同达85亿美元，有力带动了模块建造和造船等产业升级。在工程分包商和供应商中，中石油、中海油、宝钢、武昌船舶重工集团等名列其中。[⑥] 国家电网公司承建的埃塞俄比亚、波兰、缅甸、老挝等"一带一路"沿线国家项目，带动中国电工装备出口到83个国家和地区，出口合同总金额超过400

[①] 于欢："中企在非首个自主风电项目投产"，《中国能源报》，2017年11月27日，第3版。

[②] 李灿："国产发电装备'一带一路'项目'唱主角'"，《中国能源报》，2017年11月20日，第20版。

[③] "国之重器'华龙一号'穹顶吊装背后"，http://news.bjx.com.cn/html/20180531/902012.shtml。

[④] "有图有真相！'一带一路'上的这些能源项目部都是中国造！"，https://www.toutiao.com/i6420155057274094082/。

[⑤] 金焕东："亚马尔LNG等海外项目成功运作，'一带一路'油气合作在全面推进中开拓新模式"，《国际石油经济》，2018年第1期，第28页。

[⑥] 金焕东："亚马尔LNG等海外项目成功运作，'一带一路'油气合作在全面推进中开拓新模式"，《国际石油经济》，2018年第1期，第28页。

亿美元。[1]

产业链走出去。随着国际业务的拓展，中国的水电企业也通过产业传导延伸了其产业链条，通过设计、施工、制造等国际业务带动了与此相关的咨询、材料、劳务、金融、服务等行业及企业的海外出口业务。[2] 默拉直流输电项目的成功实施，不但打通了巴基斯坦南电北送的输电走廊，而且对中资企业在巴基斯坦南部建设的多个电源项目送出具有重要的保障作用，对带动国内设计、装备、施工、技术和标准等全产业链"走出去"具有重大意义。[3] 南非德阿项目是中国在非洲第一个集投资、建设、运营为一体的风电项目，实现了中国资本带动中国装备、技术、标准、服务全方位"走出去"。[4]

印度尼西亚的加蒂格迪大坝是中国、印尼两国基础设施建设合作的标杆工程之一，是"一座使用中国技术、中国资金、中国设备建成的大坝"。中国水电承担总工程份额的七成，4.12亿美元的总投资额中有九成来自中国进出口银行的优惠贷款，大坝主体填充材料、电气控制设备、金属安装构件也来自中国。[5] 柬埔寨桑河二级水电站采用8台中国制造的5万千瓦灯泡贯流式机组，总装机容量40万千瓦，占柬全国总装机容量的近20%。其他主要机电设备也均来自中国，进一步推动了"中国技术+中国标准+中国设备+中国管理"的全链条"走出去"。[6]

第五节　环保理念和社会责任

践行绿色发展与生态保护理念。哈法亚米桑原油管道长272千米，要

---

[1] 张春成、李江涛、单葆国："'一带一路'沿线将成全球电力投资洼地"，《中国能源报》，2018年3月26日，第4版。

[2] 高鑫："当中国水电遇上'一带一路'"，http://www.hydropower.org.cn/showNewsDetail.asp?nsId=16526

[3] "一带一路"能源合作网："能源互联互通"http://111.207.175.229/v_practice/to Picture Details.html?channelId=1085。

[4] 张子瑞："中国风电：从'零'到领跑全球"，《中国能源报》，2018年7月30日，第2版。

[5] 高鑫："当中国水电遇上'一带一路'"，http://www.hydropower.org.cn/showNewsDetail.asp?nsId=16526

[6] "中国在柬埔寨修成亚洲第一长坝：桑河水电站下闸蓄水"，http://mil.news.sina.com.cn/dgby/2017-09-26/doc-ifymenmt7025847.shtml。

穿越底格里斯河、幼发拉底河、阿拉伯河，沿线水网密布，河流穿越难度大，环境要求高。在管线经过农民土地时，项目方义务修水渠、筑坝、架桥，让沿线百姓直接受益。穿越河流后，及时恢复河道，并购买上万尾鱼苗放到河中，还积极推动当地绿色能源的使用。此外，哈法亚油田还将伴生气输送到当地卡哈拉发电厂，对解决电厂燃料、缓解当地电力压力、减少环境污染和能源浪费起到重要作用。①

三峡集团所属卡洛特电力有限责任公司量身打造环保专项投资，总额初步估计1.5亿元，不仅在各专项系统设置上全方位覆盖施工领域，更在环保方法和措施上力求完美，其中仅"水环境保护工程"中的"生产废（污）水"一项就采用了多项世界一流的环保设备和措施。为保证巴西格利保吉水电站的正常运行和区域生态环境稳定，三峡集团巴西公司特意制定"开展森林再造"计划，以符合巴西森林法要求，优化生态环境。马来西亚沐若水电站在大坝上布置生态流量闸孔，确保大坝下游河道一定流量，同时又利用生态流量闸孔布置了生态小电站，为当地居民提供廉价电力。②

老挝南欧江七级电站秉持"绿色发展、生态发展"理念，按照与老挝政府签订的《特许经营协议》，积极履行环境保护与社会责任。项目部与丰沙里省环境厅、能矿厅、丰沙里县环境局等保持密切联系和沟通，严格遵守《老挝人民民主共和国环境保护法》，认真执行CA协议和发电公司环境管理制度，定期对环境保护工作进行检查与监测。2018年4月7日，由老挝丰沙里省环境厅组织的考察团对电站配备的专用垃圾运输车、洒水车、垃圾分类处理箱、移动厕所、油水分离器、沉淀池废水循环利用系统、户外环境LED监测系统等环保设施提出赞扬，对现场所做的环境工作给予高度肯定。考察团一致认为，七级电站非常重视环保水保工作，严格遵守CA协议，符合环保水保要求，其相关做法与经验值得其他工程项目推广与借鉴。③

山东电建一公司承建的巴西美丽山特高压直流输电线路一期、二期项

---

① 刘建林、吴莉："哈法亚：'荒漠上崛起现代化绿色油田'"，《中国能源报》，2018年2月5日，第13版。

② 苏南："水电：'一带一路'实践成绩斐然"，《中国能源报》，2017年5月15日，第12版。

③ "南欧江七级电站携手地方政府共同打造绿色工程"，http://www.powerchina.cn/art/2018/4/16/art_23_278953.html。

目分别横跨 4 个州和 7 个州,经过多个森林动物保护区及文物保护区。为了能将线路建设对环境的破坏降到最低,配合巴西环境和可再生资源署(IBAMA),项目针对环境保护采取了一系列的措施。如每个标段聘请专业环境工程师、环境技师,制定各项环保程序和制度,保证施工对环境影响最小;对线路经过的环境保护区域,采取更改线路方向、更改塔型等方式,尽量减少对环境的破坏。通过采取绿色施工十项举措,克服各项施工难度,美丽山一期 5 标段项目顺利通过环保评测,美丽山二期项目也获得业主及环境部门认可。[1]

积极履行社会责任。自 2015 年起,哈法亚项目执行可回收的、每年不超过 500 万美元的"社区贡献基金",截至 2018 年初,有 5 个项目在执行,包括 2 个学校、油区新诊所、卡哈拉市场大棚等。积极开展公益活动,兴建社区项目。几年来,完成公益事业项目达 20 多个。[2] 在老挝 230 千伏巴俄—帕乌东输变电项目中,中电装备公司不仅推广中国电网的成功经验,还帮助村民修路。2017 年 2 月,中电装备公司老挝工程项目部组织施工队伍免费为当地学校修建操场 2000 平方米。[3] 在巴西,国家电网巴西控股公司充分利用当地的"税收激励"政策,主动赞助"文化之路""中巴文化月""里约四季长跑"国际青少年乒乓球里约巡回赛等公益项目。其中,"文化之旅——贫民窟马累青少年交响乐团"公益项目致力于为贫民窟的孩子提供乐器演奏义务培训,丰富贫民窟青少年业余生活,帮助未成年人远离毒品和犯罪。此外,国家电网还向变电站附近的社区捐建儿童游乐房、教育中心等设施,在所属变电站附近的 15 个贫困区开展免费电影公映活动。[4]

三峡集团在几内亚的凯乐塔项目投入近 700 万美元专项资金,用于当地的环保和医疗事业,包括进行移民村落的改造,帮助当地村民进行生活垃圾的无害化处理,设立营区医院等。[5] 华电额勒赛下游水电项目公司帮

---

[1] "山东电建一公司巴西美丽山'十举措'倡导'美丽施工'",http://www.powerchina.cn/art/2018/2/22/art_23_272756.html。

[2] 刘建林、吴莉:"哈法亚:'荒漠上崛起现代化绿色油田'",《中国能源报》,2018 年 2 月 5 日,第 13 版。

[3] 王旭辉、吕银玲:"国网服务'一带一路'凸显领军作用",《中国能源报》,2018 年 1 月 15 日,第 21 版。

[4] 王旭辉、吕银玲:"国网服务'一带一路'凸显领军作用",《中国能源报》,2018 年 1 月 15 日,第 21 版。

[5] 苏南:"水电:'一带一路'实践成绩斐然",《中国能源报》,2017 年 5 月 15 日,第 12 版。

助修建改造了连接柬埔寨国公省与菩萨省的部分道路,铺设45千米混凝土路面,建设3座长度超过100米的大桥,为当地人交通出行提供极大便利;大唐缅甸太平江一期水电站项目公司将库区居民搬迁到交通便利、地势开阔的地区,并为当地居民建设新家园;华能柬埔寨桑河水电项目公司为移民村修建学校、医院、警察局和寺庙,公路、电网、水井、排水系统等基础设施配备齐全。①

中国机械设备工程股份有限公司十分注重共建"一带一路"国家建设的"民心相通"。塔尔项目位于沙漠地区,长期饮用不合格的饮用水严重影响了塔尔居民的健康水平与平均寿命。公司为当地捐赠了饮用水净化系统,从根本上改善了水质,缓解了由此引发的慢性病问题。公司还捐赠了医疗设备及移动医疗大巴车,为更广泛的当地患病居民提供及时有效的救助治疗措施。为促进当地居民的身心健康发展,公司为当地居民免费修建了社区,并提供配套的秋千、滑梯等一系列公共设施。公司还在当地设立了劳动技能培训中心,并定期组织免费的泥瓦匠、卡车司机等技能培训活动。据初步统计,塔尔煤矿与电站项目的建设为当地创造了超过1000个就业岗位,并提供每年约2000个就业和专业技能培训机会。②

惠及当地民生与经济发展。中国企业在共建"一带一路"国家的投资建设为项目所在国创造了大量的就业机会。在埃及,曾因电网老旧无法承担过大的用电负荷,致使当地居民每年都被频繁的停电困扰。国家电网建设的埃及EETC500千伏输电线路供电地区,停电次数、范围及时间大幅减少,为埃及工业振兴提供了强有力的动力。③ 中国三峡国际能源投资集团有限公司的属地化员工比例已超过70%;中国电建在非洲工作的中方管理人员和劳务人员总数1.2万余人,雇用项目所在国及第三国劳务6万余人;中水电对外公司建设的伊辛巴水电站及相关输变电线路工程提供近2000个

---

① 卢彬:"清洁电力点亮'一带一路'",《中国能源报》,2017年5月15日第11版。
② 中国机械设备工程股份有限公司:"'一带一路'建设中的品牌创新——以巴基斯坦塔尔煤电一体化项目为例",http://tj.people.com.cn/GB/n2/2017/0608/c380747-30300277.html。
③ 王旭辉、吕银玲:"国网服务'一带一路'凸显领军作用",《中国能源报》,2018年1月15日,第21版。

工作岗位。① 中广核在纳米比亚的湖山铀矿项目建设期间可提供 6000 个就业岗位，生产期间可提供 1600 个就业岗位，并使纳米比亚出口增长约20%，GDP 增长约 5%。②

大唐为柬埔寨建起了第一个国家骨干电网，沿线覆盖柬埔寨东部至中西部省市地区，极大地带动了该国沿线各省工商业发展。同时，在促进就业、改善民生等方面发挥了积极作用。在柬埔寨电力项目运营期间，大唐积极推行本土化人才政策，累计为柬埔寨创造了 1 万多人次的就业机会。先后培养了近百名柬埔寨籍电力技术、操作手、工程翻译、行政管理等人才，一些人员已成长为柬埔寨国家电力公司的骨干力量。③

安哥拉卡库洛卡巴萨水电站被誉为"非洲三峡工程"，建成后将大大缓解安哥拉的供电需求短缺的状况，促进当地经济及社会发展和民生的改善。目前水力发电占安哥拉电力市场供应量的约 70%，另外还有火电、太阳能、风能、生物能等方式发电。电站建设高峰期将为安哥拉带来近万个就业机会，葛洲坝集团还将负责电站四年的运行和维护，并为安哥拉培训一批专业的电站运营管理和技术人才。④

神华国华电力公司南苏电厂有效缓解了印尼南苏地区供电紧张的局面。爪哇 7 号项目建成后，年发电量约 150 亿千瓦时。南苏电厂项目解决近 700 人就业问题，爪哇 7 号项目先后接纳 10 多家印尼企业参加工程建设。电厂建成后的运维管理将全部交付印尼员工负责，为印尼培养出一支能够独立驾驭 100 万千瓦火电机组的发电厂管理人才队伍。⑤

老挝南塔河 1 号水电站不仅为当地供电，还能向泰国北部、缅老边境地区送电。项目建成后，近万居民从原始木屋搬入新居，用上冰箱、电视，过上现代化生活。搬迁后，项目公司还聘请老挝高校的农业专家对移

---

① 苏南："水电：'一带一路'实践成绩斐然"，《中国能源报》，2017 年 5 月 15 日，第 12 版。

② 朱学蕊："中广核：挺起腰杆'闯'世界"，《中国能源报》，2017 年 5 月 15 日，第 11 版。

③ 苏南："中国大唐：服务一带一路 16 个国家"，《中国能源报》，2018 年 4 月 23 日，第 11 版。

④ "安哥拉总统为卡卡水电站奠基 中国公司承建非洲最大水电站开工"，http://www.sohu.com/a/162722614_271142。

⑤ "'一带一路'上的煤企足迹"，http://www.cwestc.com/newshtml/2017 - 5 - 12/459801.shtml。

民进行种植、养殖技术培训。[①]

第六节 成功经验

深耕细作产生滚动效应。中国能源企业诸多前期项目高质量完成，积攒了人气和口碑，为赢得后续项目、持续做大做强该国及周边市场，打下良好基础。在埃及，国家电网建设的 EETC500 千伏输电线路工程综合效益显著。2017 年 9 月，国家电网与埃及电力和可再生能源部签署了埃及 500 千伏输电线路工程二期合作协议。[②] 2017 年底，中石油管道局中东地区公司沙特分公司与沙特阿美业主成功签署重油管道项目，这是中石油管道局在沙特继拉斯坦努拉项目、哈拉德天然气管道项目之后，第三次获得阿美项目。[③] 天合光能在泰国设厂，原计划仅是制造电池、组件，然后销往第三方市场。后来技术、产品受到当地政府的关注，泰国一副总理前往天合光能总部考察，提出希望其前往泰国开发电站。[④]

与跨国企业一起打造"共赢竞合"新模式。合作共赢是"一带一路"建设的主导理念，通过资源共享、战略合作、共同投资开发等方式，与跨国企业建立合作伙伴关系，更容易得到金融机构青睐及项目融资，同时有利于风险分摊、强化管理。葛洲坝集团与德国西门子公司等技术企业，以及世界著名工程咨询公司，如美国 AECOM 公司、澳大利亚雪山公司、英国莫特麦克唐纳公司等，都签署了战略合作协议，并在具体业务上有了务实合作。巴基斯坦 SK 水电站项目是"中巴经济走廊"重点项目，总投资额约 19.62 亿美元，是葛洲坝集团负责投资、建设及运营的绿地投资项目。该项目由英国莫特麦克唐纳公司、巴基斯坦 MMP 公司、黄河勘测规划设计有限公司联合提供设计审查及项目管理等咨询服务。[⑤]

[①] "中国能量点亮四方 唤醒繁荣"，https://mp.weixin.qq.com/s/EVS6Spzuy-Whq977wO39TTA。

[②] 王旭辉、吕银玲："国网服务'一带一路'凸显领军作用"，《中国能源报》，2018 年 1 月 15 日，第 21 版。

[③] "中石油管道局与沙特阿美签署重油管道合同"，《中国能源报》，2017 年 12 月 18 日，第 20 版。

[④] 杨晓忠："'一带一路'倡议让能源合作各方得到实惠"，《中国能源报》，2017 年 12 月 18 日，第 3 版。

[⑤] "葛洲坝：与跨国企业合作建设'一带一路'项目受市场欢迎"，https://www.yidaiyilu.gov.cn/xwzx/gnxw/55494.htm。

第八章 特点与经验

在"一带一路"建设过程中,中国电建与众多跨国企业开展了深度合作:一是与跨国银行、多边金融机构等建立了紧密的银企合作伙伴关系,扩大融资渠道;二是与著名设计商、设备供应商、物流商、咨询机构合作,强化工程设计与服务能力;三是与当地业主、投资商、承包商等建立良好的合作关系;四是与本土上下游企业和竞争对手广泛合作,形成本土竞争联盟、利益与生存共同体。巴基斯坦卡西姆燃煤电站由中国电建和卡塔尔王室基金共同以 BOO 模式投资开发,开创了中国企业和国外公司联合在境外开展电力项目投资的先河。中国电建还与通用电气、西门子、法国波洛莱运输与物流公司、AECOM 公司等众多跨国公司建立了合作关系,在火电、水电、风电、机电产品和设备,以及技术、服务等领域开展全方位合作。[1]

变"单打独斗"为"抱团出海"。中国企业走出去之初,内部恶性竞争时有发生。但近年来中企之间的战略合作逐步增强,国企与民企抱团发展,银行与企业间协同作战,"联合出海"成我国企业"走出去"大趋势。我国在非洲投资的"安哥拉"模式取得了很好的效果,进出口银行、国开行等政策性银行的贷款支持,使得中铁建等企业获得大量的基础设施建设工程,同时在矿山开采、能源开发方面,得到了丰厚的回报。[2] 从"单打独斗"到"抱团取暖"再到"强强联合",中国企业实现了由单一产品到项目承包、由低端制造到高端"智"造的跨越式发展。[3]

以联合竞标、组团收购、业务分包等方式,共享海外市场机会。例如在发电装备领域,东方电气与发电、电建、钢铁企业联合出海。与中国成达合作,带动我国 1000 兆瓦等级火电锅炉首次出口海外(印尼芝拉扎三期项目);与中国电建合作,获得卡西姆港 660 兆瓦应急燃煤电站项目设备合同;在建的越南永新一期 2×620 兆瓦超临界热电项目,是东方电气与南方电网、中国能建合作的典范。[4] 在非洲,东方电气集团 2017 年 11 月与

---

[1] "中国电建跟踪'一带一路'项目 1469 个 预计总金额 6358 亿美元",http://news.bjx.com.cn/html/20180529/901206.shtml。

[2] 陆长平、刘伟明:"PPP 模式推动'一带一路'建设的意义、风险和对策",《国际贸易》,2018 年第 1 期,第 51 页。

[3] "中俄超级工程亚马尔液化天然气项目投产,中国将新增北极来气",http://news.163.com/17/1209/17/D57TNTR6000187VE.html。

[4] 李灿:"国产发电装备'一带一路'项目'唱主角'",《中国能源报》,2017 年 11 月 20 日,第 20 版。

中国电建国际工程有限公司签订津巴布韦旺吉三期 2×335 兆瓦火电项目三大主机供货合同，成为继赞比亚曼巴 2×150 兆瓦火电项目之后，东方电气集团与中国电建集团在非洲火电项目建设领域的再次携手。[①] 中广核在纳米比亚湖山铀矿项目建设中，引入 5 家中国企业参与。[②]

马来西亚沐若水电站是由沙捞越能源公司开发，中国三峡总公司下属的长江三峡技术经济发展有限公司牵头承建，中国水利水电第八工程局有限公司负责土建施工、金属结构制作安装和永久机电设备安装，中国机械设备进出口总公司负责永久机电设备采购，长江水利委员会长江勘测规划设计研究院负责工程设计。[③]

亚马尔项目建设过程中，从模块到钻机，从设计到建造，中国企业全方位的参与，整体带动国内的产业升级，装备制造业发展。中国企业承揽了全部模块建造的 85%，7 艘运输船的建造、14 艘液化天然气运输船的运营等，工程建设合同额达 78 亿美元，船运合同额达 85 亿美元。共有 45 家中国厂商为项目提供百余种产品，项目带动和促进了国内钢铁、电缆等众多产业技术创新和转型升级。[④] CMEC 在竞标过程中选择业绩出色、实力雄厚的中国煤矿建设企业作为合作伙伴，在带动国内兄弟企业"走出去"的同时，也补足了自身力量，实现了利用传统领域工程承包经验优势开拓新领域 EPC 市场的发展目标，让企业竞争力再上一个新台阶。[⑤]

着眼长远，动荡中坚守。中国企业海外投资的目的地，有许多为政局动荡地区。一些企业能在困难中坚守，得到所在国的认可，随着当地局势好转迎来新的发展机遇。如中石油、中鼎国际等能够在伊拉克、阿尔及利亚等曾经局势动荡、高风险地区的海外市场上有所收获，更多的来自于在

[①] "东方电气签津巴布韦火电三大主机合同"，《中国能源报》，2017 年 11 月 20 日，第 20 版。

[②] 朱学蕊："中广核：挺起腰杆'闯'世界"，《中国能源报》，2017 年 5 月 15 日，第 11 版。

[③] "沐若水电站"，http://baike.so.com/doc/5269761-5503645.html。

[④] "中俄超级工程亚马尔液化天然气项目投产，中国将新增北极来气"，http://news.163.com/17/1209/17/D57TNTR6000187VE.html。

[⑤] 中国机械设备工程股份有限公司："'一带一路'建设中的品牌创新——以巴基斯坦塔尔煤电一体化项目为例"，http://tj.people.com.cn/GB/n2/2017/0608/c380747-30300277.html。

动荡中的坚持。[①] 1993年阿尔及利亚安全形势恶化，政府宣布无限期延长紧急状态，许多外资企业选择撤离。中鼎国际仍有10名员工留守，一直到1998年，项目才重新开始。正是在动乱中的坚守，让当地政府看到了中鼎国际的勇气，从而使得公司日后在阿尔及利亚工程承包市场上收益颇丰。[②] 艾哈代布项目是伊拉克战后首个重建的油田开发项目，中石油成为战后第一个进入伊拉克的外国石油公司，为后续在伊拉克三轮投标中成功获得鲁迈拉、哈法亚以及后来的西古尔纳项目奠定了基础。[③]

做好国内示范，助力技术"走出去"。在核电领域，面对庞大的国际市场，顺利建好示范项目，攻克技术难关，提升自主技术硬实力，是成功出海的关键。2012年发布的《核电中长期发展规划》和《核电安全规划》明确提出，积极推进高温气冷堆的基础研究、开发设计和工程建设，开展高温堆技术升级和工程示范，并结合"走出去"需要，适时建设具有自主知识产权的高温堆出口示范项目。目前，高温气冷堆示范工程已经进入并网发电倒计时，商业堆建设已经提上日程，为该技术出海奠定了基础。[④]

投资领域不断拓宽。我国海外投资活跃的能源公司多为能源某一领域的央企，多年来在油气、煤炭、火电、水电等领域的国内投资中各自有较明确的领域或地域分工。但随着"走出去"步伐加快，许多能源企业逐渐向综合能源公司转型，甚至向非能源领域发展，业务范围不断拓宽。如中广核积极进军风电、太阳能发电等可再生能源领域，在海外的新能源投资遍布英国、法国、比利时、爱尔兰、埃及、韩国、马来西亚、孟加拉国、阿联酋、澳大利亚等。大唐长期以来以火电为主业，在国内煤炭行业产能过剩、电力供应总体富裕的情况下，近年来加大"走出去"力度，在全球更大范围内优化配置资源，注重发展清洁能源项目绿地开发和并购。[⑤] 中国能建充分发挥在电力能源建设领域的优势，不断向公路、桥梁、供水、

---

① "中国煤炭行业第一家'走出去'企业"，http：//business.sohu.com/20130924/n387112559.shtml。

② "中国煤炭行业第一家'走出去'企业"，http：//business.sohu.com/20130924/n387112559.shtml。

③ 刘建林、吴莉："中国石油，逐鹿中东竞风流"，《中国能源报》，2018年1月22日，第1版。

④ 朱学蕊、卢彬："2017年核电蛰伏蓄力，静候窗口"，《中国能源报》，2018年1月1日，第10版。

⑤ 苏南："中国大唐：服务'一带一路'16个国家"，《中国能源报》，2018年4月23日，第11版。

灌溉、房建等非电领域拓展。

　　在中国石油行业"走出去"之初，就有不少非油气行业的企业介入。如在20世纪初的中国海外油气投资热潮中，就涌现出中信和北方公司等非油气行业的企业。近年来，能源行业的业务交叉现象越来越突出，一些能源企业主动向领域外拓展，打造综合性国际能源公司的趋势日益明显。2010年，陕煤集团成立中亚能源公司，同年中亚能源公司在吉尔吉斯斯坦投资约5亿美元，建设了中大石油80万吨/年炼油项目（2017年进入生产运行阶段）。[①] 该公司以中大石油项目为依托，积极争取邻近国家的油气田区块，还成立了油品销售集团，全面加强加油站网络建设，并以油品销售网络为基点，探索发展加油站便利店、公路服务区建设等非油业务。[②] 2013年12月，神华集团投资9000万美元（约合人民币5.5亿元）进军美国页岩气市场，参与美国宾夕法尼亚州格林县页岩气项目开发。[③]

[①] 梅方义、钱锴、汪琳："陕煤集团'一带一路'沿线投资近15.8亿美元"，《中国煤炭报》，2017年8月23日，第1版。

[②] 朱和："民营油企内外齐发力，迅速崛起影响深远"，《国际石油经济》，2018年第1期，第30页。

[③] "中国煤炭企业'走出去'发展现状存在问题和发展趋势"，http://blog.sina.com.cn/s/blog_4aa4c4170102v66r.html。

第九章

风险及挑战

相对而言，能源项目投资规模大，政治敏感性高，受阻和失败案例较多。2005 年至 2017 年上半年，受干扰而未成功的海外能源项目共计 67 个，占所有遇阻海外项目的 31%；所涉及项目的经济总额近 1200 亿美元，占所有遇阻海外项目总额的 30%。[①] 2014 年 5 月，中石油与伊朗签订的南阿扎德甘油开发协议被取消。2017 年 6 月，巴基斯坦政府决定暂停中方承建的瓜达尔—纳瓦布沙天然气管理项目。2018 年 7 月，上台不久的马来西亚总理马哈蒂尔叫停了中石油承建的马六甲和波德申至日得拉的输油管道等三个油气管道项目，缅甸密松水电站最后以破坏环境，影响民众利为由暂停施工。在蒙古国，我企业收购塔木陶勒盖煤矿 40% 股权项目因政局变动而搁浅。总体来看，国际能源合作主要面临政治、经济、商业、法律等风险。政治格局调整、经济动荡、地区局势冲突、恐怖主义威胁、金融危险等诸多因素，给境外中资企业和人员带来越来越大的威胁。[②]

第一节 主要风险

一、政治风险

地缘政治风险。共建"一带一路"国家发展阶段不同，涉及亚非欧不同地缘政治敏感区域，多文明交汇，是大国势力角逐、博弈的核心地带。政局动荡、民族冲突、内乱频发国家相对较多，矛盾冲突不断。如伊拉克民族和宗教问题错综复杂。什叶派、逊尼派和库尔德三大派长期处于斗争状态，库尔德地区存在独立倾向，还有 IS 极端恐怖组织的活动等。[③]

[①] 蔡斌："中国能源企业出海版图"，http://www.stategrid.com.cn/html/sgid/col1230000106/2018-05/31/20180531091234550452241_1.html。

[②] "中资企业海外投资可能面临的 8 大风险及规避建议"，http://www.jhc-cpit.org./ylydgi/201806/t20180625_2507554_1,html。

[③] 屈平、张雁辉、高超、孙文杰、杨启帆："中国石油在中东油气项目投资集中度问题浅析"，《国际石油经济》，2018 年第 1 期，第 82 页。

族群冲突和领土争端。伊朗、伊拉克、巴基斯坦等中东和中亚地区大都信仰伊斯兰教，泰国、柬埔寨等东南亚国家大都信仰佛教，欧洲国家和菲律宾信仰基督教，印度以信仰印度教为主。领土争端，如中印领土争端，南海周边国家之间的海上边界之争等都对相关投资产生一定影响。[①]

政治政局风险。政治政局风险包括东道主国家领导人变动、政权更迭，国家政治干预、政策变动等。共建"一带一路"国家政治体制处于变动和完善期，比较容易发生非宪法程序政权更迭。如中亚的哈萨克斯坦、乌兹别克斯坦等存在权力交接隐患，西亚的叙利亚、伊拉克等国恐怖主义势力蔓延，东南亚的柬埔寨等国"颜色革命"暗流汹涌。凤凰网发布的2017年"全球10大政治风险国家"排名中，"全球十大高政治、安全风险国家"分别为：菲律宾、阿富汗、伊拉克、叙利亚、巴基斯坦、索马里、刚果（金）、南苏丹、尼日利亚及委内瑞拉。"全球十大潜在高政治、安全风险国家"分别是：英国、印度尼西亚、泰国、埃及、土耳其、巴西、肯尼亚、哥伦比亚、伊朗和南非。这些国家大部分存在政局不稳，或存在恐怖主义威胁，其中大部分为"一带一路"沿线国家。

上述国家和地区政府对社会控制能力较弱，海外投资项目往往受到国内局势的影响，成为利益集团斗争的牺牲品。2012年2月15日，利比亚发生政权更迭，中资项目全部搁浅，仅承包工程项目涉及金额就高达188亿美元。缅甸密松水电站项目在缅甸民主化浪潮中成为攻击目标，最后以破坏当地环境、影响民众利益为由暂停施工。[②] 澳大利亚、加拿大等国原著民的领地意识极强，导致境外开发企业与之沟通工作进展缓慢。[③] 江西萍乡集团曾因主营业务多定位于经济相对落后、政局不太稳定的东南亚和非洲国家而陷入困境。[④] 一家企业在蒙古国投资塔本陶勒盖煤矿，在获得政府同意并对外宣布取得该煤矿40%股权后不到2个月，蒙古国政局动

---

① 陆长平、刘伟明："PPP模式推动'一带一路'建设的意义、风险和对策"，《国际贸易》，2018年第1期，第50页。
② 陆长平、刘伟明："PPP模式推动'一带一路'建设的意义、风险和对策"，《国际贸易》，2018年第1期，第50页。
③ "煤企'走出去'亟需解决五难"，http：//www.xinhuanet.com/energy/2015-09/09/c_128210396.htm。
④ "煤企'走出去'亟需解决五难"，http：//www.xinhuanet.com/energy/2015-09/09/c_128210396.htm。

荡，驳回该企业资源开发协议草案，最终未实现该煤矿所有权的转移。①

社会治安风险。一般来说，社会治安风险指东道国境内尚未构成内乱、暴动的社会治安动乱、罢工等事件，以及抢劫、绑架等暴力犯罪事件给我国驻外企业及其员工造成的风险与财产或人身损失。2018年3月5日，巴基斯坦破获6起针对中国人的抢劫案，逮捕3名涉案嫌犯。3人涉嫌在伊斯兰堡的一幢中国人集体租住的别墅里抢劫并杀害一名中国女子。针对驻外中资企业有关项目的抗议罢工事件和威胁到驻外企业员工生命财产的安全事件也时有发生。如：2018年3月22日的中企承建肯尼亚项目遭停，索赔4.32亿人民币。2018年2月5日，中远海运巴基斯坦分公司经理陈瞩遇害一案等。②

恐怖主义。在西亚非洲等地区，不仅局势动荡，同时还面临恐怖主义的威胁。巴基斯坦某些恐怖组织公开反对"中巴经济走廊"项目，宣称中国掠夺该国资源。俾路支省和信德省的分离主义组织也造成了极大的威胁。"中巴经济走廊"最大交通基础设施项目——白沙瓦至卡拉奇高速公路项目（苏库尔至木尔坦段）开工时，信德联合阵线、俾路支共和党等组织不断发动小规模反华游行示威。该国国内恐怖组织及叛乱武装组织对"中巴经济走廊"项目的安全构成严重的威胁。③

二、政策风险

在共建"一带一路"国家中，有个别国家有着长期且经常的主权违约记录。即使该国政府对特定项目进行了政府担保，但依然存在政府履约风险，如财税条款、限产政策等的变化。还有一些国家在政策的落实和完善方面存在诸多障碍。如古巴虽制定了明确的可再生能源发展目标，并开始在能源领域探索实施特许经营，但尚未形成技术、用地、税收等完善的政策支持体系，未形成符合本国实际的可再生能源投资收益模式。④ 此外，

---

① "煤炭全产业链'走出去'是发展趋势"，http：//www.ccoalnews.com/201709/01/c36684.html。
② "中资企业海外投资可能面临的8大风险及规避建议"，http：//www.jhc-cpit.org/ylyd/lrldgj/201806/t20180625_2507554_1.html。
③ "中资企业海外投资可能面临的8大风险及规避建议"，http：//www.jhc-cpit.org/ylyd/lrldgj/201806/t20180625_2507554_1.html。
④ 莫君媛、顾成奎："中古可再生能源合作启示"，《中国能源报》，2018年3月12日，第17版。

东道国政权发生更迭,将意味着新政府上台后外资政策可能出现较大的变化。

我国企业参与共建"一带一路"国家的基础设施建设,要面临东道国在环境、劳工、市场准入、土地、税收和产业政策等方面的影响,不同国家在这些方面的规定大相径庭。① 在市场准入方面,新加坡等国反垄断审核非常严格;在劳工政策方面,土耳其规定每雇用一个外籍劳工,必须相应雇用五倍的本地劳工;在税收政策方面,乌兹别克斯坦等国入关手续繁琐;在产业政策方面,许多伊斯兰国家禁止金融投机行为,禁止进入烟草业、博彩业等。在政府干预方面,一些共建"一带一路"国家经常使用行政手段介入,例如格鲁吉亚在卡杜里水电站的建设中,特别要求主体工程必须由当地承包商负责,最终导致该项目延期。②

环境政策方面,近年来各国政府在环保方面的要求越来越高,海外投资企业在环保方面的投入成本显著增加。许多欧洲国家对大规模工程造成的环境破坏有严格的评估。矿产资源丰富的国家大多制定了严格的环境保护和监管政策,企业开发过程中如对植被、地表水和地下水系统、生物多样性等造成影响或者破坏,将面临巨额赔偿。③

三、法律风险

共建"一带一路"国家法律与国际接轨程度相对较低。各国不同的制度、法律、税收环境可能导致我部分企业"水土不服"。由于与中国签订民事司法互助协议的"一带一路"国家只有10个,类似情况发生时,我国企业面临较大的法律风险。④ 风险主要集中在税收、劳资关系、招标程序、兼并收购法、安全审查等方面。例如,印度的劳动力便宜,但罢工权受到保护。⑤

---

① 陆长平、刘伟明:"PPP 模式推动'一带一路'建设的意义、风险和对策",《国际贸易》,2018 年第 1 期,第 50 页。

② 陆长平、刘伟明:"PPP 模式推动'一带一路'建设的意义、风险和对策",《国际贸易》,2018 年第 1 期,第 50 页。

③ "煤企'走出去'亟需解决五难",http://www.xinhuanet.com/energy/2015-09/09/c_128210396.htm。

④ "'一带一路'可成'环保高速公路'",http://opinion.hexun.com/2016-11-08/186785305.html。

⑤ 李菊香、王雄飞:"中国私有企业对'一带一路'沿线国家直接投资研究",《国际贸易》,2018 年第 1 期,第 45 页。

伊拉克石油行业法规缺失，石油部通过行政命令或以文件的方式控制和监督石油作业，对国际石油公司缺乏明确的规范指导。国际石油公司只能遵循模糊的"国际石油行业最佳实践"，通过与石油部、地方石油公司的合作等方式，解决生产作业中的相关问题。[1] 伊拉克宪法规定了本国油气资源的所有权和管理权，但分配不明晰，利益各方对宪法的解释各有不同。中央政府掌握着石油开发和发展的最终控制权，影响石油资源的开发和投资方式等。为加快吸引外资和战后重建的步伐，伊拉克于2007年出台了《石油天然气法（草案）》，并通过了内阁的批准。但库尔德自治区随后以"该草案在没有得到库尔德方面同意的情况下被修改"为由，拒绝在国会为石油法草案投赞成票。[2]

四、经济风险

经济风险涉及市场风险、宏观经济风险、金融风险等，主要是经济发展水平以及持续发展能力、经济承受能力、金融体系，以及与中国的双边贸易等。世界经济复苏乏力、贸易保护主义抬头、国际金融市场动荡、大宗商品市场进入"熊市"使部分沿线资源型国家陷入困境[3]，而大多数能源、资源项目自身投资回报率偏低。

融资风险。如需东道国的金融机构贷款，将面临着该国金融利率变化的风险。能源项目投资规模较大，建设周期长，项目在前期融资上存在较大的困难；国内企业产品和服务同质化现象较为严重，海外相互"杀价"、无序竞争的问题时有发生，削弱了中企的整体竞争力。[4]

汇率风险。汇率变动影响企业收入。如沿线国家的能源、交通、信息等基础设施较为薄弱，项目实施过程中往往需要增加额外的投入。一些国家实行严格的外汇管制。比如伊朗就规定外国居民和投资者必须以当地货币进行储蓄，不能开设外汇账户，取得外汇无法自由汇出，必须有中转行

---

[1] 屈平、张雁辉、高超、孙文杰、杨启帆："中国石油在中东油气项目投资集中度问题浅析"，《国际石油经济》，2018年第1期，第82页。
[2] 屈平、张雁辉、高超、孙文杰、杨启帆："中国石油在中东油气项目投资集中度问题浅析"，《国际石油经济》，2018年第1期，第82页。
[3] 谢秋野、何箩、王珺："'一带一路'能源合作的理性思考与建议"，http://www.ceeia.com/News_View.aspx?classId=32&newsid=71057。
[4] 谢秋野、何箩、王珺："'一带一路'能源合作的理性思考与建议"，http://www.ceeia.com/News_View.aspx?classId=32&newsid=71057。

代理。①

项目风险。主要包括建设和成本风险：项目延期完工，低质量，成本上升或超支；合作伙伴风险：银团或供应商的可靠度和表现、承建商支付原材料的能力、回报和时间范围的不匹配；人力资源和社会风险：如能否聘请到必要的专家和合格的劳工、可能的气候影响，如水灾；当地的污染或其他环境恶化问题、公众反对以及当地社区的关系维护风险；技术风险：所采用的技术效果比预期的差（主要指效率或可靠性）等。②

五、其他风险

近年来，随着"一带一路"的倡议和发展，赴非洲投资的中企越来越多。虽然非洲整体卫生健康条件有所提升和改善，但是大部分地区仍然面临像疟疾、埃博拉之类的卫生健康问题。根据世卫组织"2017年世界疟疾报告"，15个国家的疟疾疫情最为严重，占全球疟疾病例数和死亡人数的80%，其中14个国家位于非洲。③

出于安全等考虑，中国企业常常采取"半封闭式军事管理"，这虽降低了经营风险，但缺少与当地宗教、社会、部族、民众的沟通，导致难以融入当地社会。很多中国企业缺乏宗教敏感性，缺少对当地宗教信仰、风俗习惯的了解，容易因宗教知识缺乏触碰宗教礼仪禁忌，引起不和谐。如，红色是深受中国人喜欢的吉祥色，但大多数伊斯兰国家喜爱绿色，商品包装多使用绿色；中国企业多喜欢加班加点，但在一些信仰伊斯兰教的国家需合理安排生产时间，不能与祈祷、礼拜时间冲突等。④

第二节　企业自身问题

近年来，部分国企海外投资亏损、项目遇挫等问题引起国内越来越多

---

① 陆长平、刘伟明："PPP模式推动'一带一路'建设的意义、风险和对策"，《国际贸易》，2018年第1期，第50页。
② "中国电力能源产业转型系列：海外电力投资机遇"，https：//www.strategyand.pwc.com/cn-s/home/report/overseas-investment-cn。
③ "中资企业海外投资可能面临的8大风险及规避建议"，http：//www.jhccpit.org/ylyd/lrldgj/201806/t20180625_2507554_1.html。
④ "中资企业海外投资可能面临的8大风险及规避建议"，http：//www.jhccpit.org/ylyd/lrldgj/201806/t20180625_2507554_1.html。

的人的关注。除国际环境等方面的问题外，在很大程度上源于企业海外投资经验不足，应对市场竞争与风险的能力欠缺，相关战略和机制不够完善。中国的能源行业"走出去"总体仍处于起步阶段和规模扩展期，产业链纵深化任重道远。部分企业自身能力不足，诸多短板亟待补强。

战略定位和目标不清晰。对包括共建"一带一路"国家在内的目标国法律及政策缺乏全面了解和深入研究，导致一些在国内不被重视的问题，在国外产生严重后果，造成重大的经济损失。一些企业开发经营模式相对单一，境外获取资源主要采取资源收购、矿山买断方式，工程承包主要是基础设施建设和工作面达产，而很少借助资本运作来参与境外项目全过程开发和经营管理。[1]

部分投资集中度过高。2008年以来，中石油抓住伊拉克战后重建、伊朗因为受制裁而需要中方的契机，迅速在中东发展业务，经过不到10年的运作，截至2015年底，在中东地区的权益油产量达到3000多万吨/年。中石油一方面完成了中东油气区的建设，使之成为海外重要的盈利增长点和净现金来源，另一方面，导致了在中东投资集中的问题。截至2015年底，中石油在伊拉克运营的4个项目原油作业产量约为5000万吨/年，占伊拉克总产量的28%，占中石油海外原油作业产量的48%。[2]

风险管理能力体系欠缺。海外投资要面临国别、社会环境、供应链、价格波动、外汇波动等多种风险。投前、投中和投后的风险识别和管控决定了项目成败和盈利水平。[3]

缺乏长期运营管理能力。中国企业特别是承包类央企在海外能源项目的工程建设上有出色的管理能力，但后期的运营管理能力较弱。当前大多数企业尚处于投资或投运3—5年的早期运营阶段。随着设备老化、市场化程度提高，未来运营压力加大。

融资国际化水平低。中企参与海外能源市场的资金主要来源于国内各种金融机构，与国际和当地金融机构的对接相对较少。较为单一的融资渠

---

[1] "煤企'走出去'亟需解决五难"，http：//www.xinhuanet.com/energy/2015-09/09/c_128210396.htm。

[2] 屈平、张雁辉、高超、孙文杰、杨启帆："中国石油在中东油气项目投资集中度问题浅析"，《国际石油经济》，2018年第1期，第82页。

[3] "中国电力能源产业转型系列：海外电力投资机遇"，https：//www.strategyand.pwc.com/cn-s/home/report/overseas-investment-cn。

道不但增加了融资难度，还减少了中国企业与国际融资机构合作的机会。①

品牌意识弱。许多民营企业以"廉价量产"作为基本的营销策略，盲目降价，利用恶性竞争挤压盈利空间，损害了企业信誉，导致质量问题，甚至产生大量的外商退货、索赔等事件。②

环境责任意识仍有待提升。尽管中国企业总体环境意识增强，但仍有一些企业未摆脱高能耗、高污染、高排放的生产模式，在进行海外开发时有关环境责任的风险意识淡薄，甚至有些企业即便意识到环境责任风险，但限于环保改造所需的大量资金的匮乏，使得防治能力不足，无法达到当地环保的要求，受到执法部门的严厉制裁。③

民营企业大多从草根起步，文化层次相对不高，多以家族式管理为主，缺乏行之有效的人力资源管理和绩效考核激励体系。企业中懂外语、熟悉涉外税务与法律、善于管理不同文化背景的人才相对稀缺，获得各类智力支撑有限。④

第三节 国内体制机制问题

与欧美发达国家相比，中国的市场化程度还存在较大的差距，营商环境有待进一步改善。如中国电力行业厂网分家时间较短。与国外相比，中国对规则了解的太少，过去厂网不分家时无视规则，中间不存在交易，而是部门之间的关系。⑤

审批手续较为繁琐。目前参与境外能源开发投资项目审批的政府部门层次较多，范围较广，环节较多。无论企业是境外现汇投资还是实物投资，都要报省发改委、国资委、省商务厅、国家发展改革委、商务部、外汇局等部门审批；如果是上市公司，还要报送证监会批准。尽管 2014 年商

---

① "中国电力能源产业转型系列：海外电力投资机遇"，https：//www. strategyand. pwc. com/cn-s/home/report/overseas-investment-cn。
② 李菊香、王雄飞："中国私有企业对'一带一路'沿线国家直接投资研究"，《国际贸易》，2018 年第 1 期，第 45 页。
③ 李菊香、王雄飞："中国私有企业对'一带一路'沿线国家直接投资研究"，《国际贸易》，2018 年第 1 期，第 45 页。
④ 李菊香、王雄飞："中国私有企业对'一带一路'沿线国家直接投资研究"，《国际贸易》，2018 年第 1 期，第 45 页。
⑤ "海外投资新浪潮 中国电力企业如何'走出去'"，http：//www. cspplaza. com/article–10581–1. html。

务部进一步简政放权，出台了《境外投资管理办法》，但审批部门仍过多，审批程序仍欠规范、随意性较强。

融资难度大。我国企业融资渠道不畅，用汇管制较为严格，给企业境外投资项目资金来源造成困难。信用担保难度大。国内银行在对拟议中的各类煤炭境外投资项目进行风险评估时，要求受保企业在担保行以现金或资产的方式作为抵押，不仅增大了企业开拓市场的难度，降低了信用担保的意义，而且容易贻误商机。[①]

政府与行业组织协调不力。我国实施国际化战略的大型企业多为国有控股公司，但由于政府与行业组织的协调力度不够，一直处于相互分割、单打独斗的状态，导致我国一些企业在国外项目竞标时，不可避免会遇到国内竞争对手，往往竞相压价、恶性竞争。[②]

中介机构不完善。企业"走出去"过程中投资信息的获取、资金的筹集、海外上市与融入国际资本市场的需求以及知识产权、法律、税收、人才和物流等方面的后续服务，都迫切需要咨询、担保、猎头以及会计师、律师和税务师事务所等中介机构给予必要的支持和帮助。而目前我国本土中介机构服务功能尚不完善、能力有限，难以为企业"走出去"提供全面服务；对于收费高昂的国外中介服务机构的过分依赖，不仅增加了成本，更加大了我国企业的境外投资风险。[③]

国内基础设施水平和客观市场环境的制约。如在油气管道建设和运营方面，目前我国现有运行的老管道存在较严重的安全隐患问题，我国地下储气库等调峰设施严重不足，与美国、俄罗斯、法国等国家天然气储备能力有较大差距。

第四节 政府层面的对策

政府层面，主要是对内解决机制体制方面的约束和障碍，对外构建良好的外交和投资保障机制，为企业海外投资创造宽松和良好的环境。加快

[①] "煤企'走出去'亟需解决五难"，http://www.xinhuanet.com/energy/2015-09/09/c_128210396.htm。

[②] "煤企'走出去'亟需解决五难"，http://www.xinhuanet.com/energy/2015-09/09/c_128210396.htm。

[③] "煤企'走出去'亟需解决五难"，http://www.xinhuanet.com/energy/2015-09/09/c_128210396.htm。

经济转型，继续提高对外开放程度，推动企业融入国际市场，更积极参与全球能源治理。

加强政府的宏观引领和统筹协调。加强政策沟通，建立和完善与沿线国家的双多边工作机制。从目前已实施的中巴经济走廊等双边合作来看，政府间的合作协议和协调机制对于创造良好的项目实施环境、保障企业的合法权益都起到了很好的作用。应在坚持共商、共建、共享原则的基础上，在双方政府的主导下，共同建立合作机制，通过编制合作规划、签署合作协议等形式，推进落实重点合作项目；发挥政府间对话机制作用，为项目实施提供制度保障。[1]

搭建项目信息服务平台。针对海外项目风险较为突出的问题，应从政府层面加强对信息的收集和整合，对重点合作国家和地区进行多维度的风险评估，及时提示风险，为重大海外项目在政治、外交等多方面提供保护。搭建"一带一路"项目信息服务平台，建立内部沟通协调机制，促进信息共享。[2] 借助政府和协会的力量，建立覆盖共建"一带一路"国家的企业信息网，构建"一带一路"对外合作的企业信息库，依托信息库建立国内中小企业信息和资源的交流平台。[3]

加强技术标准的对接。积极参与国际标准体系建设，鼓励国内能源设计、建设、运维和检测认证机构积极参与国际标准制定和修订。需加强中国标准与国际通行标准的对标分析；加快英文版出版翻译工作，在中方主导的项目中推广使用中国标准；支持和引导国内装备制造企业采用国际标准生产制造能源装备并取得相关认证，推广能源装备产品认证许可结果的互认；加强与欧洲标准化委员会、国际电工委员会等国际标准化组织的交流合作，发挥中国在发电技术、电网技术、电动汽车等领域的技术优势，主导制定新的国际标准。[4]

发挥智库的咨询研究及平台作用。智库是"一带一路"能源合作的重

---

[1] 谢秋野、何肇、王珺："'一带一路'能源合作的理性思考与建议"，http：//www.ceeia.com/News_View.aspx? classId = 32&newsid = 71057。

[2] 谢秋野、何肇、王珺："'一带一路'能源合作的理性思考与建议"，http：//www.ceeia.com/News_View.aspx? classId = 32&newsid = 71057。

[3] 李菊香、王雄飞："中国私有企业对'一带一路'沿线国家直接投资研究"，《国际贸易》，2018年第1期，第46页。

[4] 谢秋野、何肇、王珺："'一带一路'能源合作的理性思考与建议"，http：//www.ceeia.com/News_View.aspx? classId = 32&newsid = 71057。

第九章 风险及挑战

要支持，也是国家软实力的重要体现。宜鼓励国内能源智库以国际知名智库为对标对象，全面学习和引进成熟的国际化运作机制和国际咨询服务惯例，学习先进理念、方法和手段。推动国内智库"走出去"，前期以服务中国参与全球能源治理、协助能源企业"走出去"为主，后期进一步在全球范围内拓展业务范围。①

完善海外投资保障制度。一是政府间投资保护协定（BIT）。由资本母国和东道国签订双边投资保护条约，内容包括保证东道国对外国企业的公正待遇、不对外资进行征用和国有化、禁止对外国投资者实行歧视性的外汇管制等。二是资本输出国海外投资保险。为了更有效地保护投资者的利益，减少风险损失，世界主要资本输出国都建立了海外投资保险制度。政府还应该积极提供和扩大相关咨询与服务，注重培养自己的咨询和中介机构，设立境外投资促进中心等。虽然中国政府提供了政策性保障工具"海外投资保险"，但多数企业却弃用，严格的管制和繁琐的流程使企业望而却步。②

探索建立企业国际合作担保基金。在借鉴美日法等国的国际合作担保基金模式基础上，建立中国企业的国际合作担保基金。政府定期注资，撬动社会资本广泛参与，根据不同服务对象、领域设置不同的放大倍数，充分发挥"资金池"的作用，提高银行为企业"走出去"提供信贷支持的积极性。③

利用国际投资仲裁制度。国际投资仲裁制度，即投资者与东道国争端解决机制，是发达国家化解其海外投资风险的主要法律方式。通过投资者与东道国争端解决机制，外国投资者可以在其认为东道国违反国民待遇最惠国待遇，征收或国有化等规定时将投资争议提交到东道国之外的第三方国际仲裁机制民。为充分利用国际投资仲裁制度保护我国企业海外利益，我国应考虚借力第三方出资机制，辅助企业处置国际投资争议，增强企业海外投资纠纷化解能力，保护海外投资利益④。

---

① 谢秋野、何肇、王珺："'一带一路、能源合作的理性思考与建议"，http://www.ceeia.com/News_View.aspx?classId=32&newsid=71057。

② 李菊香、王雄飞："中国私有企业对'一带一路'沿线国家直接投资研究"，《国际贸易》，2018年第1期，第46页。

③ 李菊香、王雄飞："中国私有企业对'一带一路'沿线国家直接投资研究"，《国际贸易》，2018年第1期，第45页。

④ 侯鹏、韩冰："充分利用国际投资仲裁制度为共建'一带一路'服务"，《中国经济时报》，2019年4月30日，第4版。

打造中介机构和顺畅物流网络。鼓励企业服务机构走出去，在沿线国家建立专门为企业服务的中介机构；为企业提供当地的税收法律、目标市场的需求预测、工程项目的统计资料等信息。为企业提供寻求潜在合作伙伴的咨询服务。打造线上跨境贸易电子商务服务和线下物流平台。大力发展面向沿线国家的跨境物流，在共建"一带一路"沿线的北线、中线、南线建立跨境物流中心，打造承东启西、北开南联的区域性物流基地和联通欧亚的国家陆路物流基地。①

更积极参与共建"一带一路"区域及全球能源治理。与国际能源组织实质性的合作将在很大程度上增强中国能源供应的安全和稳定性，更好地维护相关能源利益。有助于改善我国的能源安全环境，在投资和贸易方面可以享受更多的多边、有约束力的法律和政治等保障，可以减弱国际社会对中国挑战现行国际秩序的担心，减少对我企业投资的政治阻力和风险。

第五节 企业层面的对策

聚焦主业。基于自身能力和资源评估情况选择开发项目开发，聚焦于风险可控的国家和地区。深入了解当地市场的发展趋势，将资源集中于有长远发展潜力的国别和项目类型上，深耕细作，做精做深。与此同时，除了项目开发上的"有所不为"，需要将重点放在风险管控和运营管理的能力建设上。在运营管理上，能够培养、组建专业运营管理团队。②

整合资源。对内，集团投资子公司或部门需要整合集团海内外的技术、人才、网络等资源，加强与内部各利益相关方的协调合作能力，有效利用公司内部的海外触角；对外，开发多种融资渠道，进行融资组合管理以降低资金成本。和外部运营企业进行合作，利用其规模、经验提升运行效率；同时借助专业机构对项目的投资风险进行有效识别，利用各方资源降低风险概率和负面影响程度。③

提升国际化运作能力。建立科学的海外项目论证和决策机制，建立健

---

① 李菊香、王雄飞："中国私有企业对'一带一路'沿线国家直接投资研究"，《国际贸易》，2018年第1期，第46页。

② "中国电力能源产业转型系列：海外电力投资机遇"，https://www.strategyand.pwc.com/cn-s/home/report/overseas-investment-cn。

③ "中国电力能源产业转型系列：海外电力投资机遇"，https://www.strategyand.pwc.com/cn-s/home/report/overseas-investment-cn。

第九章 风险及挑战

全海外突发事件风险防控体系，提升项目管理水平，引入第三方投资者以实现利益捆绑、共担风险。[①] 加强对目标市场的研究和甄别，建立健全项目风险预警机制及防控体系；重视技术转让，带动当地就业及经济发展；加强国际化人才队伍建设，提升项目管理水平和跨国经营能力。[②]

加强企业品牌建设。品牌是企业海外业务竞争力的重要体现。企业应不断树立创新意识和精品意识，加强企业海外品牌的宣传和塑造，加大对代表性优质工程项目的宣传力度，逐步提升企业品牌的国际认知度；加强海外项目履约管理，以良好的履约表现和优质的项目工程不断增强企业海外品牌竞争力。[③]

尊重东道国法律和风俗。企业需要综合考虑沿线国家的国情背景、文化习俗、宗教信仰等多方面因素。主动淡化自己的民族身份，使用超越民族国界，符合全人类共同认知和基本需求的理念。从"强推"本土价值转向"巧推"共同价值，选择符合对方文化习惯的策略进行"软传播"。[④]

重视社交媒体等新兴平台，要从单一的传统广告方式转为互联网思维下的新媒体传播方式。在共建"一带一路"各国通过使用社交网络、开通企业公共账号，与网民即时分享信息，加强互动建立传播圈，以增强大众对企业品牌形象的认知和了解。[⑤]

推广政府和社会资本合作（PPP）模式。PPP项目可以邀请当地政府或国企参与投资，邀请当地金融机构贷款或提供财务咨询服务，邀请产业链上下游企业提供配套服务，有利于分散风险，减少进入市场壁垒。对于一些高度垄断的行业，实行PPP模式有利于降低我国企业在当地牌照、路权等获取以及项目审批方面的难度。通过由民企和国企构成联合体参与投标，可减少东道国政府对我国有资本的防备心理，同时发挥国企在融资、

[①] 谢秋野、何肇、王珺："'一带一路'能源合作的理性思考与建议"，http://www.ceeia.com/News_View.aspx? classId=32&newsid=71057。

[②] 谢秋野："十九大报告为'一带一路'能源合作指明方向"，《中国能源报》，2017年12月18日，第2版。

[③] 谢秋野、何肇、王珺："'一带一路'能源合作的理性思考与建议"，http://www.ceeia.com/News_View.aspx? classId=32&newsid=71057。

[④] 李菊香、王雄飞："中国私有企业对'一带一路'沿线国家直接投资研究"，《国际贸易》，2018年第1期，第46页。

[⑤] 李菊香、王雄飞："中国私有企业对'一带一路'沿线国家直接投资研究"，《国际贸易》，2018年第1期，第46页。

技术方面的优势。通过 PPP 模式还可以隔离项目的经营风险,降低不确定性。①

发挥非政府组织平台作用。2017 年 5 月 5 日,B20 中国工商理事会成立,舒印彪当选理事会主席。我国充分利用 B20 等国际平台和资源,为中国企业"走出去"发现国际商机、参与国际竞争牵线搭桥,推动中小企业在国际市场开展双多边合作。尤其是带动上下游产业共同走出去,形成产业链一体化布局,共同参与"一带一路",增强国际市场整体开拓能力。②

---

① 陆长平、刘伟明:"PPP 模式推动'一带一路'建设的意义、风险和对策",《国际贸易》,2018 年第 1 期,第 49 页。
② 王旭辉、吕银玲:"国网服务'一带一路'凸显领军作用",《中国能源报》,2018 年 1 月 15 号,第 21 版。

第四编

能源发展与治理

"一带一路"能源合作的本质在于能源和经济发展，而非能源安全或地缘政治。从中国视角看，既是加快国内产业结构调整与升级的需要，也是能源产业进一步国际化、提高能源行业国际竞争力、打造众多国际一流能源集团的需要。而这种需要与共建"一带一路"国家日益增长的对电力和能源基础设施的巨大资金和技术需求在时间和空间上得到了有效的结合。

"一带一路"能源合作在给中国能源企业提供了巨大的国际市场发展空间的同时，极大地提高了沿线国家能源和电力供应能力，为其经济增长奠定了坚实基础。与此同时，各国能源产业的发展，特别是基础设施建设的加强，进一步促进了共建"一带一路"国家能源一体化的发展，推动了区域能源治理机制与平台的建设。

第十章

共建"一带一路"国家能源发展

　　共建"一带一路"国家不仅是油气等能源的重要生产和出口地,还是电力等能源日益增长的消费中心,能源相关问题突出。一些沿线国家电力等能源发展滞后,严重阻碍各国经济与社会的发展,特别是工业化的推进。沿线国家能源消费约占世界的20%左右,消费水平偏低。随着经济发展和人民生活水平的提高,电力等能源的需求将大幅度增长,对跨国投资及技术存在较大的刚性需求。中国不仅油气等能源需求旺盛,而且在电力能源等方面国际竞争力日益增强,具有明显的资金和技术等优势,双方合作存在巨大的空间和潜力。在"一带一路"框架下相继展开的多类型能源合作,不仅仅有助于中国能源产业发展壮大,更有利于沿线国家相关能源问题的解决,促进各国能源与经济发展,推动区域能源治理。

第一节　共建"一带一路"国家能源问题突出

　　共建"一带一路"国家能源资源分布不均衡,资源全球化配置面临诸多障碍。相关国家多处工业化前或工业化初期,能源工业基础薄弱,电力等能源供应短缺。随着各国工业化和城镇化进程的加快,对完善能源基础设施建设、扩大电力等供应的需求日益迫切。总体上,沿线国家能源消费水平较低,供应能力不足,结构落后,效率较低,环境污染等问题亦较突出。

　　人均能源消费水平偏低。世界每年人均化石能源消费为1.54吨,共建"一带一路"国家为1.298吨,低于世界平均水平。[①] 沿线国家的人均电力装机量为460瓦,世界人均装机量为780瓦,中国人均装机量为1233瓦,经济合作与发展组织国家为2253瓦。如果要达到世界平均水平,需新增装机10.4亿千瓦,而要达到中国水平,则需要新增装机25亿千瓦。[②] 国际能源

[①] 刘清杰:"'一带一路'沿线国家资源分析",《经济研究参考》,2017年第15期,第89页。

[②] 谢秋野:"十九大报告为'一带一路'能源合作指明方向",《中国能源报》,2017年12月18日,第2版。

署预计,到2040年,"一带一路"相关地区年均新增装机将超过8000万千瓦,将成为全球电力增长最快区域。①

能源贫困问题突出。共建"一带一路"国家能源发展滞后,不少国家存在能源贫困问题,个别地区还在依赖木柴、木炭或牛粪做饭、取暖。巴基斯坦基础设施相对落后,能源投资不足,特别是电力供应严重短缺。全国日平均电力缺口约为400万千瓦,夏季用电高峰时日均电力缺口高达750万千瓦。伊斯兰堡、拉合尔等大城市每天也会多次拉闸限电。② 柬埔寨是东盟十国中电力开发程度最低的国家之一,2013年之前电力供应无法满足基本需求,全国缺电超过20%。③ 非洲人均电量仅为200千瓦时,许多国家低于100千瓦时,约6亿人尚处于无电可用的状态。④ 安哥拉石油资源丰富,但电力生产和供应严重短缺,全国电力接入和供应率仅有36%左右,首都以外省份仅为18%左右,甚至远低于非洲多数国家的平均水平。⑤

能源利用效率低。能源强度与能源效率大体上成反比。世界能源强度约为1.306,而共建"一带一路"国家1/3以上的国家能源强度超过世界平均水平,其中乌克兰、乌兹别克斯坦、巴林、吉尔吉斯斯坦、哈萨克斯坦、俄罗斯等的能源强度超过2,土库曼斯坦高达3.697。除经济发展和技术水平相对较低外,这些国家能源强度高的一个重要原因在于其能源资源禀赋,丰富的能源资源使得这些国家对能效问题关注不足,相关政策和机制不到位。

环境问题日益凸显。沿线国家能源消费结构多以煤为主,且呈逐渐增长态势,不可避免带来高能耗和重污染等问题。2013年全球共排放二氧化碳3584.86亿吨,其中"一带一路"国家为1979.74亿吨,占比达55.23%,比1992年的41.55%有显著的提高。特别是在2000年以后,随

---

① 王禹民:"能源合作成'一带一路'经济发展新引擎",《中国能源报》,2017年12月18日,第1版。

② 耿兴强、刘向晨、康从钦:"点亮'中巴经济走廊'希望之光",《中国能源报》,2017年12月11日,第1版。

③ 卢彬:"清洁电力点亮'一带一路'",《中国能源报》,2017年5月15日,第11版。

④ 董欣:"非洲光伏市场持续升温",《中国能源报》,2018年10月8日,第3版。

⑤ 中国东方电气集团有限公司:"共享'一带一路'红利 东方电气集团为安哥拉提供能源解决方案",http://www.sasac.gov.cn/n2588025/n2588124/c7411654/content.html。

着发展中国家进入快速工业化进程,对能源需求增加,沿线国家二氧化碳排放占世界的比重迅速增加。世界二氧化碳排放中煤炭占比42%,石油33%,天然气18%,而共建"一带一路"国家二氧化碳排放中煤炭占比达56.41%,远超过世界水平。[1]

资源国经济脆弱性较大。沿线国家中有众多的能源资源出口国,它们经济结构单一,对能源资源依赖严重,极易受到石油等国际大宗商品价格波动的冲击。有10个国家的石油出口占其货物贸易总出口的比重超过了50%,如科威特占95%、阿塞拜疆和文莱占93%、卡塔尔占88%,沙特占85%。[2] 2014年、2015年国际原油及大宗商品价格大幅度下跌,这些国家经常账户顺差下调,货币汇率贬值,输入型通货膨胀加剧,政府的财政收入随着石油收入降低而下滑,国债利率上扬。[3]

在中东,油价暴跌使主要产油国经济增长放缓,财政状况恶化,外储大幅萎缩,主权评级屡遭调降。2016年沙特和伊拉克财政赤字占GDP比重超过20%。在俄罗斯,油气出口约占其出口额的70%、联邦预算收入的50%和GDP的10%,油价低迷和西方制裁效应累积,对俄经济构成双重压力。2015年、2016年俄经济分别萎缩2.8%和0.2%。国内金融市场动荡,资本大量外流,民众生活水平下降。

第二节 能源合作带动能源和经济发展

我国在能源基础设施建设、装备和工程服务方面经验丰富,能源技术处于世界先进水平。经过几十年的发展,我国能源和电力技术快速发展,从电网到油气勘探开发,从核电、水电、煤电到新能源开发,技术优势明显。同时,我国电力技术,包括装备水平和造价水平,特别适合发展中国家,尤其是绝大部分共建"一带一路"国家。[4] 我国企业在沿线国家的众

---

[1] 刘清杰:"'一带一路'沿线国家资源分析",《经济研究参考》,2017年第15期,第95页。

[2] 胡必亮:"'一带一路'沿线国家综合发展水平测算、排序与评估(总报告)",《经济研究参考》,2017年第15期,第14页。

[3] 吴舒钰:"'一带一路'沿线国家的经济发展",《经济研究参考》,2017年第15期,第35页。

[4] 谢秋野:"十九大报告为一带一路能源合作指明方向",《中国能源报》,2017年12月18日,第2版。

多油气投资项目，已形成集勘探开发、管道建设与运营、工程技术服务、炼油和销售于一体的全产业链合作格局，带动了当地资源开发和能源建设。与此同时，一大批火电站、水电站、核电站、跨国电网以及新能源项目的建设，为当地经济发展提供了强大支撑。

通过"一带一路"建设，能够有力支持沿线国家能源行业发展，为其经济社会发展打下坚实的能源基础。如中巴经济走廊，能够解决巴基斯坦交通及能源等经济发展的瓶颈问题并增加就业，降低贸易成本。[1] 卡西姆电站施工高峰期间，在项目工作的巴基斯坦员工达3000多名，电站建成后仍需要500名巴方运行管理人员。同时，电站还间接带动材料供应、设备运输、法律咨询、财务审计等上万名服务人员的就业。自2015年卡西姆电站开工以来，累计为巴基斯坦中央政府和信德省政府缴纳各类税款超过1.17亿美元。[2] 萨希瓦尔等燃煤电站项目的建设将有效缓解巴基斯坦国内电力短缺状况，平抑高昂电价。高摩赞大坝工程缓解了巴基斯坦的用电危机，让当地2.5万户居民用上放心电，而且每年还为巴基斯坦减少洪灾损失约260万美元。[3]

沿线备受能源短缺困扰的国家，很多都受益于中国能源企业"走出去"。印尼巴厘岛一期燃煤电厂项目使用高效的清洁燃煤技术，彻底改变了巴厘岛依赖爪哇岛供电和燃油发电的历史。缅甸230千伏主干网连通输电项目将缅甸北部丰富的清洁能源输送到南部负荷中心，解决了困扰缅甸多年的能源输送难题，带动了电源、原材料、人员就业等上下游产业发展。艾哈代布油田的建设对伊拉克战后重建及恢复民众信心、促进当地经济发展做出了重要贡献。该油田日均产油14万桶左右，支撑起巴格达60%电力燃料供应，成为促进伊拉克石油工业发展不可或缺的力量。[4]

诸多水利水电项目建设也为经济社会发展提供能源支撑。中国三峡集团在几内亚的凯乐塔水电站项目，于2015年投产发电后，几内亚的电力总

---

[1] 刘伟主编：《读懂"一带一路"蓝图》，商务印书馆，2017年9月版，第67页。

[2] 耿兴强、刘向晨、康从钦："点亮'中巴经济走廊'希望之光"，《中国能源报》，2017年12月11日，第1版。

[3] 苏南："水电：'一带一路'实践成绩斐然"，《中国能源报》，2017年5月15日，第12版。

[4] 刘建林、吴莉："中国石油，逐鹿中东竞风流"，《中国能源报》，2018年1月22日，第1版。

装机容量翻番，有效改善几内亚电力严重短缺的现状，并为矿业发展提供能源保障；苏丹麦洛维大坝项目，除了灌溉尼罗河两岸方圆 400 平方公里的土地，还惠及 400 万苏丹人民；赞比亚卡里巴北岸水电站扩机项目投产后，不仅将供应赞比亚，还能把电能输送到周边的南非、纳米比亚、津巴布韦等国家；赤道几内亚吉布洛电站是赤道几内亚第一座水电站，结束了境内依靠燃油发电的历史，满足赤道几内亚大陆境内 90% 以上的用电需要，推动了全境工业和农业的发展。① 由中国电建承建的埃塞俄比亚 GD-3 水电站总装机容量达 187 万千瓦，而埃塞俄比亚此前全国电力总装机容量才 200 万千瓦，这意味着 GD-3 水电站的建成使该国发电能力提升了近一倍。②

"一带一路"倡议实施以来，我国对沿线国家投资合作累计上缴税收收费达到 160 亿美元，为当地创造了 190 万个就业岗位。仅 2017 年，中国电企就在 11 个沿线国家开展 3000 万美元以上投资项目 12 个，为当地创造就业岗位 6500 多个。③

第三节　电力短缺问题大大缓解

孟加拉国电力供应不足以及能源结构不合理严重制约经济发展。截至 2015 年 1 月，孟加拉全国装机容量 10264 兆瓦，实际最大发电值为 6675 兆瓦，而高峰用电需求达到 8349 兆瓦，发电量仅能满足全国 62% 人口的用电需求。燃气、燃油机组在能源结构中占比较高，燃煤机组较少。④ 帕亚拉项目是习近平主席访孟期间签署的 240 亿美元贷款协议项目之一。项目全部采用中国技术和设备，2019 年 10 月投产发电，届时将成为孟加拉国最大的火力发电站。⑤

---

① 苏南："水电：'一带一路'实践成绩斐然"，《中国能源报》，2017 年 5 月 15 日，第 12 版。
② "非洲在建最大水电站吉布 3 水电站投产，由中国公司承建"，https://www.thepaper.cn/newsDetail_forward_1530867。
③ 杨晓冉："我国电力设备出口总额超过 62 亿美元"，《中国能源报》，2018 年 7 月 30 日，第 12 版。
④ "'一带一路'PPP 项目案例——孟加拉帕亚拉 PAYRA 2×660MW 燃煤电站 PPP 项目"，http://www.zhjs.org.cn/town/anli/149663048910035.html。
⑤ "最大燃煤电站帕亚拉发电厂一期工程 1 号锅炉第一榀钢结构开始吊装并顺利完成"，http://www.sohu.com/a/194895140_436794。

中资企业在柬埔寨投资开发的电站,改写了柬埔寨拉闸限电的历史。截至2016年底,柬埔寨已建成的水、火电常规能源装机容量为1433兆瓦,其中水电928兆瓦,占64.8%。① 桑河二级水电站总装机容量40万千瓦,占柬埔寨全国总发电机容量的20%。柬埔寨每年需要从国外进口电力约12亿千瓦时,桑河二级水电站建成后预计年发电量可达19.7亿千瓦时。② 柬埔寨国家电网230千伏输变电二期项目是中国重机与柬埔寨国家电力公司签署的第8个输变电EPC工程,项目建成后将改善柬埔寨东北部地区的供电网路,增强电力传输能力,改变该地区依赖国外进口电力的状况,为当地居民以及矿区、工业园区使用稳定、低价的本国能源提供保障。③

缅甸是东南亚国家中电力发展最为落后的市场之一,各地市区不时遭受停电困扰。根据缅甸《国家电力发展规划》,政府要在2030年实现全民普遍用电的目标,电力总装机需求达2878万千瓦,目前电力装机缺口达2355万千瓦,每年需新建电力装机近170万千瓦。④ 达吉达项目一期建成后,将成为仰光市的主力基荷电厂和缅甸发电效率最高的燃气发电机组,年利用小时可达7200小时,占仰光市年发电量的20%,可有效缓解缅甸旱季缺电的状态。⑤

尼泊尔具有巨大的水电潜力,但缺少资金和技术使之不得不依赖邻国印度满足其每年1400兆瓦时的电力需求。中国能建葛洲坝集团于1995年承建了坐落于中国樟木边境附近的尼泊尔博迪克西4.5万千瓦水电站,2001年顺利完工发电,为解决当地居民用电困难问题做出了重要贡献。其后,葛洲坝集团又于2007年和2011年分别中标承建了尼泊尔西部地区的查莫里亚3万千瓦水电站项目和中部地区的上崔树里3A6万千瓦水电站项目。葛洲坝集团在尼泊尔参与建设的水电站总装机容量已超10万千瓦,极

---

① 卢彬:"清洁电力点亮'一带一路'",《中国能源报》,2017年5月15日,第11版。

② 华勋:"华能桑河二级水电站全部投产发电",《中国能源报》,2018年10月29日,第12版。

③ "一带一路"能源合作网:"能源互联互通",http://111.207.175.229/v_practice/toPictureDetails.html?channelId=1085。

④ "中国电建EPC总承包的缅甸达吉达一期项目并网发电",http://www.cec.org.cn/hangyeguangjiao/gongchengjianshe/2018-01-11/176953.html。

⑤ "中缅电力唯一合建的达吉达燃气项目首次点火成功",http://www.sasac.gov.cn/n2588025/n2588129/c8470475/content.html。

第十章 共建"一带一路"国家能源发展

大地推动了尼泊尔的能源基础建设。①

老挝水利资源丰富,但多年来电力供应缺乏,电价过高,需要从泰国等进口。2010年中国三峡集团老挝南立1—2水电站项目投入使用后,上述情况得到极大改善。老挝中部电网装机容量的近三分之一都来自南立1—2水电站。水电站投入运营前,老挝从泰国进口的火电价格为每千瓦时9美分,而现在水电价格每千瓦时只需4.7美分。②

斯里兰卡目前主要靠燃油发电,成本高昂,且不能有效满足国内电力需求。普特拉姆燃煤电站由中国援建,是斯里兰卡有史以来最大的工程建设项目。普特拉姆燃煤电站两期工程全部完工后,该电站的装机容量将达到90万千瓦,占该国现有装机容量的三分之一以上,成为斯里兰卡发电量最大的电站。普特拉姆燃煤电站还被印上斯里兰卡100卢比的纸币上。③

埃塞俄比亚水资源丰富,但长期以来受电力匮乏困扰,首都亚的斯亚贝巴也时常停电。埃塞俄比亚GD-3水电站的建设不但让其彻底告别了缺电时代,而且将该国发电能力提升了一倍,"东非水塔"变"东非电塔",还有相当一部分电力可供出口,赚取外汇。④泰泽克水电站发电量相当于埃塞俄比亚全国总发电量的40%,建成后有效地缓解当地8000万居民的用电紧缺。⑤

津巴布韦电力供应长期不足,不得不从南非、莫桑比克等邻国进口大量电力。电力短缺制约了经济发展,也背上了沉重的财政负担。该国每月用于进口电力的花费高达2000万美元。⑥由中国电建集团承建的卡里巴南岸水电站扩机项目是津巴布韦独立以来建设的最大水电项目和第二大能源项目。水电站建成后将使卡里巴水电站发电量增加40%,使津巴布韦全国年发电量提高近25%。大大缓解基本用电缺口,节约可观的外汇。⑦

---

① "尼泊尔撕毁与中企签署的水电站协议 或因印施压",《环球时报》,2017年11月15日。
② 高鑫:"当中国水电遇上'一带一路'",《中国报道》,2015年5月20日。
③ "有图有真相!'一带一路'上的这些能源项目部都是中国造!" https://www.toutiao.com/i6420155057274094082/。
④ "吉布3水电站",http://baike.so.com/doc/25732697-26864055.html。
⑤ 苏南:"水电:'一带一路'实践成绩斐然",《中国能源报》,20107年5月15日,第12版。
⑥ 苏南:"中企承建津巴布韦最大水电项目全面投产",《中国能源报》,2017年4月16日,第12版。
⑦ "津巴布韦卡里巴南岸水电站扩机项目8号机组并网",http://www.powerchina.cn/art/2018/3/5/art_23_273238.html。

喀麦隆的曼维莱水电站位于南部大区，总投资6.37亿美元，总装机容量211兆瓦。施工过程中，项目累计为喀麦隆创造上万个就业岗位。电站投产发电后，除满足当地工业、民用电外，还可以出口电力至加蓬、赤道几内亚等，将成为喀麦隆南部电网中又一重要的电力来源，为南部电网的建设起到积极作用[①]

乌干达伊辛巴水电站的建成，将使乌干达全国电力装机容量增加22%，年发电总量增加约1/4，有效缓解乌干达电力供应短缺的局面，同时部分电能可向邻国出口。[②]

辛克雷水电站年发电量88亿千瓦时，是厄瓜多尔历来外资投入金额最大的水电站项目，也是其目前已建及在建规模最大的水电站项目，项目建成后将占厄瓜多尔国家37%的发电量，极大缓解厄瓜多尔国内用电紧张的问题。[③]

第四节 能源产业在对外合作中壮大

共建"一带一路"国家多处于工业化初期阶段，在能源方面面临的主要问题是产能不足，特别是煤炭和电力供应短缺，极大地制约着经济社会的发展。而这在很大程度上与其能源产业不够发达、资金和技术落后相关。中国几十年来的改革开放和能源发展历史表明，要想改变这一现状，必须打开国门，积极引进外国资本和技术，扩大能源领域的对外合作。只有通过引进资金和技术，才能推动本国能源产业的发展和壮大，进而解决能源短缺等问题，推动经济社会发展。

改革开放后，中国能源面临的主要问题是煤炭和电力供应短缺，这与当前许多共建"一带一路"国家情况非常相似。20世纪80年代初中期，中国的能源国际合作主要围绕煤炭开发进行，80年代后期步入解决电力投资不足的阶段。当时能源合作主要以市场开放和能源出口换取资金、技

[①] "喀麦隆曼维莱水电站主体通过验收"，http://www.powerchina.cn/art/2018/2/11/art_23_272147.html。

[②] 牛洪涛、闻东旭："三峡承建乌干达伊辛巴水电站下闸蓄水"，《中国能源报》，2018年11月12日，第12版。

[③] "有图有真相！'一带一路'上的这些能源项目部都是中国造！" https://www.toutiao.com/i6420155057274094082/

术、设备和服务的"引进来",增强国内能源供应能力。①

在煤炭行业,积极引进国外技术和设备,加快发展机械化采煤,以提高国内产能。我国煤矿技术装备水平大幅提高,机械化开采逐渐普及,国有重点煤矿开采机械化水平由1978年的32.5%提高至1992年的72.3%。国外资金及相关管理经验的引入,大大促进了我国煤炭产业发展和出口。煤炭出口量从1980年的630万吨增加到1991~1992年的2000万吨,1992年煤炭出口额约为7.4亿美元,成为出口创汇的重要品种。②

电力建设领域,引进外资打破投资瓶颈。自20世纪60年代起,我国进入电力短缺周期。1985年以后,国家出台了一系列有关鼓励电力建设投资的政策措施,多家办电、多渠道投资办电的电力投融资体制改革极大调动了中央、地方、企业办电的积极性,也吸引了大量外资投入国内电站建设。比如,云南省鲁布革水电站、福建水口水电站都得到世界银行的贷款。③ 80年代初,利用世界银行、亚洲开发银行等国际金融组织贷款、外国政府贷款和出口信贷,从近20个国家进口设备。1982年和1985年分别投运了引进日本和法国的35万和60万千瓦亚临界压力机组。1987年和1988年引进美国技术自行制造的亚临界压力30万和60万千瓦机级相继投运。还通过多种方式引进了工程设计技术、制造技术、施工、安装、运行技术以及先进的管理经验。④

在油气领域,逐步放开对外合作限制。1978年3月,中共中央、国务院作出重大决策,提出放开指定海域石油开采对外合作,可直接与外国石油公司建立合作关系,购买国外先进设备,雇用国外技术人员。1982年,颁布了《中华人民共和国对外合作开采海洋石油资源条例》。1983年,同9个国家27家石油公司签订了18个石油合同,开启了我国石油资源对外合作的先河。⑤ 中国海洋石油总公司代表我国政府与欧美国家签署了大量

---

① 朱跃中、刘建国、蒋钦云:"能源国际合作40年:从'参与融入'到开创'全方位合作新局面'",《新能源经贸观察》,2018年第10期,第56—57页。

② 朱跃中、刘建国、蒋钦云:"能源国际合作40年:从'参与融入'到开创'全方位合作新局面'",《新能源经贸观察》,2018年第10期,第57页。

③ 朱跃中、刘建国、蒋钦云:"能源国际合作40年:从'参与融入'到开创'全方位合作新局面'",《新能源经贸观察》,2018年第10期,第57页。

④ 齐正平、林卫斌:"改革开放40年我国电力发展十大成就",https://mp.weixin.qq.com/s/oylon6OHprG7Itw92xrnKw#__NO_LINK_PROXY__。

⑤ 钱兴坤、吴谋远:"石油工业:为经济社会添底气、增动力",《中国能源报》,2018年8月13日第2版。

海上合作开发合同，仅1982—1992年间，中海油同16个国家的59家石油公司签署了100多项石油勘探开发合同。1985年2月我国又放开了南方11个省区陆上石油资源勘探对外合作。1983年起，石油部用"1亿吨原油包干"留成外汇，引进先进勘探装备，实现了塔里木、大庆、胜利等一批油田的成功勘探开发。① 几十年来，油气领域先后进行了多轮国际招标，共执行了约50个勘探开发合作和130多个技术研究项目。② 在陆上累计与12个国家和地区的59家石油公司签订对外合作合同69个；在海上累计与来自21个国家和地区的78家国际石油公司签订200余个对外合作合同。③

中国核电行业的发展和壮大也起步于国外技术的引进。当30年前中国引进法国技术建设大亚湾核电站时，设备国产化率仅为1%，除了核心装备、材料要从国外购买，就连地板砖、水泥和电话线也要进口。④ 通过与法国等国际核电领先国家和企业的合作，我国核电企业逐渐完成了从"徒弟"到"伙伴"的角色转换，逐步建立起完整的核工业产业链，并研发出自主知识产权的核电技术。

1978—1992年间，我国能源产业对外合作以"引进来"为主。能源产业从自给自足的封闭模式逐渐向全面参与国际能源合作过渡，通过开放市场，引入欧美发达国家资金、技术、设备以及先进管理经验，不断提升能源开发利用水平。对外合作极大地促进了国内能源产量，如2017年在国内对外合作形成的油气产量就达960万吨。⑤ 通过"引进来"，中国不仅获得了许多先进技术，涉外项目历练还使我国能源企业国际合作能力不断

---

① 朱跃中、刘建国、蒋钦云："能源国际合作40年：从'参与融入'到开创'全方位合作新局面'"，《新能源经贸观察》，2018年第10期，第57页。

② 曾兴球："中国能源在国际合作中茁壮成长，正从'量增'走向'质升'"，《全球绿色发展》，2018年1月26日，https://mp.weixin.qq.com/s?__biz=MzUyOTU2OTY2NQ%3D%3D&chksm=fa5e4350cd29ca46078be53fceb8e8082418dc8050793d0b7d351f13a8e055b6216802b9d55c&idx=1&mid=2247483838&scene=21&sn=8f7424f6d08042205fba74c59629e0ed。

③ 钱兴坤、吴谋远："石油工业：为经济社会添底气、增动力"，《中国能源报》，2018年8月13日第2版。

④ "核电'强'国要合作更要实力"，《中国能源报》，2018年1月15日，第1版。

⑤ 曾兴球："中国能源在国际合作中茁壮成长，正从'量增'走向'质升'"，《全球绿色发展》，2018年1月26日，https://mp.weixin.qq.com/s?__biz=MzUyOTU2OTY2NQ%3D%3D&chksm=fa5e4350cd29ca46078be53fceb8e8082418dc8050793d0b7d351f13a8e055b6216802b9d55c&idx=1&mid=2247483838&scene=21&sn=8f7424f6d08042205fba74c59629e0ed。

第十章 共建"一带一路"国家能源发展

增强。

共建"一带一路"国家的能源产业处于和中国改革前或改革开放初期相似的发展阶段，中国能源产业发展壮大的历程不仅为沿线国家能源产业发展提供成功的案例，可供借鉴的发展路径，还为这些国家能源产业发展提供了巨大的机遇，带来了适合这些国家发展阶段的技术、资金和管理经验等。随着"一带一路"的推进，能源合作程度的加深，沿线国家能源产业将会迎来快速发展的新阶段，进而带动经济增长。

第十一章

中国能源海外发展

近年来，中国能源海外投资被赋予了较多的能源安全含义和地缘政治色彩，国内对"走出去"是为了"拿回来"的误读与国际社会关于中国"走出去"进行地缘政治扩张的误判相交织，不仅给中国外交带来了新挑战，企业国际化也遇到诸多阻力。在"一带一路"倡议下，能源项目约占对外直接投资的1/3，旗舰项目"中巴经济走廊"更是70%为能源投资，再次引发国内外舆论对能源合作与中国能源安全的联想，如投资"一带一路"是为了更好地保障能源进口，"中巴经济走廊"是中国为缓解"马六甲困局"而建设的能源战略通道等。

从中国视角看，推进"一带一路"能源合作，虽有利于促进能源贸易、提升能源供应安全系数，但从根本上是能源产业和企业发展壮大的需要，是国内产业结构升级和国际产业转移的产物。能源行业的海外投资或"走出去"与其他产业的海外投资并无本质的不同，均是企业国际化发展的产物。海外市场为中国能源企业提供了更广阔的投资机会和能力提升空间，我国能源企业随着自身实力的逐步增强和全球经济的日益开放而加大"走出去"力度，谋求向全球公司的战略转型。建设具有全球竞争力的世界一流企业，不仅是众多中国能源企业的发展目标，也是推动中国从"能源大国"迈向"能源强国"的必由之路。

第一节 能源产业"走出去"历程

随着整个能源行业实力的大幅度提升和综合国力的提高，我国能源企业开始更加主动地"走出去"。从1990年前后，逐渐壮大的中国油气企业开始"走出去"，通过收购、投资、共同开发等模式逐步在海外开展投资。至今中国油气企业的海外份额油已达1.5亿吨，份额气达到450亿立方米，油气总份额量达到1.9亿吨油当量。企业投资国家有37个，投资至少超过1500亿美元，超过了美国50年代到60年代的海外投资，海外形成的油气资产规模接近 2 万亿人民币。① 1999 年我国取得海外份额油约为 300 万吨，2000 年增加到 500 万吨，2001 年进一步增加到 830 万吨。以中石油、中石化、中海油和中化四大集团为核心的我国石油企业，在世界 30 多个国家参与了 65 个油气项目的勘探和开发，累计投资达 70 亿美元。②

电力也是我国能源企业"走出去"相对较早、不断取得重大进展的领域。在"走出去"初期，采取从国外跨国公司承包的水电施工项目中进行专业技术承包或业务分包的"借船出海"模式。在市场不断拓展后，通过运用 EPC、BOT、BOOT 等承包方式开始独立经营。到 2010 年底，中国水电总公司国际经营在建项目达到 27 个，合同总额超过 4000 万美元，初步实现了巩固亚洲市场、发展非洲市场、进军独联体国家和美洲市场的战略目标。③ "走出去"始于对外援建，逐步发展到境外工程承包与劳务合作、电力设备出口和对外投资与经营等各个领域。从上世纪 80 年代早期开始，中国就以承包商身份承建海外火电站项目，2014 年境外火电项目占到全年火电签约总金额的 49.3%，大型燃煤机组已经实现批量出口。④

中国能源企业的"走出去"，经历了从小到大、实力和竞争力不断增强的一个过程。如中国石油工程建设公司（CPECC）"走出去"之初，连壳牌的资格预审都过不了，多个项目均以失败告终。经过十几年的努力，最终进入埃克森美孚、BP、壳牌、阿布扎比国家石油公司等世界前 20 强石油公司市场，成为中国首家进入埃克森美孚市场的工程承包商，成为中石油内部海外运营经验最丰富、炼油工程设计和施工能力最大、盈利能力最突出的工程建设企业，开辟了阿联酋、伊拉克、加拿大、澳大利亚等海外高端市场。⑤

---

① 曾兴球："中国能源在国际合作中茁壮成长，正从'量增'走向'质升'"，《全球绿色发展》，2018 年 1 月 26 日，https://mp.weixin.qq.com/s?__biz=MzUyOTU2OTY2NQ%3D%3D&chksm=fa5e4350cd29ca46078be53fceb8e8082418dc8050793d0b7d351f13a8e055b6216802b9d55c&idx=1&mid=2247483838&scene=21&sn=8f7424f6d08042205fba74c59629e0ed。

② 朱跃中、刘建国、蒋钦云："能源国际合作 40 年：从'参与融入'到开创'全方位合作新局面'"，《新能源经贸观察》，2018 年第 10 期，第 58 页。

③ 朱跃中、刘建国、蒋钦云："能源国际合作 40 年：从'参与融入'到开创'全方位合作新局面'"，《新能源经贸观察》，2018 年第 10 期，第 58 页。

④ 齐正平、林卫斌："改革开放 40 年我国电力发展十大成就"，https://mp.weixin.qq.com/s/oylon6OHprG7Itw92xrnKw#__NO_LINK_PROXY__。

⑤ 刘建林、吴莉："中国石油，逐鹿中东竞风流"，《中国能源报》，2018 年 1 月 22 日，第 1 版。

三峡集团所属中水电对外公司经历了对外劳务合作、单项工程承包到EPC+F总承包的发展路径，形成了以国际商务运作、整合项目资源、全链条的项目管理能力为重点的核心竞争力，拥有资本与技术相结合的国际化经营团队。① 截至2018年底，国家电网境外投资额达210亿美元，已投资运营菲律宾、巴西等多个国家和地区骨干能源网，境外资产达655亿美元，境外工程及电工装备出口合同额累计超过430亿美元。②

改革开放以来特别是近年来，我国能源领域对外开放不断扩大。我国已与有关国家建立50多个双边能源合作机制，参与近30个多边能源合作机制，签署了100多份合作协议。能源基础设施互联互通加强。中国—中亚天然气管道A/B/C线、中哈原油管道、中俄原油管道和复线等一批有影响力的项目顺利落地。③ 能源贸易畅通水平提升。2017年，我国从俄罗斯、沙特、安哥拉、伊拉克、伊朗等国进口原油4.2亿吨，同比增长10.1%；从土库曼斯坦、澳大利亚、卡塔尔、马来西亚、印尼等国进口天然气940亿立方米，同比增长26.1%；从印尼、澳大利亚、蒙古国、俄罗斯等国净进口煤炭2.5亿吨，同比增长3.2%。④

第二节　已成为世界能源大国

经过多年的发展，我国已经逐渐成为世界上最大的能源生产国和消费国，形成了煤炭、电力、石油、天然气、新能源、可再生能源全面发展的能源供给体系。2016年，中国能源生产总量达34.6亿吨标煤，能源消费总量达43.6亿吨标煤，其中消费煤炭37.8亿吨，居世界第一；原油5.7亿吨，居世界第二；天然气约2100亿立方米，居世界第三；非化石能源5.8亿吨，居世界第一。⑤ 中华人民共和国成立70年来，尤其是通过改革

---

① 苏南："水电：'一带一路'实践成绩斐然"，《中国能源报》，2017年5月15日，第12版。

② 王旭辉："国家电网：绿动'一带一路'"，《中国能源报》，2019年4月29日，第21版。

③ 冉永平、丁怡婷："我国能源领域对外开放不断扩大"，《人民日报》，2018年5月20日，第2版。

④ 冉永平、丁怡婷："我国能源领域对外开放不断扩大"，《人民日报》，2018年5月20日，第2版。

⑤ 谢秋野："十九大报告为'一带一路'能源合作指明方向"，《中国能源报》，2017年12月18日，第2版。

开放40年的努力，中国建成了体系完整的石油天然气工业体系。油气生产已经高度国际化，中国事实上已经成为世界主要油气生产大国。2017年，中国石油产量1.915亿吨，天然气产量1492亿立方米，分别位居世界第七位和第六位，占世界总产量的4.4%和4.1%。[1]

中国在全球能源市场中的地位日益重要。2017年，中国石油消费为5.96亿吨，排名美国之后，居世界第二，占世界石油消费的13.3%；天然气消费为2404亿立方米，排名美国、俄罗斯之后，居世界第三，占世界天然气消费的6.6%。而1978年中国石油消费仅为9130万吨，天然气消费仅为区区138亿立方米。40年来，中国石油消费增长了6.52倍，天然气消费增长了17.42倍，年均增长率为4.6%和7.9%。截至2018年6月底，中国汽车保有量为2.29亿辆，其中私家车1.8亿辆，占汽车总量的78.6%，连续多年成为世界汽车销量最多的国家。1978年，中国私家车的数字为零。汽车保有量迅速增长，重要的支持力量之一就是中国炼油工业的快速发展。2017年，中国的炼油能力为1453.3万桶/日，仅次于美国，占世界总产能的14.8%。[2]

能源企业实力与国际竞争力持续提升。2018年《财富》世界500强排行榜上，前10大公司中有5家是石油公司，其中中国石化和中国石油分别排名第3、4位。中石油集团已成为世界最大的石油公司。2018年进入世界500强的中国涉油气企业一共8家，央企中国海油、中国中化分别名列第87位和98位，中国化工集团、中国航空油料集团，排名第167位和371位；地方国企延长石油排名第288位；民营油企新疆广汇集团排名第456位。[3] 近年来，中国多种所有制企业已大量进入世界各国的油气勘探开发、石油化工、工程设备、项目建设等产业链各环节。在电力方面，2000年7月国家电力公司首次入选美国《财富》世界500强。在2018年《财富》世界500强榜单中，我国20余家电力企业上榜。其中国家电网公司营业收入达到3489亿美元，自2016年起营收规模排名保持世界第二位。[4]

---

[1] 王能全："深化油气改革的关键词"，《新能源经贸观察》，2018年第11期，第35页。

[2] 王能全："深化油气改革的关键词"，《新能源经贸观察》，2018年第11期，第34页。

[3] "Fortune 500", http://fortune.com/fortune500/list/.

[4] 齐正平、林卫斌："改革开放40年我国电力发展十大成就"，https://mp.weixin.qq.com/s/oylon6OHprG7Itw92xrnKw#__NO_LINK_PROXY__。

在清洁能源领域，中国已成为全球最大的可再生能源生产国，光伏、风电装机规模连续多年稳居全球第一。2016年，中国超过美国，成为全球最大的可再生能源生产国。中国可再生能源全年消费为8610万吨油当量，较上年增长33.4%。仅十年间，中国可再生能源在全球总量中的份额便从2%提升到20.5%。中国可再生能源发展"十三五"规划提出2020年和2030年化石能源分别占一次能源消费比重15%和20%的目标。[1] 2016年全球新能源汽车全年累计销售77.4万辆，其中中国生产51.7万辆，销售50.7万辆。[2] 2017年，全球新能源企业500强上榜企业来自34个国家和地区，其中，中国（中国大陆、香港、澳门、台湾）有协鑫集团、晶龙集团、天合光能、金风科技、龙源电力等198家企业进入500强榜单，比2016年增加5家，占39.6%。美国、日本、德国分别为64、58和35家。

2000年，我国风电装机仅有30多万千瓦，2010年则突破4000万千瓦，超越美国成为世界第一风电大国。2015年2月，我国并网风电装机容量首次突破1亿千瓦。[3] 1983年，总装机10千瓦的我国第一座光伏电站在甘肃省兰州市榆中县园子岔乡诞生。近几年国内光伏发电产业发展由政策驱动逐步转向市场化，装机容量实现爆发式增长。光伏发电新增装机从2013年开始连续居于世界首位，并于2015年超越德国成为累计装机全球第一。[4] 根据2016年12月发布的《太阳能发展"十三五"规划》，到2020年底，中国光伏发电装机容量指标为105吉瓦，光热发电装机容量指标为44.5吉瓦。而实际上，截至2018年9月底，我国光伏发电装机就已经达164.74吉瓦，其中光伏电站117.94吉瓦，分布式光伏达到46.8吉瓦。预计2020年底，国内累计光伏并网量将超过200吉瓦。[5]

1991年12月15日，我国自行设计、研制、安装的第一座核电站——秦山一期核电站并网发电，从此结束了中国大陆无核电的历史。过去十几

---

[1] "一带一路"能源合作网："可再生能源"，http://111.207.175.229/v_practice/to Picture Details.html?channelId=1086。

[2] 魏秋利："2017年全球新能源企业500强分析"，《中国能源报》，2017年12月18日，第8版。

[3] 齐正平、林卫斌："改革开放40年我国电力发展十大成就"，https://mp.weixin.qq.com/s/oylon6OHprG7Itw92xrnKw#__NO_LINK_PROXY__。

[4] 齐正平、林卫斌："改革开放40年我国电力发展十大成就"，https://mp.weixin.qq.com/s/oylon6OHprG7Itw92xrnKw#__NO_LINK_PROXY__。

[5] 董梓童："'十三五'光伏发电容量或翻番？"，《中国能源报》，2018年11月19日，第17版。

第十一章 中国能源海外发展

年来,中国核电高速发展,一直处于世界核能发展的主导地位,在建造能力等方面已达国际水平。目前中国大陆地区总装机容量和在建容量分列世界第四和世界第一。[1] 2017年1—12月,全国累计发电量为62758.20亿千瓦时,商运核电机组累计发电量2474.69亿千瓦时,比2016年上升了17.55%,约占全国累计发电量的3.94%。[2] 随着三门核电2号机组于2018年11月5日投入商运,我国目前在运核电站机组达到42台,总装机容量达到4177万千瓦,在建核电机组14台,总装机容量1631万千瓦。[3]

垃圾发电装机和发电量均居世界之首。2017年底,我国垃圾发电装机容量达到680万千瓦,年发电量超过350亿千瓦时,年垃圾处理量超过1.05亿吨,占全国城市垃圾清运量的比重超过35%。经过20年的发展,我国垃圾发电装机容量、发电量和垃圾处理量均居世界第一。预计到2035年,全国垃圾年清运量约5.5亿吨,垃圾焚烧发电占垃圾年清运量比例将达到75%,垃圾焚烧发电年处理垃圾约4.1亿吨,垃圾焚烧发电装机容量将达到2200万千瓦,年发电量将达到1300亿千瓦时,形成6000亿规模的现代化产业,年收入约1000亿元。[4]

我国水电发展起步较早,并长期在世界水电领域保持领先的地位。2004年,以公伯峡水电站1号机组投产为标志,中国水电装机容量突破1亿千瓦,居世界第一。2010年,以小湾水电站4号机组为标志,中国水电装机容量突破2亿千瓦。2012年,三峡水电站最后一台机组投产,成为世界最大的水力发电站和清洁能源生产基地。此后,溪洛渡、向家坝、锦屏等一系列巨型水电站相继开工建设。2017年,中国水力发电装机3.41亿千瓦,发电量1.1945万亿千瓦时,分别占到全球水电总装机容量、发电量的26.9%和28.5%。[5]

改革开放之初,我国电力发展规模远低于世界平均水平,1978年底我

---

[1] 齐正平、林卫斌:"改革开放40年我国电力发展十大成就",https://mp.weixin.qq.com/s/oylon6OHprG7Itw92xrnKw#__NO_LINK_PROXY__。

[2] "2017年我国核电累计发电2474.69亿度",《中国能源报》,2018年2月5日,第11版。

[3] 苏南:"我国第三代核电站足够安全",《中国能源报》,2018年11月19日,第11版。

[4] 苏南:"我国垃圾发电装机和发电量均居世界之首",《中国能源报》,2017年12月25日,第11版。

[5] 齐正平、林卫斌:"改革开放40年我国电力发展十大成就",https://mp.weixin.qq.com/s/oylon6OHprG7Itw92xrnKw#__NO_LINK_PROXY__。

国发电装机容量为 5712 万千瓦，发电量为 2565.5 亿千瓦时，人均装机容量和人均发电量还不足 0.06 千瓦和 270 千瓦时，发电装机容量和发电量仅仅分别位居世界第八位和第七位。[1] 到 1987 年我国发电装机容量达到 1 亿千瓦，1996 年装机容量达到 2.4 亿千瓦。2006 年起，每年新增发电装机在 1 亿千瓦左右。2011 年，我国发电装机容量与发电量超过美国，成为世界第一电力大国。2015 年，我国装机容量达到 15.25 亿千瓦，人均发电装机容量历史性突破 1 千瓦。2017 年底，我国装机容量达到 17.77 亿千瓦，发电量 64171 亿千瓦时，人均发电装机容量 1.28 千瓦，分别是 1978 年的 31 倍、25 倍、21 倍。[2]

我国电力科技水平取得长足进步。改革开放初期，中国只有为数不多的 20 万千瓦火电机组，30 万千瓦火电机组尚需进口。核电站直到 20 世纪 80 年代才在国外的帮助下建成。40 年来，随着技术进步及电源结构的优化，我国电力装备业也已全面崛起，并已跻身世界大国行列，装备了具有国际先进水平的大容量、高参数、高效率的发电机组。2017 年底单机 100 万千瓦及以上容量等级的火电机组容量占比达到 10.2%，30 万千瓦、60 万千瓦及以上机组已分别占火电总装机容量的 34.7% 和 34.5%。在水电方面，单机 30 万千瓦及以上容量机组占水电装机容量近 50%。目前，30 万千瓦、60 万千瓦及以上大型发电机组已成为电源的主力机组，并逐步向世界最先进的百万千瓦级超超临界机组发展。[3]

目前，我国已成为世界第一大产氢国。2015 年我国产氢量超过了 2200 万吨，占世界总量的 34%。预计 2020—2025 年，我国氢能商业化将初见端倪。10 年内，中国有望成为世界最大的燃料电池市场。《中国制造 2025》规划了燃料电池车辆及制氢、加氢等配套设施的发展目标：到 2020 年，燃料电池堆寿命达到 5000 小时，整车耐久性达 15 万公里，生产 1000 辆燃料电池汽车并进行示范运行。到 2025 年，制氢、加氢等配套基础设施基本完善，燃料电池汽车实现区域小规模运行。[4]

---

[1] 齐正平、林卫斌："改革开放 40 年我国电力发展十大成就"，https://mp.weixin.qq.com/s/oylon6OHprG7Itw92xrnKw#__NO_LINK_PROXY__。

[2] 齐正平、林卫斌："改革开放 40 年我国电力发展十大成就"，https://mp.weixin.qq.com/s/oylon6OHprG7Itw92xrnKw#__NO_LINK_PROXY__。

[3] 齐正平、林卫斌："改革开放 40 年我国电力发展十大成就"，https://mp.weixin.qq.com/s/oylon6OHprG7Itw92xrnKw#__NO_LINK_PROXY__。

[4] 王海霞："氢能不'轻'"，《中国能源报》，2017 年 12 月 25 日，第 5 版。

第十一章 中国能源海外发展

中国有望引领全球能源转型。国际能源署预计，从现在到2040年，中国在各种低碳技术的投资中都将占据高份额，其中太阳能和风能投资都将占到全球投资总额的28%，电动车投资份额将超过40%。中国最近几年在空气污染治理和可持续发展方面取得很大成果，可供非洲、东南亚、南亚国家以及其他国家借鉴和分享。[①] 2017年12月，国际能源署署长法提赫比罗尔在北京指出，全球能源未来将迎来四大改变，除美国将成为石油和天然气领域的全球领袖外，其余三方面是：光伏成本大幅度下降、中国更关注环境议题、电气化将在未来产生更大的影响等均与中国有关，而且中国均走在世界前列。其中在光伏产业方面，截至2017年底中国生产了全球光伏产业链的70%以上的产品，拥有多项领先世界的技术和装备。过去10年，在中国光伏企业的努力下，光伏组件价格从36元/瓦下降到现在的3元/瓦。[②]

第三节 世界一流企业是能源强国重要指标

中国能源产业近年高速发展，但总体仍处于追赶第一梯队的阶段，离能源强国尚有差距，大而不强仍是能源产业和企业面临的共同问题。能源技术水平总体落后，部分能源领域距世界强国仍有不小差距。如核电产业仍存在诸多薄弱环节，部分关键材料和设备还未攻克，有些核心工艺和技术还未掌握，自主创新能力有待提升。[③] 美国和法国占据全球核能发电量的一半，中国核能发电占比只有3.56%。[④] 此外，未来中国能源产业还将面临由政策主导转向市场主导的重大挑战。

在能源领域，我国跻身世界一流企业的数量与我国能源生产和消费大国地位不相称。一般而言，世界一流企业需要具备在国际资源配置中具有领导地位、在全球行业发展中具有引领作用和在全球产业发展中有话语权

[①] Aya Yoshida：" 中国将持续引领全球能源转型"，《中国能源报》，2017年12月18日，第2版。

[②] 红炜："发展新能源，标准要先行"，《中国能源报》，2017年12月18日，第12版。

[③] 朱学蕊："中法核能合作向纵深推进"，《中国能源报》，2018年1月15日，第1版。

[④] Mycle Schneider："核能处于新的发展周期"，《中国能源报》，2017年12月25日，第5版。

和影响力等，应该成为游戏的设计者、规则的制定者。从这个标准来看，我国还没有多少企业能够跻身世界一流企业之列。① 以我国能源产业现有规模和市场占有率，理应培育出一批具有全球竞争力的世界一流企业，能源企业理应在世界市场上争得更高的地位，有更强的竞争力。

进入竞争性能源市场，拿到订单并落地项目，是能源强国的关键标识。如在核能领域，俄罗斯三代核技术 VVER 凭借较低的造价，赢得了超过 10 个国家的 20 多台核电机组订单。俄罗斯、韩国的三代核电技术 VVER - 1200、ARP1400 均在本土实现了并网发电。目前，中国已研发出自主三代核电技术，并攻克了高温气冷堆、快堆等第四代核能系统关键技术以及聚变堆相关技术，但依然未完全摆脱跟跑、并跑于核电强国的局面。②

总体上，我能源产业大而不强，许多能源企业规模庞大，但盈利能力不足，利润率偏低。中国有 30 家能源企业进入 2018 年《财富》世界 500 强，2017 年总营收 21418.48 亿美元，但综合盈利只有 250 亿美元。中国石化、中国石油已成为世界最大的石油公司，但 2017 年中国石油亏损 6.9 亿美元，中国化工亏损 7.39 亿美元，中国石化利润也只有 15.37 亿美元。2018 年世界 500 强榜单中，中国 8 家入榜油企合计 2017 年度利润为 44.81 亿美元，同年壳牌石油利润为 129.77 亿美元，埃克森美孚更是高达 197.1 亿美元，中国 8 家油企利润合计只是壳牌公司的 34.53%，埃克森美孚的 22.73%。③

在化工领域，国际化工行业和世界领先的化工公司都是全球化运营，而目前很少有中国化工公司拥有全球资产组合。从目前中国企业并购现状看，其侧重点主要还局限于国内，"走出去"全球并购方面的案例比较有限。随着成本优势的逐渐消失，中国的领先化工企业只有放眼全球、实现运营全球化才能增强国际竞争力，获得长远和可持续的发展。④

国际化是中国经济不断提升国际竞争力的有效途径。世界上市场竞争力强的企业，无论是油气企业还是其他类型的企业，都是国际化经营的企

---

① 齐正平："电力企业如何炼成世界一流"，http：//www.chinasmartgrid.com.cn/news/20180224/627416.shtml。

② "2017 核电蛰伏蓄力，静候窗口"，《中国能源报》，2017 年 1 月 1 日，第 10 版。

③ "Fortune500"，http：//fortune.com/fortune500/list/。

④ "'一带一路'建设中，中国化工企业走出去的实践指南"，https：//cj.sina.com.cn/article/detail/2341947011/247694？cre = financepagepc&doct = 0&loc = 5&mod = f&r = 9& rfunc = 100。

业。当前,中国各类能源企业,在投入更大的精力做好国内业务的同时,还应继续深耕国际市场,参与国际能源市场的竞争。通过与世界优秀企业的竞争,中国的能源企业不仅要成为最大的企业,还应该成为世界市场利润最高、最具市场竞争力的企业,只有这样,才能真正地保障中国经济社会发展和经济安全。[①]

我国许多能源企业已具备了成为世界一流企业的潜力,但海外能源投资总体上面临着缺乏战略引领、风险和运营管理能力不足、融资渠道单一等挑战。未来需要进一步增强自身在项目开发、融资、建设管理、运营管理和风险管理及创新等方面的核心能力建设,推动企业向国际化、专业化能源服务公司转型。海外投资与跨国经营是中国能源企业实现成本最小化、利润最大化、成为具有国际竞争力的跨国企业集团的必由之路,也是中国成为能源强国的重要前提。

---

① 王能全:"深化油气改革的关键词",《新能源经贸观察》,2018 年第 11 期,第 37 页。

第十二章

区域能源合作与治理

"一带一路"倡议为沿线国家有效开展能源合作搭建了重要的平台，将进一步推动能源消费国、生产国及过境国的贸易、投资等方面的联系，实现沿线国家优势互补，整合能源产业链，扩大区域能源互联互通。而"一带一路"能源投资与建设项目的推进，也对建立保护投资、贸易等更有效的治理平台和国际法律框架提出了更高的要求。随着"一带一路"建设的推进，中国的国际能源合作将加快进入新时代，从注重单边保障自身能源安全为主逐渐转向多边构建区域和全球能源命运共同体，从全球能源治理的边缘走向舞台中央，从国际能源治理的"跟随者"变成"影响者"和部分领域的引领者。[①]

第一节 能源合作从双边走向多边

"一带一路"倡议提出后，中国的跨国能源项目进一步增多，与周边国家的能源与经济联系更为紧密，与此同时也出现了越来越多与能源相关的贸易纠纷、跨境运输及债务等问题，海外能源利益保护机制和多边法律框架的重要性日益突显。目前，我国海外能源投资主要依靠的是双边投资协议、备忘录（MOUs）、政府间协议和类似上海合作组织的多边合作机制等保护机制，但关注点主要是管道运行的稳定性，且大部分停留在企业层面，缺乏法律约束力，不足以有效应对运输中断、地区动荡、商业纠纷等带来的损失。随着"一带一路"倡议的推进，中国过去以双边关系主导的能源合作机制，将越来越多向多边合作机制转换。

与此同时，现有国际能源治理体制与机制方面存在的问题越来越突出。随着国际能源格局变化，传统能源生产国和消费国的利益分化调整，以新兴经济体为主的能源消费国开始在国际合作中赢得更多主动权。现有国际能源组织和机构各自为战，缺乏有效的协调，由发达国家主导的现有

---

① "一带一路"能源合作网："多边合作"，http://111.207.175.229/v_practice/toPictureDetails.html? channelId = 1088。

全球能源治理平台难以平衡新旧能源生产国和消费国的利益诉求，新型经济体和发展中国家寻求能源治理改革的呼声日益高涨。全球能源治理机制亟需重构，以维护包括能源生产国、消费国、过境国等在内的所有利益相关国的核心关切和全球能源安全。①

改革开放以来，特别是党的十八大以来，我国通过多次举办国际性能源活动，形成了一系列重要文件。如 2014 年举办第 11 届 APEC 能源部长会议，发表《北京宣言》；2015 年和 2016 年连续举办两届苏州国际能源变革论坛，达成《苏州共识》；2016 年举办 G20 能源部长会议，发表《北京公报》；2017 年举办"一带一路"国际合作高峰论坛"加快设施联通"平行主题会议，形成《推动"一带一路"能源合作愿景与行动》。此外，还于 2014 年正式加入国际可再生能源署，2015 年正式与国际能源署建立联盟关系。②

2016 年，中国作为二十国集团轮值主席国，在应对能源可及性、更清洁的能源未来、能源效率、全球能源架构、低效化石燃料补贴、能源安全、市场透明度等领域或问题上取得了进展。2016 年 6 月 29—30 日，中国国家能源局在北京雁栖湖国际会议中心举办二十国集团（G20）能源部长会议，会议以"构建低碳、智能、共享的能源未来"为主题，围绕国际能源发展的机遇与挑战、能源技术与创新、能源可及性的需求和政策现状等多项议题进行了广泛的讨论，达成了多项共识。

"一带一路"倡议同 2030 年可持续发展议程相辅相成。《2030 年可持续发展议程》于 2016 年 1 月 1 日正式启动。新议程呼吁各国采取行动，为今后 15 年实现 17 项可持续发展目标而努力。外交部长王毅 2017 年 7 月 14 日同第 72 届联合国大会主席莱恰克举行会谈时表示，"一带一路"倡议同落实 2030 年可持续发展议程的理念和大方向一致，都致力于推动基础设施互联互通，致力于开展更广阔的区域合作，实现共同、绿色和可持续发展。中国提出的"一带一路"倡议不但为全球可持续发展提供了强劲动力，而且为各国和各地区间的合作树立了典范。③

---

① "加强能源国际合作的思考：共建'一带一路'成为能源合作新亮点"，http://news.bjx.com.cn/special/? id=882814。

② 齐正平、林卫斌："改革开放 40 年我国电力发展十大成就"，https://mp.weixin.qq.com/s/oylon6OHprG7Itw92xrnKw#__NO_LINK_PROXY__。

③ "一带一路"能源合作网："多边合作"，http://111.207.175.229/v_practice/toPictureDetails.html? channelId=1088。

我国电力行业企业与国际知名能源电力行业组织、企业保持密切联系与合作，积极参与、主导、组织各类国际组织交流活动，国际交流更加频繁，参与国际能源电力事务的能力、影响力和话语权不断增强。截至2017年底，国内电力行业、企业分别加入了125个国际主要行业技术组织与机构，并在其中的48个组织或机构担任主要角色单位，102位各类专家、学者在上述组织担任主要职务；国内电力企业在境外的128个国家和地区共设立有效分支机构或办事处600个。

改革开放四十年来，我国参与能源国际合作从最初的"引进来"提升国内能源供应水平，缓解国内能源短缺局面，到之后的"走出去"，充分利用"两种资源、两个市场"，再到二十一世纪初全面参与国际能源合作，最后到十八大以来形成以"一带一路"能源合作为引领的全方位能源合作。总体上，经过多年发展与实践，我国国际能源合作理念发生重大变化与调整，从过去以自我为主的满足供应安全转向更加注重多元的协同保障能源安全转变，从单纯的能源合作向积极参与全球能源治理迈进。我国更加注重探索参与多边能源治理，重视多边能源合作机制。①

第二节 现有双、多边能源合作机制

中国—阿盟清洁能源培训中心。2014年，习近平主席在中阿合作论坛第六次部长级会议开幕式上提出了中阿共建阿拉伯和平利用核能培训中心的倡议。中阿双方在第四届中阿能源合作大会上达成共识，同意探索建立中阿清洁能源培训中心。2017年2月10日，国家能源局正式发布《2017年能源工作指导意见》，提出推动成立中国—阿盟清洁能源培训中心。2017年5月12日，中国国家发展和改革委员会和国家能源局正式发布《推动丝绸之路经济带和21世纪海上丝绸之路能源合作愿景与行动》，提出推动中国—阿盟清洁能源中心建设。②

中国—中东欧能源项目对话与合作中心。中国—中东欧领导人于2015年苏州峰会期间发表了《中国—中东欧国家合作苏州纲要》，提出"建立

---

① 朱跃中、刘建国、蒋钦云："能源国际合作40年：从'参与融入'到开创'全方位合作新局面'"，《新能源经贸观察》，2018年第10期，第60页。

② "一带一路"能源合作网："多边合作"，http：//111.207.175.229/v_practice/toPictureDetails.html? channelId = 1088。

中国—中东欧能源项目对话与合作中心",打造一个能源领域的政策协调、信息交互、技术交流和经验共享平台。2016年10月,中国—中东欧能源项目对话与合作中心开始启动相关工作,统筹"16+1"内部及对外能源合作,协调投资、贸易、研发等方面的合作事务,有效推动中国—中东欧具体合作项目。

中国—中东欧能源项目对话与合作中心由罗马尼亚能源部和外交部委托罗马尼亚能源中心、民主研究中心两个非政府组织联合承办。其中能源中心负责投资、贸易和研发等具体合作事务,民主研究中心负责法律框架、活动策划、公关宣传和基金募集等服务性事务。中国国家能源局作为对话中心的中方对口联络单位,代表中方牵头参与中国—中东欧能源项目对话与合作中心的有关活动。电力规划设计总院作为中方秘书处,负责具体事务的联络、交流和活动安排。2017年11月8日,中国—中东欧能源博览会暨论坛在罗马尼亚首都布加勒斯特开幕,与会代表就中国—中东欧加强能源合作,共同构建现代、高效、可持续的全球能源架构等议题展开讨论,并通过了《中国—中东欧能源合作联合研究部长声明》和《中国—中东欧能源合作白皮书》。[①]

东亚峰会清洁能源论坛。东亚峰会清洁能源论坛(EAS Clean Energy Forum)是东亚峰会框架下立足东亚、放眼未来、专注清洁能源的专业型会议,由国家能源局、东盟能源中心联合主办。首届东亚峰会清洁能源论坛于2014年8月27—29日在成都召开,第二届东亚峰会清洁能源论坛于2015年11月18—19日在海口召开,第三届东亚峰会清洁能源论坛于2017年7月3日—4日在昆明召开。[②] 第四届东亚峰会清洁能源论坛于2019年6月11—12日在深圳召开。本届论坛以"务实合作、面向未来的绿色发展——构建智能、普惠、持续、发展的区域能源体系"为主题,来自马来西亚、新加坡、泰国、印度尼西亚、老挝等国及国际机构、企业的代表一起分享清洁发展经验,探讨清洁发展未来。

中欧(盟)能源对话。中欧能源对话是中国与欧盟之间根据2005年9月第八次中欧领导人会晤期间签署的《中国—欧盟能源交通战略对话谅解

[①] "一带一路"能源合作网:"多边合作",http://111.207.175.229/v_practice/toPictureDetails.html?channelId=1088。

[②] "一带一路"能源合作网:"多边合作",http://111.207.175.229/v_practice/toPictureDetails.html?channelId=1088。

备忘录》建立的政府间能源交流合作机制。双方主要围绕能源发展规划、未来能源供求形势、能源政策取向、节能减排目标、清洁能源技术等共同关心的问题深入交换意见，加深了相互理解，达成了一系列合作共识和成果。

2013年11月第6次中欧能源对话期间，双方签署了《中欧能源联合声明》。2016年7月，在第十八次中国—欧盟领导人会晤期间，签署了《中欧能源合作路线图（2016—2020）》。2017年6月，在第十九次中国—欧盟领导人会晤期间，双方召开第7次能源对话，就清洁能源政策、能源转型和未来能源系统以及国际和多边领域的合作等问题进行深入交流与对话，并签署了《落实中欧能源合作路线图工作计划（2017—2018年）》。双方同意重点关注能源政策、能效标准制定、低碳能源技术、可再生能源、能源监管、能源网络等领域合作。以上成果文件的达成，为中国与欧盟开展能源合作搭建了框架，有助于中欧进一步深化清洁、低碳、可持续能源发展领域的合作。

根据《落实中欧能源合作路线图工作计划（2017—2018年）》内容，国家能源局与欧盟能源总司于2017年9月（北京）、10月（布鲁塞尔）、12月（北京），分别组织召开了中欧能源政策研讨会、中欧电力基础设施合作研讨会、中欧可再生能源研讨会。研讨会期间，双方针对能源政策与规划、能源效率、市场监管、可再生能源、区域电网互联互通等进行了深入交流和研讨。通过研讨，深入挖掘我国能源领域发展中面临的问题和挑战，充分利用欧方专家资源，将中欧双方交流成果转化为解决问题的工具。[①]

联合国亚太经社会（ESCAP）。全称联合国亚洲及太平洋经济社会委员会，前身"亚洲和远东经济委员会"于1947年在上海成立，1949年迁址泰国曼谷，1974年该组织改为现称，现有62个成员（包括53个正式成员和9个准成员）。最高决策机构是部长级会议，设能源委员会等九个专门委员会。2017年1月，联合国亚太经社会能源委员会首次会议在泰国曼谷召开。2017年5月，联合国亚太经社会第73次年会在泰国曼谷召开，决定成立能源互联互通专家工作组。2017年12月，能源互联互通专家工作组首次会议在泰国曼谷举行。

---

① "一带一路"能源合作网："多边合作"，http://111.207.175.229/v_practice/toPictureDetails.html? channelId = 1088。

上海合作组织能源俱乐部。2013年9月13日，上海合作组织成员国元首理事会第十三次会议在吉尔吉斯斯坦首都比什凯克举行。中国国家主席习近平在题为《弘扬"上海精神" 促进共同发展》的讲话中倡议成立能源俱乐部，建立稳定供求关系，确保能源安全。上合组织能源俱乐部于2013年12月6日在俄罗斯莫斯科成立，成员包括中国、俄罗斯、哈萨克斯坦、塔吉克斯坦、蒙古、印度、巴基斯坦、阿富汗、伊朗、白俄罗斯、土耳其。2014年12月12日，俱乐部第一次会议在哈萨克斯坦阿斯塔纳市举行。2016年11月22日，上合组织能源俱乐部高级别工作组会议在莫斯科举行。2017年，能源俱乐部轮值主席国由土耳其担任。①

大湄公河次区域能源合作。大湄公河次区域经济合作（GMS）于1992年由亚洲开发银行发起，涉及流域内的6个国家，有中国、缅甸、老挝、泰国、柬埔寨和越南，旨在通过加强各成员国间的经济联系，促进次区域的经济和社会发展。在能源领域，次区域各国以打造能源互联网为抓手，加快推进电力、油气、新能源等方面的合作，中国南方电网与相关国家电力公司建立了周边国家电力企业高层沟通联络机制。②

中非能源合作中心。为促进中非能源合作，国家能源局于2018年9月3日与非盟委员会签订《中华人民共和国国家能源局和非盟委员会关于加强能源领域合作的谅解备忘录》，双方一致同意，将在埃塞俄比亚首都亚的斯亚贝巴成立中非能源合作中心，旨在根据非洲国家和人民对能源开发的实际需求，积极开展能源领域的政策交流、能力建设、技术推广和培训等活动，并共同研究推进重大合作项目。

第三节 依托"一带一路"深化国际能源合作

共建"一带一路"国家资源禀赋不同，发展不平衡，各国重点发展领域和对资金与技术的需求也有所差异。我宜根据各自地区和国别特点，突出不同地区的合作重点和特色。如在俄蒙、中亚、西亚北非国家，重点加强与资源国的油气领域全面合作，推进油气资源贸易与投资，完善基础设

---

① "一带一路"能源合作网："多边合作"，http://111.207.175.229/v_practice/toPictureDetails.html?channelId=1088。

② "一带一路"能源合作网："多边合作"，http://111.207.175.229/v_practice/toPictureDetails.html?channelId=1088。

施互联互通，推动与以色列、土耳其、埃及等国的可再生能源合作；在东南亚、南亚地区，重点着手火电与水电建设、完善跨境输电通道、加快区域电网升级改造；在中东欧、独联体国家，重点加强核电、水电、可再生能源、循环经济领域合作。[①]

积极参与共建"一带一路"区域已经存在的多边合作组织，提升中国在相关能源治理机制中的作用。如联合国、二十国集团、亚太经合组织、上海合作组织、金砖国家、澜沧江—湄公河合作、大湄公河次区域、中亚区域经济合作、中国—东盟、东盟与中日韩、东亚峰会、亚洲合作对话、中国—中东欧国家合作、中国—阿盟、中国—海合会等。继续加强与国际能源署、石油输出国组织、国际能源论坛、国际可再生能源署、能源宪章、世界能源理事会等能源国际组织的合作。

例如，能源宪章条约涵盖了能源投资保护、能源贸易公平、纠纷解决机制、早期预警机制等内容。能源宪章条约本是为了克服欧洲与中亚国家间经济差异带来的风险，随着中国等亚洲新兴国家的出现，该条约开始为亚欧间能源合作发挥作用。共建"一带一路"许多国家都是能源宪章条约成员国。

强化清洁能源治理建章立制能力。2014年，中国在APEC能源部长会议上宣布成立"APEC可持续能源中心"（APSEC），旨在建立稳定、成熟的科研信息共享平台和高效的政策协调机制。在中国推动下召开了两届东亚峰会清洁能源论坛，促进东亚地区特别是中国与东盟清洁能源领域的合作与发展。2015年11月，中国与IRENA在苏州共同主办"国际能源变革论坛"，倡议设立国际能源变革联盟，推进全球能源转型，并成立国际可再生能源署——中国能源研究及交流合作中心。2016年中国担任G20轮值主席国期间，2016年6月的G20能源部长会议通过了《2016年G20能源部长会议北京公报》，将清洁能源发展、能效提升、能源的可持续性以及落后地区能源可获性作为建构全球能源治理新秩序的突破点。[②]

《推动丝绸之路经济带和21世纪海上丝绸之路能源合作愿景与行动》提出了诸多能源治理相关措施，建立完善双边联合工作机制，研究共同推

[①] "加强能源国际合作的思考：共建'一带一路'成为能源合作新亮点"，http://news.bjx.com.cn/special/?id=882814。

[②] 李昕蕾："'一带一路'框架下中国的清洁能源外交——契机、挑战与战略性能力建设"，《国际展望》，2017年第3期，第52页。

进能源合作的实施方案、行动路线图。如：2014年8月，中蒙签署《中蒙关于建立和发展全面战略伙伴关系的联合宣言》，宣言中能源领域合作内容为：双方将在中蒙矿能和互联互通合作委员会以及双边其他机制框架内，加快推动中蒙煤炭、石油、电力、化工等基础设施和矿能资源大项目产业投资合作。进一步加强电力、可再生能源领域合作。在区域合作基础上推动建立"东北亚能源共同体"。以中、日、韩能源领域合作为主，逐渐向俄、朝和蒙开放，建立真正东北亚能源共同体。由油气合作逐渐扩展到电力、煤炭、核能、可再生能源等"大能源"领域。[1]

2018年10月18日，在江苏省苏州市举行的"一带一路"能源部长会议上，中国与阿尔及利亚、阿塞拜疆、阿富汗、玻利维亚、赤道几内亚、伊拉克、科威特、老挝、马耳他、缅甸、尼泊尔、尼日尔、巴基斯坦、苏丹、塔吉克斯坦、土耳其、委内瑞拉等17国共同发布建立"一带一路"能源合作伙伴关系部长联合宣言。宣言表示，"一带一路"能源合作伙伴关系将遵循共商、共建、共享的原则，目的是促进各参与合作的国家在能源领域的共同发展、共同繁荣。[2]

2018年11月5—10日，在首届中国国际进口博览会期间，能源采购与项目合作签约成为重头戏。中国油气企业签下多项国际采购与项目合作大单，其中中石化签约总额456亿美元、中石油签约协议总额292亿美元、中化集团采购总额超113亿美元、中海油进口协议签约总额约100亿美元。国家电网、南方电网、国家电投、华能集团、中国能建、中广核均将采购重点聚焦在电力高端智能设备领域，其中国家电投签订采购框架协议，将引进国内首台套GT36-S5型H级燃气轮机。此外，中核集团也与俄罗斯国家原子能集团公司等签署了多项合作文件。[3]

2019年4月25日，第二届"一带一路"国际合作高峰论坛开幕之际，包括中国在内的30个国家在北京共同成立了"一带一路"能源合作伙伴关系。伙伴关系成员国共同对外发布《"一带一路"能源合作伙伴关系合

---

[1] "加强能源国际合作的思考：共建'一带一路'成为能源合作新亮点"，http://news.bjx.com.cn/special/?id=882814。

[2] "中国与17国发布建立'一带一路'能源合作伙伴关系部长联合宣言"，http://www.chinanews.com/m/cj/2018/10-18/8653646.shtml?from=timeline&isappinstalled=0#__NO_LINK_PROXY__。

[3] 仝晓波、吴莉："进博会搭起能源国际合作大舞台"，《中国能源报》，2018年11月12日，第1版。

作原则与务实行动》。

2019年4月28日,中石油主办第二届"一带一路"油气合作国圆桌会议,来自国家能源局、资源国政府国际能源组织、资源国国家石油公司、国内外知名油气企业及金融机构的20余名官员和高管,围绕打造"一带一路"大型项目,构建油气合作利益共同体进行了深入交流,并就互利共赢、可持续发展等达成广泛共识。

第四节 共建"一带一路"能源合作俱乐部

为促使更多国家和地区参与"一带一路"能源合作,扩大各国间能源智库的合作与交流,中国提出建立"一带一路"能源合作俱乐部。其主要目的在于通过一系列务实的工作,推动各国间政策沟通和贸易畅通、加强能源投资合作和产能合作、增进能源基础设施互联互通、促进人人享有可持续能源、完善全球能源治理结构,将其打造成为汇集有关国家、国际组织、企业、金融机构、智库等多方参与的多层次合作平台。[①]

近年来,虽然越来越多的国家加入到"一带一路"能源合作中,但各国能源行业的发展战略、政策法规、技术标准仍存在诸多差异,各国在能源方面的信息沟通、人员往来、技术合作、标准互认等尚不充分,能源合作还存在不少障碍。各国在能源发展方面也存在很多共性的问题,如促进能源资源贸易畅通、促进人人享有可持续能源、促进能源绿色低碳发展等,需要各国分享经验,加强沟通与合作。

在此背景下,中国倡议建立"一带一路"能源合作俱乐部,打造"一带一路"国家和地区共同参与的开放性和共享性的平台,以增进理解,共同探讨各国能源发展面临的问题。该俱乐部是一个开放性平台,面向所有国家和所有利益相关方开放,与各国政府部门、能源企业、金融机构、行业协会、智库等共商能源发展之路,共建国际能源合作平台。俱乐部旨在通过一系列务实的工作,推动各国间政策沟通和贸易畅通、加强能源投资合作和产能合作、增进能源基础设施互联互通、促进人人享有可持续能源、完善全球能源治理结构。

根据相关规划,"一带一路"能源合作俱乐部计划开展以下工作:一

[①] "加强能源国际合作的思考:共建'一带一路'成为能源合作新亮点",http://news.bjx.com.cn/special/? id=882814。

是组织开展多双边政策交流。各国就能源发展战略及政策进行充分沟通，寻找利益契合点，深化利益融合，达成合作共识。制定推进能源合作的政策措施，解决合作中的问题，为务实合作及大型项目实施提供政策支持；二是组织开展多双边能源合作规划制定。结合各国能源基础设施建设及互联互通需要，共同制定多双边能源合作规划，推动更大范围内的能源资源优化配置，增强各国能源抗风险能力；三是开展联合研究。根据各国的相关诉求，结合具体国情，组织有关技术力量开展针对性的研究，提供解决方案；四是服务各国能源企业。建立并维护"一带一路"项目信息库，实现能源项目信息共享；为能源企业提供合作项目的评估、咨询服务，推动项目落地；五是组织开展能源智库交流。宣传"一带一路"能源合作理念，不断增进理解，促进共识；推动各国人员往来，促进能源科技创新，深化能源各领域互利合作。[1]

第五节 打造"一带一路"能源互联网

2015年9月26日，习近平主席在联合国发展峰会上倡议探讨构建全球能源互联网，推动以清洁和绿色方式满足全球电力需求，实现绿色能源全球共享。为推动倡议变为现实，2016年3月由我国主持与主导的全球能源互联网发展合作组织在北京成立，会员覆盖全球五大洲32个国家，合作组织系统开展了全球清洁能源资源、电网现状调研和亚洲、非洲、欧洲、美洲电网互联研究。2016年，在二十国集团杭州工商峰会（B20）上，全球能源互联网纳入政策建议报告。2017年5月，习近平总书记在"一带一路"国际合作高峰论坛上提出："要抓住新一轮能源结构调整和能源技术变革趋势，建设全球能源互联网，实现绿色低碳发展"。

按照全球能源互联网发展合作组织发布的战略规划，全球能源互联网包括洲内联网、洲际联网和全球互联三个阶段。从现在到2030年，推动形成共识和框架方案，启动大型能源基地建设，加强洲内联网；2030—2040年，推动各洲主要国家电网实现互联，"一极一道"等大型能源基地开发和跨洲联网取得重要进展；2040—2050年，形成全球互联格局，基本建成

---

[1] 国家发展和改革委员会和国家能源局：《推动丝绸之路经济带和21世纪海上丝绸之路能源合作愿景与行动》，http://www.nea.gov.cn/2017-05/12/c_136277473.htm。

全球能源互联网，逐步实现清洁能源占主导的目标。全球能源互联网发展合作组织研究提出全球能源互联网骨干网架规划，将逐步形成18个主要同步（联合）电网，形成"九横九纵"全球能源互联网骨干网架。到2035年建成"五横五纵"互联通道，亚洲—欧洲—非洲率先实现跨洲联网。据估算，2018年至2050年，全球能源互联网总投资38万亿美元，其中电源投资27万亿美元，电网投资11万亿美元。至2050年，骨干网架新增输电线路长度17.7万千米，累计投资3900亿美元。[①]

目前，全球能源互联网正从概念阶段向实质性的实用化阶段迈进。我国所倡导的"一带一路"建设，能源互联是重要支撑，尤其是丝绸之路清洁电力走廊的建立，将会是连接欧亚非的重要能源桥梁。[②] 世界主要国家和区域的电网规模由小到大，电压等级越来越高。"一带一路"沿线电网互联互通已初见成效，并将随着"一带一路"建设的推进而加快发展。

构建全球能源互联网，在共建"一带一路"国家有着较好的基础。欧亚大陆、非洲大陆的邻国和主要经济体之间已开展了广泛的电网互联设想和实践。欧盟宣布成立能源联盟，提出将在2020年之前实现10%的电网互联。欧盟电网互联步伐正在不断加快，并与土耳其、俄罗斯等周边国家建立了紧密联系。[③] 塔吉克斯坦、吉尔吉斯斯坦、阿富汗和巴基斯坦等四国早于2007年签署合作备忘录，拟建设CASA-1000（中亚—南亚，1000兆瓦）输电工程项目，将塔吉克斯坦和吉尔吉斯斯坦两国夏季多余电量出口至阿富汗和巴基斯坦。2014年2月，CASA-1000项目政府协议正式签署。[④] 2017年8月，据塔吉克斯坦媒体报道，塔吉克斯坦水利资源部部长乌斯莫纳利·乌斯莫佐达宣布，中亚国家正在开展恢复本地区统一电力系统的工作。[⑤]

[①] "全球能源互联网投资规模预计1500亿美元——跨国电力交换能力超3亿千瓦"，http://www.dongfang.com/data/v/201803/6440.html。

[②] 国家发展和改革委员会和国家能源局：《推动丝绸之路经济带和21世纪海上丝绸之路能源合作愿景与行动》，http://www.nea.gov.cn/2017-05/12/c_136277473.htm。

[③] "全球能源互联网投资规模预计1500亿美元——跨国电力交换能力超3亿千瓦"，http://www.dongfang.com/data/v/201803/6440.html。

[④] 赵资原："中塔两国电力合作前景广阔"，《中国能源报》，2018年11月19日，第11版。

[⑤] "塔吉克斯坦拟将本国电网并入中亚统一电力系统"，http://sdcom.gov.cn/public/html/news/402214.html。

构建全球能源互联网，通过大电网的延伸和清洁能源的互联互通，解决电力普及和能源供应保障等问题，得到了共建"一带一路"国家的广泛支持。除全球能源互联网发展合作组织积极推动的中国—巴基斯坦电网互联工程外，中国云南—缅甸曼德勒—孟加拉吉大港±660千伏/500万千瓦直流联网工程、中国云南—缅甸勃固—泰国曼谷±800千伏/800万千瓦特高压直流联网工程以及埃塞俄比亚到肯尼亚、苏丹等跨国联网工程等都在深入研究或加速推进之中。① 2016年3月，中国国家电网公司与韩国电力公社、日本软银集团、俄罗斯电网公司签署了《东北亚电力联网合作备忘录》，并于5月成立了蒙—中—韩—日联网工程联合工作组，开展项目实施研究，2017年12月，全球能源互联网发展合作组织与中国国家电网、韩国电力公社共同签署中—韩联网工程合作协议，三方同意在蒙—中—韩—日项目框架下首期推动中—韩联网工程，开展进一步研究，协调推动项目有关工作。②

2017年1月，联合国亚太经社会能源委员会高端论坛在曼谷召开，与会中国专家呼吁亚洲加快构建能源互联网，促进能源系统变革与可持续发展。构建亚洲能源互联网，总体思路是形成由中国、东北亚、东南亚、南亚、中亚、西亚六大电网组成的"1+5"联网格局；加快开发中国北部、蒙古国、俄罗斯清洁能源向中国东部、韩国、日本送电，实现东北亚电力联网；加快推进南亚、东南亚电网建设和区域内电力互联，接受中国、中亚、西亚等地区的清洁能源，满足印度、巴基斯坦、孟加拉国以及东南亚国家的电力需求。推动全球能源互联网在亚洲向纵深发展，共同打造区域能源互联网示范区。③

2017年5月，全球能源互联网发展合作组织与联合国经济和社会事务部、联合国亚太经社会、非洲联盟委员会、阿拉伯国家联盟、海湾阿拉伯国家合作委员会电网管理局等五家国际组织分别签署合作协议，拟在互联电网规划、基础研究、政策协同、项目推进、信息共享等方面深化务实合作，共同推动全球能源互联网发展和"一带一路"建设。2017年5月9

---

① 冉永平："'一带一路'带来难得机遇，全球能源互联网建设正有序推进"，《人民日报》，2017年5月9日。

② "一带一路"能源合作网："东北亚、东南亚能源互联网发展论坛召开"，https://mp.weixin.qq.com/s/NS329DlOgU426J_fWe4rKA#__NO_LINK_PROXY__。

③ 杨舟："专家呼吁以能源互联网建设缓解亚洲大气污染"，http://news.xinhuanet.com/fortune/2017-01/18/c_1120338141.htm。

日,世界水电大会在埃塞俄比亚召开,主题是"推动全球电网互联,开创水电美好未来"。

2017年7月,"'一带一路'发展暨全球能源互联网建设南美研讨会"在里约热内卢举行,旨在落实"一带一路"倡议和南美能源一体化战略,推动南美能源互联网建设。[1] 由中国国家电网承建的美丽山一期、二期水电站项目,是巴西乃至整个美洲第一和第二个特高压直流输电工程,不仅为巴西电力全国联网做好了准备,更为巴西与周边国家的互联互通打下了坚实的基础,是"特高压+清洁能源"在拉丁美洲的示范工程。按照构想,美丽山项目将进一步为巴西—委内瑞拉—哥伦比亚联网,以及规划中的哥伦比亚—巴拿马(南美洲—中美洲)联网提供支撑,进而为中美洲与墨西哥联网、南北美洲电网互联奠定重要基础。目前,巴西、秘鲁和玻利维亚的能源部门正在对三国电力联网进行可行性研究。

2018年6月28日,由全球能源互联网发展合作组织和阿拉伯国家联盟联合主办的"阿拉伯国家能源互联网暨'一带一路'建设论坛"在北京举行。阿拉伯国家之间已实现一定规模跨国联网,周边欧洲、南亚等地区电力需求旺盛,构建阿拉伯国家能源互联网潜力巨大。论坛期间,全球能源互联网发展合作组织分别与阿拉伯国家联盟、阿拉伯地区可再生能源与能源效率中心签署合作协议。论坛倡议中国、阿拉伯国家及世界各国政府、组织、能源电力企业、金融机构、研究机构等各界,共同推动构建阿拉伯国家能源互联网,加快清洁能源开发和能源互联互通。[2]

2018年10月16日,东北亚、东南亚能源互联网发展论坛在北京召开,《东北亚能源互联网规划研究报告》面向全球首发。构建东北亚能源互联网,总体思路是加快区内清洁能源开发,构建环渤海/北黄海、环日本海、环阿穆尔河/黑龙江流域,横向联接蒙古国南部至中国华北的"三环一横"跨国联网通道。重点开发俄罗斯远东水电,鄂霍茨克海、库页岛、中国东北华北和蒙古国风电,蒙古国太阳能等大型清洁能源基地,总技术可开发量约9.9亿千瓦。建设蒙古国—天津、辽宁—平壤—首尔、威海—仁川及高城—松江、库页岛—北海道以及中朝云峰背靠背等直流输电

---

[1] 王新萍:"南美专家学者寄望'一带一路'建设,主张推动南美能源互联网建设",《人民日报》,2017年7月11日,第22版。

[2] "阿拉伯国家能源互联网暨'一带一路'建设论坛召开",http://news.sina.com.cn/o/2018-06-28/doc-iheqpwqy3926628.shtml。

工程，实现清洁能源跨国输送与互济。①

根据《东南亚能源互联网规划研究报告》，构建东南亚能源互联网，需重点加快建设"三基地七通道"，即开发中南半岛北部水电、西南部风电及太阳能发电、加里曼丹岛水电三大清洁能源基地，建设中南半岛至苏门答腊岛、加里曼丹岛至中南半岛、爪哇岛、菲律宾4个区内跨海联网通道，以及向北与中国、向西与孟加拉及印度、向南与澳大利亚3个跨区洲联网通道。② 2018年3月，中缅孟电力互联互通部长级会议在缅甸内比都召开，三国共同决定成立联合工作组，开展中缅孟联网工程可行性研究。

第六节 从"能源共同体"到"人类命运共同体"

"一带一路"有利于国际能源技术的传播，大大推动沿线国家能源和经济发展。通过"一带一路"倡议，推动亚洲地区各能源进口国、能源生产国和能源出口国形成更加有机的组合；积极构建亚洲区域能源一体化市场，加强能源基础设施互联互通合作，共同维护输油、输气管道运输安全；积极提高传统能源传统勘探开发技术，积极推动水电、核电、风电、太阳能等清洁和可再生能源合作，形成能源资源合作上下游一体化产业链。③

能源市场一体化的推进，将极大带动区域经济一体化乃至政治一体化进程。如同欧盟的形成最初起步于欧洲煤钢联营一样，"一带一路"能源合作的加深及能源共同体的推进，也将有利于沿线国家经济和政治一体化进程，进而为人类命运共同体的建设奠定坚实的基础。通过电网互联互通能够促进共建"一带一路"国家能源资源开发互补，加强区域间经济合作，支持地区经济共同发展，以设施联通推动"一带一路"沿线国家形成利益共同体、命运共同体和责任共同体。④

---

① 李文华："东北亚、东南亚能源互联现雏形"，《中国能源报》，2018年10月22日，第3版。

② 李文华："东北亚、东南亚能源互联现雏形"，《中国能源报》，2018年10月22日，第3版。

③ "'一带一路'倡议红利凸显 加速亚洲能源市场一体化进程"，http://news.cnr.cn/dj/20180914/t20180914_524360187.shtml。

④ 高国伟："跨国电网互联互通 中国大有可为"，《中国电力报》2017年6月17日第2版。

超越能源安全——"一带一路"能源合作新局

2016年1月20日,习近平主席访问沙特前夕在沙特《利雅得报》发表题为《做共同发展的好伙伴》的署名文章,首次提出了"能源合作共同体"的概念。[①] 加强"一带一路"能源合作旨在共同打造开放包容、普惠共享的能源利益共同体、责任共同体和命运共同体,提升区域能源安全保障水平,提高区域能源资源优化配置能力,实现区域能源市场深度融合。中国与俄罗斯、哈萨克斯坦、乌兹别克斯坦、印度尼西亚、委内瑞拉、土库曼斯坦等国加强全方位能源合作,探索合作新模式,有助于中外双方构建"能源合作共同体"。[②]

党的十八大将生态文明建设纳入"五位一体"总布局,党的十九大进一步明确"我国经济已由高速增长阶段转向高质量发展阶段"。在"一带一路"倡议引领下,我国能源国际合作以更宏大的视野不断推进。树立新时代能源合作大局观,打造命运共同体,提出了一系列宏伟倡议和重要战略思想。主要表现为:一是能源国际合作以构建人类命运共同体为最高目标;二是提出"中国义利观",打造能源共同体;三是倡导共同能源安全,综合统筹国家安全。[③]

过去与沿线国家的能源合作主要集中在上游资源的开发上,随着"一带一路"建设的推进,能源合作将更多关注沿线国家的合作需求和中国的产业优势,向包括炼化、管道、技术服务在内的全产业链迈进;朝着科技研发、人才交流和教育培训等领域更深层次扩展,形成新的合作产业链和价值链,打造以能源合作为核心的经济共同体和利益共同体。国际能源市场的结构性变化让中国和中东等主要的能源输出国在战略上的相互依赖越来越密切,正形成在能源供求上有战略性相互依赖关系的能源共同体。[④]

能源共同体的构建将大大有利于沿线国家的利益的融合和"一带一路"的推进。"一带一路"有望成为完善全球治理体系改革的主动作为和最佳实践。在"一带一路"沿线构建利益共享、奉献共担、理念相同的共同体是一个重大的制度创新,将有助于形成优势互补、合作互动、互利共

---

① 刘伟主编:《读懂"一带一路"蓝图》,商务印书馆,2017年9月版,第93页。
② 刘伟主编:《读懂"一带一路"蓝图》,商务印书馆,2017年.9月版,第93页。
③ 朱跃中、刘建国、蒋钦云:"能源国际合作40年:从'参与融入'到开创'全方位合作新局面'",《新能源经贸观察》,2018年第10期,第61页。
④ 杨光:"在中东多极化趋势中寻求多边合作",《国际石油经济》,2017年第10期,第5页。

赢的人类命运共同体。①

"一带一路"倡议提出以来取得了重大进展以及"共商、共建、共享"的理念得到了国际社会的广泛赞誉。"一带一路"倡议丰硕的成果、广阔的前景、合作共赢的模式，为中国构建能源合作共同体提供了有力的平台支撑。②依托"一带一路"能源合作机制，与不同国家和地区寻求发展战略对接，与国际能源机构、欧佩克等国际组织以及在金砖国家、上合组织等区域合作平台上协商共建，实现与各国在能源治理领域全方位、多层次的对接与融合，共同构建一个共商共治的能源合作共同体。

借力"一带一路"构建能源合作共同体将是践行人类命运共同体理念、推动全球能源治理体系重构的重要举措。为了应对国际能源局势的发展变化，在国际能源治理体系重构过程中，亟须建立一个能够代表世界各国共同利益，有效调控全球能源秩序的新型能源治理体系。而"一带一路"倡议和能源合作共同体的构建正好为全球能源治理提供了"中国方案"。③

---

① 张燕生、王海峰、杨坤峰："'一带一路'建设面临的挑战与对策"，《宏观经济研究》，2017年第11期，第3页。

② 朱雄关、姜钺镭："'一带一路'能源合作与人类命运共同体"，http：//www.cssn.cn/zx/bwyc/201807/t20180731_4521842_2.shtml。

③ 朱雄关、姜钺镭："'一带一路'能源合作与人类命运共同体"，http：//www.cssn.cn/zx/bwyc/201807/t20180731_4521842_2.shtml。

第五编

产业转移与经济增长

"一带一路"倡议提出后,得到诸多国家响应,也遇到各种各样的争论与批评。相对而言,诸多分析重点关注"一带一路"倡议的政治性和战略性,突出强调其"政治正确性"及中国属性,而相对忽视了其"经济正确性"和普适性。一些西方舆论认为它在经济上无足轻重,是中国拓展势力范围的地缘战略手段,2018 年新美国安全研究中心(CNAS)报告直接将之描绘成新的"权力游戏"。[①] 国内则在关注对外投资经济风险的同时,较多强调"一带一路"作为"战略"或构想较为主观的一面,更多从中国的主观愿望、构想和人类命运共同体视角,强调"一带一路"倡议的互利共赢。不可否认,互利共赢是"一带一路"合作的本质,但至少从目前看,这些理念和良好的愿望的解释力和被国际社会特别是西方国家接受的程度仍然较低。

"一带一路"倡议由中国提出,不可否认有着中国的特殊性和主观性。但从根本上讲,它配合和顺应的是国际产业转移规律和世界经济发展大趋势,有着极大的普遍性和客观性。"走出去"是国内产业升级的必然,也是国际产业转移的重要组成部分,"一带一路"是中国企业"走出去"的升级版和新阶段。中国正成为第四次产业转移的主要转出地,而共建"一带一路"国家则成为主要接受地。这与当年美国向德日、日美向东亚、东亚向中国沿海等的产业转移并无本质的不同,从根本上是经济规律和市场的驱动。无疑,"一带一路"倡议有望推动和加速这一进程,但即便没有"一带一路",这一国际产业转移趋势也不会发生逆转,而在这一波国际产业转移大潮中,能源投资与建设就是其中的重要内容和先行者。

[①] Daniel Kliman & Abigail Grace, Power Play: Addressing China's Belt and Road Strategy, https://www.cnas.org/publications/reports/power-play.

第十三章

国际产业转移与"一带一路"

国际产业转移主要是指某些产业从一个国家和地区通过国际贸易和国际投资等方式转移到另一个国家和地区的过程。[①] 一般认为，国际产业转移起步于19世纪末20世纪初的资本输出，大规模出现于二战之后，至今全球共完成了四次大规模的国际产业转移。通过承接和转移国际产业，美国、日本、德国、亚洲"四小龙"等先后实现了工业化和产业升级。改革开放后，中国逐步融入国际产业转移体系，先是通过承接劳动密集型产业逐渐成为"世界工厂"，随后通过企业"走出去"成为资本输出国。在当前新一轮国际产业转移浪潮中，中国成为主要输出国，而共建"一带一路"国家成为主要的承接地。未来一段时间内，共建"一带一路"国家GDP年均增速将显著高于全球水平，有望涌现新的世界经济增长中心或"世界工厂"。

第一节 国际产业转移的发展历程

18世纪英国工业革命开创了世界工业化进程，至20世纪末全世界200多个国家和地区中有60多个国家和地区基本上实现了工业化。伴随着工业化进程，世界范围内发生了数次国际产业大转移，先后形成过英国、美国和日本等世界制造业中心。[②] 目前学界对国际产业转移并无统一的历史分期，但多数分析认为，自第一次工业革命至今全球共完成了四次大规模的国际产业转移，每次都极大地推动了世界经济的发展和国际格局的变迁。

第一次出现在19世纪下半叶至20世纪上半叶，主要从英国向欧洲大陆和美国转移。18世纪30年代的工业革命使英国成为世界上第一个工业化国家和世界第一经济强国，到19世纪60年代，英国工业发展达到鼎盛

[①] 吕政、曹建海主编：《国际产业转移与中国制造发展》，经济管理出版社，2006年10月版，第3页。

[②] 邓小河著：《国际产业转移理论与典型范例》，科学技术文献出版社，2004年10月版，第130页。

期，成为举世闻名的世界制造业中心。[1] 随着国内产业成本升高，市场容量矛盾日益突出，英国从19世纪下半叶开始向外产业转移，掀起了第一次国际产业转移浪潮，输入国主要是法国、德国等欧洲大陆及北美国家。美国凭借其良好的自然资源、与欧洲紧密的人文纽带特别是强劲的经济发展势头，吸引了大量的外国投资，其中英国所占份额最大。1914年英国资本输出占世界的40%，美国资本输入规模（71亿美元）居世界首位，其中英国对美国的债券投资占其总投资的85.9%。[2] 在这次国际产业转移过程中，欧洲主要国家陆续实现工业化，美国成为主要承接国及最大受益者，逐渐成为第二个"世界工厂"，并超越英国成为新世纪世界经济霸主。

第二次是20世纪50年代至60年代，路径主要是从美国向日本和联邦德国等转移。美国在确立了全球经济和产业技术领先地位后，率先对其国内的产业结构进行了重大调整。美国国内集中力量发展新兴的半导体、通信、电子计算机、自动化设备等技术密集型产业，而将技术密集度较低的钢铁、纺织、日化、造船、普通工业机械等传统产业向外转移。日本、西欧等因经济发展水平较低但又具有较好的发展基础而成为美国移出产业的主要承接地，很快成为全球劳动密集型产品的主要供应者。[3] 通过承接移出的产业，日本和西欧国家大大加快了工业化进程，工业竞争力迅速提高。日本成为第三个"世界工厂"，联邦德国也成为世界经济强国。

第三次是20世纪70年代至80年代，日本成为主要转出国，而亚洲"四小龙"是主要承接地。20世纪70年代，已成为世界制造大国的日本为了应对世界石油危机的冲击以及日元汇率升值，加快对外投资以重构国内产业结构。70年代初，转移的产业主要是劳动密集型的纺织业等轻纺产业，以确立资本密集型的钢铁、化工、汽车、机械等产业在国内的主导地位，主要目的地是亚洲"四小龙"。第二次石油危机之后，转移的产业主要是资本密集型的钢铁、化工和造船等产业，主要目的地仍以亚洲"四小龙"为主。1985年"广场协议"之后，转

---

[1] 邓小河著：《国际产业转移理论与典型范例》，科学技术文献出版社，2004年10月版，第132页。

[2] 张为付著：《国际直接投资（FDI）比较研究》，人民出版社，2008年9月版，第128、130页。

[3] 胡玫著：《经济全球化视野下的国际产业转移研究》，对外经济贸易大学出版社，2016年8月版，第41页。

移的产业扩展到包括汽车、电子等在内的资本密集型和部分技术密集型产业,转移的目的地包括"四小龙"、东盟和中国内地等。由日本主推、东亚作为主要目的地的第三次国际产业转移,造就了亚洲"四小龙"的经济奇迹。

第四次发生在20世纪80年代后期至2008年金融危机前,产业转出地有亚洲"四小龙"及日本等,承接地主要是中国内地及东盟等国。亚洲"四小龙"经济体量小,劳动力成本上升快,产业结构升级周期短。在承接了日本等转移出来的重化工业和微电子等高科技产业后,急需把劳动密集型产业转移出去。而改革开放和低成本优势为中国内地承接亚洲"四小龙"劳动密集型产业转移提供了很好的机会。① 除了沿海地区对亚洲"四小龙"产业的承接,中国还吸引了日本、美国和欧洲大量投资,成为此次国际产业转移的最大受益者,经济持续快速增长,逐渐成为新的"世界工厂"。

2008年全球金融危机以后,全球掀起新一轮国际产业转移浪潮。中国成为主要输出国和引领者,承接地除中国中西部地区外,主要是东南亚、南亚等"一带一路"沿线国家。随着本土综合成本的上升,中国的中资和外资企业以及新的劳动密集型国际投资,越来越多地投向越南、柬埔寨、缅甸、孟加拉国、印度、巴基斯坦等国。这些国家纺织、服装等出口快速增长,巴基斯坦、越南、印度、印尼和柬埔寨、孟加拉国分别进入全球纺织品出口和全球服装出口前十位。这表明,劳动密集型等产业链条,依然沿着原有路径在延展,从相对高成本的中国向相对低成本的东南亚、南亚等"一带一路"沿线国家转移。②

第二节 国际产业转移的动因及规律

国际产业转移的基本方式有国际产业投资、国际产业贸易、国际产业协作和外包等。③ 各种路径的产业转移驱动力不完全相同,但大体相似。

---

① 韦晓慧、黄梅波著:《国际产业转移与非洲制造业发展》,人民出版社,2018年7月版,第78页。

② 潘阅:"在全球变局中构建中国对外贸易新优势",《国际贸易》,2017年第10期,第6页。

③ 张自如著:《国际产业转移与中国对外贸易结构》,中国财政经济出版社,2008年5月版,第13页。

国际上要素流动性不足和不完全竞争的市场结构是国际产业转移的前提。[①]各国经济发展的落差以及由此造成的成本差异是国际产业转移的主要动因。由于各国经济和技术等的发展不平衡，国际资本不断从高成本国或地区流向低成本国或地区，由此带动其他资源的流动，形成产业转移。产业转移也是国际产业分工日益深化的要求和结果，它反过来又推动了国际分工的发展。国际分工表现为不同国家进行不同的生产，随着各国产业结构的变动和经济发展的不平衡，各国间的贸易内容和资本流向就会发生变化，从而产生国际产业转移。[②]

国际产业转移是跨国公司战略性扩张的内在需要。跨国公司是国际产业转移的主导力量，向海外转移传统产能，既能延缓衰弱产业的生命周期获取高于国内的海外投资收益，又能释放出沉淀生产要素用于支持新兴产业的发展，不断优化其产业结构。[③]在很多情况下，跨国公司海外发展并不仅仅限于衰退产业，更多基于战略层面的考虑，包括规模扩张、分散风险、在全球范围内发挥竞争优势以及与竞争对手争夺海外市场地位等。[④]在技术变革加速进行、资本流动性越来越强及交通和电信改善的情况下，把生产转移到发展中国家的吸引力对美国、欧洲和日本等的制造公司来说不可抵挡。正是这些公司，而不是政府援助项目，促进发展中国家的现代化发展。[⑤]

国际产业转移主要是产业结构重构与升级的需要，国际产业转移的历次高潮与世界范围内的产业升级密切相关。技术进步和社会变迁在促进新兴产业发展的同时，也促使一些旧有产业衰退甚至淘汰。工业化国家产业结构调整升级，需要将边缘产业向外转移，以集中资源用于比较优势突出的高附加值产业发展。就战后发达国家产业结构调整过程看，国内产业重心由第二产业向第三产业转移，向外转移的产业重点则由第一产业转向第

---

① 陈勇著：《FDI路径下的国际产业转移与中国的产业承接》，东北财经大学出版社，2007年5月版，第32页。
② 吕政、曹建海主编：《国际产业转移与中国制造发展》，经济管理出版社，2006年10月版，第6页。
③ 吕政、曹建海主编：《国际产业转移与中国制造发展》，经济管理出版社，2006年10月版，第7页。
④ 吕政、曹建海主编：《国际产业转移与中国制造发展》，经济管理出版社，2006年10月版，第107页。
⑤ [英]苏珊·斯特兰奇著 肖宏宇译：《权力流散——世界经济中的国家与非国家权威》，北京大学出版社，2005年10月版，第50页。

二产业，同时第三产业内部的劳动密集度较高部门也成为外向转移的热点。[①] 发达国家不断向外转移已经失去比较优势的产业，也推动着发展中国家或地区的产业升级。当发达国家因原有产业比较优势日趋衰落而进入比较优势的高阶梯时，发展中国家或地区将紧跟进入发达国家所退出的产业，而这些发展中国家或地区原来具有比较优势的产业也将因失去比较优势而转移给紧随其后的更低发展水平的国家或地区。通过较发达国家向较不发达国家的直接投资，实现国家之间的产业转移及产业移入国国内的产业升级。[②]

理论上，日本学者赤松要等人根据日本产业结构调整以及东亚地区产业转移的特点，提出了"雁形理论"，论证了国际产业转移由消费资料产业向资本资料产业、轻纺工业向重化工业、原材料工业向加工组装工业演进的过程，指出产业升级是国际产业转移的内在动力，而产业转移又成为工业先行国实现国内产业结构调整的重要手段。[③] 20世纪70年代，小岛清提出了边际产业转移理论，强调了国际产业间产业梯度转移，认为投资国应转让已经或正在失去比较优势的产业和技术，并将其投向东道国具有或正在形成比较优势的产业中，这样的FDI有助于促进东道国比较优势产业的形成。先进国家则集中资源发展自己具有比较优势的产业，这样的投资不仅产生了贸易创造效应，而且促进了投资国和东道国双方的产业结构升级。[④]

从战后日本海外投资的实践看，每一个阶段的对外产业转移都为国内产业升级提供了空间，对外产业转移与国内产业升级依次递进。20世纪60—70年代，通过对外海外呈梯队地转移国内已失去比较优势的资源、纺织、矿产等行业，日本输出了过剩产能，为国内产业向资本密集型行业升级提供了空间。20世纪80年代，日本抓住东南亚邻近国家发展重化工业等资本密集型产业的机会，转移了国内发展成熟的重化工业，推动国内产

---

① 陈勇著：《FDI路径下的国际产业转移与中国的产业承接》，东北财经大学出版社，2007年5月版，第33页。

② 杨世伟著：《国际产业转移与中国新型工业化道路》，经济管理出版社，2009年11月版，第7页。

③ 吕政、曹建海主编：《国际产业转移与中国制造发展》，经济管理出版社，2006年10月版，第106页。

④ 陈勇著：《FDI路径下的国际产业转移与中国的产业承接》，东北财经大学出版社，2007年5月版，第11页。

业向技术密集型升级。到了20世纪90年代,通过向中国以及东南亚国家投资劳动密集型产业,向欧美投资服务业与高端制造业,日本产业结构逐渐从重工业向技术集约、服务业转型。

国际产业转移主要发生在制造业领域,通常由产业层级较高的区域移向产业层级较低的区域,转移的内容是将低层级产业或高层级产业的低层级环节从先行工业化国家转移到后发工业化国家或发展中国家。[1] 从资源密集度看,产业转移从早期的劳动密集型产业,逐步过渡到资本密集型产业,再到技术、知识密集型产业;从附加值看,由低附加值产业(如纺织业)发展到高附加值产业(如集成电路制造业)。日本战后对外投资基本上沿着"资源产品——制造业——服务业与新兴产业"的路径行进。从早期的资源行业,过渡到劳动密集型、能耗与污染密集型产业,再逐步扩展到制造业、服务业全行业,形成了产业梯次转移。[2] 改革开放以来,我国的产业结构升级也大体经历了四个阶段:从劳动密集型的纺织化纤业,到资本密集型的钢铁、造船、炼化行业,再到兼具资本、技术密集型的汽车、机械、电器制造业,直到目前的技术密集型的微电子和信息技术制造业等。

第三节 中国在国际产业转移体系中的地位

改革开放以来,中国的快速增长离不开对国际经济进程的参与,从初期的"引进来"到后来的"走出去",逐步融入国际产业转移体系。最初,输入地主要是东部沿海开放地区,承接的主要是劳动密集型的纺织服装、食品、低端的消费类电子行业。同时,港澳台等地企业还对房地产、旅游、餐饮等服务业进行了大量投资。20世纪90年代后,外资开始大规模进入我国的制造业,制造业占外资比超过60%。外资进入带动了生产和出口规模的扩大,进一步提升了我国制造业在国际分工中的地位。加入WTO后,我国吸引外资的区位优势进一步凸显。世界跨国公司500强纷纷增加对中国制造业的投资,在华研发也日趋活跃,研发、采购和管理的本土化

---

[1] 陈勇著:《FDI路径下的国际产业转移与中国的产业承接》,东北财经大学出版社,2007年5月版,第21页。

[2] 何小钢:"日本在'一带一路'沿线国家投资经验教训对中国的启示",《国际贸易》,2017年第11期,第52页。

第十三章 国际产业转移与"一带一路"

趋势显著增强。与此同时，服务业对外开放程度明显提高，跨国公司对中国的服务业转移也开始步入快车道。[①]

直接投资是我国承接国际产业转移最主要的方式。到 2004 年，全国累计批准外商投资企业 508941 家，合同利用外商投资金额 10966.1 亿美元，实际使用外商投资金额 5621.1 亿美元，连续 11 年成为 FDI 流入量最大的发展中国家。1983 年实际利用的 FDI 只有 9.2 亿美元，2003 年流入中国的 FDI 增至 537 亿美元，在全球 FDI 总流入量中所占的比重达到了 9.59%。[②] 2012 年，中国的外国直接投资流量占前十大发展中国家外国直接投资总量的 57.8%，成为吸收外商直接投资最多的发展中国家。[③] 2017 年，中国 FDI 流入量增至 1363.20 亿美元，存量增至 14909.33 亿美元。[④] 2005 年前，外国来中国投资主要看重的是低成本的劳动力、土地和环境，而 2012 年后看重的是市场，重点转向中高端，比如高增值的服务和高增值的制造业。[⑤] 在全球 FDI 以并购和服务业为主的情况下，进入中国的 FDI 则以绿地投资和制造业为主，表明进入中国的 FDI 是以产业转移为导向的，具有明显的产业转移特征。[⑥]

伴随着经济快速增长和比较优势的转换，中国在纺织服装、家电、通讯设备制造等行业以及能源、原材料等行业，具备了一定的国际竞争力和海外发展的需要，企业开始"走出去"进行海外投资，加入国际产业转移的行列。从国际视角看，20 世纪 50 年代欧美企业"走出去"，60 年代日本企业"走出去"，七八十年代，韩国、东南亚一些企业"走出去"。到了 21 世纪，已经是中国企业"走出去"的时代。[⑦] 加入 WTO 后中国对外投

[①] 吕政、曹建海主编：《国际产业转移与中国制造发展》，经济管理出版社，2006 年 10 月版，第 122 页。

[②] 吕政、曹建海主编：《国际产业转移与中国制造发展》，经济管理出版社，2006 年 10 月版，第 123 页。

[③] 胡玫著：《经济全球化视野下的国际产业转移研究》，对外经济贸易大学出版社，2016 年 8 月版，第 41 页。

[④] UNCTAD, World Investment Report 2018, p. 185; p. 189.

[⑤] 张燕生："未来 35 年中国企业全球化的机遇与挑战"，https://www.toutiao.com/i6218455171135963650/。

[⑥] 陈勇著：《FDI 路径下的国际产业转移与中国的产业承接》，东北财经大学出版社，2007 年 5 月版，第 136 页。

[⑦] 王辉耀著：《中国海外发展——海外看中国企业"走出去"》，东方出版社，2011 年 5 月版，第 16 页。

资规模开始进入稳定、持续增长阶段，2008年金融危机后，"走出去"步伐进一步加快。2015年对外直接投资流量是2002年的54倍，2002—2015年的年均增速为35.9%。① 2015年，中国对外直接投资额首次超过吸收外资额，成为资本净输出国，同时也超过日本，首次跃居世界第二大对外投资国。②《2017年度中国对外直接投资统计公报》显示，2017年中国对外直接投资1582.9亿美元，同比下降19.3%，但仍排在历史第二高位；2017年年末中国对外直接投资存量18090.4亿美元，在全球存量排名跃升至第二位。③

但由于起步较晚，中国在对外投资存量等方面仍与美国存在较大的差距（据联合国统计，2017年美国为77990.45亿美元）④，企业海外投资经营发展水平不高。据联合国贸发会议《世界投资报告2018》，2017年以海外资产衡量的全球非金融类跨国公司100强中，中国入围企业只有4家，2016年发展中和转轨经济体非金融类跨国公司100强中，中国入围企业由2011年的12家增至24家。⑤ 2014年，我国跨国公司100强的跨国指数平均为13.66%，而全球跨国公司100强的跨国指数在62%以上。⑥ 以对外投资与GDP之比来衡量，2016年全球的平均水平是34.6%，发达国家与发展中国家的相应数字为44.8%和19.8%，而中国仅为11.4%。即便提高到发展中国家的平均水平，中国海外投资的规模增长还有很广阔的发展空间。⑦

"一带一路"是中国进一步参与国际经济分工、加快企业国际化和进行国际产业转移的新阶段。当前"一带一路"背景下我国企业的"走出去"就是通过互联互通、基础设施建设来带动中国的产业转移。⑧ "一带一

---

① 蔡斌："中国能源企业出海版图"，http://www.stategrid.com.cn/html/sgid/col1230000106/2018-05/31/20180531091234550452241_1.html。

② 张宁："'一带一路'倡议下国有企业'走出去'面临的挑战与应对"，《国际贸易》，2017年第10期，第46页。

③ "中国对外投资呈现八大特点 双赢效果凸显"，https://mp.weixin.qq.com/s/DNFg4DFBeCecpMP3qIPK3g#__NO_LINK_PROXY__。

④ UNCTAD，"World Investment Report 2018"，p. 188.

⑤ UNCTAD，"World Investment Report 2018"，p. 29，p. 32.

⑥ 潘阅："在全球变局中构建中国对外贸易新优势"，《国际贸易》，2017年第10期，第8页。

⑦ 潘阅："在全球变局中构建中国对外贸易新优势"，《国际贸易》，2017年第10期，第9页。

⑧ "'一带一路'与全球产业/技术转移"，http://m.sohu.com/a/116709550_466951#__NO_LINK_PROXY__。

第十三章 国际产业转移与"一带一路"

路"有利于推进产业跨境转移和结构升级,推动国内产业转型,有利于中国企业开拓新的市场,扩大我国的优势产能出口,特别是设备出口。"一带一路"有利于产业有序转移,降低对外投资风险。[1] "一带一路"建设也是推动中国资本全球化的重要一环。40 年来,从商品贸易角度,中国真正进入了全球化,但资本还远远没有全球化。中国要想在国际产业链分工上进一步提高位置,必须用资本换技术,用资本买技术。[2] 而"一带一路"建设,将极大推动企业和资本、技术走出去,加快中国资本全球化进程。

中国处于新一轮国际产业转移的输出中心,经济规模和产业转出地位为许多国家所不具备。中国劳动密集型产业向海外转移,可以提供足够的机会让共建"一带一路"发展中国家大大加快工业化、现代化进程。20 世纪 60 年代,日本的劳动密集型产业向海外转移时,其制造业雇用人数规模是 970 万人。20 世纪 80 年代,"亚洲四小龙"的劳动密集型产业向海外转移时,其制造业雇用人数总体规模是 530 万人。据第三次全国经济普查的数据,中国制造业从业人数是 1.25 亿人。[3] 目前中国各个省区处于不同的工业化进程中,可为沿线国家提供广泛的参考样本,而且产业部门相对齐全,各产业间划分相对清晰,尤其适用于产业转移的初级阶段。[4]

第四节 "一带一路":新一轮产业转移承接地

经济发展水平低于前者但又具有较好的发展基础是承接产业转移必备的条件,这也是美国战后向日本、西欧,日本向"四小龙","四小龙"向东南亚和中国内地等转移劳动密集型产业的主要动因和条件。对于输出国

---

[1] 金辉:"'一带一路'有利于推进产业跨境转移和结构升级",http://m.sohu.com/n/423838346/#__NO_LINK_PROXY__。
[2] 张懿辰:"资本全球化,中国新课题",《环球时报》,2018 年 4 月 28 日,第 5 版。
[3] 林毅夫:"'一带一路'助推发展中国家现代化",《人民日报》,2015 年 9 月 18 日,第 7 版。
[4] 中国海外政经研究中心:"'一带一路'中,中国的产业转移有哪些选择",http://sike.news.cn/statics/sike/posts/2015/10/219484218.html。

而言，投资一般选在收入水平和技术与母国相近、劳动力成本较低的地区，以延长产品生命周期。[①] 对于接收国而言，发达国家衰落产业的技术与其国内技术水平差距较小，比较容易吸收，从而改善受资国的生产函数，促进其出口增长。[②] 战后日本首先是向印度尼西亚、菲律宾等邻近亚洲国家投资，随后向南亚、东南亚以及中国等转移劳动力密集型行业和资源行业，并逐步在欧美布局金融服务业以及汽车、电子等日本的强势产业，形成了遍布全球的海外生产基地。[③]

表1 "一带一路"产业转移潜在国家的制造业能力比较（2011年）

国家	制造业人均增加值	制造业增加值占GDP比（%）	中高级技术制造业产品占比（%）	制造业出口金额业产品占比（%）	制造业出口中的中高级技术产品占比（%）
世界	1264	17	48	81	59
中高收入国家	1768	18	84	45	49
泰国	1108	86.7	46.2	81.9	58.5
中国	1063	84.2	40.7	96.25	59
约旦	449	16.3	24.9	74.3	46.4
中低收入国家	980	24	40	79	55
蒙古国	86	6	5.3	58.5	18.6
阿尔巴尼亚	542	15.8	14.4	73.6	16.7
印度尼西亚	420	25.3	37.8	55.5	28.9
斯里兰卡	324	19	12.1	72.3	9.4
菲律宾	322	22.4	45.3	69.2	65.3
埃及	241	16.2	22.3	62.4	28.1
越南	209	23.6	20.2	70	33.7
印度	158	14.9	37.3	83.3	27.7

---

① 吕政、曹建海主编：《国际产业转移与中国制造发展》，经济管理出版社，2006年10月版，第107页。

② 吕政、曹建海主编：《国际产业转移与中国制造发展》，经济管理出版社，2006年10月版，第106页。

③ 何小钢："日本在'一带一路'沿线国家投资经验教训对中国的启示"，《国际贸易》，2017年第11期，第52页。

第十三章 国际产业转移与"一带一路"

续表

国家	制造业人均增加值	制造业增加值占GDP比（%）	中高级技术制造业产品占比（%）	制造业出口金额业产品占比（%）	制造业出口中的中高级技术产品占比（%）
巴基斯坦	142	18	24.6	80.7	10.9
摩尔多瓦	95	9.1	5.6	62.9	1.9
低收入国家	48	12	16	43	15
柬埔寨	127	19.5	0.26	71.5	7.1
孟加拉国	101	17.6	20.2	63.7	21.6
塔吉克斯坦	100	20.5	2.4	13.8	66.3
吉尔吉斯坦	68	11.4	4.4	25.9	17.9
尼泊尔	22	6.4	1.9	79.6	19.6

资料来源：UNIDO, Industrial Development Report 2013. Annex 3, Table 3.1。

注：马尔代夫、不丹、乌兹别克斯坦、老挝、缅甸、巴布斯几内亚等数据缺失。

按照安格斯·麦迪森的数据，以购买力平价（1990年国际元）计算，中国2008年人均收入为6725美元，相当于日本1966年、中国台湾地区1983年、韩国1987年的水平。日本从20世纪60年代初开始向亚洲"四小龙"转移劳动密集型产业。20世纪60年代中后期，韩国和中国台湾地区借助美日转移过来的纺织、水泥和平板玻璃等产业，逐渐形成了出口导向型经济发展模式。中国改革开放后通过融入东亚地区生产网络、承接来自亚洲"四小龙"的劳动密集型产业，形成了"两头在外"的出口导向发展模式。从这些比中国更早进行产业转移的经济体看，中国产业转移的对象大体需具备以下条件：一是人均收入差距大体在20年左右；二是经济已经进入了持续增长的轨道；三是制造业的发展初具规模。[①]

根据中国海外政经研究中心报告《"一带一路"中，中国的产业转移有哪些选择》，就劳动密集型产业转移而言，"一带一路"中满足向外产业转移所需要20年发展差距需求的国家大概有十几个，主要包括菲律宾、印度、越南、乌兹别克斯坦、老挝、缅甸、摩尔多瓦、巴基斯坦、孟加拉国、吉尔吉斯坦、柬埔寨、巴布亚新几内亚、塔吉克斯坦和尼泊尔。就

---

① 中国海外政经研究中心："'一带一路'中，中国的产业转移有哪些选择"，http://sike.news.cn/statics/sike/posts/2015/10/219484218.html。

纺织品产业而言，塔吉克斯坦、埃及、孟加拉国、印度及尼泊尔等国适合中国的产业转移。上述国家就业率较高，工资水平依次为2900美元、1300美元、2200美元、1200美元（除塔吉克斯坦外），而2010年中国纺织业的工资水平在4400美元左右。目前，中等技术产业的就业量占比低于中国的国家，有约旦、越南、印度尼西亚、菲律宾、孟加拉、斯里兰卡等，某种程度上还包括印度和埃及。从理论上讲，这些国家都是比较合适的中国中等技术产业转移的承接国。[1]

共建"一带一路"国家发展程度较低，多数国家劳动力和自然资源丰富，与新一轮国际产业转移的主要输出地中国既在地理上接近，也存在产业转移所必需的发展落差及成本差异。绝大多数国家都有通过承接产业转移实现工业化的主观愿望。而且，各国国情与发展阶段差异较大，与中国在人均收入和发展阶段上存在着不同程度的落差，有的适合中国劳动密集型产业的转移，有的适合中等技术产业的转移，因此存在极大的产业转移空间。2013年至2017年，中国与共建"一带一路"国家对外直接投资超过700亿美元，中国企业在沿线国家推进建设75个经贸合作区，上缴东道国的税收22亿美元，创造就业21万个。[2]

随着劳动密集型产业链从中国向东南亚、南亚等共建"一带一路"国家转移，亚洲经济与贸易的高增长态势也有望同步由中国向东南亚、南亚等"一带一路"地区传递。[3]

第五节 共建"一带一路"国家承接产业转移的政策选择

就国际产业转移的输出国而言，东道国的政治稳定性、政策连续性、外交关系、地理位置等都是产业转移区位选择的重要影响因素。政治稳定是一国经济发展的重要前提，对于吸引外资和产业转移也不可或缺。文化上的相似性将增加FDI进入的机会，如中国台湾和中国香港等的华人经济

---

[1] 中国海外政经研究中心："'一带一路'中，中国的产业转移有哪些选择"，http://sike.news.cn/statics/sike/posts/2015/10/219484218.html。

[2] 苏南："能源企业服务'一带一路'"，《中国能源报》，2018年4月16日，第3版。

[3] 潘阁："在全球变局中构建中国对外贸易新优势"，《国际贸易》，2017年第10期，第6页。

体资本更倾向于在中国大陆投资。母国与东道国的外交关系状况也是重要影响因素。如美国和伊朗、古巴、朝鲜的关系就限制了美国资本在这些国家的投资区位选择。英国和美国是天然盟友，关系甚于其他国家，英国对外直接投资的第一对象长期以来一直就是美国。[①] 总体上，东道国与母国的经济和政治距离极大影响着产业输出国对外投资和产业转移的方向和目的地。

与此同时，在承接国际产业转移方面存在着激烈的国际竞争，多数国家为推动经济增长都竞相创造条件，改善投资环境。据联合国贸发会议统计，2017年世界上有65个经济体推出了126项外国投资新政策，其中93项都是有利于外资引进的。[②] 共建"一带一路"国家多，引资竞争激烈，除需具备发展落差和成本差异等客观条件外，实行有利于产业转移的内外政策是承接产业转移的重要前提。内政方面，需扩大对外开放，加强相关制度建设，改善营商环境。如20世纪90年代后外资开始大规模进入中国制造业的一个重要原因就是一系列优惠政策的推动。就外交而言，需要加强或改善与主要国际产业输出国的外交和经贸关系，减少资本和商品流通障碍及成本，增强相互信任和双边投资保障。

国际产业转移涉及商品和国际资本的流动，与转移国较好的政治关系也是产业转移的重要条件。战后德国和日本承接美国的产业转移、东亚"四小龙"承接日本等的产业转移等，都与良好的政治关系密不可分。日本和联邦德国是美国战后重点扶持以抗衡苏联等东方阵营的对象，经济援助、直接投资和销售市场等有利条件是两国经济起飞的重要外因。而日本等向韩国等亚洲"四小龙"转移劳动密集型产业也与冷战环境下美日与"四小龙"政治上的密切关系相关。相对而言，冷战时期的中国和朝鲜等虽处于日本周边，也具备劳动力成本和市场等比较优势，但因为不开放和政治上对立，未能成为当时国际产业转移的承接国。而改革开放后，中国得以成为第四轮国际产业转移的主要承接国，一个重要原因是与美日及"四小龙"关系的改善，大多数商品及资本得以正常流动。

韩国经济起飞与韩日关系正常化关系密切。韩国工业化主要追随着日

---

① 陈勇著：《FDI路径下的国际产业转移与中国的产业承接》，东北财经大学出版社，2007年5月版，第63—64页。

② UNCTAD, World Investment Report 2018, p. 80.

本模式，电视、冰箱、半导体、播放器、造船、汽车和机械等产业，只要紧跟着日本就"万事大吉"。①但资金问题是制约韩国经济起飞的重要障碍，1965年韩国经济形势严峻，几乎到了"求借无门"的地步，8亿美元日本赔偿援助是当时惟一能拿到手的、解救韩国经济的"活命钱"。②韩日在1965年6月20日签订"韩日基本关系条约"和另外四个协定后，日本在10年内向韩国赔偿3亿美元（货物、劳务）、贷款2亿美元，还有3亿美元赊销贷款。③1965年到1979年，韩国从日本贷款总数为24.86亿美元，1966年日本超过美国成为韩国最大贸易伙伴。由于60年代两国关系的改善，"从1965年到1981年，韩国从日本获贷款245.194亿美元"，比"马歇尔计划"还多110亿美元。④

中日关系正常化后日本对华政府开发援助（ODA）及投资等也对中国工业化起到了重要的推动作用。据统计，自1979年到2008年，日本政府累计向我国承诺提供日元贷款33165亿日元（约合人民币2051亿元）。截至2016年底，我国实际利用日元贷款30499亿日元，用于255个项目的建设。截至2011年底，累计接受日本无偿援助1423亿日元，用于涉及环保、教育、扶贫、医疗等领域的148个项目的建设。据经合组织统计，截至2005年底日本的对华无偿援助额相当于1993—2005年期间欧盟国家对华无偿援助额的两倍多。⑤

---

① ［韩］安铉镐著：《中日韩经济三国演义——谁为胜者》，中国经济出版社，2014年4月版，第113页。

② 王德复著：《新兴经济学：观念、制度与发展——韩国经济起飞实证研究》，中国经济出版社，2006年1月版，第150页。

③ 王德复著：《新兴经济学：观念、制度与发展——韩国经济起飞实证研究》，中国经济出版社，2006年1月版，第153页。

④ 王德复著：《新兴经济学：观念、制度与发展——韩国经济起飞实证研究》，中国经济出版社，2006年1月版，第157页。

⑤ 马成三："对华ODA援助，中日都是受益者"，《环球时报》，2018年10月26日，第14版。

第十四章

"一带一路"与我国"走出去"

改革开放以来，中国经济能实现快速增长和接近完成工业化，离不开对国际经济进程的参与和融入，从初期的"引进来"到后来的"走出去"，国际化程度日益加深。随着国家和企业竞争力的增强，对外投资和国际化经营已成为企业生存、发展的必经之路。如果说中国经济奇迹离不开开放和"引进来"的话，未来中国的全面崛起则需要企业进一步"走出去"和国际化发展来支撑。也可以说，只有相当数量的大企业真正实现了"跨国"、涌现出众多的国际一流集团，中国才能真正实现现代化，实现真正的崛起。

"一带一路"是中国进一步参与国际经济分工、推动国内产业转型、推动资本全球化的需要，是企业国际化和"走出去"的新阶段。从国际视角看，20世纪50年代欧美企业"走出去"，60年代日本企业"走出去"，七八十年代，韩国、东南亚国家一些企业"走出去"。到了21世纪，已经是中国企业"走出去"的时代。[1] 如果说之前中国作为国际产业转移的接收国，处于通过"引进来"实现经济快速增长的阶段的话，那么目前中国已经到了企业"走出去"、作为输出国对"一带一路"沿线国家进行国际产业转移进而带动世界经济增长的新阶段，中国的开放政策也将由政策性开放转向制度性开放。

改革开放以来，中国企业"走出去"主要经历了三个阶段：1984—2000年，我国主要处于"引进来"阶段，对外直接投资（ODI）规模较低，累计对外投资不足300亿美元；2001年至金融危机前，我国首次将"走出去"提升至国家战略高度，同时在加入世界贸易组织（WTO）的背景下，对外投资快速增长；2008年全球金融危机后，我国进入大规模海外投资阶段，其中2008年投资规模比1980年到2005年的总和还多。[2] 与美

---

[1] 王辉耀著：《中国海外发展——海外看中国企业"走出去"》，东方出版社，2011年5月版，第16页。

[2] 易纲："以平常心看待企业'走出去'"，http://business.sohu.com/20120723/n348820904.shtml。

日等国家相比，中国在存量等方面仍存在较大的差距，但我国当前处于 ODI 大幅增长期，随着人均国内生产总值的增加，未来对外投资仍有很大的发展空间。

第一节　对外投资持续增长

中国企业广义上的"走出去"始于新中国成立后，不过改革开放前的"走出去"基本上限于贸易性的对外投资。为开拓国际市场，增加与世界各国的贸易往来，中国各专业外贸公司先后在巴黎、伦敦、汉堡、东京、纽约、香港、新加坡等设立了分支机构，建立了一批贸易企业。一些贸易相关企业也在国外投资开办了一些远洋运输企业和金融企业。这些企业数量不多，投资规模较小，业务领域狭窄，主要从事贸易活动。[1]

改革开放后，对外直接投资成为中国企业参与国际合作的重要方式。1979 年 8 月 13 日，国务院发布文件，提出了 15 项改革措施，其中第 13 项明确指出：要出国开办企业。不过在起步阶段，中国企业海外直接投资企业和项目少，规模小。1979 年中国对外直接投资金额只有 50 多万美元，设立境外企业仅 4 家。[2] 1979—1986 年，中国政府共批准在海外设立非贸易性合资、合作及独资企业 277 家，中方共投资 2.53 亿美元。这些企业分布在 40 多个国家和地区，主要涉及资源开发、加工生产装配、工程承包、金融保险、航运服务和餐饮等领域。[3]

1987 年，中国企业海外直接投资和跨国经营出现前所未有的跃升，当年协议投资总额和中方直接投资额大幅度增至 13 亿美元和 3.5 亿美元。此后，参与海外直接投资的数量和类型显著增加，投资领域进一步拓宽，海外贸易性企业也显著增加。截至 1992 年，中国设立的海外非贸易性企业达到 1360 家，中方投资 1.95 亿美元。海外贸易性和非贸易性企业的中方投资总额达 40 多亿美元。中方企业已经在世界上 120 多个国家和地区设立了

---

[1]　中国现代国际关系研究院世界经济研究所：《中国经济与世界和谐发展》，时事出版社，2008 年 1 月版，第 127 页。

[2]　李桂芳主编：《中国企业对外直接投资分析报告 2013》，中国人民大学出版社，2013 年 9 月版，第 20 页。

[3]　中国现代国际关系研究院世界经济研究所：《中国经济与世界和谐发展》，时事出版社，2008 年 1 月版，第 127 页。

海外企业。① 不过，自1993年起，随着中国经济结构调整，紧缩银根，对外直接投资进入清理整顿期，发展速度开始放慢。

2001年加入WTO后，中国对外投资规模开始进入稳定、持续增长阶段。自"十五"计划提出"走出去"战略以来，中国海外投资、建设项目持续增加。特别是自2002年起，中国对外投资规模开始出现多次跨越式发展，对外直接投资流量连续10年保持增长势头，2002—2010年，中国对外直接投资年均增速达49.9%。2008年全球金融危机期间，由于国内经济发展良好、资金充足，"走出去"步伐进一步加快。2010年，中国企业在海外的直接投资与建设合同经济额合计首次突破1000亿美元，2015年突破2000亿美元，2016年接近2750亿美元。② 2015年对外直接投资流量是2002年的54倍，2002—2015年的年均增速是35.9%。2015年对外直接投资流量、存量的全球占比分别为9.9%和4.4%。2005年至2017年上半年，中国企业在海外单个项目经济额超过1亿美元的项目总计2495个，其中包括直接投资项目1213个和建设合同1282个；经济总额超过1.65万亿美元，其中直接投资9612亿美元，建设合同6916亿美元。③

2016年末起，中国对外投资迎来"低潮期"。先是2016年底境内收紧了对外投资监管，接着2017年以来美国监管机构对外商投资的国家安全审查趋严，中资赴美并购规模大幅下跌。2017年8月13日，美国总统特朗普签署了强化国家安全审查主体部门——美国外资投资委员会（CFIUS）权限的法案。2017年9月14日，欧盟委员会（"欧委会"）公布建立欧盟外商直接投资审查框架的提案。受此影响，2017年中国对外投资额同比下降29.4%。

不过，2017年中国对全球174个国家和地区的6236家境外企业新增非金融类直接投资累计1200.8亿美元，中国继续蝉联全球第二大对外投资国，占全球对外投资流量比重首次超过10%。德勤《2018中国企业海外投资运营指南》指出，2017年对外投资额有所下滑是暂时性政策调控、遏制非理性海外投资的结果，当前中国整体环境依然有利于企业进行海外并

---

① 中国现代国际关系研究院世界经济研究所：《中国经济与世界和谐发展》，时事出版社，2008年1月版，第128页。
② 蔡斌："中国能源企业出海版图"，http://www.stategrid.com.cn/html/sgid/col1230000106/2018-05/31/20180531091234550452241_1.html。
③ 蔡斌："中国能源企业出海版图"，http://www.stategrid.com.cn/html/sgid/col1230000106/2018-05/31/20180531091234550452241_1.html。

购和投资。2018年上半年，我国境内投资者共对全球151个国家和地区的3617家境外企业进行了非金融类直接投资，累计实现投资571.8亿美元，同比增长18.7%。其中，我国企业对共建"一带一路"国家投资合作稳步推进，对55个国家有新增投资，合计74亿美元，同比增长12%。[①] 2018年夏季达沃斯主办方世界经济论坛称，中企对外投资增长仍会继续，未来10年中国对外投资规模预计将达到2.5万亿美元。

第二节 "一带一路"投资成就、特点

自2013年以来，中国企业在共建"一带一路"国家的投资取得了实质性进展，地域更为广泛，类型更加多元，企业日趋理性。2014年到2018年上半年，中国（或与中国有关的）在共建"一带一路"国家的大型投资项目共计4020亿美元，其中中国对外国公司和基础设施资产的直接投资总计1460亿美元，是2010年至2013年的两倍多。[②] 据商务部《中国对外投投发展报告2018》，截至2017年末，中国对共建"一带一路"国家投资存量达到1544.0亿美元。2018年全年，我国企业对共建"一带一路"国家实现非金融类直接投资156.4亿美元，同比增长8.9%。[③]

项目建设多于直接投资。"一带一路"倡议的主旨是建立贸易基础设施网络，联通亚洲、欧洲、中东、非洲和部分美洲地区，中国—老挝、中泰铁路、肯尼亚蒙巴萨—内罗毕铁路等一批标志性工程进展良好。2014年到2018年上半年中国在共建"一带一路"国家大型项目投资中，建设项目融资达2560亿美元，约占全部投资额（4020亿美元）的64%。[④]

建筑项目主要集中在西亚、非洲、东南亚和南亚，占2014年至2018年上半年"一带一路"项目融资总额2170亿美元的85%（见图2）。自2014年以来，中国在南亚的建筑项目增幅最大。仅巴基斯坦就吸引了该地

---

① "我国下半年对外投资总体乐观"，http://www.sohu.com/a/2497705831_99999896。

② 何天婕、高路易："'一带一路'五年来牵引力增强"，《牛津经济研究院报告》，http://www.cggthinktank.com/2018-08-14/100076357.html。

③ 侯鹏、韩冰："充分利用国际投资仲裁制度为共建'一带一路'服务"，《中国经济时报》，2019年4月30日，第4版。

④ 何天婕、高路易："'一带一路'五年来牵引力增强"，《牛津经济研究院报告》，http://www.cggthinktank.com/2018-08-14/100076357.html。

单位：10亿美元

图1 中国对"一带一路"的投资及项目

Source: Oxford Econornics, China Globla Investment Tracker

区近一半的项目融资（巴基斯坦也是所有共建"一带一路"国家中最大的单一受援国），其次是孟加拉国（占南亚总额的31%）和斯里兰卡（10%）。[①]

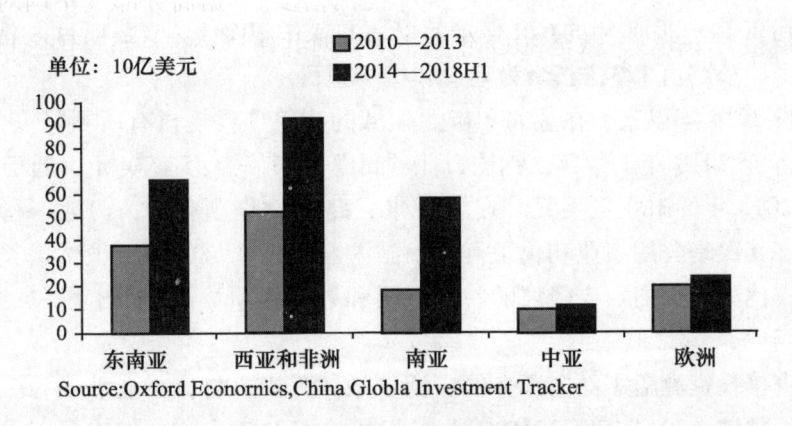

图2 "一带一路"建设项目

Source: Oxford Econornics, China Globla Investment Tracker

直接投资主要集中于东南亚地区。2014年至2018年上半年，中国在东南亚的外国直接投资在其对"一带一路"国家投资总额中占到近一半。新加坡名列榜首，其次是马来西亚。流入西亚、非洲和南亚的外国直接投资占了"一带一路"直接投资总额的1/3。自2014年以来，南亚外国直接投资流入强劲增长，占外国直接投资总额的比例从2010年至2013年的

---

① 何天婕、高路易："'一带一路'五年来牵引力增强"，《牛津经济研究院报告》，http://www.cggthinktank.com/2018-08-14/100076357.html。

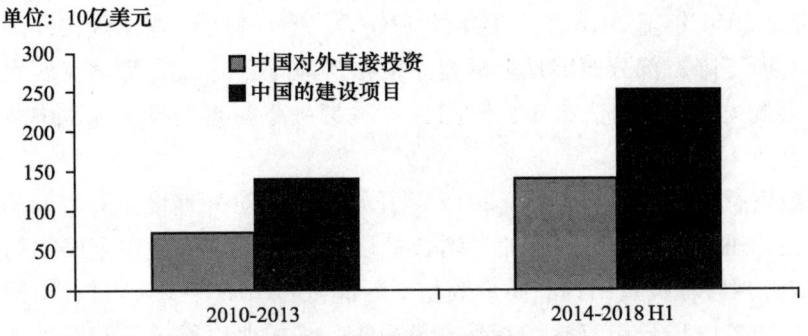

6%升至2014年至2018年上半年的17%。① 近年来，中亚地区的外国直接投资有所下降，部分原因是全球商品价格的波动，导致在哈萨克斯坦等国出现大规模撤资。过去5年，欧洲在"一带一路"直接投资总额中所占的份额有所下降。②

投资行业布局日趋多元。2015年开始，中国对外直接投资步入理性调整阶段，虽然对外直接投资流量增长速度有所放缓，但是在全球中的份额升至10.14%，投资结构、质量效益不断优化。2018年1—7月，中国对外投资主要流向租赁和商务服务业、制造业、采矿业以及批发和零售业，占比分别为32.5%、15.8%、11%和9.6%。在风险较高的房地产业、体育和娱乐业没有新增的对外投资项目。③

能源、交通和公用事业在内的基础设施项目占共建"一带一路"国家总建设项目的80%（见图3）。能源部门吸引了大部分投资，尤其是在煤炭和石油领域，但其在总投资中所占的份额在过去10年有所下降。交通项目规模迅速增长，从2006—2009年的不足100亿美元（占总额的13%）增长到2014—2018年的670亿美元（占总额的30%）。铁路项目占总数的近一半，公路占1/3，其余为港口和机场项目。④

自2014年以来，在金属和矿业领域的建筑项目规模有所下降。例如，2014年至2018年上半年，钢铁行业项目总价值仅为45亿美元，低于2010年至2013年的100亿美元。在"一带一路"建设项目中，房地产行业占12%，其次是公用事业和化工行业。旅游和娱乐领域的项目虽然增长幅度较小，比如马来西亚吉隆坡的一个酒店和办公楼项目，以及卡塔尔的一个体育场。⑤

直接投资涵盖了面向服务的广泛领域。其中，物流行业已成为一个新的增长领域，2014年至2018年上半年的投资总额为110亿美元，大大高

---

① 何天婕、高路易："'一带一路'五年来牵引力增强"，《牛津经济研究院报告》，http://www.cggthinktank.com/2018-08-14/100076357.html。

② 何天婕、高路易："'一带一路'五年来牵引力增强"，《牛津经济研究院报告》，http://www.cggthinktank.com/2018-08-14/100076357.html。

③ "中国对外直接投资处于最好时期"，https://mp.weixin.qq.com/s/nqm-hYRQnMNrsOszVzI97cQ#__NO_LINK_PROXY__。

④ 何天婕、高路易："'一带一路'五年来牵引力增强"，《牛津经济研究院报告》，http://www.cggthinktank.com/2018-08-14/100076357.html。

⑤ 何天婕、高路易："'一带一路'五年来牵引力增强"，《牛津经济研究院报告》，http://www.cggthinktank.com/2018-08-14/100076357.html。

第十四章 "一带一路"与我国"走出去"

于2006年至2009年的1.5亿美元。娱乐、科技和金融行业也吸引了更多的投资，主要集中在市场规模相对较大、较为成熟、经济更为多元化的国家，如以色列、新加坡、韩国和俄罗斯。

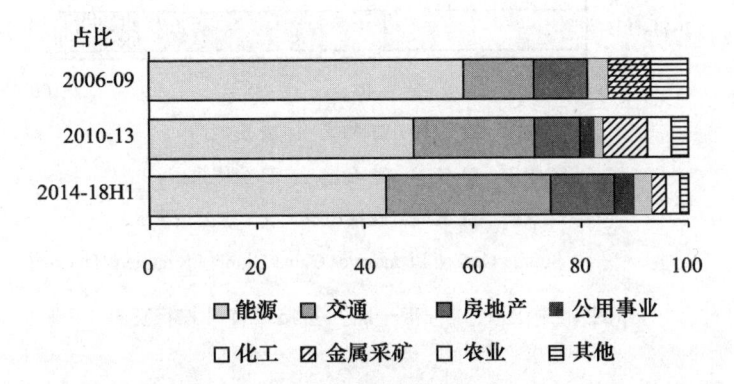

占比

	2006-09
	2010-13
	2014-18H1

0   20   40   60   80   100

□能源 ■交通 ■房地产 ■公用事业
□化工 ■金属采矿 □农业 ■其他

包括技术、物流、娱乐和旅游业
Source: Oxford Econornics, China Globla Investment Tracker

图3 "一带一路"建设项目（按行业）

交通领域外国直接投资迅速增长，2014年至2018年上半年达到180亿美元，高于2006年至2009年的20亿美元。其中航运占43%，紧随其后的是公路（29%）和铁路（25%）。能源部门占总投资的比例从2006—2009年的73%降至2014—2018年上半年的38%。煤炭、天然气、水力发电和新能源领域的投资也有所增加，但石油投资大幅下降。此外，中国对金属采矿业（尤其是铝和铜）的直接投资增长势头放缓，而对钢铁的直接投资在过去两年几乎没有增长（见图4）。①考虑到中国促进区域贸易联系的主要目标以及许多"一带一路"国家基础设施的不足，未来的"一带一路"建设项目会在交通领域继续快速发展。

中国制造业对外投资增长。2015年，中国制造业对外投资同比增长108.5%，其中装备制造业对外投资同比增长158.4%，带动了技术和标准和服务走出去。2016年1—10月，制造业对外投资额达262.3亿美元，同比增长163.8%，其中装备制造业对外投资160.4亿美元，占制造业对外

---

① 何天婕、高路易："'一带一路'五年来牵引力增强"，《牛津经济研究院报告》，http://www.cggthinktank.com/2018-08-14/100076357.html。

· 313 ·

占比

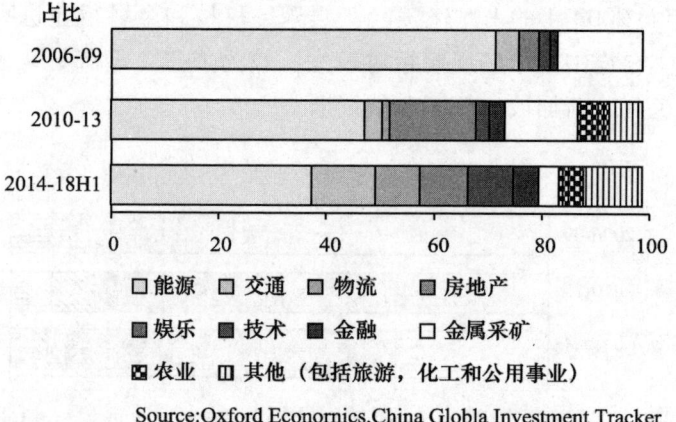

[图表：2006-09, 2010-13, 2014-18H1 的行业占比堆积条形图，横轴 0–100]

图例：□ 能源　□ 交通　■ 物流　■ 房地产
　　　■ 娱乐　■ 技术　■ 金融　□ 金属采矿
　　　■ 农业　■ 其他（包括旅游，化工和公用事业）

Source: Oxford Econornics, China Globla Investment Tracker

图 4　中国对"一带一路"直接投资（按行业）

投资的 61.2%。2015 年中国对外投资并购 579 起，金额 137.2 亿美元，其中制造业为 131 起，137.2 亿美元，分别占 22.6% 和 25.2%。[①]《波士顿报告》称，近年来中国企业海外并购的重心和目的均在发生变化，过去 5 年中以获取能源矿产等战略性资源为目的的海外并购项目数量占比仅为 20%，以获得技术、品牌和市场份额为目的的海外并购占比高达 75% 左右。[②]

2016 年中国对东盟及全球直接投资流量与行业分布[③]

行业	东盟国家 流量（万美元）	比重（%）	全球 流量（亿美元）	比重（%）
制造业	354370	34.5	290.5	14.8
租赁和商务服务业	137106	13.3	657.8	33.5

---

① 刘宏："中国对外直接投资现状、特征及存在问题",《海外投资与出口信贷》, 2017 年第 1 期，第 13 页。

② 刘宏："中国对外直接投资现状、特征及存在问题",《海外投资与出口信贷》, 2017 年第 1 期，第 13 页。

③ 陆长平、刘伟明："PPP 模式推动'一带一路'建设的意义、风险和对策",《国际贸易》, 2018 年第 1 期，第 48 页。

续表

行业	东盟国家 流量（万美元）	比重（%）	全球 流量（亿美元）	比重（%）
采矿业	24119	2.3	19.3	1.0
批发和零售业	196304	19.1	208.9	10.7
电力/热力/燃气及水的生产和供应业	66424	6.5	35.4	1.8
金融业	45400	4.4	159.2	7.6
建筑业	63487	6.2	43.9	2.2
农/林/牧/渔业	37370	3.6	32.9	1.7
房地产	124590	12.1	152.5	7.8
交通运输/仓储和邮政业	-67010	-6.5	16.8	0.9
科学研究和技术服务业	7364	0.7	42.4	2.2
信息传输/软件和信息服务业	19125	1.9	186.7	9.5
居民服务/修理和其他服务业	15515	1.5	54.2	2.8
住宿和餐饮业	1759	0.2	16.2	0.8
文化/体育/娱乐业	3149	0.3	38.7	2.0
水利环境和公共设施管理业	-1877	-0.2	8.4	0.4
教育	581	0.1	2.8	0.1
其他行业	92	0.0	4.9	0.2
合计	1027868	100.0	1961.5	100.0

数据来源：《2016年度中国对外直接投资统计公报》。

中国私有企业对外投资领域（投资行业）从能源资源、房地产、交通运输等逐渐向制造业、高科技、娱乐服务业多元化发展。2016年，中国企业对制造业、信息传输、软件和信息技术服务以及科学研究和技术服务业的投资分别为310.6亿美元、203.6亿美元和49.5亿美元。其中制造业投资占对外投资总额的比重升至18.3%，信息传输、软件和信息技术服务业投资占比升至12.0%。实体经济和新兴产业的吸引力与日俱增，特别是制造业和高科技产业，投资占对外投资总额的比重分别升至15.2%和18.2%。[1]

---

[1] 李菊香、王雄飞："中国私有企业对'一带一路'沿线国家直接投资研究"，《国际贸易》，2018年第1期，第41页。

2016年，我国对共建"一带一路"国家的直接投资除在交通、能源等传统领域基本维持平稳外，园区开发作为发挥我制造业比较优势、开展产能合作的重要载体，取得了长足进步。招商局等产业地产商和共建"一带一路"国家共建产业园区，承接我国产业投资并吸纳东道主国企业入园。以东盟为例，2016年中国对东盟十国投资流量为102.79亿美元，同比下降29.6%，但制造业为35.44亿美元，同比增长34.5%。与之相比，我国对共建"一带一路"国家信息基础设施投资还刚刚起步。2016年我对东盟国家的信息服务业投资近1.91亿美元，在所有行业中占比1.9%，而中国在全球信息服务业的投资为186.7亿美元，在所有行业中占比9.5%。[①]

第三节 "一带一路"是中国经济升级的需要

推动国内产业转型升级。日本20世纪六七十年代产业结构由劳动密集型与能源密集型向资本密集型与技术密集型转变的过程中，通过对外直接投资（OFDI）转移很多劳动密集型与能源密集型行业。而随后的80年代，日本在向技术密集型行业和服务业行业转型过程中实现了产业的升级和转型。服务业扩张带来了美国90年代海外投资的加速发展，IT、网络等科技行业巨头成为推动美国走出去投资的主力军。[②] 日本企业逐步向周边国家和地区转移本国落后的产能，逐步升级本国产业，最终在本国形成技术密集型制造业和高附加值服务业的产业格局。[③]

"走出去"是企业在国内发展壮大的必然结果，也将进一步推动企业发展，还可以带动相关产业链走出去。对外直接投资，可以使中国企业积累经验、扩充实力，显著提升在全球布局产业链和配置资源的能力，成为有一定国际竞争力的跨国公司。同时，可以极大促进我国内产业结构的调整升级，以及国家产业和经济竞争力的提升。对共建"一带一路"国家而言，外资的引进和产能合作将极大推动地区国家基础设施的改善，生产及

[①] 陆长平、刘伟明："PPP模式推动'一带一路'建设的意义、风险和对策"，《国际贸易》，2018年第1期，第48页。

[②] 郭周明："美日对外投资分析及其对中国启示——基于'一带一路'视角"，《国际贸易》，2017年6月，第43页。

[③] 郭周明："美日对外投资分析及其对中国启示——基于'一带一路'视角"，《国际贸易》，2017年6月，第43页。

第十四章 "一带一路"与我国"走出去"

出口能力的提高，带动国别及区域经济的发展。

推动产品输出向产业输出转变。中国拥有较为完整和规模庞大的工业体系，200多种工业产品产量位居世界第一，其中既有钢铁、水泥、平板玻璃、工程机械、家用电器、纺织等传统产业产品，也有多晶硅、光复电池、风能设备等新兴产业产品，在高铁、路桥、电力、运输设备、大型通信和网络设备等许多装备制造业和大型工程领域积累了较强的技术实力。①这些优势不仅能支持中国对外开展铁路、公路、航空、电信、电网和能源管道等领域互联互通，在对外产业合作中还可以延长产业链和价值链，发挥产业前后关联效应。②

为经济结构调整赢得时间。利用中国充裕的外汇储备，在国际市场上为国内企业创造新的需求。国际产能合作加快我国内产业调整升级。中国企业对外直接投资和并购的规模不断扩大，涉及的产业不断增多。对外合作产业领域的不断拓展和优化，一方面有利于向外转移国内优势产能，实现产业结构调整。另一方面，有利于各产业吸收国外先进技术和管理经验，实现产业转型升级。③

获取国际竞争优势的重要途径。从全球产业链的角度看，开展国际产能转移，通过扩大对外投资和国际贸易等方式将产能从本国转移到其他国家和地区，有利于化解国内产能过剩、助推产业转型升级、实现国家间优势互补和资源优化配置。在产能向外转移的过程中，同时向其他国家输出本国的生产技术、产业标准，使本国在融入全球产业链的进程中更加专注于产业链上的核心环节，进而在更高层次上嵌入和控制全球产业链条。④

从贸易大国到投资大国、从商品输出到资本输出，是开放型经济转型升级的必由之路。⑤改革开放的40年也是中国进入全球化进程的40年。40年来，中国形成了相对较完整的产业链，产品真正融入全球，成为世界最

---

① 卓丽红、贺俊、黄阳华等："'一带一路'战略下中外产能合作新格局研究"，《东岳论丛》，2015年第10期，第177页。

② 张述存："境外资源开发与国际产能合作转型升级研究——基于全球产业链的视角"，《山东社会科学》，2016年，第7期，第137页。

③ 张述存："境外资源开发与国际产能合作转型升级研究——基于全球产业链的视角"，《山东社会科学》，2016年，第7期，第137—138页。

④ 张述存："境外资源开发与国际产能合作转型升级研究——基于全球产业链的视角"，《山东社会科学》，2016年，第7期，第135页。

⑤ 汪洋："推动形成全面开放新格局"，《人民日报》，2017年11月10日，第4版。

大的贸易国。从商品贸易角度，中国真正进入了全球化，但资本还远远没有全球化。主要是因为改革开放初期缺的就是资本，资本主要用于国内投资，直到2015年前后中国才实现对外直接投资（ODI）首次超过外国直接投资（FDI），中国资本全球化的课题才提上日程。对中国来讲，要想在国际产业链分工上进一步提高位置，必须用资本换技术，用资本买技术。[①]

第四节 从能源资源起步是大国海外投资的普遍规律

能源领域一直是我国对外投资额最大的一个领域。2005年至2017年上半年，项目数量总计748个，占中国企业海外项目总数的30%，其中直接投资项目309个，建设合同439个；经济总额达到6300亿美元，占海外项目总额的38%。2005年，能源项目占中国企业新增海外项目经济额的比例约40%，2007年回落至30%左右，2010年一度攀升至58%。近年来，随着交通、不动产等领域的快速发展，能源项目比重逐渐回落至2016年的28%左右，仍是占比最大的领域。[②]

能源成为我国海外投资及项目承包额最大的领域，以及海外能源资源投资快速增长与我国能源消费增长、油气进口大幅增加在时间点的巧合，引发了国内外普遍的对海外能源资源投资与能源资源安全的联想。其简单逻辑是我国成为能源资源进口国，我国能源资源企业才大规模走出去到海外投资，"走出去"是为了"拿回来"，是为了保障中国的能源和资源安全。

但实际上，海外投资是国内经济发展和产业结构升级的结果，与是否面临资源短缺没有必然的联系。海外投资以能源资源类企业为主是许多大国在海外投资初始阶段共同的特征，美国和日本也经历了相似的过程。发达国家在海外投资初期主要集中于资源类企业，主要是因为这些国家中当时比较发达、有国际竞争力和比较优势的企业集中于资源和原材料行业。而随着时间的推移和国内产业结构的升级，特别是制造业国际竞争力的增

---

① 张懿宸："资本全球化，中国新课题"，《环球时报》，2018年4月28日，第5版。

② 蔡斌："中国能源企业出海版图"，http：//www.stategrid.com.cn/html/sgid/col1230000106/2018-05/31/20180531091234550452241_1.html。

第十四章 "一带一路"与我国"走出去"

强,这些国家的海外投资也越来越多地转向制造业和服务业。

20世纪60年代前后,美国在发展中国家的对外直接投资多半集中在采掘业和初级产品开发领域,70年代后逐步转向制造业,如纺织、水泥、家电、化工等产业,八九十年代以来,主要集中在电子、电信等高新技术产业及服务等行业上。[①] 二战后到20世纪70年代,美国资本富裕,对外直接投资迅猛增长,逐步超过英国成为世界上头号对外投资国。这一阶段,以资源行业、制造业为主。美国在南美、中东地区大力投资石油等资源性行业;在欧洲则大力投资制造业。80年代,美国制造业和资源行业对外投资纷纷下滑,但服务业对外投资逐步上升,不过服务业对外投资总体规模较小,导致80年代美国对外直接投资总规模有所收缩。90年代随着美国服务业的大发展,迎来服务业走出去高潮,服务业首次超过制造业成为对外投资主力,美国对外直接投资再次迎来扩张高峰。[②]

日本经济起飞后,从20世纪60年代就开始了对印度尼西亚、马来西亚等矿产富国的投资。到了70年代,日本开始在东南亚周边国家(印尼、菲律宾和印度等)进行纺织等劳动密集型和高污染高能耗型产业为主的投资。80年代开始,日本对外投资迅猛增长,开始同时向亚洲地区和欧美地区进行制造业与服务业的投资。1989年超越美国,成为世界第一大对外投资国。[③] 20世纪五六十年代,日本的对外直接投资主要集中于资源富国,如在印度尼西亚的石油开发、在印度和马来西亚的铁矿石开采以及在菲律宾的铜等资源的开发。当日本完成国内经济结构升级后,日本的制造业海外投资在1971—1980年出现年均30%的高速增长。从20世纪60年代末到80年代末,制造业对外直接投资比重由12%增至36.4%,同时矿业对外直接投资的比重则由34.2%降至2%。[④]

迅速增长的海外资源投资是中国经济多年来快速稳定增长的一个自然结果,是国内经济结构的外在反映。资源行业企业在中国企业500强中也

[①] 李钢主编:《国际对外投资政策与实践》,中国对外经济贸易出版社,2003年9月版,第56页。

[②] 郭周明:"美日对外投资分析及其对中国启示——基于'一带一路'视角",《国际贸易》,2017年6月,第43页。

[③] 郭周明:"美日对外投资分析及其对中国启示——基于'一带一路'视角",《国际贸易》,2017年6月,第43页。

[④] 杨雅莎:"日本海外投资的启示",《中国经济时报》,2008年5月8日,第8版。

占据重要地位，其中2011年营业收入排名前三均为能源企业：中石化（1.969万亿元）、中石油（1.721万亿元）、国家电网（1.529万亿元）。有实力进行海外投资的企业往往是国有企业，尤其是资源类企业。

从产业链的角度看，能源资源开发在企业生产链条中处于前端和下游，且利润率较低。我国企业的国际产能合作也不可避免从境外资源开发起步，但随着我产业和经济结构的调整、企业国际竞争力的增强，企业将进行产业链条的重新布局和构建，投资项目逐渐向附加值更高的链条和环节转化，整个国家的对外投资从最初的境外资源开发向更高级别、更广领域的对外投资合作模式转化。[1]

从现实看，随着中国经济结构的调整，自然资源在中国的海外投资中占比总体呈下降趋势。2005—2009年，虽然资源对外直接投资交易数和交易额分别约占全部对外直接投资的52.7%和62.41%，但非资源行业的对外直接投资增长速度快于资源企业的海外直接投资。非资源行业对外直接投资交易额（包括金融）增长37倍，由2005年的4.9亿美元增至2009年的187.7亿美元，而资源类对外直接投资只增长了4倍，由2005年的86.2亿美元增至450.2亿美元。交易额占比由94.6%降至70.5%。在2004—2011年中国对外投资存量中，采矿业共计669.95亿美元，占海外投资总存量的15.8%，其中2011年采矿业对外投资额为144.46亿美元，占当年海外投资总额的19.35%。2015年，采矿业在中国当年对外直接投资中的比重已大幅降至7.7%，不到排名首位的租赁及商业服务业的三分之一。

总体看，中国的"一带一路"投资已进一步改变了过去以传统能源和自然资源领域为主的状况。2014年至2018年上半年，能源部门占总对外直接投资的比例从2006—2009年的73%降至2014—2018年上半年的38%，特别是石油投资占比大幅下降。在项目建设方面，煤炭和石油领域所占份额也有所下降，钢铁行业建筑项目规模由2010年至2013年的100亿美元下降至2014年至2018年上半年的45亿美元。[2]

---

[1] 张述存："境外资源开发与国际产能合作转型升级研究——基于全球产业链的视角"，《山东社会科学》，2016年第7期，第139页。

[2] 何天婕、高路易："'一带一路'五年来牵引力增强"，《牛津经济研究院报告》，http://www.cggthinktank.com/2018-08-14/100076357.html。

第五节 投资主角从大型央企转向民企

国企特别是央企依然在中国对外直接投资中占据主导地位,但来自地方和非国有企业的对外直接投资显著增加。随着政府开始采取更多的鼓励措施,地方和非国有企业在对外直接投资中所占的比重将越来越大。2008年和2009年,中国地方企业的对外直接投资分别增长28%和54.5%,各自达到61.4亿美元和94.5亿美元。"十一五"期间,中国民营企业出口年增长20%。2010年,民营企业500强中137家的海外投资额达62亿美元,比2009年增长174%。2006—2011年,在中国对外直接投资存量中,国有企业的占比由81%降至62.7%,非国有企业的占比则由19%增至37.3%。[①] 2013年,中国非金融类对外直接投资927.4亿美元,其中国有企业占比降至43.9%。与此同时,民营企业对外投资不再限于非洲、拉美等地区,逐渐向"金砖国家"、欧洲、大洋洲、北美、日韩等地拓展。

"一带一路"倡议下,近几年民营资本海外油气投资发展迅速。据统计,2014年发生的68宗中资能源矿产行业海外并购中,有43宗的并购方为民营企业,占总宗数的63%;涉及金额92.95亿美元,占总金额的41.61%。[②] 2015年民营企业"走出去"十分活跃,并购案达397宗,占全年总投资案例数的53%。2016年上半年,民营企业海外并购290宗。2014—2015年,民营企业年均投资案例数256起,是2008—2013年年均投资案例数的7倍,呈爆炸式增长。国有大型企业的10亿美元以上投资明显下降。[③]

商务部数据显示,2016年中国对外非金融类直接投资达到1701亿美元,同比增长44.1%,其中并购成为中国企业海外投资的主要形式,全年共实施并购项目742个,实际交易金额1072亿美元,涉及73个国家(地区)的18个行业大类。私有企业逐渐主导了海外并购市场,达到了612宗,交易数量是2015年的近3倍,交易总额1163亿美元,第一次在金额

[①] 李桂芳主编:《中国企业对外直接投资分析报告2013》,中国人民大学出版社,2013年9月版,第44页。

[②] 齐正平:"'一带一路'能源研究报告(2017)",http://www.chinapower.com.cn/moornents/20170516/77097.html。

[③] 刘宏:"中国对外直接投资现状、特征及存在问题",《海外投资与出口信贷》,2017年第1期,第13页。

上以2倍的量级超过国有企业的交易总额，成为中国企业"走出去"的主力军。①

2009年之前国有企业在对外直接投资中所占比重一直维持在70%左右，长期处于领头羊位置，此后，非国有企业对外直接投资占比迅速上升。就投资额而言，2007—2016年国有企业对外直接投资流量趋于平稳上升，而非国有企业对外直接投资流量上升幅度较大。到2015年非国有企业对外直接投资额几乎与国有企业持平。2015年中国对外直接投资存量10978.6亿美元，其中非国有企业对外直接投资存量为5445.4亿美元。2016年非国有企业对外直接投资占比虽同比下降了3.9%，但投资额增长了13.9%。②

非公经济对外投资增长迅猛但仍非"一带一路"投资主体。2007年在中国对外直接投资存量中，国有企业占比高达71%。随着对外开放政策的大力推行，越来越多的私营企业加快走出国门的步伐，在对外直接投资存量的比重显著增长。2015年的对外直接投资存量中，国有企业占50.4%，非国有企业占49.6%。在"一带一路"沿线国家大型项目直接投资中，私营企业数量占中国企业对沿线国家直接投资总数的47.2%。③从2006年到2016年，我国非国有企业对外直接投资存量占比从19%上升到了稳居40%以上，逐步成为对外投资的主体。④

但就共建"一带一路"国家而言，国有企业仍然是投资主力军。2017年4月，中国社会科学院世界经济与政治研究所和中债资信联合发布了《对外投资和风险蓝皮书》，发现2015至2016年上半年，我国对共建"一带一路"国家投资前十大项目中，有7家是国有企业。这固然和共建"一带一路"国家拥有丰富的矿产资源和亟待完善的基础设施建设有关，也由于非国有资本融资能力不足，无法开展长期大型的投资。⑤国务院国资委2018年4月23日发布信息显示，这两年中央企业在国际化经营方面，特别

---

① 李菊香、王雄飞："中国私有企业对'一带一路'沿线国家直接投资研究"，《国际贸易》，2018年第1期，第41页。

② 李菊香、王雄飞："中国私有企业对'一带一路'沿线国家直接投资研究"，《国际贸易》，2018年第1期，第42页。

③ 李菊香、王雄飞："中国私有企业对'一带一路'沿线国家直接投资研究"，《国际贸易》，2018年第1期，第42页。

④ 陆长平、刘伟明："PPP模式推动'一带一路'建设的意义、风险和对策"，《国际贸易》，2018年第1期，第47页。

⑤ 陆长平、刘伟明："PPP模式推动'一带一路'建设的意义、风险和对策"，《国际贸易》，2018年第1期，第47页。

第十四章 "一带一路"与我国"走出去"

是积极参与"一带一路"建设方面，力度进一步加大，国际化经营水平不断提高。目前，中央企业的境外投资额约占我国非金融类对外直接投资总额的60%，对外承包工程营业额约占我国对外承包工程营业总额的70%，已在共建"一带一路"国家开展各种形式的项目合作将近2000个。[①]

国有企业与私营企业对外直接投资项目情况[②]

行业	2012 国有企业	2012 私营企业	2013 国有企业	2013 私有企业	2014 国有企业	2014 私有企业	2015 国有企业	2015 私有企业	2016 国有企业	2016 私营企业
房地产	2	3	3	2	2	1	1	2	2	3
交通运输	3	4		2		2	4	3	4	2
能源资源	8	1	7	3	7	3	10	5	9	3
高科技							1	3	2	5
化工				1						
旅游				1						1
金属	3	2	3	1		2		2	2	
金融	1	1	2		1			1	1	
娱乐服务		1								2
农业				1		1	1			
公共事业							1			1
其他	1		2	1		4	3	1	2	1
共计	18	12	22	11	15	13	21	17	22	19

资源来源：CGIT，The Heritage Foundation。

[①] "国资委再促央企加码境外风险防控"，http://news.gdshjs.org/xinwen/2018/0531/053124698.html。

[②] 李菊香、王雄飞："中国私有企业对'一带一路'沿线国家直接投资研究"，《国际贸易》，2018年第1期，第44页。

超越能源安全——"一带一路"能源合作新局

近年来,中国私营企业对共建"一带一路"沿线国家直接投资地理集中度较高,呈现出先近后远、以中国周边地区为主的特征。根据投资规模和数量来看,主要分布在东南亚、南亚、西亚、中亚、中东欧,比重分别占到 36.7%、28.6%、4.1%、4.1%、6.1%,独联体则以俄罗斯为主,占 14.3%,北亚的蒙古为 2.1%。就具体国家而言,吸引私营企业对共建"一带一路"国家进行投资的大多数是中国的邻国,其中主要有新加坡、老挝、印尼、印度、马来西亚、俄罗斯、哈萨克斯坦和巴基斯坦等国。[1]

私营企业对共建"一带一路"国家的投资方式正在由过去的单一化向多元化、劳动密集型向技术创新型转变。其一是直接型销售模式。通过商品贸易的方式将产品或复制出口到国外,开拓海外市场,拓宽销售范围,形成市场规模。其二是工程项目联合承包。国有企业在对外工程承包方面占绝对优势,私营企业通过企业联合体的方式在外设立工程公司,与海外企业合作设立中外合资企业等方式。其三是建立工业园区,鼓励企业抱团"走出去"参与建设"一带一路"。其四是跨国并购和绿地投资,并购有利于获得优势资源、技术、品牌和市场渠道,快速实现全球化布局。绿地投资的主体多为劳动密集型和资源密集型私营企业,一般以获得原材料和劳动力为目的,目前多集中在非洲。根据 CGIT 统计数据,在对"一带一路"相关国家的投资项目中,私营企业跨国并购数量接近 50%;绿地投资数目相对较少,但是投资金额数目较大。[2]

私营企业对共建"一带一路"国家大型投资(超过 1 亿美元)的情况

项目	后危机时代					"一带一路"倡议提出后			
	2008	2009	2010	2011	2012	2013	2014	2015	2016
项目数	2	5	7	8	12	11	13	17	19
金额(亿美元)	2.6	14.4	27.5	43.2	56.1	52.3	51.7	65.9	67.8

资源来源:CGIT,The Heritage Foundation。

---

[1] 李菊香、王雄飞:"中国私有企业对'一带一路'沿线国家直接投资研究",《国际贸易》,2018 年第 1 期,第 42 页。

[2] 李菊香、王雄飞:"中国私有企业对'一带一路'沿线国家直接投资研究",《国际贸易》,2018 年第 1 期,第 42 页。

第六节 企业"走出去"仍处于初级阶段

从规模来看，当前对外投资规模远超发达国家同期水平。与美、英、德、日等发达国家历史同期相比，当前我国对外投资流量与存量均遥遥领先。2016年，中国人均GDP为8123.18美元，中国对外直接投资流量分别是美国、英国、德国、日本人均GDP8000美元时期的9.28倍、2.41倍、9.45倍、19.26倍，对外直接投资存量是同水平时期美国、英国、德国、日本的11.16倍、1.86倍、13.49倍、24.38倍。中国对外直接投资流量占GDP的比重为1.61%，虽然低于同期英国的2.26%，但明显高于美国0.63%、德国0.53%、日本0.28%的水平。[①]

总体看，我国对外投资存量规模与发达国家存在差距。对外直接投资绩效指数（一国对外投资流量占全球对外投资流量的份额与该国国内生产总值占世界生产总值的份额的比率，2015年达到最高值的0.70）近年来有所增加，但历年数值均小于1，表明对外直接投资水平仍低于世界平均水平。[②] 美国2015年对共建"一带一路"国家投资存量（头寸）为4146.66亿美元。2015年美国对外投资流量为2999.69亿美元，中国为1275.60亿美元、日本为1286.53亿美元。此外，中国在"一带一路"的对外直接投资尚存在基础薄弱、地域分散、规模较小以及质量不高等特征。利用两个市场、两种资源的能力不够强、非理性投资和经营不规范等问题较为突出。[③]

产能国际合作与世界顶级水平仍有差距。中国拥有较为完整和规模庞大的工业体系，200多种工业产品产量位居世界第一，其中既有钢铁、水泥等传统产业产品，也有多晶硅、光复电池等新兴产业产品，在高铁、路桥、电力、运输设备等许多装备制造业和大型工程领域积累了较强的技术实力。通过引进消化吸收和再创新实现了技术水平的快速进步，但与世界顶级水平仍有差距，特别是在许多工业领域还没有掌握最高国际标准，而

[①] "中国对外直接投资处于最好时期"，https://mp.weixin.qq.com/s/nqm-hYRQnMNrsOszVzI97cQ#__NO_LINK_PROXY__。

[②] 刘宏："中国对外直接投资现状、特征及存在问题"，《海外投资与出口信贷》，2017年第1期，第15页。

[③] 汪洋："推动形成全面开放新格局"，《人民日报》，2017年11月10日，第4版。

中国与主要国家（地区）对外直接投资存量对比[①]（2015年末，亿美元）

	国家（地区）	存量（亿美元）	占全球比重（%）
1	美国	59827.90	23.9
2	德国	18124.70	7.2
3	英国	15381.30	6.2
4	中国香港	14856.60	5.9
5	法国	13141.60	5.3
6	日本	12265.50	4.9
7	瑞士	11381.80	4.5
8	中国	10978.60	4.4
9	加拿大	10783.30	4.3
10	荷兰	10742.20	4.3
	合计	177484.20	70.9

且对国际项目的运作经验有限，导致在与发达国家跨国公司的竞争中常常处于下风。尚未建立起成熟的国际市场运作和国际产能合作机制。[②]

企业品牌国际化任重道远。2016年WBL发布的世界品牌500强企业名单中，美国占据500强的227席，英国、法国均为41个，日本、中国、德国、瑞士分别为37个、36个、26个和19个。中国虽有36个品牌入围，但总体上"大而不强、多而不精"。其中，国内入围的品牌有国家电网、工商银行、腾讯、CCTV、海尔、中国移动、华为、联想等。从品牌数量分布来看，国有企业占据了全部品牌的一半以上，私营企业依然处于落后局面。目前国内大多数私营企业仍处于全球产业链的中低端位置，缺乏特色品牌和对外销售渠道，国际竞争力普遍较弱。能否打造高端品牌和企业形象，将成为企业走出去的关键。[③]

尽管中国对外直接投资的流量增速很快，但总体上仍然处于初级阶段。2011年，中国投资者对外非金融直接投资额达600.7亿美元，涉及3391家外资企业，与此同时，在中国投资的外资企业达27712家，非金融

---

① 商务部、国家统计局、国家外汇管理局：《2015年度中国对外直接投资统计公报》，2016年9月21日。
② 张述存："境外资源开发与国际产能合作转型升级研究——基于全球产业链的视角"，《山东社会科学》，2016年第7期，第137页。
③ 李菊香、王雄飞："中国私有企业对'一带一路'沿线国家直接投资研究"，《国际贸易》，2018年第1期，第43页。

直接投资额达1160.1亿美元。① 中国企业的海外投资效益低于人们的预期。2009年和2010年约有12%和11%的中国海外并购遭遇失败，明显高于同期美国的2%和英国的1%。2000—2013年，中国对外直接投资绩效指数（OND）始终低于世界平均水平。

中国企业的跨国经营水平还较低。包括中国香港和澳门在内的企业只拥有国际跨国投资的6%，远低于英国1914年的45%和美国在1967年的50%。中国企业500强中的272家的海外运营收入只有3.46万亿元，其跨国经营指数（TNI）只有8.1%，远低于世界100强平均水平的64.7%。中国的跨国经营指数也明显低于俄罗斯（54%）、印度（41%）和巴西（40%）。"2011年中国100强跨国公司及跨国经营指数"显示，中石化、中石油的海外资产名列100强跨国公司前两位，中海油列第四位，但三大石油公司的跨国经营指数却分别只有22.56%、21.83%和23.84%，而英国石油公司、埃克森美孚、道达尔等国际大石油公司的跨国经营指数则分别高达84%、76%和76%。② 2012年中国100强跨国公司平均跨国经营指数为12.93%，不仅远远低于2012年世界100强跨国公司62.25%的平均水平，而且远远低于2012年发展中国家100强跨国公司38.95%的平均水平。另外，在2012年中国100强跨国公司中，跨国经营指数大于30%的公司仅有6家，大于20%的也只有20家。而跨国经营指数小于10%的企业多达55家。③

由于起步较晚，中国企业海外投资经营水平不高。2014年，在《世界投资报告》以海外资产衡量的全球非金融类跨国公司100强中，中国入围企业只有2家，在发展中和转轨经济体的非金融类跨国公司100强中，中国入围企业只有16家。我国跨国公司100强的跨国指数平均为13.66%，而全球跨国公司100强的跨国指数在62%以上。④ 以对外投资与GDP之比来衡量，2016年全球的平均水平为34.6%，发达国家与发展中国家的相应数字为44.8%和19.8%，而中国仅为11.4%。即便提高到发展中国家的

---

① 《2012中国发展报告》，中国统计出版社，2012年版，第58-59页。
② 张起花："不容小觑的差距"，《中国石油石化》，2013年第16期。
③ 李桂芳主编：《中国企业对外直接投资分析报告2013》，中国人民大学出版社，2013年9月版，第145页。
④ 潘阅："在全球变局中构建中国对外贸易新优势"，《国际贸易》，2017年第10期，第8页。

平均水平，中国海外投资的规模增长还有很广阔的发展空间。①

共建"一带一路"国家占我国对外投资比重仍较低。中国在共建"一带一路"国家有投资。据《中国统计年鉴》及商务部统计数据，中国在共建"一带一路"国家的 OFDI 规模，流量 2014 年为 136.6 亿美元，2015 年为 189.3 亿美元，存量 2014 年底为 837.7 亿美元，2015 年底为 1156.8 亿美元投资规模。② 2014—2016 年，我国对共建"一带一路"国家进出口额达 3.1 万亿美元，占同期外贸总额的 1/4 以上；对沿线国家直接投资近 500 亿美元，占同期对外直接投资总额的 1/10 左右。③

《2016 年度中国对外直接投资统计公报》显示，当年我国对北美地区的投资为 203.5 亿美元，同比增长 89.9%；对欧洲的投资为 106.9 亿美元，同比增长 50.2%；对拉美的投资 272.3 亿美元，同比增长 115.9%；对大洋洲的投资 52.1 亿美元，同比增长 34.6%。而对共建"一带一路"国家的直接投资则由 189.3 亿美元放缓至 145.3 亿美元。④ 商务部数据显示，2016 年中国企业共对共建"一带一路"国家直接投资仅占同期总额的 8.5%，在中国对外投资流量中占比为 7.3%，存量占比为 1.10%。⑤ 2017 年，我国境内投资者共对全球 174 个国家和地区的 6236 家境外企业进行非金融类直接投资。中企对共建"一带一路"国家和地区的非金融类直接投资占同期总额的 12%，较上年提升了 3.5%。⑥《2017 年度中国对外直接投资统计公报》数据显示，2017 年，中国对共建"一带一路"国家的直接投资流量为 201.7 亿美元，同比增长 31.5%，占同期中国对外直接投资流量的 12.7%。⑦

---

① 潘阅："在全球变局中构建中国对外贸易新优势"，《国际贸易》，2017 年第 10 期，第 9 页。

② 郭周明："美日对外投资分析及其对中国启示——基于一带一路视角"，《国际贸易》，2017 年 6 月，第 42 页。

③ 汪洋："推动形成全面开放新格局"，《人民日报》，2017 年 11 月 10 日，第 4 版。

④ 陆长平、刘伟明："PPP 模式推动'一带一路'建设的意义、风险和对策"，《国际贸易》，2018 年第 1 期，第 47 页。

⑤ 李菊香、王雄飞："中国私有企业对'一带一路'沿线国家直接投资研究"，《国际贸易》，2018 年第 1 期，第 42 页。

⑥ 德勤报告："中国企业对'一带一路'贸易投资表现强劲"，https：//www.yidaiyilu.gov.cn/xwzx/roll/57110.htm。

⑦ 北京国际能源专家俱乐部："风电行业'一带一路'产能合作前景广阔"，《电力决策与舆情参考》，2018 年 10 月 26 日 第 40 期，https：//mp.weixin.qq.com/s/o7yD7usp5fwpzGrROPAN8A#__NO_LINK_PROXY__。

第十五章

共建"一带一路"国家的经济增长

从二战后世界产业转移规律和当前共建"一带一路"国家经济发展态势来看,未来世界经济新的增长中心将形成于"一带一路"地区。但共建"一带一路"地区国家多,次区域发展水平和经济增长速度差异大,除具备承接国际产业的客观条件外,各国的体制机制和外交政策也是能否成功承接国际产业转移、实现快速经济增长的重要因素。就内政而言,需调整相关政策,加强吸引外资的相关制度建设,扩大对外开放。就外交而言,需要与主要国际产业转移国保持良好的外交和经贸关系,至少是不存在资本和商品流通的重大障碍。

中国已成为当前一轮国际产业转移的主要输出中心,逐渐形成大中国经济圈。从近年来经济发展实践看,加快融入大中国经济圈是东南亚、南亚和中亚国家经济出现较高增长的重要原因之一。这与前几次国际产业转移的进程大体相似。随着中国产业结构升级的推进,对外投资与产业转移力度加大,中国的经济辐射圈和影响力将进一步扩大。对于承接产业转移的共建"一带一路"国家而言,在存在一定的对外投资和产业转移竞争的情况下,能否实行有利于产业转移的内外政策,有效吸引从中国等转出的产业,是经济能否实现持续快速增长、尽早实现工业化的一个重要前提。

第一节 共建"一带一路"国家发展差异明显

"一带一路"国家按地理板块可分为蒙俄、东南亚、南亚、西亚北非、中东欧以及中亚等6个区域,各国在发展模式和增长速度等方面均存在较大差异。其中,18个国家跻身高收入国家行列(人均收入超过12476美元),尼泊尔和阿富汗仍为低收入国家,绝大多数国家(45)处于中等收入阶段,其中中低收入国家23个,中高收入国家22个。[①]

[①] 吴舒钰:"'一带一路'沿线国家的经济发展",《经济研究参考》,2017年第15期,第43—45页。

高收入国家大致可以分为三种类型：第一类是能源丰富的国家，以沙特阿拉伯、文莱为代表；第二类是装备制造业发达的传统工业化国家，以波兰、捷克、匈牙利等东欧国家为代表；第三类是高度开放、注重技术创新和国际型人才培养的国家，如新加坡和以色列。低收入和中低收入国家，资源贫瘠，对外开放程度极低，缺乏对外经济往来，陷入低收入、低增长的陷阱。[1]

各区域间存在明显的发展差异。不同的地理条件和制度特征决定了共建"一带一路"国家有着不同的经济发展模式，各国的经济结构存在显著的差异。[2]中东欧国家普遍跻身于高收入或中高收入国家行列，西亚、北非国家，特别是能源资源丰富的西亚国家人均GDP都远超过高收入国家的基准线。而东南亚、南亚和中亚地区，大部分国家的经济水平都相对落后，处于中低收入或低收入行列，特别是南亚的一些国家，如尼泊尔、阿富汗属于极为贫穷的国家。[3]

中等收入国家引领经济的增长。65个国家在过去3年内平均增速为3.5%，略高于世界平均增速（2.5%）。尽管共建"一带一路"国家大多为发展中国家，经济发展水平相对较低，但绝大多数国家停留在低速增长阶段（7%以上为高速增长，4%—7%之间为中速增长，0%—4%之间为低速增长）。处于高速增长阶段的国家除中国和土库曼斯坦外，均属于经济发展水平比较落后的中低收入国家，最贫穷的两个低收入国家尼泊尔和阿富汗过去3年平均增速仅为4.3%和1.6%。[4]

经济增长存在着显著的地域性特征。处于高速和中速增长阶段的国家大多数在东南亚、南亚和中亚地区，而低速增长的国家除泰国、新加坡、阿富汗和不丹外，大多数处于中东欧地区以及西亚、北非地区。东南亚、南亚各国的经济发展模式更加灵活，实体经济对能源行业的依赖较低。2008年金融危机后，中亚和东南亚等地区经济增速基本企稳，而中东欧地

---

[1] 吴舒钰："'一带一路'沿线国家的经济发展"，《经济研究参考》，2017年第15期，第21页。
[2] 吴舒钰："'一带一路'沿线国家的经济发展"，《经济研究参考》，2017年第15期，第20页。
[3] 吴舒钰："'一带一路'沿线国家的经济发展"，《经济研究参考》，2017年第15期，第17页。
[4] 吴舒钰："'一带一路'沿线国家的经济发展"，《经济研究参考》，2017年第15期，第19页。

区在过去4年平均增速仅为1.4%（2008年前平均6.7%）。[①]

第二节 有望成为世界经济新增长中心

"一带一路"倡议为沿线国家经济发展带来新机遇。"一带一路"建设涉及亚、欧、非大陆很多发展中国家，一些国家面临发展陷阱，始终无法突破低收入陷阱，进入经济起飞阶段。另外一些国家则长期无法突破"中等收入陷阱"。"一带一路"基础设施互联互通和产能合作为沿线国家经济发展提供新动力。[②] 巨大资源需求对资源输出国经济起到较大支撑作用。巨大市场为中东欧经济的转型升级提供新契机。中东欧国家可充分利用中国的大市场，加强与中国的贸易、投资、金融合作，以弥补对欧元区国家出口的下滑。[③] 中国在巴基斯坦投资460亿美元的"中巴经济走廊"计划可能有助于解决长期影响巴基斯坦经济的电力短缺问题，实现经济增长和社会稳定。

共建"一带一路"国家覆盖亚、欧、非数十个国家，其中多数国家是城市化或工业化处于起步或加速阶段的发展中国家。还有像巴基斯坦、缅甸、尼泊尔等经济发展水平较低、电网等基础设施落后、面临能源发展两难困境的国家。一方面，这些国家的快速工业化使其对能源的需求大幅度增加；另一方面，由于资金和技术的短缺，导致这些国家的能源可获得性较低。据世界能源理事会2016年报告，全世界仍有12亿人口无法获得电力供应，其中大部分分布在共建"一带一路"的亚非发展中国家。[④]

据相关模型测算显示，未来10年共建"一带一路"国家GDP实际年均增速将达到4.7%，显著高于全球2.8%的年均增速。沿线国家货物贸易进出口总额年均增速将达到5%左右，到2027年将达到20万亿美元左

[①] 吴舒钰："'一带一路'沿线国家的经济发展"，《经济研究参考》，2017年第15期，第20页。

[②] 张燕生、王海峰、杨坤峰："'一带一路'建设面临的挑战与对策"，《宏观经济研究》，2017年第11期，第3页。

[③] 吴舒钰："'一带一路'沿线国家的经济发展"，《经济研究参考》，2017年第15期，第40页。

[④] 李昕蕾："'一带一路'框架下中国的清洁能源外交——契机、挑战与战略性能力建设"，《国际展望》，2017年第3期。

右。[①] 预计到 2030 年"一带一路"沿线国家 GDP 总量达到 31.6 万亿美元，2015—2030 年年均增长 5.2%，高出世界同期水平约 2.0 个百分点。预计 2030 年共建"一带一路"国家人口总数达到 40.5 亿，2014—2030 年年均增长 1.2%，高出世界同期水平 0.4 个百分点。[②]

第三节 经济发达程度与开放度正相关

历史经验表明，各国的开放程度与人均 GDP 有很强的相关性，开放程度越高的国家往往经济越发达。共建"一带一路"国家的发达程度与开放度（贸易占 GDP 权重）呈显著正相关，对外开放是经济发展的一个必要条件。丰富的资源禀赋并不是经济发展的必要条件。如中东欧国家，捷克、匈牙利等国早已跻身高收入国家行列，但其人均化石能源储备仅为 1.58 吨和 0.16 吨。新加坡更是在能源及淡水资源极度缺乏的情况下实现了经济的腾飞。在缺乏资源的情况下，要实现经济的腾飞更需要依赖开放的市场环境，通过对外贸易，充分利用全球市场，在发展本国的比较优势行业的同时，引进国外的先进技术，推动国内的技术创新。[③]

共建"一带一路"国家中的高收入国家对外开放程度往往较高。以贸易占 GDP 的权重来衡量一国的对外开放程度，显示共建"一带一路"国家的发达程度与开放度呈显著正相关。在缺乏丰富资源禀赋的情况下，各国的开放程度与人均 GDP 有很强的相关性。开放程度越高的国家，经济水平越发达。[④] 通过对外贸易，特别是对发达国家的贸易，共建"一带一路"国家得以利用自身的比较优势，发展优势行业，通过鼓励创新实现赶超。如新加坡在 1965 年独立时，经济基础落后、国内市场有限，且种族矛盾重重。在之后的 50 年内，充分利用了优越的地理位置，大量引进外资并降低关税，鼓励企业出口。近 5 年新加坡平均零关税。通过零关税和引进外资，

[①] 张茉楠："'一带一路'倡议愿景与战略重点"，《上海证券报》，2017 年 7 月 20 日，第 7 版。

[②] 张春成、李江涛、单葆国："'一带一路'沿线将成全球电力投资洼地"，《中国能源报》，2018 年 3 月 26 日，第 4 版。

[③] 吴舒钰："'一带一路'沿线国家的经济发展"，《经济研究参考》，2017 年第 15 期，第 22 页。

[④] 吴舒钰："'一带一路'沿线国家的经济发展"，《经济研究参考》，2017 年第 15 期，第 22 页。

新加坡的转口贸易得到快速发展，大量的外国直接投资直接和间接地创造了大量的就业机会，从而提升了居民可支配收入和社会福利，促进了经济发展的良性循环。①

中东欧国家也充分利用了国际市场，通过对外开放来实现生产的专业化。匈牙利、爱沙尼亚、捷克等中东欧国家借助毗邻俄罗斯和西欧的独特地理优势，鼓励出口并致力于发展其具有比较优势的汽车工业、装备制造、机械设备等。据统计，2014年这些中东欧国家的贸易总额占GDP的比重超过150%，其中对发达国家的出口占GDP的比重高达90%。如爱沙尼亚人均GDP为2.01万美元，位列高收入国家行列，在总计160亿美元的货物出口中，有71%的出口目的地是欧盟国家，主要出口和进口产品均为机电、矿产品等。②

第四节 周边各国逐渐融入"大中国经济圈"

与此同时，与国际产业移出国保持良好的政治经济关系也是获得更多投资和产业转移的一个重要条件，这在英国向美国转移、美国向日本和联邦德国转移以及日本向韩国等"四小龙"转移的案例中得到很好的验证。从这个角度讲，与当前新一轮国际产业转移的主要输出国中国保持更密切的政治和经贸联系是获得更多投资和转出产业的一个重要前提。从共建"一带一路"国家经济发展的实践看，经济增长存在很强的地域性特征，处于高速和中速增长阶段的国家大多数在东南亚、南亚和中亚地区，而低速增长的国家多处于中东欧及西亚北非地区。由此可以看出，融入大中国经济圈是东南亚、南亚和中亚国家经济出现较高增长的重要原因之一。

近年来，中国对周边国家和地区的进出口贸易将越发频繁，中国将超越美国，成为这些国家最重要的贸易伙伴。同时，中国对这些国家的直接投资将与日俱增。周边国家将进一步增加与中国的金融合作，如建立区域货币互换机制、宏观审慎管理框架以及共同抵御潜在金融风险等。2015年

---

① 吴舒钰：" '一带一路'沿线国家的经济发展"，《经济研究参考》，2017年第15期，第24页。

② 吴舒钰：" '一带一路'沿线国家的经济发展"，《经济研究参考》，2017年第15期，第24页。

"8·11"汇改后，几乎所有的东南亚国家货币均随着人民币的贬值而大幅度贬值，以保持对中国出口的竞争力。区域合作日益加深，亚洲各国正形成一个联系更为紧密的大中国经济圈。①

随着中国的劳动力成本进一步上升，很多传统制造业行业，如鞋帽衣物、玩具、塑料制品等在国际上的比较优势将逐渐丧失，这促使中国调整和升级产业结构，由劳动密集型产业向资本和技术密集型产业转移。而另一方面，这也为越南、柬埔寨等东南亚国家的发展提供了契机。这些国家将承接中国在全球价值链中的位置，充分开放港口、促进基础设施投资，以此降低贸易成本，更好地招商引资，为全世界提供低廉的产品和服务。②2018年6月德勤发布的最新报告指出，2017年，中国企业对共建"一带一路"国家和地区的投资及贸易持续深化，表现强劲。东南亚成为中企海外并购合同总额最高的地区。③

2018年6月7日，"一带一路"最具吸引力国家基础设施发展指数（2009—2018）发布。指数显示，东南亚地区吸引力最强。发展指数前十名分别是印度尼西亚、新加坡、巴基斯坦、俄罗斯、越南、巴西、波兰、土耳其、马来西亚和印度。其中，印度尼西亚指数得分158.2分，连续两年排名榜首，其发展环境、发展潜力和发展趋势指数均居前列；新加坡以141.7分排名第二，其发展环境指数突出，分值最高。东南亚地区仍是共建"一带一路"国家基础设施合作的热点区域，连续两年位居第一；而西亚地区排名因地缘政治冲突及国际油价波动的不利影响而出现较为明显的下滑。由于庞大的人口数量，东南亚国家基础设施投资建设需求持续旺盛，区域内各国在能源、交通、公用事业、建筑等领域的投资建设市场空间巨大。④

---

① 吴舒钰：" '一带一路'沿线国家的经济发展"，《经济研究参考》，2017年第15期，第40页。
② 吴舒钰：" '一带一路'沿线国家的经济发展"，《经济研究参考》，2017年第15期，第41页。
③ 德勤报告："中国企业对'一带一路'贸易投资表现强劲"，https://www.yidaiyilu.gov.cn/xwzx/roll/57110.htm。
④ " '一带一路'基础设施投资最具吸引力国家，你绝对想不到"，http://www.sohu.com/a/234656908_731021。

第十六章

共建"一带一路"国家的绿色发展

"一带一路"作为中国的重大倡议，在给沿线国家带来重要发展机遇的同时，也引发了部分舆论对环境问题的质疑与担忧。有分析指出，"一带一路"规划目标之一就是为吸收中国钢铁和水泥行业的过剩产能，进而带动国内经济发展，而这种模式实际上走的还是高碳重污染的老路，很难帮助规划沿线国家减少对重工业的依赖。[①] 中国海外煤电投资被认为与中国国内积极进行的绿色转型背道而驰，有可能削弱中国和全球的气候行动，中国参与的海外煤电项目被认为具有"出口碳排放的嫌疑"。[②]

从中国的视角看，"一带一路"的绿色发展实质就是如何平衡国际产业转移与国际环境责任的问题。从政策层面看，中国政府在加快国内经济与能源转型的同时，高度重视绿色"一带一路"建设，从顶层设计和资金支持等层面提高企业海外项目环境和技术标准，积极推动清洁能源和低碳环保等绿色项目。从企业实践层面看，中国出口的技术多处于国际领先水平，执行的也是具有较高国际水准的环境标准，有许多项目的污染和排放水平明显低于中国国内和当地的水平。

对共建"一带一路"国家而言，绿色发展则是在理想与现实之间抉择、摆脱贫困与环境保护之间平衡的问题。从能源结构看，煤炭是最容易获得的能源，是很多经济落后的国家优先选择的动力来源，也是所有国家在工业化启动和发展上升阶段的主体能源。就产业结构而言，能耗较高的劳动密集型产业和制造业又是一国实现工业化和经济增长无法绕开的。目前大多数共建"一带一路"国家面临最大和最紧迫的任务就是实现工业化，能否跨越煤炭作为主导能源、从轻工业到重工业、从制造业到服务业的传统工业化模式是其无法回避的难题。

在一定程度上，共建"一带一路"国家的工业化恐无法跨越历史发展

[①] 莉莉·派克："'新丝绸之路'会是一条绿色之路吗？"，《中外对话》，2017年第3期，第5页。

[②] [美] 每日科学网站："昨天的丝绸之路可能成为明天的环保高速公路"，2016年11月4日。

阶段和经济增长规律，选择经济性较强的能源和从能耗较高的劳动密集型和制造业起步应该是最现实的选择，而这也不可避免要付出一定代价，在短期内加剧环境污染问题。但这些国家可以借鉴先行工业化国家的诸多成功经验、吸取其失败教训，特别是凭借后发优势充分利用比发达国家当初实现工业化时远为先进和环保的技术、更为高效和清洁的能源，有望大幅降低污染程度，实现经济发展与环保的适当与动态的平衡。先行工业化国家"先污染后治理"的老路也许无法完全避免，但比其工业化期间更清洁的能源结构、更低的污染水平则是完全可以实现的目标。

第一节 中国正成为清洁能源产业发展的引领者

近年来，中国的清洁能源发展引起世界关注。2016年，全国能源消费总量同比仅增1.4%。能源消费结构进一步优化，非化石能源的消费比重达到13.3%，同比提高1.3个百分点；超过2亿千瓦煤电机组实现节能改造，超过1亿千瓦机组实现超低排放改造；非化石能源发电装机比重达36.4%[1]。特别是在清洁能源与可再生能源发展上，中国将在很大程度上影响世界能源市场走向。中国将取代欧洲成为全球最大的天然气进口地区，风电和光伏装机的增量和总量居世界首位，全球电动汽车生产一半以上都来自于中国投资，核能领域成为全世界核能技术重要的出口者。

就电力发展而言，改革开放40年来，逐渐由初始的规模导向、粗放式发展过渡到以"创新、协调、绿色、开放、共享"五大发展理念为引领的绿色低碳发展理念。电源投资建设重点向非化石能源方向倾斜，电源结构持续向结构优化、资源节约化方向迈进，形成了水火互济、风光核气生并举的电源格局，多项指标世界第一。[2] 新能源发电投资占比显著提高。2017年，太阳能、风电、核电、水电、火电发电投资占电源总投资比重为9.8%、23.5%、15.7%、21.4%、29.6%。火电及其煤电投资规模大幅下降，为2006年以来最低水平。2017年，国家大力推进防范化解煤电产能

---

[1] "推动中国能源转型向纵深发展"，http://www.china5e.com/news/news-999160-1.html。

[2] 齐正平、林卫斌："改革开放40年我国电力发展十大成就"，https://mp.weixin.qq.com/s/oylon6OHprG7Itw92xrnKw#__NO_LINK_PROXY__。

过剩风险工作,带动火电投资同比下降23.4%。①

电源结构显著改善。改革开放伊始,我国电源构成仅有火电与水电,火电3984万千瓦,占比69.7%,水电1728万千瓦,占比30.3%。经过40年的发展,我国的电源结构已形成水火互济、风光核气生并举的格局。截至2017年底,全国火电装机11亿千瓦(其中煤电9.8亿千瓦),在全国装机中占比62.2%;水电装机3.4亿千瓦,占比19.3%;核电装机3582万千瓦,占比2.0%;风电装机1.63亿千瓦,占比9.2%;太阳能发电装机1.29亿千瓦,占比7.3%。②

第二节 电力节能减排水平世界领先

为缓解资源环境约束,国家持续加大节能减排力度,将节能减排作为经济社会发展的约束性目标。40年来,电力行业持续致力于发输电技术以及污染物控制技术的创新发展,目前煤电机组发电效率、资源利用水平、污染物排放控制水平、二氧化碳排放控制水平等均达到世界先进水平,为国家生态文明建设和全国污染物减排、环境质量改善作出了积极贡献。③

电力能效水平持续提高。1978年全国供电煤耗471克/千瓦时,电网线损率为9.64%,厂用电率6.61%。受技术进步,以及大容量、高参数机组占比提升和煤电改造升级等多因素影响,供电标准煤耗持续下降。截至2017年底,全国6000千瓦及以上火电厂供电标准煤耗309克/千瓦时,比1978年降低162克/千瓦时,煤电机组供电煤耗水平持续保持世界先进水平;电网线损率6.48%,比1978年降低3.16个百分点,居同等供电负荷密度国家先进水平;全国6000千瓦及以上电厂厂用电率4.8%,比1978年降低1.81个百分点。④

电力环境保护基础建设与改造全覆盖。改革开放之初,我国以煤为主

---

① 齐正平、林卫斌:"改革开放40年我国电力发展十大成就",https://mp.weixin.qq.com/s/oylon6OHprG7Itw92xrnKw#__NO_LINK_PROXY__。
② 齐正平、林卫斌:"改革开放40年我国电力发展十大成就",https://mp.weixin.qq.com/s/oylon6OHprG7Itw92xrnKw#__NO_LINK_PROXY__。
③ 齐正平、林卫斌:"改革开放40年我国电力发展十大成就",https://mp.weixin.qq.com/s/oylon6OHprG7Itw92xrnKw#__NO_LINK_PROXY__。
④ 齐正平、林卫斌:"改革开放40年我国电力发展十大成就",https://mp.weixin.qq.com/s/oylon6OHprG7Itw92xrnKw#__NO_LINK_PROXY__。

要燃料的火电厂对环境造成严重污染，1980年，我国火电厂粉尘排放量为398.6万吨，二氧化硫排放量为245万吨。1990年，电力粉尘、二氧化硫和氮氧化物排放量分别为362.8万吨、417万吨、228.7万吨。改革开放40年来，电力行业严格落实国家环境保护各项法规政策要求，火电脱硫、脱硝、超低排放改造持续推进，截至2017年底，全国燃煤电厂100%实现脱硫后排放，已投运火电厂机组92.3%实现烟气脱硝，全国累计完成燃煤电厂超低排放改造7亿千瓦，占全国煤电机组容量比重超过70%。[1]

电力排放绩效显著优化。2017年全国电力烟尘、二氧化硫和氮氧化物排放量分别约为26万吨、120万吨和114万吨，分别比1990年下降336万吨、297万吨和114.7万吨，在全国火电装机大幅增长的情况下，污染物总排放量显著下降。目前单位火电发电量烟尘排放量、二氧化硫排放量和氮氧化物排放量分别为0.06、0.26和0.25克/千瓦时，已处于世界先进水平。碳排放强度不断下降，2017年，单位火电发电量二氧化碳排放约844克/千瓦时，比2005年下降19.5%。2006~2017年的10年间，通过发展非化石能源、降低供电煤耗和线损率等措施，电力行业累计减少二氧化碳排放约113亿吨，有效减缓了电力二氧化碳排放总量的增长。[2]

习近平总书记在十九大报告中强调，中国将大力推进能源生产和消费革命，积极推进全球气候和能源治理。2017年11月，由我国提出的全球能源互联网倡议被联合国纳入2030可持续发展议程行动计划，引导各国共同参与和建设；中国在波恩气候大会上提出"搭桥方案"，受到各国广泛关注。未来我国在"一带一路"倡议推进过程中，将更加注重将项目建设同能源转型、节能环保相挂钩，推动新能源产业成为沿线重要增长点，大力提升"一带一路"沿线的可持续发展水平。

第三节 绿色"一带一路"的政策框架

共建绿色"一带一路"是"一带一路"顶层设计中的重要内容。2015年发布的《推动共建丝绸之路经济带和21世纪海上丝绸之路的愿景与行

---

[1] 齐正平、林卫斌："改革开放40年我国电力发展十大成就"，https://mp.weixin.qq.com/s/oylon6OHprG7Itw92xrnKw#__NO_LINK_PROXY__。

[2] 齐正平、林卫斌："改革开放40年我国电力发展十大成就"，https://mp.weixin.qq.com/s/oylon6OHprG7Itw92xrnKw#__NO_LINK_PROXY__。

动》就明确提出要突出生态文明理念，加强生态环境、生物多样性和应对气候变化合作，共建绿色丝绸之路。2016年8月，习近平总书记在推进"一带一路"建设工作座谈会上强调，要着力深化环保合作，践行生态文明理念，加强生态环境保护力度。2017年5月12日，国家能源局发布了《推动丝绸之路经济带和21世纪海上丝绸之路能源合作愿景与行动》，提出了能源合作要坚持开放包容、互利共赢、市场运作、安全发展、绿色发展和和谐发展的六项原则。[①]

为进一步推动"一带一路"绿色发展，2017年4月26日，环境保护部、外交部、发展改革委、商务部联合发布了《关于推进绿色"一带一路"建设的指导意见》，提出：根据生态文明建设、绿色发展和沿线国家可持续发展要求，构建互利合作网络、新型合作模式、多元合作平台，利用3—5年时间，建成务实高效的生态环保合作交流体系、支撑与服务平台和产业技术合作基地，制定落实一系列生态环境风险防范政策和措施，为绿色"一带一路"建设打好坚实基础；用5—10年时间，建成较为完善的生态环保服务、支撑、保障体系，实施一批重要生态环保项目，并取得良好效果。[②]

按照"一带一路"建设总体要求，围绕生态文明建设、可持续发展目标以及相关环保要求，中国将统筹国内国际现有合作机制，发挥生态环保国际合作窗口作用，加强与沿线国家或地区生态环保战略和规划对接，构建合作交流体系；充分发挥传统媒体和新媒体作用，宣传生态文明和绿色发展理念、法律法规、政策标准、技术实践，讲好中国环保故事；支持环保社会组织与沿线国家相关机构建立合作伙伴关系，联合开展形式多样的生态环保公益活动，形成共建绿色"一带一路"的良好氛围，促进民心相通。[③]

2018年11月26日，针对"一带一路"项目可能给当地造成碳排放污染的质疑，中国气候变化事务特别代表解振华表示，中国态度明确，"一带一路"所有建设项目应该是绿色的、低碳的，实施的各种项目将采用最先进的技术，尽可能地节约资源、节约能源，实现最好的节能减排效果。

---

① 袁家海、赵长红："'一带一路'绿色能源合作前景何在"，https://www.china5e.com/news/news-995636-1.html。
② "一带一路"合作网：《关于推进绿色"一带一路"建设的指导意见》。
③ "一带一路"合作网：《关于推进绿色"一带一路"建设的指导意见》。

不只工业项目，其他项目也应该采用中国国内现行的节能减排、应对气候变化的标准，也可以参照世界上最先进的标准，做到既帮助这些地方的建设，又在这些地方实现减排。中国与共建"一带一路"国家开展应对气候变化南南合作项目，做保护环境的公益性项目。"中国国内努力走了一条绿色低碳发展的道路，我们也会把中国的这些做法拿到共建'一带一路'国家去认真地实行，不走或者少走过去发达国家在工业化过程当中那种先污染后治理、先破坏后恢复的道路。"①

将绿色投资理念融入"一带一路"发展，已经在众多政府和金融机构中达成共识。截至 2019 年 3 月底，我国与英国牵头发起的《"一带一路"绿色投资原则》，已有来自中国、英国、巴基斯坦、阿联酋等共建"一带一路"国家和地区的近 20 家金融机构签署。习近平主席提出建立"一带一路"绿色发展国际联盟，已有 80 多家机构确定成为联盟的合作伙伴②。

第四节　企业层面的实践

打造绿色、先进的示范性工程。由中国能建旗下广东电力设计研究院有限公司和广东火电工程有限公司联合总承包的越南永新燃煤电厂一期项目，是越南首个燃用当地无烟煤的超临界 W 型火焰锅炉发电厂。使用超临界机组比原先规划的亚临界机组每年可减少 2 万吨的二氧化碳排放。在机组设计过程中，中方对电厂开展了 64 项设计优化专题研究，实现了 13 个优良技术经济指标，标准煤耗、综合厂用电效率、全厂热效率等大部分指标高于合同要求。同时，广东电力设计研究院还采用了高效给水泵和小汽机等 23 项节能减排技术，配备电除尘和脱硫脱硝等环保设备，严格控制烟尘、二氧化硫和氮氧化物的排放。③

积极参与环保项目建设。印度泰米尔纳德邦古德洛尔电站脱硫项目，是中国大唐在国家"一带一路"战略指引下成功实施的海外重点项目。该项目是印度第一个由中国企业承建的全系统投运的海外脱硫项目，运用中

---

① "'一带一路'带来污染？中方：全部项目绿色、低碳"，https：//www. yidaiyilu. gov. cn/xwzx/gnxw/72708. htm。

② 陈姝含："如何降低'一带一路'绿色投资风险与成本"，《中国经济时报》，2019 年 5 月 7 日，第 3 版。

③ 杨晓菁、冯琨、吴苏珊："树立'一带一路'建设新典范"，《中国能源报》，2018 年 7 月 30 日，第 1 版。

第十六章 共建"一带一路"国家的绿色发展

国设备达 95% 以上。作为印度目前仅有的 5 个配置脱硫装置的火电企业之一，该项目同时也是印度第一个处理 100% 烟气量的脱硫项目。脱硫装置可用率、脱硫效率均超过当地平均水平，项目周期共带动当地就业 500 多人，年减排二氧化硫近 2 万吨，对当地环境改善起到了积极推动作用。[①] 嘉佳圣雄甘地电厂同时也是印度首个环保电厂——第一个设计脱硫装置的火力发电工程，硫排放量几乎为 0；第一个实现废水"零排放"的项目；第一个考虑灰渣综合利用的印度电厂。在带动周边社区经济发展的同时，为环境保护作出了重要贡献。[②] 2017 年，中国光大国际有限公司在越南芹苴开工建设的垃圾发电项目，将成为越南首个高标准的生活垃圾发电项目。

出口的技术国际领先。一般而言，在技术层面，发展中国家出口的主要是国内先进的技术，唯有此才能在竞争激烈的国际市场具备国际竞争力，而发达国家本身技术水平较高，则倾向于把最先进的技术留在国内，以降低被竞争对手模仿和偷窃风险，保持技术领先优势。中国企业"走出去"过程中，在技术出口方面也具备发展中国家的特征，相关技术多为国内领先、国际一流。印尼巴厘岛一期燃煤电厂项目使用的就是高效的清洁燃煤技术。对巴基斯坦和英国等出口的也是在国际上领先的"华龙一号"核电技术。国电所属科环集团向俄罗斯、印尼、土耳其等出口的就是其煤电方面独有的等离子点火技术。[③] 约旦阿塔拉特油页岩电站项目采用世界上最先进的油页岩硫化床锅炉，在施工中，电站的设计严格按照美国标准设计。

原国家电网研究院副院长胡兆光表示，中国"走出去"的燃煤机组在技术水平上是先进的，污染排放已经接近燃气机组的排放水平，且采用特高压等世界上最先进的输电技术，环保高效。亚洲基础设施投资银行在《2017 年能源规划草案》中承诺，只有在特殊情况下才会为燃煤电厂提供

[①] 王维："对外承包：丝路上扬起大唐旗帜"，http：//www.china-cdt.com/dtwz/indexAction.ndo? action = showDoc&d = D31DEEAE - 9AC6 - 57DD - 15FF - 4A0FFEDB-F5DF。

[②] "有图有真相！'一带一路'上的这些能源项目都是中国造！" https：//www.toutiao.com/i6420155057274094082/。

[③] 卢彬："清洁电力点亮'一带一路'"，《中国能源报》，2017 年 5 月 15 日，第 11 版。

资金支持,目前尚未有任何煤炭项目获得来自亚投行的投资。① 在新加坡登布苏项目的竞标中,华能依靠在煤电领域的领先技术和丰富经验,提出应用循环硫化床的技术方案,最终在该项目竞争中脱颖而出,并于2013年全部投产,各项污染物排放水平大大低于新加坡环保署设置的排放限值。②

巴基斯坦的卡西姆电站集中了中国最好的技术、最好的装备、最高的标准。该电站采用中国自主设计制造的超临界机组,发电效率更高,对环境更友好,并且利用海水二次循环冷却和海水淡化补水,采用石灰石—石膏湿法脱硫工艺,达到了当地和世界银行的环保标准。时任巴基斯坦总理纳瓦兹·谢里夫表示:"卡西姆电站的建设标准超过巴基斯坦以往任何电站,将成为今后火电建设的标杆。"③

由中国山东电力建设第三工程有限公司承建的巴基斯坦赫维利联合循环电站采用了包括GE高效重型燃机—HA燃机在内的多项业内领先的发电设备。该项目的开发采用了最高的质量标准,根据相关性能测试,赫维利电站的效率达到世界领先水平,使巴基斯坦电力行业的发电效率达到前所未有的水平。④

企业积极践行绿色发展理念。在位于伊朗国家级湿地保护区的北阿扎德甘项目开发中,中石油在生产建设中保护了作业区湿地和当地生态环境;在伊拉克艾哈代布油田,中石油投资建设硫磺回收系统,全面提升了油田伴生气利用能力,避免了硫化氢长年放空燃烧对当地环境的影响。中海油乌干达公司等在作业中,努力遵循大型国际机构设定的环境和社会绩效标准;中海油东南亚公司的整体HSE管理水平,长期居于东南亚所有国际石油公司前列。⑤ 华电印尼巴厘岛燃煤电厂项目处于国际知名旅游胜地,项目从设计到施工、运行,都严格遵守环保规定。废水集中处理后回收使用,固体废弃物实现综合利用。该项目还建设了印尼第一个全封闭的圆形

---

① 莉莉·派克:"'新丝绸之路'会是一条绿色之路吗?",《中外对话》,2017年第3期,第5页。
② 卢彬:"清洁电力点亮'一带一路'",《中国能源报》,2017年5月15日,第11版。
③ 耿兴强、刘向晨、康从钦:"点亮'中巴经济走廊'希望之光",《中国能源报》,2017年12月11日,第2版。
④ 李慧:"巴基斯坦最大燃气联合循环电站投运",《中国能源报》,2018年5月21日,第7版。
⑤ 郑丹:"'一带一路'谱油气华章",《中国石油石化》,2017年第11期,第22页。

煤场，改变了大型电厂特别是海滨电厂露天煤场脏乱差的面貌。[1] 为了保护卡西姆港燃煤电站附近的全世界面积最大的干旱型红树林，项目公司严格按照国际环保标准及巴基斯坦环保要求，制定了红树林移植标准，确定了移植地块坐标，方案最终赢得了信德省环保局和卡西姆港务局的高度认可。[2]

目前，中国参与共建"一带一路"国家电力发展，已投资煤电7000万千瓦。中国的低碳技术可以为"一带一路"国家提供解决方案。以煤电为主力电源的印度尼西亚，在二氧化碳、氮氧化物、粉尘等污染方面，排放标准都很低，相当于中国未作任何脱硝脱销和除尘改造的状况，污染高，很难实现2030年的减排目标。中国在煤电清洁高效改造方面所做的一系列努力和取得的实际效果，可以为这些以煤电为主的国家提供借鉴。[3] 通过与OECD《官方支持出口信贷安排》中公布的煤电机组出口标准和主要煤电国家现行大气污染物排放限值标准的比较，中国的煤电技术和环保标准均居于世界领先水平。在经济落后、电气化程度低的国家，更适合推广高效清洁的煤电和节能技术。[4]

我国煤电企业在共建"一带一路"国家输出的是先进和绿色产能。我国最大的综合能源提供商原神华集团（2017年与国电集团重组为国家能源集团）在"一带一路"上的战略核心是打造神华在"一带一路"建设中的清洁能源战略品牌，以"1245"清洁能源发展战略为指引，推进包括印度尼西亚在内的"一带一路"沿线国家清洁煤电项目建设和发展。[5] 国电集团（2017年与神华集团重组为国家能源集团）积极加快结构转型，大力发展清洁能源，2016年底风电装机规模2583万千瓦，位居全球第一。国电集团在加拿大建成10万千瓦风电场，在南非建成24.45万千瓦风电项目，实现了风电运营和风机制造产业携手"走出去"；国家电投集团以南

---

[1] 卢彬："清洁电力点亮'一带一路'"，《中国能源报》，2017年5月15日，第11版。

[2] 耿兴强、刘向晨、康从钦："点亮'中巴经济走廊'希望之光"，《中国能源报》，2017年12月11日，第2版。

[3] 吕银铃："'一带一路'绿色电力'出海'前景广阔"，《中国能源报》，2018年6月25日，第12版。

[4] 袁家海："'一带一路'绿色能源合作前景何在"，财新网，2017年7月14日。

[5] "'一带一路'上的煤企足迹"，https://www.nengapp.com/news/detail/923322。

非、土耳其、巴西、保加利亚等国家为重点，开发核电业务，以缅甸、智利、巴西以及欧美发达国家为重点，开发水电和新能源业务，以巴基斯坦、土耳其、越南、印度等新兴经济体为重点，开发高效清洁火电业务。大唐集团积极参与"一带一路"沿线各国能源项目建设，业务主要是煤炭和环保产品的出口，具有自主知识产权的脱硝催化剂等环保产品远销海外。①

第五节 推动新能源合作

新能源合作是"绿色丝绸之路"的重要内容。在一带一路倡议下签署的各种基础设施项目和贸易协议体现了各种绿色"目标和安排"，一些相关的绿色项目正在进行。例如亚洲基础设施投资银行（AIIB）和世界银行为巴基斯坦的一个水电项目共同出资达 7.2 亿美元。2017 年，在孟加拉国、印尼和哈萨克斯坦等地，AIIB 建议的"一带一路"项目的大部分都同可再生能源或提高能效有关。联合国可持续发展解决方案网络的阿尼凯特·沙阿表示，"联合国的目标同'一带一路'计划有很多协同效应"。②

中国与共建"一带一路"国家开展新能源合作，顺应了全球绿色发展的大势。加大可再生能源出口也成为中国"一带一路"能源投资的重要方向。2017 年，我国可再生能源出口已达 4000 万千瓦，未来"一带一路"上可再生能源的出口将会有更大的发展。如在印度尼西亚，大约有 800 个渔业中心，由于没有电力，无法制冰，打捞的鱼难以变成商品。当地政府和社会组织非常希望中国的新能源企业，特别是光伏发电企业，能够给印尼带来全新的电力普及服务方案，在没有覆盖大电网的小岛上，以新能源、分布式微电网加储能的方式，解决电力供应。③

中国企业海外可再生能源投资区域广泛。从国别看，巴西、南非、澳大利亚等成为重点国家。2016 年在 11 个单项投资超过 10 亿美元的海外可再生能源项目中，有 4 个在巴西。其中最大一笔投资金额 130 亿美元，为中国国家电网公司收购巴西电力公司 CPFL Energia SA（业务包括发展可再

---

① 张立宽："煤电'一带一路'绿色产能合作现状与前景"，https://mp.weixin.qq.com/s/Lk9EqqlnReP-WA2FCL-ZAw#__NO_LINK_PROXY__

② "'一带一路'可成'环保高速公路'"，http://opinion.hexun.com/2016-11-08/186785305.html。

③ 吕银铃："'一带一路'绿色电力'出海'前景广阔"，《中国能源报》，2018 年 6 月 25 日，第 12 版。

第十六章 共建"一带一路"国家的绿色发展

生能源发电和输送）的控股权；澳大利亚一直是中国光伏企业的重要市场。2017年，我国对澳光伏组件出口达6.79亿美元，位列我国光伏组件出口市场前三，天合光能、晶科、阿特斯、晶澳等200多家企业和贸易公司对澳大利亚出口光伏组件产品；① 南非是在风电重要投资目的地，龙源电力集团公司在德阿修建总装机容量为244兆瓦的风电场，2015年金风获得装机容量为120兆瓦的金谷（Golden Valley）风电场项目。全球最大的太阳能电池板生产商晶科能源在开普敦建立了电池板生产厂，年产量达120兆瓦，在南非拥有最大市场份额。②

就地区而言，中国在非洲的投资日趋活跃。非洲光照资源丰富，3/4的土地可以接受太阳垂直照射，可再生能源发展潜力巨大。晶科能源从2010年开始关注非洲市场。2012年随着南非出台明确支持光伏发展的政策，该公司开始在非洲发展光伏项目。晶科第一个海外工厂就建在开普敦。随后相继在加纳、摩洛哥、埃及、尼日利亚等国建立分公司或办事处。截至2017年，产品销售至非洲30多个国家，累计出口1吉瓦，占据非洲市场30%以上的份额。③

拉美市场是该公司发展潜力较大的新兴市场。2017年，晶澳太阳能开始在拉美市场实施本土化扩张战略，并于当年3月和6月分别成立墨西哥分公司和巴西分公司，与一大批大型地面电站开发公司及大型分销商建立合作关系。为Enel巴西光伏提供300兆瓦的光伏组件，为墨西哥的利伯塔德港太阳能电站供货404兆瓦高效光伏组件。2018年9月，晶澳太阳能亮相墨西哥国际绿色能源展，进一步拓展拉美市场。④

中国与古巴的可再生能源合作初显成效。近年来，在双方政府的支持下，两国企业在可再生能源发电、装备制造、贸易及服务等领域的合作不断加强。2016年9月至2017年6月，两国工业部门联合编制了包括可再生能源产业在内的7项发展规划。金风科技继2009年向古巴提供6台

---

① 董欣："澳大利亚光伏市场前景可期"，《中国能源报》，2018年11月5日，第7版。
② 舟丹："中国推动金砖国家可再生能源发展"，《中外能源》，2018年第3期，第59页。
③ 董欣："非洲光伏市场极具吸引力"，《中国能源报》，2018年9月10日，第18版。
④ 仲新源："晶澳太阳能亮相墨西哥国际太阳能展"，《中国能源报》，2018年9月10日，第17版。

750KW 风电机组和技术支持后，于 2013 年获得 51 兆瓦大型风电场规划项目。普天集团与古巴电子集团的 50 兆瓦光伏组件生产项目进入项目评估阶段。两国企业在光伏组件、太阳能热水器、小风机、生物质锅炉及零部件、小水电设备及零部件等多个行业贸易往来频繁。[1]

截至 2018 年 10 月底，中国投资的"一带一路"沿线国家清洁交通及清洁能源项目有 51 个，其中清洁交通类项目 20 个，清洁能源类项目 31 个。项目遍布东南亚、南亚、西亚、中亚、欧洲、非洲等主要大陆[2]。

第六节　发展中国家能否另辟非煤工业化道路？

煤炭是最容易获得的能源，是所有国家在工业化启动和上升阶段的主体能源，各国的能源转型也无一例外要从减少煤炭消费开始。欧洲天然气消费有望进入"峰值期"。美国能源尚处石油时代，其石油消费也进入了"峰值期"。中国尚处煤炭时代，但已到达了"峰值期"，已进入有意识的"以气代煤、以电代煤"阶段，印度进入经济起飞期，仍处于增加煤炭消费阶段。[3]

2014 年左右，美国和欧盟的燃煤发电量开始下降。根据 CoalSwarm 提供的数据，在过去的六年里，美国已经有 61 吉瓦的煤电关停，还有 58 吉瓦的煤电即将关停。2017 年，欧盟可再生能源发电量超过了燃煤发电量。中国的煤电装机容量在 2000 年至 2017 年间增长了 5 倍，达到了 935 吉瓦，占世界总量的一半。印度煤电增长速度为世界第二，装机容量从 2000 年增加了两倍，达到 215 吉瓦。[4] 预计未来 5 年内，世界范围内每年仍将新增 25—30

---

[1] 莫君媛、顾成奎："中古可再生能源合作启示"，《中国能源报》，2018 年 3 月 12 日，第 17 版。

[2] 陈姝含："绿色金融发力'一带一路'基建投资"，《中国经济时报》，2019 年 5 月 7 日，第 3 版。

[3] 陈卫东："化石能源何时退出历史舞台"，http://wemeaia.ifeng.com/403T2556/wemedia.shtml。

[4] "神奇的地图讲述 21 世纪煤电的故事——纵览 2000 年至今全球燃煤电厂历史变化！"https://mp.weixin.qq.com/s/BS8rMRdzfP820TcCsQJy5Q#__NO_LINK_PROXY
—

吉瓦的燃煤发电产能，主要集中在东南亚、印度、中东和非洲等地。[①]

基本能源需求尚未满足的当地民众多大程度上关心环境议题，如何平衡能源需求和环境目标将是中国和东道国需要共同解决的问题。[②]"一带一路"能否在摆脱贫困与环境保护之间找到平衡，发展中国家能否绕过或跨越西方"先污染后治理"的老路？在完成工业化和产业结构向资本和技术密集型及服务业为主转型之前，资源和劳动密集型工业的发展必然带来能源消费的增加。煤炭作为当地最便宜的能源形式，是很多经济落后的国家优先选择的动力来源。在相当一段时间内，发展中国家的工业化总体上很难摆脱煤炭消费增加、污染随之加重的老路。

不过，后发工业化国家的工业化之路总体上会比前期工业化国家的工业化之路更清洁。一是英国、法国、美国、日本等前期工业化国家有许多经验和教训可供借鉴和吸取。二是后发工业化国家可用的技术更为先进，能源利用效率更高，可供选择的新能源种类也更多。即便是不得不利用的燃煤发电，也比之前效率更高，污染和排放更少。如阿联酋在建的燃煤发电项目采用超超临界机组，未来需要建设的11.5吉瓦燃煤发电装机均为超超临界机组，均配备碳捕集和封存设施，并采用相应技术减少排放。[③]

在巴基斯坦，必凯、百路凯和赫维利等电站项目均采用了GE的H级燃机技术，采用GE发电技术的电力设施已经为巴基斯坦提供了25%的电力。[④] 通过采用清洁高效的燃煤发电技术，马来西亚的曼绒电厂成为东南亚最大、最高效的燃煤发电厂，目前5个机组效率接近40%，超过33%的全球平均水平，其中采用百万千瓦级超超临界机组的四期项目二氧化碳排放较前三期下降4%—5%，二氧化硫和粉尘排放量均达到世界银行标准。[⑤]

目前，在"一带一路"建设的实践中，中国企业的前沿技术和先进管理经验已经在推动沿线国家能源转型方面发挥了积极作用。马耳他自然风

---

① 李慧："清洁煤电助力马来西亚能源多元化"，《中国能源报》，2018年11月5日，第7版。

② 冯灏："中国参与'一带一路'煤电项目的利与弊"，《中外对话》，2017年第3期，第12页。

③ 李慧："中东多国'逆势'发展煤电"，《中国能源报》，2018年5月21日，第7版。

④ 李慧："巴基斯坦最大燃气联合循环电站投运"，《中国能源报》，2018年5月21日，第7版。

⑤ 李慧："清洁煤电助力马来西亚能源多元化"，《中国能源报》，2018年11月5日，第7版。

光得天独厚，每年吸引数以万计的游客，但一直面临着能源短缺，能源供应一直依赖进口，进口能源中逾 63% 用于发电。为推进优化能源结构、降低电力成本、保障岛上供电安全性和稳定性，马耳他一直在积极寻求有实力的合作伙伴。从 2013 年起，马耳他与中国国家电力投资集团上海电力开始开展合作。经过上海电力 4 年多的经营和改造，电网稳定性、安全性、可靠性、经济性得到大幅提升。从用户年均停电近 10 个小时、停电状况频发，到年均停电不到 15 分钟、电网可靠性达 99.95%，5 年时间，马耳他打破了主要依靠传统燃油电厂、电路设施陈旧的落后能源格局，实现向清洁能源发电转型。[1]

---

[1] "中企助力马耳他实现能源转型"，http://cafiec.mofcom.gov.cn/article/zqzhw/201810/20181002794426.shtml。

图书在版编目（CIP）数据

超越能源安全："一带一路"能源合作新局/赵宏图著. —北京：时事出版社，2019.8
ISBN 978-7-5195-0315-4

Ⅰ.①超… Ⅱ.①赵… Ⅲ.①"一带一路"—能源经济—国际合作—研究 Ⅳ.①F416.2

中国版本图书馆 CIP 数据核字（2019）第 113444 号

出 版 发 行：	时事出版社
地　　　 址：	北京市海淀区万寿寺甲2号
邮　　　 编：	100081
发 行 热 线：	（010）88547590　88547591
读者服务部：	（010）88547595
传　　　 真：	（010）88547592
电 子 邮 箱：	shishichubanshe@ sina.com
网　　　 址：	www.shishishe.com
印　　　 刷：	北京旺都印务有限公司

开本：787×1092 1/16　印张：22.25　字数：388 千字
2019 年 8 月第 1 版　2019 年 8 月第 1 次印刷
定价：118.00 元
（如有印装质量问题，请与本社发行部联系调换）